当代中国教育学术史

丛书主编/张斌贤

职业教育研究

和震 等著

海峡出版发行集团 | 福建教育出版社

图书在版编目（CIP）数据

职业教育研究/和震等著. —福州：福建教育出版社，2023.12
（当代中国教育学术史/张斌贤主编）
ISBN 978-7-5334-9657-9

Ⅰ.①职… Ⅱ.①和… Ⅲ.①职业教育－教育史－研究－中国 Ⅳ.①G719.29

中国国家版本馆CIP数据核字（2023）第065535号

当代中国教育学术史
丛书主编/张斌贤
Zhiye Jiaoyu Yanjiu

职业教育研究
和震 等著

出版发行	福建教育出版社
	（福州市梦山路27号 邮编：350025 网址：www.fep.com.cn）
	编辑部电话：0591-83779615
	发行部电话：0591-83721876 87115073 010-62024258）
出 版 人	江金辉
印　　刷	福建东南彩色印刷有限公司
	（福州市金山工业区 邮编：350002）
开　　本	710毫米×1000毫米 1/16
印　　张	31.5
字　　数	468千字
插　　页	1
版　　次	2023年12月第1版 2023年12月第1次印刷
书　　号	ISBN 978-7-5334-9657-9
定　　价	85.00元

如发现本书印装质量问题，请向本社出版科（电话：0591-83726019）调换。

总　　序

2018年1月中旬，福建教育出版社成知辛编辑来电，邀请我编写一本反映外国教育史研究进展的著作。考虑到这本书的主题过于专业、读者面不大，因此，我建议不妨把选题扩大，组织编写一套反映教育学科各重要学科领域近几十年研究进展的丛书。成编辑欣然同意，与我商议，由我策划联系落实各分卷主要负责人。经过一个月左右的努力，到2018年2月下旬，申报选题、确定分卷主要负责人等各项准备工作基本就绪。从2018年3月开始，各分卷开始编写工作。到2019年8月底，已有数卷相继完成。按计划，从2019年下半年开始出版，并在今后一两年内出齐。这便是"当代中国教育学术史"丛书的由来。

这套丛书所涉及的学科领域既包括现行学科目录教育学一级学科之下的十个二级学科、公共事业管理一级学科之下的教育经济与管理，包括部分院校自设的二级学科（如教师教育、教育政策与法律、农村教育、民族教育等），也包括部分二级学科下的重要学科方向（如教育基本理论、教育哲学、教育社会学、德育研究等）。

负责丛书各分卷编写工作的学者分别来自北京师范大学、华东师范大学、东北师范大学、华中师范大学、西南大学、南京师范大学、华南师范大学、山东师范大学、宁波大学和湖州师范学院等高校。他们都具有长期从事教育学科研究的经历，熟悉本学科和学科领域的学术进展，均为本学科或学科领域具有广泛学术影响的著名学者。

编写这套丛书的主要目的在于，第一，通过对教育学科各重要学科领域学术史的回顾，为从事教育研究的教学科研人员提供更为专业的线索清晰的学术史料参考，为教育专业本科生和研究生学习相关课程、选择阅读书目和确定研究选题提供必要的指导。因此，这套丛书的读者定位确定为：高等院校和教育科研机构的教学科研人员；各级各类教育机构管理人员和教育工作者；教育专业的本科生、研究生；相关学科的教学科研人员；热心教育研究的社会各界人士；等等。第二，通过扎实的文献研究，对教育学科各重要学科领域开展较为完整和系统的学术史梳理，全面、充分地回顾和审思中国教育研究近七十年（尤其是近四十年）的变化进程，为进一步挖掘中国教育研究及其变迁的规律奠定基础。第三，更为重要的是，编者们希望藉由丛书的编写，在教育学界逐步形成一种尊重前人研究成果、注重学术传承的风气，以进一步确立严格的学术规范，推动教育研究的长远发展。

在中国，专业的教育研究发端于清末民初。百余年来，中国的教育研究事业筚路蓝缕，历经坎坷。自中华人民共和国成立，尤其是改革开放以来，伴随着中国教育的改革发展和国际交流的不断深入，教育研究取得了长足的进步。人员规模不断扩大，成果产出大幅增加，规范意识显著增强，学术资源逐渐丰富，学术交流日益活跃，如此等等。另一方面，在教育研究事业凯歌行进的同时，也面临着前所未有的严峻挑战。

教育研究如何有效地应对来自方方面面的挑战，固然有多种可能的途径和方法，但不论怎样，学术史的研究都是必不可少的、具有基础性和战略性意义的重大选项。

在我国的教育研究中，长期以来存在的一个根深蒂固的顽疾是，轻视乃至忽视学术史研究的意义，误以为学术史研究只是课题论证的一部分或对研究生进行学术训练的一个环节，而对成熟的学者则不适用。因此，在大量的教育研究工作中，研究者很少对研究主题产生的知识背景（或知识谱系）进行深入挖掘和分析，很少系统地梳理国内外同行在同一个主题上已经开展的研究工作，分析同行业已提出的研究结论，并对结论做出中肯的评判。由此造成的突出印象是，在这些研究者的成果发表之前，似乎没有人讨论过（甚至哪怕只是涉及）这个主题，这个主题似乎是全新的。研究者本意是借此说明自己所从事的研究工作的价值，殊不知这反倒说明这项研究工作缺乏必要和充分的基础，而缺乏足够的前期基础的研究很难取得真正意义上的知识进步。诸多教育研究成果之所以常给人缺乏厚重深邃而显得单薄肤浅之感，原因之一就是研究者缺少认识问题的纵深感，而这种纵深感既源于学者个体的知识积累，也基于学科本身业已生成的深厚的学术积淀和学术传统。

由于这些现象的存在，如果要就中国教育学界研究的某一个主题（例如素质教育或学生课业负担等等）进行学术史梳理，那将是一项非常艰难甚至是不可能完成的工作。在关于同一个主题的不同论述中，往往很难发现同一个时期不同学者研究成果之间的关联（至少很少有学者明确阐明自己的研究与之前相关研究的关联），更不容易寻找到不同时期不同学者对同一个主题的研究成果之间的联系和差别。由此造成的困难是，人们虽然可以了解哪些主题曾经得到了研究，但很难确切地知道是哪位学者最初提出了这个问题，是在什么背景下提出的，教育学界对这个问题的研究前后经历了哪些阶段，运用了哪些研究方法，有什么不同的观点和主张，这些观点和主张之间的逻辑关系是什么，对该问题的研究取得了什么进展，等等。

创新源自继承。事实上，无论从事何种主题的研究，只有在全面深刻地吸收、借鉴和批判前人相关研究成果的基础上，才有可能寻找到有待继续挖掘和探索的研究问题，才有可能开展新的、有意义的研究工作，才有可能在一个较高的起点上不断拓展和深化认识，才有可能切实地推动知识的进步。就教育研究而言，通过梳理不同学科领域重要主题研究的演变过程，厘清不同时期和不同学者对相关主题研究结果的相互关系，不仅有助于判断教育研究本身的进展、存在的问题和困难，有助于不断形成学术积淀，夯实学科的基础，而且有利于逐步建立教育研究的学术传统，形成牢固的学术规范，保障教育研究事业的可持续发展。[①]

在丛书各分卷陆续付梓之际，首先要感谢各分卷负责人和他们领导的编写团队。他们的精诚合作、积极参与和辛勤劳作，使丛书能按时、保质出版。

感谢福建教育出版社的大力支持，感谢成知辛编辑和他的编辑团队为丛书的出版所付出的辛劳。

张诗贤

2019 年 9 月 13 日

[①] 在《少制造些意见，多生产点知识——关于教育研究规范化问题的评论》等文中，作者已对相关问题做了初步讨论（参见《教育科学研究》，2018 年第 1 期）。此处无非"借题发挥"，稍作补充。

目 录

导论 职业教育是教育实践史中的肇始和教育学术史中的新秀 ………… 1
    第一节　70年职业教育学术史的研究主题 ………………………… 1
    第二节　70年职业教育学术史中的薄弱阶段 ……………………… 5
    第三节　本书呈现的主要研究内容 ………………………………… 11
    第四节　本书的作者和贡献者 ……………………………………… 27

第一章　职业教育治理研究 ……………………………………………… 28
    第一节　基于学术论文的职业教育治理研究概况 ………………… 28
    第二节　管理思维下的职业教育治理研究 ………………………… 33
    第三节　治理思维下的职业教育治理研究 ………………………… 41
    第四节　两种思维下职业教育治理研究的特征 …………………… 49
    第五节　对职业教育治理研究的建议 ……………………………… 51

第二章　职业教育中职业分析的研究 …………………………………… 53
    第一节　工作分析技术溯源 ………………………………………… 54
    第二节　国内职业分析研究文献分析 ……………………………… 56
    第三节　职业分析面临的挑战及未来趋势 ………………………… 72

1

第三章　职业教育校企合作研究 …… 79
第一节　职业教育校企合作研究概况 …… 80
第二节　职业教育校企合作研究的历史阶段 …… 87
第三节　职业教育校企合作研究热点主题分析 …… 93
第四节　职业教育校企合作研究述评 …… 122

第四章　职业教育教师资格研究 …… 125
第一节　职业教育教师资格研究的历史回顾 …… 125
第二节　改革开放以来我国职教教师资格研究发展历程与研究热点 …… 132
第三节　对改革开放以来我国职教教师资格研究的分析与思考 …… 159

第五章　职业教育教师专业发展研究 …… 168
第一节　职业教育教师专业发展研究的历史阶段 …… 168
第二节　职业教育教师专业发展研究的主题与热点 …… 184
第三节　对职业教育教师专业发展研究的分析与反思 …… 214

第六章　职业教育课程研究 …… 224
第一节　职业教育课程研究的历史回顾 …… 225
第二节　改革开放以来我国职业教育课程研究发展历程与研究热点 …… 230
第三节　对职业教育课程研究的分析与思考 …… 253

第七章　职业教育教学研究 …… 262
第一节　数据来源和研究方法 …… 263
第二节　职业教育教学研究的整体分析 …… 264
第三节　职业教育教学研究的主题与热点 …… 271
第四节　职业教育教学研究述评 …… 303

第八章　职业教育专业建设研究 ······ 305
- 第一节　职业教育专业建设实践与研究回顾 ······ 305
- 第二节　职业教育专业建设研究的主题领域与观点 ······ 315
- 第三节　职业教育专业建设研究的未来展望 ······ 335

第九章　职业教育实训研究 ······ 340
- 第一节　新中国成立后到改革开放前的实训研究 ······ 340
- 第二节　改革开放后至21世纪初的实训研究 ······ 341
- 第三节　2006年以后的实训研究 ······ 345
- 第四节　实训研究的趋势、述评与展望 ······ 348

第十章　职业教育实习研究 ······ 354
- 第一节　新中国成立至改革开放时期的职业教育实习研究 ······ 355
- 第二节　改革开放以来的职业教育实习研究 ······ 359
- 第三节　对我国职业教育实习研究的反思与展望 ······ 375

第十一章　职业教育关键能力研究 ······ 379
- 第一节　"关键能力"的由来与定义 ······ 380
- 第二节　"关键能力"培养对中国职业教育的意义 ······ 383
- 第三节　我国"关键能力"的研究情况 ······ 386
- 第四节　我国"关键能力"研究的发展路向 ······ 398

第十二章　可持续发展与绿色职业教育的研究 ······ 403
- 第一节　职业教育与可持续发展的关系 ······ 404
- 第二节　对职业教育可持续发展内涵的争论 ······ 409
- 第三节　职业教育可持续发展的价值基础研究 ······ 413
- 第四节　职业教育可持续发展的推动策略 ······ 423
- 第五节　面向可持续发展的职业教育探索 ······ 448

第六节　研究述评与展望 …………………………………………… 460

第十三章　对德国职业教育的研究 ………………………………… 463
　　第一节　对德国职业教育研究的概述 ………………………………… 463
　　第二节　对德国职业教育研究的主题演变及其脉络梳理 …………… 466
　　第三节　关于中国对德国职业教育研究的分析与思考 ……………… 486

结语　职业教育学术研究的未来 …………………………………… 491

导论　职业教育是教育实践史中的肇始和教育学术史中的新秀

我国职业教育发展是一个连续的历史发展过程，从清朝末年洋务运动时期职业教育的初创，再到新中国成立后对职业教育的重塑与改造，以及当代有中国特色的现代职业教育体系的不断完善与创新，职业教育在我国经历了多年的曲折历程，在曲折中前进，表现出了强大的生命力。职业教育规模不断扩大，地位不断提高，服务经济社会和改善民生的能力不断提升，为国家现代化发展培养数以亿计的高素质技术技能人才，正在逐渐地形成自己的类型与特色。

在职业教育发展的过程中，职业教育学术研究一直伴随其左右，由弱到强，从少到多，逐步汇聚形成了今天研究机构星罗棋布、研究队伍逐步专深而壮大、研究成果日益丰富、研究价值逐步彰显的样貌，形成了中国职业教育学术史的特殊领域。职业教育学术史，成为教育实践史中的肇始和教育学术史中的新秀。

第一节　70年职业教育学术史的研究主题

新中国成立70年来职业教育学术研究领域呈现出丰富的研究主题。本书借助可视化分析手段与专家研判方式相结合，确定了职业教育学术研究的热点领域和关键主题。

一是职业教育与经济的关系的研究主题。形成的主要观点包括：培养技术技能人才以服务经济是职业教育的基本使命；产业是职业教育的基本依据；从产教结合发展到产教融合是现代产业发展与职业教育共同的要求；产教融合、校企合作是职业教育人才培养的基本模式和主要路径；应实施教育与产业之间的五个对接，即专业与产业、职业岗位对接，专业课程内容与职业标准对接，教学过程与生产过程对接，学历证书与职业资格证书对接，职业教育与终身学习对接；基于产教关系的职业教育人才培养模式，研究成果十分丰富。在职业教育产教融合、校企合作研究领域，研究热点主题可分为产教融合、校企合作的利益相关者及其职责研究，合作模式分类研究，典型校企合作模式研究，问题与对策研究，制度建设研究等。面向新时代的职业教育校企合作研究还有较大的深化空间，校企合作的实践进程对理论成果的支撑、指导需求还很强烈。未来需要更多具有坚实理论基础的前瞻性研讨以及采取多学科角度开展的研究路径。

二是职业教育与公共治理的关系的研究主题。这一主题主要研究职业教育与政府的关系，形成的主要观点包括：职业教育具有公益性，学校职业教育具有较高的公益性，政府应对其承担主要责任，公共财政拨款是其主渠道。同时职业教育市场化、产业化的观点也时有出现，这种观点吸引眼球，但是很容易妨碍公共职业教育的财政投入和政府履行的主要责任。我国职业教育治理研究经历了管理和治理两种思维下的研究阶段。前者以政府主导的、自上而下的管理为主，后者伴随治理理论的兴起，强调由政府、市场、行业企业等多元主体在共同的目标基础上，对职业教育进行管理。政府在发展职业教育中应该承担主要责任是联合国教科文组织推动的国际共识，强化职教公益性也得到了发达国家的实践证明。在不放松政府职责的前提下，面向市场办学和引入行业企业支持，形成良好的职业教育治理体系，这是今后职业教育研究和决策面临的重大选题。此外，职业教育与扶贫和乡村振兴的关系也受到研究者的重视，形成了"职教一人，就业一个，脱贫一家"的经验。同时，研究也证实了千万家庭通过高等职业教育实现了拥有第一代大学生的梦想。在我国，针对中等职业教育学生的奖学金和免学费制度广受欢迎，也有个别观点从实际效果的角度表达了担忧。但是像中国这样规模庞大的职业教育免学费制度的实施，的确体现了中国特色现代化的努力奋进和实力担当。

三是职业教育课程方面的研究主题。职业教育课程方面的研究是十分醒目的，传授技术技能、培养职业能力的课程研究受到学术界和实践领域的双重重视。任务引领课程、项目课程、工作过程系统化课程、理实一体化课题的多种职业型课程模式的提出以及行动导向教学方法的引进与应用，为职业教育教学实践提供了多种参考。职业教育课程是职业教育活动的核心，教育思想、教育观念的变革，人才培养模式、教学内容体系的改革都通过课程来具体落实。随着研究的不断深入，工作过程系统化课程开发研究、现代学徒制课程建设研究、中高职课程衔接研究、职业教育慕课应用与资源库建设研究、理实一体课程整合研究等均成为职业教育课程研究的热点问题。对职业教育课程本质观、课程目标、课程内容、课程实施和课程评价的研究也是学界关注的重点。未来的职业教育课程研究应更加注重本土实践问题的解决，并规范课程研究的学术话语。

四是职业教育的国际比较研究主题。中国职业教育在发展过程中一直伴随着对国外职业教育经验与理论的参考、借鉴、学习和内化。新中国成立之后，借鉴苏联相关教育制度和已有部分传统，建立了中专和技校的教育机构，延续至今。改革开放以后，中国职业教育制度和体系学习、借鉴了德国双元制职业教育，借助德国联邦职业教育研究所的支持成立了教育部职业技术教育中心研究所等职业教育专门研究机构，学习了美国和加拿大的能力本位职业教育和DACUM职业分析与课程开发方法，学习澳大利亚职业教育制度、新加坡职业院校教学工厂制度、欧洲的学徒制度、日本的企业培训方法等等。德国独具特色的双元制职业教育制度与模式成为中国职业教育发展改革所参照和学习的对象之一。中国对德国职业教育的研究成果很丰富，研究内容涵盖职教课程、教师、制度与体系、标准与考核、国际化与本土化以及近期发展趋势等方面；在研究态度上，从对德国的全盘接受照搬到审慎有选择地吸纳甚至批评，从几乎完全仰望的状态逐渐过渡到平视的姿态。我国对德国职业教育的研究也存在一些问题与不足，主要体现在已有研究对德国职业教育整体把握不够，不能在整体上用系统思维来加以引介，一些理解存在偏差。

五是双师型教师的研究主题。职业教育师资队伍建设的质量是决定职业教育质量的关键。在职业教育教师专题研究领域，职业教育教师工作的特殊性、职教教师资格、职教教师专业化、职教教师培养等是研究的热点。双师型教师理论的提出与实践是中国职业教育的一个探索和贡献。职教教师专业发展、教师教学创新团队等是当前职业教育教师专业发展研究的主要侧重点。

六是职业教育教学的研究主题。职业教育教学领域主要涉及与职业教育教学有关的理论与实践，包括职业教育的教学目标与价值取向、专业教学标准、教学设计与实施、教学过程与评价，以及专业教学论、行动导向教学等问题。职业教育专业教学论、教学方法结构体系以及重视教学研究的科学性和规范性在研究中得到重视。注重综合职业能力培养的行为导向教学、模块化教学是我国职业教育教学方法改革的关注点。实习实训是职业教育实施实践性教学的一种形式。对于实习存在的问题研究、实习过程管理研究、实习制度保障研究、实习/实训质量提升研究，以及实训教学理念的研究、实训教学策略的研究等问题，一直是学界关注的重点。而实习实训情境的真实性与教学效果的关系、对学生学习成果的影响以及工作场所学习和实习实训的关系研究将是未来研究中需要多加关注的问题。

七是职业教育专业的研究主题。职业教育专业建设以培养满足社会生产发展需要的技术技能型人才为目标，经历了学习借鉴、调整改革、完善提高和特色发展的内涵式建设过程。新世纪以来，职业教育专业建设理论研究视域不断扩展，围绕职业教育专业的属性特点、设置依据、建设原则、专业结构优化调整、专业群、专业与产业互动发展等方面进行理论研究和政策探讨，出现了一批有代表性的阶段成果，为后续职业教育专业建设研究工作的持续深入和指导专业建设实践建立了基础。

八是职业教育类型与体系的研究主题。职业教育是一种独立的教育类型，这个重大判断的形成由来已久，近十余年又受到了学术界、政策界和实践界的格外重视，形成职业教育相关工作的一种重要原则和依据。职业教育类型属性是重要的理论领域，职教作为类型的原则，应该用以支撑建立职教类型的教育教学规律和制度模式，不应是对人分类的依据，不是要求管理机构独立于教育部门的理由，也不应理解为学历层次不断向上的理由;"开展本科层次职业教育试点"是回应我国经济发展方式的转变及产业转型升级对人才培养新要求的一种举措,在相关研究中支持的观点居于多数,但个别观点质疑职业教育学历提升的倾向是否符合职业教育体系真正的特色和定位。同样,职教本科的国际实践证据也不够充分,如多科技术大学、应用科技大学、双元制大学在所在国家并不被认为属于职业教育。目前,对于知识经济和高新科技的关键一线岗位所需的高技能人才,在德国是由大企业和大学机构联合起来进行培养,这个情况值得关注。当前应加力推进职教本科试点的研究,稳步推进职业教育本科工作,坚持职业性定位,防止类型漂移。

职业教育研究领域众多,本书未能采纳之主题,请读者予以补正。

第二节　70年职业教育学术史中的薄弱阶段

新中国成立初17年是我国职业教育发展历史上的一个重要阶段,但是相关的研究成果难以见到太多。这一时期新中国职业教育体系逐步建立并发展起来。而现在我国职业教育的发展局面离不开那17年打下的基础和留下的宝贵经验,在此以回顾历史的方式来间接地反映和推测当时职业教育学术研究的情况,以弥补本书的不足。

一、职业教育概念的产生

我国职业教育的称谓几经改变。清朝末年时,称为实业教育。民国时期黄炎培创办了中华职业教育社,"职业教育"的称谓一直沿用到1949年。新中国成立后将其改称为中等技术教育(后来又称为中等专业教育),1958年时曾使用"职业(技术)教育"的称谓。20世纪80年代使用"职业技术教育"的术语,90年代开始正式使用"职业教育"一词,体现在《职业教育法》的正式名称之中,但在学科门类里保留了"职业技术教育学"的二级学科名称。职业教育被认为包含了职业学校教育和职业培训两个部分。不同的称谓体现了不同时期对职业教育的不同理解。今天国际上具有共识的概念"技术和职业教育与培训"(简称TVET),在汉语语境中，对等的概念用词就是"职业教育"。

二、建立起与新中国政治和经济建设相适应的职业教育

新中国成立初期，国家处于内外交困状态，国内外敌对势力都在敌视新生的中华人民共和国国家政权，中国共产党领导人民开展了不同形式的政治运动，人民当家作主，工农地位提高，与先进的生产关系相应的政治性一直主导着社会发展的所有领域。同时，经济上百业待兴，工业化基础薄弱，各类工业大多处于空白状态，国民经济处于急需恢复的关键时期。1949年新中国成立前召开了中国人民政治协商会议，制定了具有宪法性质的《中国人民政治协商会议共同纲领》，为全国政治、经济、教育等方面的建设确定了基础，确立了新民主主义革命的任务。1952年，中共中央提出了过渡时期的总路线：要在一个相当长的时期内，逐步实现国家的社会主义工业化，并逐步实现国家对农业、手工业和资本主义工商业的社会主义改造。《政务院关于改革学制的决定》明确规定了技术学校、专门学院、专科学校和专修科的适当地位和制度，培养大批具有社会主义觉悟的技术技能人才和劳动者成为新中国发展职业教育的当务之急。

三、召开了第一次全国中等技术教育会议，确立了发展中等职业教育的方针政策

1951年6月12日至22日，教育部在北京召开了第一次全国中等技术教育会议。会议讨论了中等专业教育的方针以及中等专业学校的学制、领导关系等问题。会议认为，中等技术教育的基本方针任务是根据新民主主义的教育政策，从国家建设的实际需要出发，整顿与发展中等技术学校，以理论与实际一致的方法，培养大批具有一般文化、科学的基本知识，掌握现代技术，体格健康，全心全意为人民服务的初、中级技术人才。"当前全国中等技术教育采取以调整、整顿为主，有条件地发展的方针。"会议明确中等技术学校以改归业务部门领导为原则。会议修正通过了《关于整顿和发展中等技术教育的指示》《中等技术学校暂行实施办法》等四个

文件草案。①

为了提高工农干部和工农群众的文化水平，并且使他们的子女享有更多的学习机会和较好的学习条件，以便从中培养技术人才，国家采取了教育向工农开门的方针。1951年的《政务院关于改革学制的决定》中确定设立初级技术学校，吸收难以受到完全初等教育的学生入学，为他们就业创造条件。各类中等技术学校也都提高了人民助学金标准，减免学杂费。

《政务院关于改革学制的决定》还对中等技术学校的学制进行了规定。中等技术学校按性质分为工业、交通、农业、林业等类，按程度分为技术学校和初级技术学校两种。前者招收初中毕业生或具有同等学力者，修业年限2—4年，后者招收小学毕业生或具有同等学力者，修业年限2—4年。各类技术学校得附设短期技术训练班或技术补习班。② 中等技术学校要重视学生的实习，规定中等技术学校的普通课授课时数一般应以不少于授课总时数的25%、不多于45%为原则，学生的实习，应列入教学计划，除校内实习外，还要求学生到工厂、农场（农村）等进行实习。学校的技术课，应设一定数量的专任教师，并由各主管业务部门从企业或业务单位的技术人员中聘请兼任教师。学校与企业或业务单位试行建立定期交流技术课教师和技术人员的制度。③

1952年11月，高等教育部成立，设中等技术教育司专管职业教育工作，各级各类中等技术学校由各级人民政府教育部门与各有关业务部门分工领导。各类中等专业学校均归中央各有关业务部门主管。④ 1953年7月，高等教育部颁布的《关于中等技术学校设置专业的原则的通知》，参考苏联中等专业教育的经验，要求各业务部门在制订所属中等技术学校专业设置计划时，以中央各业务部门集中统一计划为原则，学校之间应适当分

---

① 毛礼锐，沈灌群. 中国教育通史：第六卷[M]. 济南：山东教育出版社，1989：12.
② 李蔺田. 中国职业技术教育史[M]. 北京：高等教育出版社，1994：234.
③ 孙琳. 新中国职业教育的发展与变革[J]. 中国职业技术教育. 2008（33）25-26.
④ 孙琳. 新中国职业教育的发展与变革[J]. 中国职业技术教育. 2008（33）25-26.

工，所设专业力求集中单一。①

1953年，政务院决定由劳动部门对全国技工学校进行综合管理。1954年，中央财经委员会批转劳动部制定的《技工学校暂行办法（草案）》，规定技工学校按产业部门分别设置，各产业管理部门应根据自己对于技工的需要设立技工学校。对于技工学校的学制，规定其学习期限为两年，招收高小毕业以上文化程度的青年。技工教育制度逐步建立起来。

短短几年间，新中国的职业技术教育有了前所未有的发展与改进。

四、积极探索中国社会主义职业教育发展的道路

1958年9月，中共中央、国务院发布《关于教育工作的指示》，提出要培养一支数以千万计的又红又专的工人阶级知识分子的队伍，要求多快好省地发展教育事业，并且确定了教育为无产阶级的政治服务，教育与生产劳动相结合的工作方针。随即教育革命在全国蓬勃发展起来。以生产劳动代替学习，冲击了正常的教学秩序；教育管理权下放，使各级各类学校盲目发展；学校工作中大搞群众运动；等等。

半工半读的方式在职业学校得到发展。针对职业教育，毛泽东提出："一切中等技术学校和技工学校，凡是可能的，一律试办工厂或农场，进行生产，做到自给或半自给，学生实行半工半读。"在这一方向指引下，中等技术学校逐步将生产劳动列入正式课程，进一步充实完善生产设施，结合教学生产产品，建立起生产劳动实习基地，学校的生产计划也列入了省市生产计划之内。②

1958年，刘少奇提出了"两种教育制度、两种劳动制度"的设想。同年9月，中共中央、国务院发布的《关于教育工作的指示》提出多快好省地发展教育事业，有几大措施并举：教育部门办学和业务部门办学并举，中央办学和地方办学并举，国家办学和厂矿、企业、农业合作社办学并

---

① 李蔺田. 中国职业技术教育史［M］. 北京：高等教育出版社，1994：258.
② 李蔺田. 中国职业技术教育史［M］. 北京：高等教育出版社，1994：293.

举。① 1964 年，教育部进一步贯彻执行"两条腿走路"的方针，逐步实行两种教育制度，城市必须坚决贯彻执行普通教育与职业（技术）教育并举，积极发展职业教育。

由于1958 年教育"大跃进"过程中，教育管理权下放，多渠道办学局面的形成，使得教育事业计划失去控制。中等专业学校和技工学校出现急速发展，给国家造成了很大困难。1961 年，随着国民经济实行调整整顿，教育事业也开始进行调整，缩短战线，压缩办学规模，裁减学校，精简教职工等，此项工作一直持续到 1963 年。教育部对职业教育进行调整，大幅度裁并中等专业学校，精简教职工，提倡人民办学，调整招生计划指标等。而 1964 年，中共中央、国务院发布了由教育部拟定的《中小学教育和职业教育七年（1964—1970 年）规划要点（初步草案）》，推进发展城市职业教育。

以中等专业教育和技工教育为主体，包含农业中学和职业中学、各种培训相结合的中等职业教育制度逐步建立起来。这两种专业技术教育，提高了专业干部和技术工人的文化技术水平和技能程度，为我国此后 30 余年的社会主义建设事业培养了几十万中级骨干人才和技术工人，对我国经济建设和工业体系的建立，发挥了重大作用。② 到 1965 年为止，中等专业学校、技工学校、农业高中、职业高中的招生数合计高达 87.2 万人，而当时普通高中招生数仅为 45.9 万人，国家高中阶段教育结构比较合理。③

职业教育的管理体制和办学体制基本确立。贯彻两种教育制度，1964 年中央将原先设在高等教育部的负责管理中等专业学校的中等专业教育司并入教育部，与教育部原先分管全国技工学校和城市、乡村职业学校的职业教育司合并，仍称为中等专业教育司。④ 同时，技工学校的综合管理工

---

① 李蔺田. 中国职业技术教育史 [M]. 北京：高等教育出版社，1994：294.
② 孙琳. 新中国职业教育的发展与变革 [J]. 中国职业技术教育. 2008（33）：25-26.
③ 杨进. 建国五十周年职业教育的成就与经验 [J]. 中国职业技术教育，1999（12）：10-12.
④ 李蔺田. 中国职业技术教育史 [M]. 北京：高等教育出版社，1994：316.

作由劳动部划归教育部，而地方劳动部门办的技工学校仍由地方劳动部门直接领导。

"文化大革命"开始之后，刘少奇提出的"两种教育制度"被说成是资产阶级的"双轨制"，遭到了批判和抛弃。半工半读学校全部被迫停办，大量职业中学、农业中学停办，各地普通中学盲目发展，职业教育在中学阶段教育中所占比例严重降低。[①] 中等教育结构受到严重破坏，城市就业出现严重问题。1968年12月22日，《人民日报》发表了毛泽东的指示："知识青年到农村去，接受贫下中农的再教育，很有必要。"从此，掀起了知识青年上山下乡的高潮，用生产劳动代替正规学习，带来了惨痛的教训。

由于社会经济发展的需要，面对工厂工人缺乏技能、社会上许多无技能人员失业的状态，中央和地方各界对恢复和办好中等专业学校的要求越来越强烈。从1970年下半年到1976年"文革"结束，职业教育在艰难的条件下得到了恢复。在1971年的全国教育工作会议上，周恩来肯定了恢复中等专业学校的必要性。[②] 会议还发表了简报《要认真办好中专》，其中提到："随着社会主义革命和建设的发展，各条战线需要大量的人才，单靠大学培养远远不能满足，中等专业学校是我国教育战线上一支重要力量，一定要认真办好。"会后发布的《全国教育工作会议纪要》第九条写道："中等专业学校和技工学校是我国普及科学技术、文化教育的一支重要力量，必须认真办好。"恢复中等专业学校和技工学校的办学后，1973年国务院批转了国家计委和国务院科教组《关于中等专业学校、技工学校办学中几个问题的意见》，对于这些学校的培养目标、学制、招生方法以及教学工作等一系列问题作了规定。意见指出"中等专业学校是为社会主义革

---

① 1976年，各类职业技术学校在校学生数只占高中阶段各类学校在校学生总数的1.16%。资料来源：《中国教育年鉴（1949—1981）》，第172页。转引自：毛礼锐，沈灌群. 中国教育通史：第六卷 [M]. 济南：山东教育出版社. 1989：185.

② 周恩来总理1971年7月6日在接见全国教育工作会议领导小组时指出："中专可以委托厂矿来办，或联合办，或地方办，多种多样。"从而肯定了中专要办。资料来源：李蔺田. 中国职业技术教育史 [M]. 北京：高等教育出版社，1994：341.

命和社会主义建设培养又红又专的中等专业人才,技工学校培养有社会主义觉悟有文化的技术工人",从而将中专、技工学校的培养目标作了区分。

五、总结与思考

新中国成立初期17年在中国教育发展史上是一个重要阶段,职业教育的发展受当时政治经济文化的影响是非常显著的,形成了鲜明的时代特色和中国职业教育的基因,为当代中国职业教育的发展奠定了基本的思想和制度的基础。本书在此以回顾职业教育发展历史的方式,让读者感受到那个时期职业教育领域革故鼎新、反复探索、勇往直前的思想闪光和理论借鉴。

第三节 本书呈现的主要研究内容

一、职业教育治理研究

提升职业教育治理能力是实现《国家职业教育改革实施方案》(国发〔2019〕4号)的总体要求与目标的重要措施之一。改革开放以来,我国职业教育治理研究经历了管理和治理两种思维下的研究阶段。前者以政府主导的、自上而下的管理为主,后者伴随治理理论的兴起,强调由政府、市场、行业企业等多元主体在共同的目标基础上,对职业教育进行治理。

1. 我国职业教育治理的研究现状

关于管理思维下的职业教育治理研究。在宏观层面,加强政府责任,改善行政服务,加快体制创新成为职业教育管理改革的主流。政府在职业教育管理中属于放任型还是控制型是对政府责任研究争论的焦点。鉴于职业教育管理处于政府和市场、教育部门和主管部门四难尴尬境地,如何把脱离生产实际的学校教育和生产实际结合起来,寻找能够有效克服政府和市场的不足、兼顾教育与行业利益的最佳平台,要积极发挥行业组织的作用。

在院校层面,不少高职院校引入ISO9000标准构建高职教育质量管理体系。然而，有研究者提倡采用柔性的服务补充刚性的管理，具体措施包括树立服务理念、构建学习型组织、开发可组合的课程、配置柔性重构的教学设备、实施弹性学制等。此外，职业教育的教学管理和师资管理都是管理思维下职业教育治理研究的热点议题。

关于治理思维下的职业教育治理研究。职业教育治理在我国蓬勃兴起有其深刻的社会背景，"共治"是职业教育治理的典型特征，治理主体是多元的，主要有中央政府、地方政府、职业院校、行业企业、社会公众等。治理思维下，厘清职业教育治理的边界范围是研究治理问题的本职工作，职业教育治理的策略与方式成为治理的关键议题，职业教育集团化办学则是治理的特色所在。在治理主体的选择上要从"一元"走向"多元"，明确各方治理主体的责任。而在治理策略上，需要职业院校治理决策者与非决策者在治理问题上充分沟通达成一致的前提下进行治理决策。构建合理的职业教育集团化办学内部治理机制，促进职业教育集团化办学的民主化、规范化和科学化。

关于职业教育治理中政府与市场的作用。我国近十余年来政府强化职业教育公益性的政策取向，包括免学费、奖学金和生活补助的政策，产生了巨大社会效益。免学费虽然受到一些推崇效率至上的学者的反对，但是，政府在发展职业教育中应该承担主要责任的原则是教科文组织推动的国际共识，强化职教公益性也得到了发达国家的实践证明。在不放松政府职责的前提下，面向市场办学和引入行业企业支持，形成良好的职业教育治理体系，这是今后职业教育研究和决策面临的重大选题。

2. 我国职业教育治理研究述评

职业教育治理研究的文章数量总体呈持续增多的趋势。职业教育治理研究内容总体上呈现出丰富多样的特色。但不同研究领域之间缺乏必要的思想交汇或相关研究的深化与验证，进而形成了众多没有交集的块状化研究。缺乏系统性的块状化研究不利于形成系统性的知识体系，难以在深层次上促进职业教育治理实践。

因此，首先要把重视本土治理理论建构与引介国际治理经验相结合。我国职业教育应当树立本土意识，加强国内职业教育治理现状研究，也需要明确国外职业教育治理理念提出的背景、制度环境等，反思国外经验对我国职业教育实践是否适用。其次要把深化研究层次与加强合作研究相结合。不同领域的研究者以各自的学科背景为出发点来共同思考职业教育治理问题，对其进行全面的研究，更有利于职业教育治理实践活动。最后要推动规范研究和实证研究相结合。在未来的职业教育治理研究中，需要大力提倡开展以规范研究为依托的实证研究。

二、职业教育专业建设研究

1. 职业教育专业建设的研究现状

新中国成立 70 周年来，我国职业教育专业建设以培养满足社会生产发展需要的技术技能型人才为目标，经历了学习借鉴、调整改革、完善提高和特色发展的内涵式建设过程，积累了丰富的实践经验。尤其是新世纪以来，理论研究视域不断扩展，围绕职业教育专业的属性特点、设置依据、建设原则、专业结构优化调整、专业与产业互动发展等方面进行理论研究和政策探讨，出现了一批有代表性的阶段成果，为后续职业教育专业研究工作的持续深入和指导专业建设实践建立了基础。以下六方面阐释了职业教育专业建设研究的主题领域与观点。第一，职业教育专业的基本理论研究：职业教育是一种职业性专业教育；专业的职业性与专业建设的市场性；专业建设与地方产业发展密切相关；社会职业分工变化要求专业综合化改革。第二，职业教育专业集群的研究。第三，职业教育专业设置与结构调整研究：专业设置与结构调整的现状与问题研究；专业设置与结构调整的影响因素研究；专业设置与结构调整的原则和方法研究；专业设置与结构调整的保障机制研究。第四，职业体系与专业体系协调发展研究。第五，区域职业教育专业与产业互动发展研究：产学合作与区域经济发展；专业与产业的适应性研究；产业集聚区专业产业互动发展实践。第六，专业认证与评估制度建设研究：专业认证和专业评估。

专业领域的产教融合研究十分丰富。产教融合既是职业教育专业产业对接的指导理念，也是保障技术技能人才培养质量的重要因素。我国对职业教育专业建设领域前期已经有了一些实践探索，并初步形成了一些经验性的认识和总结。如：在产教、校企关系方面的"产教融合、校企合作、工学结合、知行合一"基本共识；教育部提出的"校企五对接"（专业设置与产业需求对接、实习实训与生产过程对接、学校名师和企业工匠对接、学校科学研究与企业创新发展对接、学校教师继续教育与企业职工培训对接）；对产教融合理论和制度进行了深入研究，构建了"个体—组织—区域跨组织—国家"四个层面的四维理论分析框架；职业教育的跨界、整合和重构等原则；具体学校人才培养和专业设置、课程开发的理念如情境学习理论、工作场所学习理论、理实一体化、工作过程系统化、能力本位、任务导向、工学结合一体化课程等等。这些丰富的研究成果和国家政策、指导方案等从不同方向与维度帮助认识和理解产业发展同职业教育及专业建设的关系。

2. 职业教育专业建设研究现状述评

近些年来，我国职业教育专业建设、产教融合在政策层面上不断被强调，相关研究成果不断涌现，已有研究大多围绕产业发展对职业教育的影响、专业建设的内涵、专业建设的路径、专业建设遇到的问题分析以及产教融合、校企合作方面进行讨论，对产业发展与职业教育专业建设的关系研究，提供了重要的研究基础和理论借鉴。

但已有研究大多缺少系统性，缺少从产业分类的视角探讨专业建设。以往研究虽提出根据产业发展来设置、调整专业，但外部的产业被作为整体变量来考察，缺少从产业分类的视角探究对专业设置的具体指导。

展望未来，专业建设也需要从治理体系高度来建设。一方面要加强顶层设计，明确各利益相关者在职业教育专业建设中的角色与作用；另一方面，通过对职业标准、任务、作业方式等产业体系的探索以及其向职业教育专业标准、学习任务、教学组织形式转化的探索，探明职业教育专业建设与产业发展对接的深层机制。研究还可将产业类型划分本身作为一个重要维度，分类建立产业与专业的对接。选取有代表性的产业类型来分析不同类型产业内部与专业建设关系的特点、逻辑与机制以及新技能、技术如何通过工作等中介影响职业教育专业，从而实现不同专业与产业的有效对接。

三、职业教育教师研究

不同于普通学校的教师，职业学校教师因其职业的特殊性拥有更大的研究价值。近些年在教育部人文社会科学研究规划基金、青年基金、自费经费项目以及全国教育科学"十三五"规划立项课题中，职业教育教师研究课题的立项项目数量均有一定的提升，立项课题范围涵盖职业教育教师发展的方方面面，不仅研究成果丰富，而且研究的视角与研究主题更加多样，研究的系统性也更强。其中，涌现出一批从职业教育教师资格、职业教育教师的专业发展以及职业分析、跨界学习等新的研究视角研究职业教育教师的优秀成果。

1. 职业教育教师资格

关于职教教师资格标准研究。职业教育教师的工作性质不同于普通教育的教师，基于教师的专业化，什么类型的人才更有资格胜任职业教育教师是研究的一大热点。总结已有研究，落脚点都在专业知识与能力、教学知识与能力、实践知识与能力三大素养上。"双师型"教师是职业教育教师队伍建设的特色和重点，也是职教教师资格标准研究视角之一。有学者提出"双师型"教师应具备的职业素质标准是"一全""二师""三能""四证"。持质疑态度的学者则认为此标准过于形式化，提出将"双师型"教师能力分为三个层次，并相应设有专业标准。其中一级标准主要为教师外在的学历资格标准，二级标准包括"经师能力标准""技师能力标准""人师能力标准"和"事师能力标准"。不仅要关注到职业教育教师标准的可行性与可操作性，同时又兼顾教师专业发展与人文关怀。

关于职教教师资格制度研究。教师资格制度（又称"教师资格证书制度"）是国家在法律范围内对教师实行的职业许可制度，是对从事教师职业人员所应具备的条件和身份的一种强制性规定。关于完善职教教师资格制度的必要性，教师资格制度促进职教教师队伍整体素质提高的作用等，已有不少的研究。已有研究仍存在一些问题，如教师资格制度未能体现职业教育的特点、教师资格分类过于笼统、教师资格认证对象不全面等问题，值得学者们继续探索。有些研究成果的表达过于"学术化"，书斋气息过重，对现实问题的关照或针对性不强。因此，此类研究应突出问题导向，以解决问题为出发点和落脚点，与政策需求和职业院校实践需求精准对接，提高研究的针对性和有效性。

2. 职业教育教师专业发展

关于职教教师专业发展内涵。厘清职教教师专业发展的内涵是高质量研究产出的前提。归纳已有研究成果，有关职教教师专业发展内涵的界定主要涉及知识、能力、态度、人格等方面。纵观职教教师专业发展内涵的文献，虽然研究视角与关注侧重点略有不同，但大体都包括知识、能力和态度三个方面。

关于职教教师专业发展模式研究。归纳学者的研究成果，有关职教教师专业发展模式的研究主要涉及以下四个方面。第一，"校企联合支持"的发展模式。其理念是"学校与企业形成一定的合作机制"，其主要环节包括：首先在学校完成初次发展，其次是在职业教育教学事业中进行第二次专业发展，并提出推进该模式的策略，诸如制度保障、引导教师积极参与等。第二，"工作场学习"的发展模式。有学者认为工作场学习即在参与真实任务的环境中获得知识与技能的学习方式，职业教育中的工作场学习是一个持续把知识转化为行为的过程，是一个从"新手"成长为"专家"的过程。第三，"实践共同体"的发展模式，设计了教师"实践共同体"的研修模型与研修流程，构建了教师发展的结构模式与实施机制。第四，"产教融合"的发展模式，"产教融合，校企合作"不仅是新时代我国职业教育发展的必由之路，也是促进教师专业发展的重要路径。

关于职业教育教师专业学习研究的新视角。学习不仅仅是单一系统内单一领域知识的纵向增长的过程（如从新手教师变成专家教师），也发生在跨越多个系统、不同实践领域之间互动、参与的横向过程。相较于过去将边界视为障碍，跨界学习视角则将边界作为潜在的学习资源。这种横向学习的跨界视角为教师学习研究提供了新的理解方式，即教师学习不仅仅发生在纵向的实践共同体、活动系统等社会文化环境中，不仅体现在某一领域内知识、技能、专长等发展中，也发生在横向跨越不同学习情境、不同实践共同体边界的实践中。

关于职业教育教师专业发展研究的未来展望。第一，教师专业发展理念应持续更新，充分凸显教师作为"学习者"的角色和身份。在教师众多的角色中，最为核心的应是教师作为"学习者"的角色。将教师视为学习者是有效促进教师专业发展的认识基础。同时，关注"做中学"和创造知识的能力和可能性以及独特的知识类型即"实践性知识"，尤其是要关注作为所在某行业、职业领域的专业人士具有的职业实践知识和作为一名专业教师在实践中所创造、生成的教育教学实践知识。第二，培训方式和内容应在"以学习者为中心"这一根本前提下把握"分层分类"原则，以教师实践教学工作所需要的、能够帮助其解决真实教学困惑、能够将理论与课堂教学相结合、提升其教育教学水平的培训学习为出发点。职业教育的教学理论同样适用于教师，教师的"学习"与"工作"不应被人为地分开。第三，要注重培训者自身能力的提升和来源的多元化，尤其关注扩大名师的辐射带动效应。一方面应进一步提高培训者自身"迁移""转化"的意识和能力；另一方面，要发挥本土已经成长起来的各级各类"名师"的作用，扩大名师在实践中的辐射、示范、引领、带动效应。

四、职业教育产教融合校企合作研究

1. 职业教育校企合作的研究现状

职业教育校企合作的研究热点可分为校企合作利益相关者及其职责研究、校企合作模式分类研究、典型校企合作模式研究、校企合作问题与对策、校企合作制度建设研究。

关于校企合作利益相关者及其职责相关研究。校企合作反映的是教育与经济的联系，不仅仅限于职业院校与企业这两种不同性质组织之间进行的合作，实际上涉及政府、职业院校、企业及其他用人单位、行业协会等多方的活动。因职业教育具有"准公共产品"属性，举办和统筹发展职业教育应体现政府的主导作用。职业院校作为校企合作主观愿望的提出者，在整个校企合作的过程中承担着更重大的责任，因此在校企合作过程中学校应做一个主动发起者，协调、沟通、维护学生与企业之间的关系。企业是职业教育的重要利益相关者，其在职业教育课程开发中扮演着异质跨界合作、供需适应合作、资源互补合作和培养衔接合作的一个主体角色。行业组织在校企合作过程中的利益诉求是制定本行业人才质量标准，将行业标准与职业院校人才培养标准对接，培养本行业需要的人才，促进本行业企业的发展。

关于校企合作模式相关研究。国内学者及教育机构依据不同的标准，对职业教育校企合作模式进行了分类研究。其中有依据学校和企业的关系及地位的分类，如将职业教育校企合作分为学校本位模式和企业本位模式；有依据学校和企业参与方式及程度的分类，如将职业教育校企合作分为企业配合模式、校企联合培养模式、校企实体合作型模式；有依据政府作用发挥程度的分类，如市场自发、政府引导和政府主导这三种模式；有依据校企合作实践操作特点的分类，如订单式、"2+1"式、学工交替式等；有依据校企合作参与主体的分类，如个人层面的工学结合、组织层面的校企合作、区域跨组织层面的专业集群与产业集群的合作等；有依据校企合作中企业所需人力资本类型的分类，如技能依赖型校企合作、知识依赖型校企合作、素质依赖型校企合作、体力依赖型校企合作等；有依据校企合作中企业的生产方式的分类，如手工生产方式下的校企合作、福特制生产方式下的校企合作、精益生产方式下的校企合作等。

关于典型校企合作模式相关研究。国内对于典型校企合作模式的研究主要围绕工学结合、产教结合、校企合作、产教融合及现代学徒制的职业教育办学模式进行探讨。"工学结合"和"产教结合"最早出现于1991年10月17日国务院发布的《关于大力发展职业技术教育的决定》中，2004年以后，国家连续出台重要文件，强调校企合作的重要性。"校企合作"的基本内涵是产学合作，是工学结合的基础；工学结合则是实施校企合作教育的有效途径和方法。2014年习近平总书记在关于加快现代职业教育发展的指示中强调坚持产教融合、校企合作，坚持工学结合、知行合一。"产教融合"所传达的新理念和新导向在于，产业与教育的合作应是利益共同体、发展共同体。

关于校企合作存在问题与对策相关研究。我国职业教育校企合作的实践是丰富的、多样的，但其中存在的问题也不少。职业教育校企合作存在政府、行业、企业、院校、学生等五大层面的问题,任何单一方面都无法有效地解决职业教育校企合作的跨部门、跨领域问题。但在实际运行层面,政府推进校企合作的政策与管理机制不健全、职业院校适应行业企业需求的能力不强、企业参与职业教育发展的动力不足、校企合作的有效模式尚未形成等问题影响和制约了校企合作的发展。此外,校企合作过程中也存在观念上的瓶颈,如企业参与和支持职业教育的社会责任意识尚未确立,政策及法律法规缺乏具体指引和鼓励行业企业参与职业教育的政策导向等。

关于校企合作机制与制度建设相关研究。校企合作的机制和制度建设,其实是问题与对策研究的延伸。在利益分配机制视角下,校企合作必须考虑双方的利益分配,维系双方可持续运转的纽带。校企双方的长效合作取决于有效的保障机制,校企合作保障机制是职业教育中的合作主体(政府、学校、企业)为充分发挥各自的功能和优势,通过制定相关的法律、制度和措施以促进校企合作的可持续发展而形成的相互联系、相互作用的关系及其功能的总称。当前我国的职业教育制度在法律或政策层面亟待建立权威、科学的校企合作组织协调制度,认可和规定职业院校的多元办学制度,制定或完善科学的职业教育经费保障制度、独立的教师资格认定和职称评定制度、独立的职业院校招生考试制度、有效的技能型人才地位和待遇提升制度、严格的职业资格或技能认证制度。

2. 我国职业教育校企合作研究现状述评

学界非常认可校企合作对于职业教育和经济发展的价值,基本达成共识。这体现在对职业教育校企合作的研究日益丰富、透彻;对校企合作主体及其职责的研究也是多样的;对校企合作模式的研究非常丰富;对校企合作问题与对策的研究比较深入。业界对校企合作概念的研究,已经不仅仅局限于一种人才培养模式,而是将其看成一种人才培养模式、合作关系和教育与产业融合制度的整合体。

然而,现有产教融合校企合作研究仍需科学化。在对典型校企合作模式的研究中,对每种典型校企合作模式的适用范围的研究略显不足,对这些不同的校企合作模式的本质差异研究也有待加强。同时,我国学者对校企合作的研究具有问题导向的特点，其背后的理论研究和规律把握尤需关注。

同时，校企合作的实践进程对理论成果的支撑、指导需求还很强烈。在体制机制研究上，需要更加系统全面的研究设计与政策规划；在实证领域研究的方面更亟待拓宽。此外，应采取多学科交叉的研究路径，并注重使用微观研究与宏观研究相结合、个案研究与系统研究相映衬、定性研究与定量研究相促进的研究方式。

五、职业教育课程研究

课程是教育活动的核心要素，教育思想、教育观念的变革，人才培养模式、教学内容体系的改革都通过课程来具体落实。中国职业教育课程的研究伴随职业教育的产生和发展而不断深入，本土探索与引进吸收相结合，取得了令人瞩目的成就。

1. 职业教育课程研究现状

关于职业教育课程研究的发展阶段。改革开放以来职业教育界陆续引进了 CBE、MES 与学习领域课程等诸多"舶来"课程模式，业已"覆盖"并"主导"了中国职业院校的课程改革。有学者依据课程基本样态，将中国职业教育课程的变革作了"学科本位"（起于 1979 年教育部出台《全日制中等专业学校工作条例》，终于 1991 年北美 CBE 课程正式引介）、"能力本位"（起于 1991 年北美 CBE 课程登陆中国，终于 21 世纪初学习领域课程在中国的尝试推介）和"理实一体化"（起于 21 世纪初期至今）三阶段的划分。在时间线上确实存在这样的顺序，表现出课程改革推进的程度；实际上也要承认，多种多样的课程模式是职业教育课程实践中的真实样态。

关于职业教育课程的研究热点。通过对高频词汇的检索以及相关文献的分类整理，发现职业教育课程的研究热点主要集中在以下几个方面：现代学徒制课程建设研究，中高职课程衔接研究，职业教育慕课应用研究，应用型大学课程改革研究，理实一体课程整合研究，工作过程系统化任务课程开发研究等。关于职业教育理实一体课程整合研究，虽表述略有差异，但内核实为相通，从整合性人才培养的视角出发，将学术课程和职业课程联结在一起。工作过程系统化课程研究的代表性学者是姜大源。其认为跨界的职业教育，必须要有跨界的课程；基于工作过程的系统化，开发跨越职业场和教学场的课程；工作过程系统化课程更有利于培养学生"做事"的能力。

2. 职业教育课程研究现状述评

对中国职业教育课程研究的分析。第一是关于职业教育课程本质观研究的分析。课程观从学科知识本质观走向了基于工作、职业和实践等角度的多元化认识。邓泽民提出："职业活动成为我国职业教育课程本身所固有的，决定其课程性质、面貌和发展的根本属性，所以我国职业教育课程的本质是职业活动。"第二是关于职业教育课程目标研究的分析，有课程目标混合取向、综合职业能力目标和认知化的课程目标开发等不同取向。第三是关于职业教育课程内容的研究，包含内容选择、组织与设计等方面，表现在从知识的角度审视课程内容的选择与开发，或按课程内容序化的行动体系观组织课程内容。此外还有关于职业教育课程实施、课程评价的研究。

对当前中国职业教育课程研究的思考。第一，职业教育课程的研究多为以解决实际问题为重点的应用研究，缺乏基础理论研究。第二，职业教育课程研究还没有形成规模和制度化氛围，有待建设学术组织。第三，教师课程开发的主体作用发挥不足，有待进一步加强。第四，职业教育课程的学术话语缺少规范，存在混乱现象。

面向未来的中国职业教育课程研究。第一，要探究基于实践的职业教育课程理论研究范式，研究我国本土的问题，构建本土理论成果。第二，要开发职业教育课程新的研究问题域。有四种思路：首先是技术哲学、伦理学、文化学等研究域，其次是关于职业教育课程评价的研究域，再次是职业教育课程实施问题域，最后是课程内容与职业标准相衔接的问题域。第三，要建立对基本问题达成共识的职业教育课程研究的学术共同体。第四，要拓展职业教育课程的跨学科研究视角。第五，要构建职业教育课程研究的"乡土话语"理想状态。

六、职业教育教学研究

教育教学改革是职业教育改革的核心。新中国成立后,我国政府很重视职业教育教学的开展,重视理论与实践的结合,指出要"努力学习苏联先进经验,积极改进教学,以提高教学的质量"。对生产实践的重视、对理论联系实践的强调贯穿于我国职业教育教学改革的全过程。教育部在《关于全面推进素质教育、深化中等职业教育教学改革的意见》中指出,"课程改革是教育教学改革的核心任务",进而把"三教"(教师、教材、教法)改革作为提高职业教育质量的突破口。

1. 职业教育教学研究现状

职业教育教学研究有持续关注的重点,包括专业设置,教学计划和人才培养方案,能力本位目标,"以就业为导向"的教育教学理念,教育教学与职业资格的对接问题,教师教学能力和教学方法,教学信息化,教育资源库建设,技能大赛和教学成果等。

关于教学理念的研究。主要围绕"行动导向""产学结合"等教学理念展开研究。对于教学理念的具体内容,已有研究主要从整体的人才观、课程观、教师观、学生观、技术观、教学观、评价观等展开。在我国职业教育研究中有较大影响的教学理念包括行动导向教学理念、"一体化"教学理念和能力本位思想等。

关于教学模式的研究。主要从教学模式定义、教学模式内涵等不同的视角研究教学模式的发展。述及较多的教学模式有行动导向教学模式、实践教学模式、一体化教学模式、工作室制教学模式等。

2. 职业教育教学研究现状述评

职业教育教学研究还有很大的改进空间。首先,要厘清一些概念,加强基本学术概念使用的规范性,努力消除一些研究话语混乱、不规范的现象;其次要构建本土的职业教育教学理论;再次是要建构职业教育教学方法结构体系;最后要重视职业教育教学研究的科学性和规范性。总体来看,注重职业行动能力培养的行为导向教学正成为我国职业教育教学方法改革的重点。

七、职业教育实习实训研究

职业教育实习实训是我国职业教育实施实践性教学的主要形式。自举办职业学校以来，实习实训便以各种形式存在于我国的职业教育之中。"企业是实现工学结合的最佳场所，是技能人才成长的重要场所，也是技能人才培养的最大受益者。"职业院校学生实习实训既是校企合作、工学结合的核心环节，也是我国职业教育领域工作场所学习的主要形式。

1. 职业教育实习研究现状

关于实习存在的问题研究。研究者发现发展相对滞后的地方经济通常难以满足职业院校学生就地实习或相对集中实习的需求。这会带来学生异地、分散实习，增加了职业院校实习组织与管理、监控与指导的难度。政府对实习缺乏有效的制度和立法保障，对实习过程中学生和企业双方权利的保护、义务的履行缺少监督。企业在追求利益最大化的驱动下，不愿意承担由于管理实习学生而带来的额外成本，更愿意将实习学生视为一般的员工，进而扭曲了实习的教育价值。学生在实习过程中，存在频繁更换实习企业的现象，缺乏相对的稳定性。

关于实习过程管理的研究。主要集中在管理模式和管理内容的研究上。技术技能积累以企业为主，实习规范管理以学校为主，将成为实习管理的重要模式。在当前实习实践中，职业院校通过实习管理平台强化实习管理是普遍的做法。

关于实习质量提升的研究。职业教育实习质量逐步引起人们的关注，对实习质量提升的研究主要集中在两个方面：一是通过评价促进质量提升；二是通过保障措施提升质量。实习的相关制度建设是决定实习质量的核心，政府主管部门必须高度重视学生的实习制度建设问题。

2. 职业教育实训研究重点

关于对"生产性实训"概念的研究。2006年，教育部颁布了《关于全面提高高等职业教育教学质量的若干意见》，提出了"生产性实训"的概念，从而改变了职业教育实训的逻辑与实践。学界对此概念的研究，一致之处在于强调生产性实训基地建设最为重要的决定性因素是模拟真实的工

23

作环境。

关于实训教学理念的研究。工学结合、能力本位、工作本位等思想成为指导实训教学的理念，突出强调实训教学应当更加注重培养学生的职业实践能力。

关于提升实训教学质量的研究。对实训教学质量的研究以构建实训教学质量保障体系这一主题为主要部分。研究分布在制度层面、实训课题的具体方面到实施效果的评价方面。

关于实训教学策略的研究。很多研究建议常常是泛化的，目前关于实训的教学策略与其说是针对性的策略，不如说是在构建教学体系。这可能跟目前大多数研究都只是理论探讨，而没有深入实践调查有关。

3. 评价与展望

本主题的相关研究中，高质量的研究文献少；以理论思考为主，实证研究少。第一，已有研究对职业教育实习实训的内涵等基本理论问题研究尚不充分，表现为很少从哲学、心理学、学习理论的角度探索实习的本质。第二，对职业教育实习实训的规律性问题研究还停留在表面，较少深入地涉及实习实训过程中职业院校、企业、学生等利益相关方对实习效益的影响。第三，缺乏理论深度。第四，研究职业教育实习实训的方法比较单一。

未来关于实习实训的研究应该关注的重点问题：第一，实习实训情境的真实性与教学效果的关系。实习实训究竟需要在多大程度上模拟真实的工作情境才能最大限度地实现教学效果是实习实训研究必须回答的一个问题。是否越真实地呈现工作情境越能够促进学生学习？还是需要根据学生的学习水平和教学需要适度地模拟工作场所？第二，实习实训对学生学习成果的影响研究。包括具体的实习实训教学能够促进学生的哪些职业能力以及如何促进，不能促进哪些重要职业能力的发展，职业教育应当采用何种措施来满足学生的生涯发展需要。第三，工作场所学习和实习实训的关系。我国实习实训研究对实习实训和工作场所学习这两者在实践教学体系中的关系关注较少。这两者的关系问题及对学生职业能力发展的不同影响，将成为未来实习实训研究需要关注的一大研究主题。

八、德国职业教育研究

中国职业教育的实践者与研究者对德国职业教育给予了高度关注，相关的理论研究也取得了较为丰富的成果。

1. 德国职业教育研究现状

20世纪90年代之后，德国职业教育逐渐成为我国职业教育研究中的重要关注对象。以教育部职业技术教育中心研究所为代表的德国职业教育研究，涉猎的研究热点包括双元制、工作过程系统化课程、工作过程知识、学习领域课程、教育型企业、学徒制、行动导向教学法、专业教学论等等，研究数量呈现显著的上升趋势。

伴随着中国职业教育改革发展的步伐，我国对德国职业教育的研究涵盖了广泛的主题范围，包括课程、教师教育、制度与体系、社会与历史根源、国际化与本土化以及近期发展趋势等方面的研究。例如以姜大源先生为代表的职业教育学界对德国职业教育课程的研究影响较大，关注对"学习领域"的研究，"学习领域"课程的本土化借鉴仍在摸索中。德国职业教育标准的开发与修订对于我国相关标准的制定有着重要的启示意义。针对具体的职业领域的专业教学法，我国目前的研究比较少，其中陈永芳对电气类专业教学论的研究、颜明忠对建筑工程类专业教学论的研究最具代表性。

在直接借鉴德国职业教育具体经验做法的同时，复制德国经验的局限性也受到中国学者关注。有学者尝试通过分析德国的社会结构和文化传统来解释德国职业教育受到社会认可的原因；在德国学徒制的漫长的历史发展变迁中，行会组织父权主义色彩浓厚的管制方式与经济民主化中的劳资共决共同作用，较好地解决了学徒制所面临的可信承诺达成及劳动力市场管制的问题，从而有助于德国学徒制能够在工业化和现代化转型过程中继续保持并成为一种重要的技能形成体制，从而促成德国制造业的比较优势。

近期对德国职教研究较为关注的主题有：工业4.0对德国职业教育的影响；德国职业教育学校教师和企业培训师队伍研究；德国职业教育中的

教材研究；德国职业教育信息化发展的情况。

2. 德国职业教育研究现状述评

中国对德国职业教育的研究数量、内容和成果较为丰富。在研究内容上，从对德国职业教育实践经验的相对粗浅的介绍说明逐渐发展到对德国职业教育的理论、体系及其背后社会基础、历史根源以及制度和文化的深入分析。在研究方法上，从教育学尤其是比较教育学的单一学科范式逐步过渡到包括社会学、经济学等在内的多学科的研究范式。在研究态度上，从对德国的全盘接受照搬到审慎地有选择地吸纳甚至批评，从几乎完全仰望的状态逐渐过渡到平视的姿态。

我国对德国职业教育的研究也存在一些问题与不足，主要体现在已有研究对德国职业教育整体把握不够，不能在整体上用系统思维来介绍局部，一些理解存在偏差，甚至以偏概全。已有的研究中，直接借鉴德国的职教经验对中国职教有一定助益，但是，尚缺少深入系统地分析德国职业教育的理念在多大程度上与中国职业教育的理念兼容，对于德国职业教育的实践措施在多大程度上能够适用于中国的现实，既缺乏事前的前瞻性分析，也缺乏效果的实证研究。因而长期来看，对我国职业教育改革发展的参考作用有限，对职业教育实践的理论支撑还有待提升。

面向未来，期待中德两国在职业教育领域的交流与合作更加深入全面，也期待能够更系统地把握德国职业教育的成功经验和规律。目前来看，学习德国职业教育经验最系统的方式和路径是攻读德国大学里的职业教育学科的硕士课程，这是最为系统的学习方式，而博士研究则主要是选择一个方向的深化研究，难有机会把握其全貌。其次，中国职业教育的改革发展需要在产业分类和专业分类的基础上，继续参考和借鉴德国的经验和方法，理解德国职业教育的精髓和根源，把握德国职业教育实践中体现的职业教育基本规律，掌握德国职业教育发展的最新动态，不能把德国特定经验和规律照搬到任何产业和专业。第三，应加强对德国职业教育经验在中国的本土化实践的实证分析。第四，我们也应继续关注世界各国职业教育的最新发展动态和趋势，不局限于一国，相互比较并恰当地为我所用。"得其本义，忘其具形""不拒众流，方为江海"应该是研究和借鉴国外职业教育时遵循的原则。

第四节　本书的作者和贡献者

感谢"当代中国教育学术史"丛书主编张斌贤教授的邀请，委托我牵头撰写其中的职业教育学术史，使我有机会来思考中国职业教育学术史这样一个有趣的课题，也使我得以组织、设计、编写、统整这样一本书。同时也感谢福建教育出版社成知辛先生的大力支持和耐心。书中各章作者分别是：导论的作者为和震（北京师范大学），第一章的作者为祝成林（南京信息工程大学）、和震，第二章的作者为高山艳（北京教育督导评估院），第三章的作者为李玉珠（北京物资学院），第四章的作者为查吉德、李嫒（广州市教育科学研究院），第五章的作者为王为民（河南大学教育学院），第六章的作者为刘延翠（河北科技师范学院）、路宝利（安徽师范大学），第七章的作者为庄榕霞（北京师范大学教育学部），第八章的作者为魏明（深圳职业技术学院），第九章的作者为谢珍珍（香港大学社会学系），第十章的作者为祝成林，第十一章的作者为毛翠丽（朝阳工程技术学校），第十二章的作者为谢良才（重庆师范大学），第十三章的作者为李俊、鄢彩玲（同济大学职业技术教育学院），结语的作者为和震。

衷心感谢本书作者团队中的每一位作者，他们在长期的职业教育研究和实践中积累了足够的理论素养和学术经验，体现出了高度的学术责任感。本书初稿完成后，历经多次讨论和修改，但恐因我们水平有限，书中不当之处、疏漏之处在所难免，敬请读者批评指正。

第一章　职业教育治理研究

提升职业教育治理能力是实现《国家职业教育改革实施方案》（国发〔2019〕4号）的总体要求与目标的重要措施之一。新中国成立70年来，我国职业教育治理研究经历了管理和治理两种思维的研究阶段。前者以政府主导、自上而下的管理为主，后者伴随治理理论兴起，强调由政府、市场、行业企业等多元主体在共同的目标基础上，对职业教育进行管理。全面总结新中国成立70年来职业教育治理研究的历程、主题及特征，清晰地把握职业教育治理研究的主要内容，可以为新时代职业教育治理的研究与实践提供一种基于历史的展望。

第一节　基于学术论文的职业教育治理研究概况

新中国成立至"文革"结束，关于职业教育治理的研究成果少有被发现，但是从职业教育发展轨迹和政策文件中体现出来的职教管理思想还是有迹可循的。新中国成立初期建立起了专业技术教育体制，以中等专业学校和技工学校为主，由行业主管部门和劳动部门主管，中央和地方分工举办，依托行业企业办学，与计划经济及其劳动就业制度相适应。旧中国的职业教育被否定，被认为是为剥削阶级培养劳动力，剥夺了劳动人民接受完全教育机会的资产阶级"双轨制"教育。1958年开始，政府提倡中等专业技术学校多渠道多形式的办学体制改革，管理权限下放，导致规模迅速扩张，教育质量失控。1963年中央提出贯彻普通教育、职业教育和技术教育并举方针，随后将技工学校的综合管理权从劳动部划归到教育部。"文革"开始后，职业教育受到否定，中专和技校规模发展缓慢。新中国成立后的前30年间，职业教育受政治思想和教育政策的影响极大，职业教育管理与治理方面的学术研究成果缺失明显。

本研究借助中国知网，分别以"职业教育管理"和"职业教育治理"为主题，检索新中国成立70年来职业教育治理研究方面的期刊论文和学位论文，检索的时间为2019年1月。基于对70年来公开发表的职业教育治理研究论文数量及内容的统计分析，从整体上客观地考察这段时间该领域研究所体现出来的总体趋势。

将所采集的文献数据首先进行去重分析，排除书评、访谈、新闻报道等与学术研究相关性较差的论文，最终提取出1795篇高相关性、高学术性的职业教育治理研究论文，并绘制出如图1-1所示的文献年度分布图。

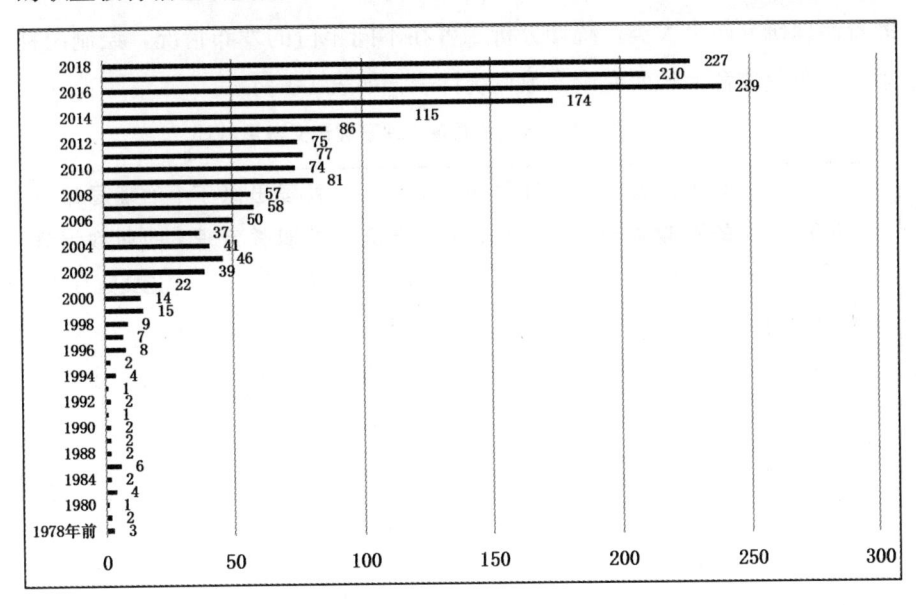

图1-1 职业教育治理研究论文年度分布图

从图1-1可以看出，70年来，职业教育治理研究发表论文数量表现出明显的阶段性特点。由于历史等原因，在1978年之前，我国职业教育治理研究文献仅有3篇，并且一直到1995年，每年发表的论文数量都非常少。自1996年起，职业教育治理研究学术论文有了明显增长。带来这一增长趋势的主要原因是国家政策层面不断推动职业教育发展。一是 20 世纪 90 年代中后期，我国推出发展高职教育的"三改一补"政策，这是我国发展高职教育的重大政策转向，基本明确了高职教育的办学主体和发展类型，为开展职业教育治理研究提供了问题源。二是 1996 年我国颁布《中华人民共和国职业教育法》，巩固了职业教育的地位。进入 2000 年之后，职业教育治理研究得到快速发展，发表论文数量增幅明显，2002 年的论文数量将近是 2000 年的 3 倍，至 2009 年又是 2002 年的 2 倍，尤其是 2014 年达到了 115 篇，2016—2018 年更是超过了 200 篇，基本上保持着这种快速增长势头。总体来说，新中国成立 70 年来，我国职业教育治理的研究成果就数量而言，经历了一个从低迷徘徊、缓慢增长到持续快速增长的过程；在研究阶段上，经历了从"管理思维"向"治理思维"的转变。

本研究进一步将所采集的文献数据分为管理思维和治理思维下的职业教育治理研究两个大类，统计分析二者在不同年份的发布情况，绘制两种思维下职业教育治理研究论文数量统计表，如表 1-1 所示。

表 1-1　两种思维下职业教育治理研究论文数量统计

年份	管理思维下的职教治理论文数	治理思维下的职教治理论文数	年份	管理思维下的职教治理论文数	治理思维下的职教治理论文数
1978 及以前	3	0	1993	1	0
1979	2	0	1994	4	0
1980	1	0	1995	2	0
1983	4	0	1996	8	0
1984	2	0	1997	7	0
1985	6	0	1998	9	0
1988	2	0	1999	15	0
1989	2	0	2000	14	0
1990	2	0	2001	21	1
1991	1	0	2002	38	1
1992	2	0	2003	45	1

续表

年份	管理思维下的职教治理论文数	治理思维下的职教治理论文数	年份	管理思维下的职教治理论文数	治理思维下的职教治理论文数
2004	39	2	2012	60	15
2005	36	1	2013	63	23
2006	44	6	2014	55	60
2007	53	5	2015	57	117
2008	50	7	2016	71	168
2009	71	10	2017	51	159
2010	63	11	2018	58	169
2011	56	21	总数	1018	777

从表1-1可以看出，各类期刊刊载的管理思维下的职业教育治理研究学术论文，经历了从低迷徘徊到持续快速增长的过程，1999年首次超过10篇，此后持续增长，至2009年达到71篇，随后的10年略有下降，但仍然维持在每年50篇以上的数量。各类期刊刊载的治理思维下的职业教育治理研究学术论文则从2001年开始，相关研究主要集中于最近20年间。从2001年至2018年，治理思维下的职业教育治理研究经历了低迷徘徊（2001—2009年）、缓慢增长（2010—2013年）、持续快速增长（2014—2018年）三个过程，尤其是近5年，职业教育治理研究更是成为热点。这既是响应2013年党的十八届三中全会提出"全面深化改革的总目标是完善和发展中国特色社会主义制度，推进国家治理体系和治理能力现代化"，也是管理学理论提倡由"管理"转向"治理"的理念在教育领域的实践。

本研究还将收集到的1018篇管理思维下的学术论文和777篇治理思维下的学术论文，进行主题分类。为确保主题分类的信度，分类工作由两名本专业的研究者进行，对有异议的地方两人进行讨论、达成一致看法。通过浏览标题、摘要和关键词，发现管理思维下的学术论文可以分为管理理念、管理体制机制、管理主体与责任、教育教学管理、职业院校师资管理、国外管理经验引介以及其他等主题。其他部分包括职业教育管理研究综述、人物管理思想研究、质量管理等。各个主题的论文数量比例如图1-2所示。治理思维下的学术论文可以分为治理的理论基础、治理的边界范围、治理的主体与责任、治理的策略与方式、职业教育集团化办学治理、国外治理经验引介以及其他等主题。其他部分包括职业教育治理研究综述、治理背景等，各个主题的论文数量比例如图1-3所示。

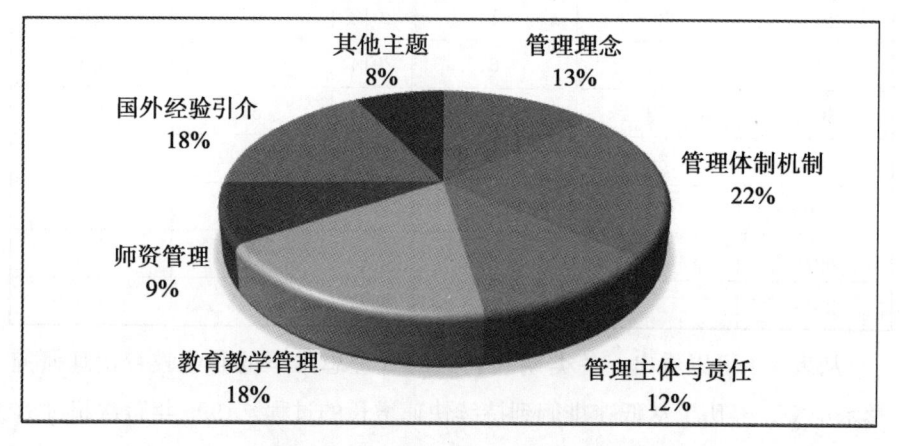

图1-2 管理思维下的职业教育治理研究论文主题分布

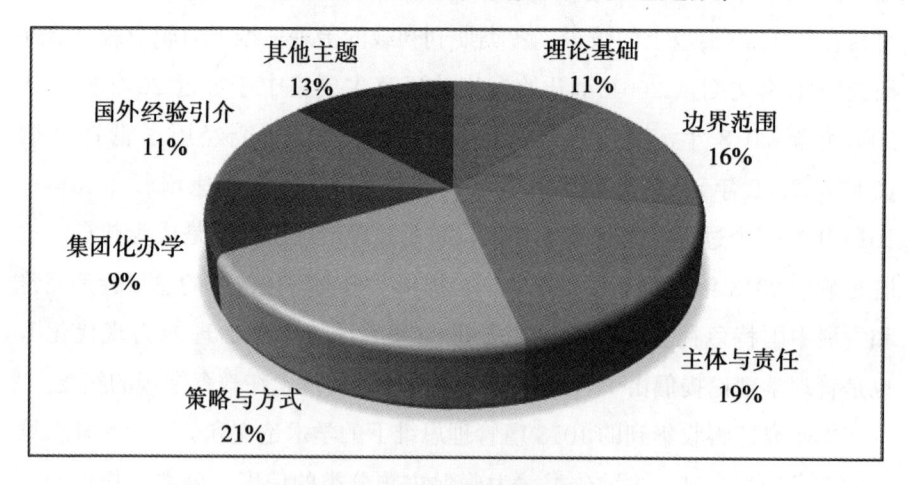

- 其他主题 8%
- 管理理念 13%
- 国外经验引介 18%
- 管理体制机制 22%
- 师资管理 9%
- 教育教学管理 18%
- 管理主体与责任 12%

图1-3 治理思维下的职业教育治理研究论文主题分布

- 其他主题 13%
- 理论基础 11%
- 国外经验引介 11%
- 边界范围 16%
- 集团化办学 9%
- 主体与责任 19%
- 策略与方式 21%

基于以上分析，本研究粗略地考察了新中国成立70年来职业教育治理研究成果在数量方面的概况，并简单地分析了导致这一概况的缘由。对某个研究领域发展水平的考量，学术论文的数量固然是一个重要维度，但绝不是唯一的评价标准。本研究将结合已经公开出版的著作，对这些成果的内容作进一步的考察，从其研究主题切入，分别深入描述管理思维下和治理思维下职业教育治理研究的内容。

第二节　管理思维下的职业教育治理研究

职业教育管理是组织职业教育活动、协调职业教育领域的相关因素，以实现职业教育职能，包括职业教育事业的管理、各级各类职业教育学校和培训机构的管理，具有生产力和生产关系二重性。①

一、刚柔相济：职业教育管理理念

从 20 世纪 80 年代到 90 年代末是我国职业教育发展的高潮时期，尤其是中职教育的规模有了突飞猛进的扩展。② 1990 年至 2004 年，教育部（原国家教委）先后开展了两次较大范围的国家级和省部级重点中职学校评估认定工作。鉴于评估能够促进职业教育规范化发展，研究者提倡基于教育评估的职业教育管理理念。③ 在我国职业教育进入规范化发展阶段，人本管理理念在职业教育领域逐渐流行。人本管理强调各项管理活动都应该以调动人的主观能动性和创造性为根本。基于这一管理思想，人性化、市场化、多样化、双元化与网络化等特征是中国加入 WTO 后职业教育管理改革的主攻方向。④ 在具体实践上，人本管理策略注重将学生和教师作为主体，通过创建师生成长平台，实现师生与学校共同发展。⑤

进入 21 世纪，我国职业教育得到了大力发展，针对当时职业院校教育

---

①　邸鸿勋. 现代职业教育管理学 [M]. 北京：高等教育出版社，1996：6-7.
②　俞启定，和震. 中国职业教育发展史 [M]. 北京：高等教育出版社，2012：174.
③　陈光，黄辉. 教育评估是加强职业教育管理的重要途径 [J]. 中国职业技术教育，2004（23）：23-26.
④　张文华. 现代职业教育管理理念初探 [J]. 职教论坛，2002（19）：57-58.
⑤　蒋红梅. 中职学校人本管理的策略与效应——以重庆市立信职业教育中心为例 [J]. 职业技术教育，2013（29）：72-74.

管理效果尚不令人满意的状况，质量管理被引入职业教育管理领域。[①] 不少高职院校引入 ISO9000 标准，构建包括管理职责、资源管理、职业教育服务实现以及测量和分析等内容的高职教育质量管理体系。[②] 不管是以评促管还是引入质量管理理念，都是刚性管理，并不能解决职业教育活动中的所有问题。研究者提倡采用柔性的服务补充刚性的管理，具体措施包括树立服务理念、构建学习型组织、开发可组合的课程、配置柔性重构的教学设备、实施弹性学制等。[③] 目前，我国已经基本建成现代职业教育体系框架，管理主体和对象发生双重变化，这既需要树立"以人为本、有章可循、服务为先"的管理理念，又需要建立项目管理、分类管理、绩效管理等对接现代职业教育体系的管理路径。[④]

二、持续创新：职业教育管理体制机制

新中国成立以来，我国不断地探索教育体制机制，职业教育体制机制也日趋完善。尤其是改革开放以来，我国职业教育管理体制改革经历了管理权高度集中、管理权逐渐下移、国家宏观领导与简政放权并行三个阶段。[⑤] 20 世纪 80 年代，研究者提出设立一个统管全国的职业教育专职机构以促使我国职业教育体系正规化和规范化。[⑥] 与此同时，研究者也讨论了

[①] 沈金财. 质量体系管理思想在职业教育中的借鉴 [J]. 职业教育研究，2007（9）：138-139.

[②] 吴瑞娟，陈明燕. ISO9000 在高职教育管理中的应用研究 [J]. 职教论坛，2006（17）：28-31.

[③] 杨黎明. 关于职业教育的管理——职业教育呼唤柔性化的服务体系 [J]. 职教论坛，2012（24）：1；姜大源. 职业教育要义 [M]. 北京：北京师范大学出版社，2017：33-34.

[④] 何展荣. 现代职业教育体系下的高等职业院校管理改革 [J]. 教育与职业，2013（11）：5-7.

[⑤] 和震，刘云波，魏明. 中国教育改革 40 年：职业教育卷 [M]. 北京：北京师范大学出版社，2019：143-147.

[⑥] 屯九. 对改革职业教育管理体制的几点浅见 [J]. 职业教育研究，1983（2）：9-12.

职业教育管理体制是统一管理型好，还是分散管理型好。[①] 总的来看，在由计划经济向市场经济过渡的转折时期，新旧体制交错、新老矛盾交织的背景下，我国职业教育管理体制改革具有三个基本目标：一是转变政府职能，为职业教育发展提供宽松环境；二是职业院校依靠劳动力市场变化自主办学；三是建立促进生产部门参与职业教育管理的机制。[②] 进入21世纪，加强政府责任，改善行政服务，加快体制创新成为职业教育管理改革的主流。回顾我国职业教育管理体制的发展历程，转变政府职能、提高职业院校办学自主性、完善和落实职业教育管理督导体系、增强职业教育管理的社会参与度等措施正在落实。[③] 在建设社会主义新农村背景下，创新我国农村职业教育管理体制愈发重要。在政府相关部门利益与农村职业教育之间寻求结合点，在高层管理机构形成职业教育联席会议制度，在基层创新职业教育管理体制[④]，执行各级政府农业部门主管、各级政府教育主管部门规划与指导制度[⑤]，极大地激发了农村职业教育活力。

三、政府主导：职业教育管理主体与责任

国务院于2000年颁布《关于大力推进职业教育改革与发展的决定》，2005年颁布《关于大力发展职业教育的决定》，2014年颁布《关于加快发展现代职业教育的决定》。从这三个规定来看，尽管不同时期对政府作用的提法不尽相同，但是强调政府的作用始终贯穿其中，同时也强调了发挥行业企业与社会的作用。政府主导是我国不同时期职业教育发展的共同

---

① 费重阳. 职业教育管理体制是统一管理型好，还是分散管理型好？[J]. 教育与职业，1985（1）：40-41.

② 李振波. 我国职业技术教育管理体制改革基本规律的探索 [J]. 职业技术教育，1999（5）：24-25.

③ 陈嵩. 职业教育管理体制创新研究 [J]. 河北师范大学学报（教育科学版），2008（5）：36-39.

④ 雷世平，姜群英. 我国农村职业教育管理体制创新探析 [J]. 成人教育，2008（2）：23-25.

⑤ 李国杰. 农业职业教育管理体制有待进一步理顺和优化 [J]. 职教论坛，1996（Z1）：27.

特征。

　　政府在职业教育管理中属于放任型还是控制型是对政府责任研究争论的焦点。① 国际组织对这一争论也持不同观点。联合国教科文组织认为政府对职业教育负有最主要的责任，包括提供法律框架，主导各方利益等方面；世界银行认为高技能人才的形成更应该倚重产业界的投资，将高技能人才所需要的特殊技能交给教育部门是不合理的；经合组织认为形成良好的产业和教育系统之间的关系才是解决这一问题的关键。然而，不管是政府主导还是市场主导职业教育发展，政府应该保证自身对职业教育的投资，或者通过制度建设来保证工商业对职业教育的投入。政府的职业教育职能定位并不是固定不变的，通常是特定时期各种因素综合作用的结果。政府的职业教育职能在于：一是分类制定公平、合理的教育预算拨款制度，力促政府履行职责，加大对职业教育的投入；二是理顺政府、职业院校、行业企业与市场的关系，科学界定政府管理职业教育的权限，推动利益相关者共同参与职业教育治理；三是实现政府从政策调控向依法治理转变；四是制定激励行业企业参与职业教育的政策法规；五是营造有利于利用市场配置职业教育资源的制度环境。② 鉴于职业教育管理处于政府和市场、教育部门和主管部门四难尴尬境地，如何把脱离生产实际的学校教育和生产实际结合起来，关键在于寻找能够有效克服政府和市场的不足、兼顾教育与行业利益的最佳平台，即积极发挥行业组织的作用，③ 充分发挥行业管理组织对职业教育的积极作用，这也是行业管理组织义不容辞的责任。④

---

　　① 和震，刘荣民，李洁. 职业教育管理与政策研究的新进展 [J]. 浙江工贸职业技术学院学报，2013（2）：1-8.
　　② 董仁忠. 正确定位政府的职业教育职能 [J]. 职教论坛，2014（11）：1.
　　③ 刘小强，王锋. 行业组织：职业教育管理的重要力量 [J]. 职业技术教育，2004（10）：32-34.
　　④ 中国轻工总会人事教育部. 从部门管理转向行业管理，促进轻工职业教育健康发展 [J]. 中国职业技术教育，1996（11）：9-11.

四、理实并重：职业教育教学管理

职业教育教学管理研究集中在校内课程管理和校外实践教学管理两个方面。课程管理体制是职业教育课程改革必要的组成部分，针对职业教育课程管理存在着体制不健全、区域不平衡等问题，研究者建议健全职业教育国家、地方、学校三级课程管理体制，明确各层级课程管理的权限与责任，采用多元课程管理方式，突出课程管理的服务功能。① 教学管理上，研究者建议在专业设置和课程开发方面体现"以人为本"的思想②，具体而言，在制定教学管理制度和教学方法上引入"以人为本"的理念，在师资队伍建设上坚持"以教师为本"，鼓励教师积极参与管理。③

实践教学管理是高职院校教学管理的必需环节之一。高职教育实践教学管理可采取统一管理、专业管理和分级管理三种模式。④ 研究者通过总结某高职院校实践，提出完善我国高职教育实践教学管理体系的对策：设置职业能力需求导向的目标体系，充实以实践教学为中心的内容体系，夯实软硬结合的实践教学保障体系，建立校企协同的教学运行管理体系，优化职业能力主导的多元评估体系。⑤ 研究者还提出高职教育教学管理柔性化方案：人才培养方案的柔性化、教学组织的柔性化、教学团队建设的柔性化、考试管理的柔性化、学业考核的柔性化。⑥ 职业教育与普通教育不同，实践性教学、企业实习时间较长，学校很难管理到位，但这并不能成为忽视高职院校开展全程教学管理的理由。随着互联网技术快速发展，越

---

① 袁丽英. 职业教育课程管理：问题与对策［J］. 职教通讯，2008（1）：34-37.

② 平若媛，严华，杜丽臻. 高等职业院校教学管理实务［M］. 北京：清华大学出版社，2016：13-14.

③ 武福军，魏敏，董玉梅. 职业教育教学管理要坚持"以人为本"［J］. 职业技术教育，2005（35）：30-31.

④ 李兰巧. 试论高等职业教育实践教学的管理［J］. 教育与职业，2012（36）：159-160.

⑤ 魏文胜. 论我国高等职业教育实践教学管理体系的完善——以湖北三峡职业技术学院为个案［D］. 武汉：华中师范大学，2011：19-30.

⑥ 郭江平，张远双. 高等职业教育教学管理柔性化的研究与实践［J］. 职业技术教育，2009（17）：73-75.

来越多的高职院校将信息技术应用到人才培养全过程教学管理中,从而实现实践教学全过程管理。①

五、"双师"素质：职业院校师资管理

"双师型"教师是我国职业教育领域的特有概念,在专业领域具有较强的实践性。② 在"双师型"教师管理策略上,"双师型"教师专业发展有赖于不同层面的管理策略：一是自我管理,重视专业养成和专业反思；二是学校管理,实施专业区分和专业激励；三是国家管理,完善专业制度和专业待遇。③ 在管理原则上,体现以人为本、师资结构优化、强化激励性等。④ 基于"双师型"教师管理中存在专业发展受限、评价主体单一及管理静态化等一系列问题,研究者提出运用"双师型"教师能级管理的办法,具体措施包括明确"双师"准入标准、建立专属职称评审制度、引入多元主体评价,试行一定比例"双师型"教师动态管理机制。⑤

在教师素质方面,研究者将中职学校教师素质分为知识、能力和人格三个结构九个维度,以此为基础调查中职学校教师素质状况,发现中职学校教师队伍的整体素质处于中等水平。在知识结构中,职业工作知识和教育教学知识相对薄弱；在能力结构中,各项能力发展不平衡；在人格结构上,整体良好,但教育情感和教育价值观存在某些不足和偏差。⑥ 从这项研究来看,在中职教育师资队伍建设过程中,加强对中职学校教师应用型

---

① 韩先满. "互联网+"视野下职业教育人才培养全过程教学与管理探索 [J]. 中国职业技术教育, 2016 (4)：70-72.

② 俞启定. "双师型"教师的定位与培养问题辨析 [J]. 教师教育研究, 2018 (4)：30-36.

③ 刘春生,陈豪好. 试论职业教育"双师型"教师专业发展的管理策略 [J]. 内蒙古农业大学学报（社会科学版）, 2005 (4)：269-271.

④ 顾晓叶. 论高等职业教育"双师型"教师队伍建设的管理 [J]. 黑龙江高教研究, 2007 (3)：53-54.

⑤ 李亚昕,张栋科. 高等职业教育"双师型"教师能级管理新论 [J]. 高等工程教育研究, 2018 (1)：194-199.

⑥ 和震. 中等职业学校教师素质状况与提高策略 [J]. 教育研究, 2010 (2)：84-88.

教育科研能力的培训，以及提高中职学校教师的职业成就感和职业认同感等是提高中职学校教师素质的重要策略。也有研究者认为，高职院校教师素质包括理论教学能力、实训指导能力、社会服务能力，并通过调查高职院校教师三种能力素质发展的自我认知情况，发现高职院校教师的理论教学和实训指导两个能力发展较好，而社会服务能力发展程度落后于前两者。[①] 基于该研究结果，促进高职院校教师三种能力素质发展应从强化教师科研意识、完善制度措施、创建校内教师发展平台、形成教师团队发展合力等方面完善管理。

此外，在职业教育教师专业发展上，研究者认为可以通过完善职业技术师范教育体系、深化高职院校校企合作的内涵要义、构建常态化高职院校教师专业学习共同体、开辟多样化和个性化专业发展路径等保障机制，实现高职院校教师专业发展。[②] 由于职业教育培养目标的特殊性，不仅需要一支适应职业教育的专任教师队伍，还需要一定比例的兼职教师。

六、制度经验：国外管理特色引介

国内学者对国外管理经验的引介主要集中于德国、美国以及欧洲其他国家等。德国历来重视职业教育的法规管理，并在长期实践中形成特色：一是优良的法规管理传统，二是完整的职业教育法规体系，三是全面的法规管理内容，四是严格的法规管理方式。[③] 具体到德国职业教育的管理体制，德国政府形成了从上到下、层层负责协调的管理体制。[④] 例如，联邦议会立法，联邦政府发布实施规定和措施，州议会颁布补充条例，州教育部门管理职业学校，联邦政府和各州政府都设立专门的职业教育协调管理

---

① 祝成林，张宝臣. 高职院校教师"三能素质"发展现状调查研究[J]. 中国职业技术教育，2016（24）：58-63.

② 和震，杨成明，谢珍珍. 高职院校教师专业发展逻辑结构完整性及其支持环境[J]. 现代远程教育研究，2018（5）：32-38.

③ 黄日强. 联邦德国职业教育法规管理的特点[J]. 外国教育研究，1990（3）：56-59.

④ 李培豪. 德国职业教育管理的启示[J]. 广州大学学报（社会科学版），1996（3）：62-64.

机构等等。这既确保了职业教育的地位和作用，也解决了职业教育发展过程中出现的各类重大问题。此外，德国积累了丰富的职业教育教材建设与管理经验。教材编写以相关的教育标准、教育计划及教学大纲为依据，教材审核以州的学校法及教材审定规章为法律准绳，并明确教材审核的基本条件及审核方法，确保教材质量。[①]

美国自1990年以来先后通过了《帕金斯职业和应用技术法案》《职业技术教育法案》《2000年目标方案》和《帕金斯职业与技术教育法案》，为美国职业教育管理的有效实施提供了法律保障，确定了职业教育在不同水平教育机构中的不同角色、任务和目标。[②] 在职业教育管理上，美国职业教育管理分为三个层次，即联邦政府、州政府，以及社区学院和专科学校。[③] 与美国职业教育管理相类似，加拿大职业教育的管理也具有简约有效的特色：一是国家通过联邦人力资源与培训部和教育部长理事会对职业教育进行有限的宏观管理；二是各省教育部和专门的职业教育管理部门掌握职业教育的自主管理权；三是各学区教育局通过设立针对性的管理部门支持本学区职业教育的发展；四是各职业院校根据自身特点，由学院董事会或理事会管理学校具体事务。[④]

在欧洲职业教育管理领域，欧盟把质量环作为职业教育和培训机构内部质量管理的主要工具，包括制订战略规划、实施具体措施、评估实施结果和制订改进方案这四个步骤。[⑤] 此外，研究者还对俄罗斯的职业教育管

[①] 徐涵. 德国中等职业教育教材建设与管理及启示[J]. 比较教育研究，2018（4）：103-109.

[②] 牛亚莉，凌云. 发达国家职业教育管理体制比较及启示[J]. 世界教育信息，2006（10）：40.

[③] 张晓明. 美国职业教育管理的三个层次[J]. 职业技术教育，1994（3）：41.

[④] 李兴洲，肖珊，朱明. 加拿大职业教育管理体制的特色探析[J]. 教育研究，2014（9）：127-133.

[⑤] 吴雪萍，郝人缘. 欧盟职业教育和培训机构内部质量管理工具解析[J]. 比较教育研究，2016（3）：74-80.

理体制[①]、法国职业教育管理体系[②]、瑞士职业教育体系[③]、英国职业教育管理机构[④]等内容进行了介绍。

第三节 治理思维下的职业教育治理研究

自2000年以来，教育治理问题引起了广大学者的关注，迅速成为教育领域研究的一个热点。从传统以政府为主导的行政管理走向行业企业、社会组织等多元主体共同参与的协同治理是我国职业教育治理体系现代化的根本目标。我国职业教育治理的研究虽起步较晚，但研究成果仍为我国职业院校治理实践提供了有益参考。

一、治理之源：治理的理论基础

治理理论的兴起源自于市场失灵和政府失灵，这也促使西方各国开始采用治理机制来应对双重失灵。从1989年世界银行报告《撒哈拉以南非洲：从危机到可持续增长》首次使用"治理危机"（Crisis in governance）描述非洲经济社会情况以来，[⑤] 治理问题开始受到西方学者的高度关注，治理理念也被应用到政治、管理、经济、教育等领域。综合研究者关于治理内涵的理解，与传统公共行政理论不同，治理理论主张通过分权实现国家权力向社会的回归，建立政府与社会合作的公共管理模式。我国《高等职业教育创新发展行动计划（2015—2018年）》提出"加快完善高等职业

---

① 吴雪萍. 俄罗斯职业教育管理体制改革探析［J］. 比较教育研究，2007（11）：49-54.

② 李玉珠，刘荣民. 法国职业教育管理体系建设启示［J］. 教育与职业，2014（16）：104-105.

③ 周红利，周雪梅. 瑞士职业教育体系与管理体制［J］. 中国职业技术教育，2013（3）：42-45.

④ 余晖，匡建江，沈阳. 英国职业教育管理机构与决策模式［J］. 世界教育信息，2016（4）：17-19.

⑤ 辛西娅·休伊特·德·阿尔坎塔拉，黄语生. "治理"概念的运用与滥用［J］. 国际社会科学杂志（中文版），1999（1）：105-113.

院校治理结构,提升治理能力,建立健全依法自主管理、民主监督、社会参与的高等职业院校治理结构"。法人治理理论、多中心治理理论、委托代理理论为职业教育治理结构改革奠定了坚实的理论基础。① 法人治理理论认为,组织发展规模的壮大会带来资本来源结构的多元化和业务的复杂化,如果要继续保持组织运营的精细化管理,需要以分权与制衡为治理结构特征的法人治理。多中心治理理论强调自主治理,目的在于实现公共利益最大化,尽可能地满足公民的多样化需求。② 委托代理理论认为,代理者与委托者之间在一定程度上存在信息不对称的问题,并且二者之间的目标函数也不可能完全保持一致,代理者在行使委托人所授予的职权过程中,可能会过度追求自身利益而忽略乃至损害委托者的整体利益和目标。也有研究认为,共生理论是职业教育治理的理论基础,认为应从营造正向共生环境以构建多元治理结构、加强制度体系建设以打造共生治理界面、强化互动协同作用以提升合作共生效能等方面综合施策,从而为增强我国职业教育治理能力现代化提供理论参考和操作借鉴。③

二、治理本质:治理的边界范围

在治理内涵的理解上,全球治理委员会对治理的概念界定得到广泛认可,认为治理(Governance)是"各种公共或私人、个人或机构管理其共同事务的诸多方式的总和,其中既包括使人们服从的强制性制度安排或规则,也包括各种人们同意或符合其利益的非正式制度安排,其目的是通过采取持续的联合行动使利益冲突得以平衡和调和"④。治理源于多元主体利

---

① 刘燕. 高等职业教育治理结构改革的理论、价值与实践路向[J]. 教育与职业,2016(13):11-15.

② 埃利诺·奥斯特罗姆. 公共事务的治理之道[M]. 余逊达,译. 上海:上海三联书店,2000:151.

③ 南旭光. 共生理论视阈下职业教育治理模式创新研究[J]. 职业技术教育,2016(28):8-13.

④ The Commission On Global Governance. Our Global Neighborhood: The report of Commission on Global Governance[R]. Oxford: Oxford University Press, 1995:23.

益诉求的冲突,并旨在调和相应冲突,不同利益主体间持续性的协商合作是治理行为的重要表征,相应的政策制度是治理行为的基本载体。[1]

职业教育治理同样源于多元主体利益诉求的冲突,其内涵是指政府、社会组织、职业教育机构、行业(企业)、其他利益相关者等治理主体,围绕特定的治理目标,在遵循职业教育法律、法规、政策、制度与规范的前提下,通过相互之间的互动、协调与合作,最终达成增进职业教育公共利益的一系列治理行动及其过程。[2] 高职教育治理结构是指调节高职院校这类组织内外部各方利益主体之间关系的一系列制度和机制安排。高职教育治理结构包含内部和外部两个层次,高职教育内部治理结构主要是协调高职院校内部利益主体行为的管理规范、权力运行机制以及各项制度体系;而外部治理结构主要是指一系列用于协调高职院校与政府、行业企业(市场)等社会主体之间关系的政策规范、法律法规以及行为准则等正式与非正式的制度和运行机制。[3] 从已有研究来看,职业教育治理属于公共治理的范畴,其目的是确保高质量的职业教育供给,职业教育治理过程重协调、轻控制,政府依然需要发挥主导作用,协调解决各个治理主体间的矛盾,促使不同治理主体开展有效的合作。

我国职业教育现代化治理的过程,实质就是职业教育体系内的资源不断整合、优化重组,进而不断适应职业教育体系运行,并以此带动整个体系实现科学化治理的过程,其最终目的是达到职业教育的"善治"。[4] 在治理主体选择上要从"一元"走向"多元",在权力导向上要由"集权"向"分权"转变,在管理方式上要由"自上而下"的单向管理转向"上下互动"的多维度治理,同时还要不断加快推进职业教育制度和法律建设,明

---

[1] 肖凤翔,于晨,肖艳婷. 欧盟教育治理向度及启示——基于职业教育政策分析[J]. 教育科学,2015(6):70-76.
[2] 孙翠香. 职业教育治理:内涵构建及推进路径[J]. 职教论坛,2017(22).
[3] 刘燕. 高等职业教育治理结构改革的理论、价值与实践路向[J]. 教育与职业,2016(13)11-15.
[4] 徐飞. 职业教育治理体系现代化:构成框架与实现路径[J]. 职教论坛,2018(4):143-149.

确各方治理主体的责任,从而最终实现职业教育治理现代化。[1]

三、治理多元:治理的主体与责任

职业教育治理在我国蓬勃兴起有其深刻的社会背景,"共治"是职业教育治理的典型特征。治理主体是多元的,主要有中央政府、地方政府、职业院校、企业、社会公众等,它们遵循自上而下的行政隶属关系、平行式的合同契约关系、监督与被监督的公共政治生活关系。[2] 有研究者提出职业教育治理的"主体平等"说和"政府主导"说。两者的区别在于前者是西方协商民主理论,后者是社会主义协商民主理论,其目标是实现职业教育公平。职业教育公平治理的核心体系则包括职业教育统筹、职业教育均衡和职业教育一体化。[3]

研究者基于官民共治理念,即政府与公民对公共生活的合作管理,借鉴公民对公共事务的参与和公私合作,提出官民共治现代职业教育。[4] "官"即体现国家意志的行政机关,"民"泛指非公共组织,包括企业单位、行业协会和个人等。具体到行业协会作为职业教育治理主体的研究中,研究者从主体合理性、目的合理性、形式合理性以及结果合理性等方面审视行业协会参与现代职业教育治理的行为,认为行业协会是基于契约形成的经济社会组织,处于国家、市场与社会的边缘;行业协会参与治理的宗旨与使命是推进职业教育现代化,也是行使社会权力的行为。[5]

现代职业教育体系涉及多元主体共同参与:教育的举办者、管理者、

---

[1] 林慧. 职业教育治理现代化的内涵、要求与路径 [J]. 教育与职业,2015 (32):9-12.

[2] 庄西真. 职业教育治理主体及其权力关系分析 [J]. 教育理论与实践,2016 (10):7-11.

[3] 林克松,朱德全. "中国语境"职业教育公平治理的话语体系——批判与诠释的视角 [J]. 西南大学学报(社会科学版),2014 (4):71-76.

[4] 肖凤翔,陈潇. 官民共治的现代职业教育治理体系之框架 [J]. 河北师范大学学报(教育科学版),2016 (4):36-40.

[5] 贾旻. 行业协会参与现代职业教育治理的合理性探析 [J]. 中国高教研究,2016 (2):106-110.

评价者，政府、学校、企业行业以及相关市场主体或其他利益相关者。确保这些多元主体在职业教育中的职责与权益、权能与边界，加强利益相关者的相互作用，鼓励他们形成战略伙伴，①是实现职业教育治理现代化的前提。在校企双主体办学治理的责任上，研究者提出校企双方在合作办学中均应参与到人才培养过程的各个环节，发挥双主体的作用，进行双重监控。②例如，在人才培养过程中，学校采取"校院二级管理、分工负责、协同监控"的管理方式，合作企业的主要工作和责任是进行学期末岗位职业能力达标测试和"准员工"证书发放等。

四、治理关键：治理的策略与方式

从职业院校治理改革的理念设计和实践策略来看，综合已有研究成果，职业教育治理模式聚焦于多主体协同治理、共识治理和合作共治。在多主体协同治理方面，市场经济背景下，职业院校治理离不开政府、行业企业、社会组织等多元主体的支持，具有多元化、民主化、现代化特点。③构建多元的治理结构必然成为治理改革与发展的趋势。形成多元共治的治理结构需要兼顾治理对象的特殊性和多元利益主体的组织属性，通过制度建设明确各利益主体的权利和义务，以建立多元主体参与职业教育治理的机制。④在人类普遍寻求"全球治理"有效机制的重要关头，构建"人类命运共同体"成为完善全球治理体系的中国智慧和中国方案。在职业教育领域，研究者同样提出了职业教育治理共同体，即由政府、职业院校、行业、企业以及其他利益相关者等多元治理主体基于一致的治理价值信仰，

---

① 李进. 论现代职业教育体系的治理现代化 [J]. 中国高教研究，2014（11）：19-24.

② 左崇良，胡劲松. 基于校企双主体办学的高等教育治理体系构建 [J]. 职业技术教育，2016（28）：14-21.

③ 邢晖，郭静. 职业教育协同治理的基础、框架和路径 [J]. 国家教育行政学院学报，2018（3）：90-95.

④ 查吉德. 推动院校治理现代化 适应职业教育发展新常态 [J]. 中国职业技术教育，2015（15）：5-9.

为了实现职业教育治理现代化目标所组成的有机治理集合。[1] 职业教育治理共同体促进了职业院校治理由协同治理转向共识治理。

在共识治理方面,研究者认为需要职业院校治理决策者与非决策者在治理问题上充分沟通达成一致的前提下进行治理决策,这里的非决策者包括职业院校的教师、学生以及院校工作人员等等。[2] 在合作共治方面,研究者认为在产业升级和社会经济转型时期,职业院校经费投入的不足、治理机制的缺位、治理主体的角色模糊以及治理制度的不合理等问题制约着职业院校发展,适宜采取"有限主导,合作共治"的模式。[3] 不管采取何种治理模式,实现职业教育善治的关键是治理现代化。现代职业教育体系的治理现代化是不断组合体系的资源和能量、适应并拉动体系科学运行的过程,同时也是治理内涵基本要件不断优化组合的过程。

五、治理特色:职业教育集团化办学治理

职业教育集团是一个协同合作的发展共同体,集团内的职业教育机构、用人单位、行政管理部门和行业协会等各自具有自身的发展逻辑和价值诉求。我国职业教育集团的参与者较多,主要有职业院校、政府部门、企业、行业以及社会组织等,不同的主体由于立场、角色的差异导致其利益诉求有较大的不同。明确各方参与主体在职业教育集团化办学模式中的利益诉求差异是构建职业教育集团化办学模式内部治理机制的逻辑起点。构建合理的职业教育集团化办学内部治理机制需从职业教育的内在发展逻辑出发,合理关照各方利益主体的价值诉求,以治理主体及其关系厘清、治理架构及其规则制定、治理方式及其运行保障等三个不同层面的关键问

---

[1] 刘韬. 教育治理现代化视阈下职业教育治理共同体构建[J]. 职教论坛,2016(13):70-76.

[2] 冯孟. 共同治理还是共识治理——高职院校内部治理模式改革探析[J]. 职业技术教育,2016(19):31-35.

[3] 孙云志. "有限主导—合作共治":高职院校治理模式的新路径[J]. 教育发展研究,2014(13):67-71.

题为突破口，促进职业教育集团化办学的民主化、规范化和科学化。[1] 由于我国职业教育集团大部分是松散型的联合体，导致内部治理机制在基本架构上存在着组织设计、规则制定和制度体系等方面的缺陷。因此，职业教育集团化办学模式内部治理机制需要从制度、组织和参与等方面予以完善。[2]

从学术资本主义视角看，职业教育集团的学校、政府、行业企业等成员单位将从市场的及具有市场特点的行为中竞争"关键资源"或者"稀缺资源"，集团化办学治理的路径，一是以市场导向为核心建立职业教育集团治理架构，二是以优化产权配置为核心完善职业教育集团治理机制，三是以全产业链为核心创新职业教育集团化办学模式。[3] 职业教育集团治理应在尊重相关利益主体价值诉求的基础上，协调多方利益关系，设计多元治理的架构，构建多元治理机制体系，以实现治理行为的规范化。同时，出台职业教育集团办学的相关政策法规，制订内部治理建设的规章制度有利于集团办学的内部治理目标的达成。[4]

六、他山之石：国外治理经验引介

关于国外治理经验引介的研究主要集中于美国和欧盟。美国职业教育外部治理结构是由政府引导、州和地方分级管理、社会力量积极参与的三元治理结构，具有联邦调控与地方自治相结合、政府干预与社会参与相结合、国家问责与各方制约相结合的特点。[5] 美国联邦政府对职业教育与培

---

[1] 翁伟斌. 职业教育集团化办学的内部治理机制：框架与推进路径［J］. 中国高教研究，2016（5）：86-91.

[2] 王春娟. 职业教育集团化办学模式内部治理机制的逻辑起点、架构缺陷及推进路径［J］. 中国职业技术教育，2018（32）：44-49.

[3] 陈友力. 职业教育集团化办学治理：基于学术资本主义的视角［J］. 中国职业技术教育，2017（6）：42-46.

[4] 朱国军. 治理理论视域下职业教育集团多元治理研究［J］. 中国职业技术教育，2017（22）：46-49.

[5] 邓宏宝，吴寒飞. 美国职业教育外部治理：结构、特点与启示［J］. 职教论坛，2016（19）.

训没有直接治理权，通过立法影响州及地方教育机构。州及地方教育机构如果按照联邦立法和法规框架运作，且由州向联邦提交资金使用计划，则能够得到联邦政府提供的资金支持。地方教育机构也必须向州提交类似的资金使用计划，以获得资金支持。绩效立法是美国职业教育推进绩效管理的重要基础和法律保障，问责则是职业教育持续改革的重要手段。研究回顾了1990年《帕金斯法案Ⅱ》到2006年《帕金斯法案Ⅳ》关于绩效与问责的制度变迁，并依据2014年9月发布的最新《美国生涯与技术教育评估最终报告》，肯定了《帕金斯法案Ⅳ》推进职业教育的绩效管理实践，加快了绩效立法进程，建立了职业教育问责机制，培育了职业教育"问责文化"。① 此外，受政策导向、数据质量现状、数据使用文化变革等因素的影响，美国将提升职业教育数据质量作为职业教育改革与发展的重要内容。通过升级职业教育数据系统、完善职业教育数据架构、构建职业教育数据服务平台、倡导"有节制"的职业教育数据使用等策略，提升职业教育数据质量。②

欧盟在超国家层面与国家层面之间围绕政策主导权的利益博弈，是其教育治理的根本动因，辅助性原则的提出及相关政策的非强制色彩，使欧盟教育显现出鲜明的"软性治理"属性。欧盟围绕职业教育治理，通过建立分层有序的多元共治格局，构建开放合作的政策协调机制，推行资金杠杆的教育行动计划，完善欧洲维度的政策工具体系，开展了卓有成效的政策实践。③ 欧盟及其伙伴国在职业教育治理改革方面形成了"VET多层级治理"趋向。"VET多层级治理"是强调纵向和横向维度多元主体交互作用的决策及政策实施模式；治理遵循相关性原则、有效性原则、辅助性与相称性原则、透明度原则、问责制原则和参与原则等六个原则，具体涉及

---

① 范国睿，孙翠香. 绩效与问责：美国职业教育治理的发展趋向 [J]. 全球教育展望，2015 (3)：57-67.

② 吴雪萍，任佳萍. 美国提升职业教育数据质量的动因、策略与启示 [J]. 教育研究，2018 (2)：127-134.

③ 肖凤翔，于晨，肖艳婷. 欧盟教育治理向度及启示——基于职业教育政策分析 [J]. 教育科学，2015 (6)：70-76.

24 个评价指标。其实现策略包括：加强国家层面 VET 领导能力建设；凸显区域和地方层面在 VET 决策中的角色和定位，激发地区或区域层面 VET 治理的主动性和积极性；加强 VET 提供者网络及学校层面领导能力建设；加强纵向和横向维度的对话与合作等。①

总体来看，在国外治理经验引介方面，研究者共同认为，职业教育与培训成功实施的必要条件是实现多方利益相关者的跨领域协作，协作的关键是教育与产业部门合作。如何基于国情构建职业教育治理框架及其运行机制是引介国外经验的起点。

第四节　两种思维下职业教育治理研究的特征

一、职业教育治理问题备受关注

从数量上看，职业教育治理研究的文章数量总体呈持续增多的趋势，发展势头强劲，尤其是近 5 年，职业教育治理研究进入了快速发展期。研究职业教育治理的人员既有来自师范大学或综合性大学的教师，也有来自职业院校的教师，在理论和实践两个层面都引起了高度关注。从内容上看，职业教育治理研究内容主题丰富，既有理念、理论基础和边界范围等基本理论的概述，也有主体与责任、策略与方式的实践探索；既有集团化治理、师资队伍建设等专题特色研究，也有国外职业教育治理经验的引介。职业教育治理研究内容总体上呈现出丰富多样的特色。

二、与我国职业教育发展历程密切相关

新中国成立后的很长一段时间内，中职教育是我国职业教育的主体，尤其是改革开放后，由于中职教育落后于普通高中教育，不足以推动国民经济恢复与发展，我国政府大力兴办中职学校、技工学校。从 1978 年至

---

① 孙翠香."VET 多层级治理"：欧盟伙伴国职业教育治理的新趋向[J]. 国家教育行政学院学报，2018（4）：75-82.

1995 年，国务院、教育部出台了一系列促进中职教育结构调整的政策文件。这一时期，职业教育治理研究成果数量不多，且都集中于中职教育。进入 20 世纪 90 年代中后期，随着社会对各类技术技能人才的需求不断扩大，在办学层次上既要继续发展中职教育，更需要大力发展高职教育。此时，职业教育治理研究逐步丰富，研究高职教育的内容也不断增加。2010 年，我国政府颁布《国家中长期教育改革和发展规划纲要（2010—2020 年）》，2014 年，国务院颁布《关于加快发展现代职业教育的决定》等，这些大力推进职业教育发展的举措，也促进了职业教育治理研究的繁荣。在这个过程中，我国职业教育的治理经历了管理权高度集中、管理权逐渐下放、强调国家宏观调控及简政放权等阶段。这个过程也是我国职业教育从管理思维转向治理思维的过程。

三、与管理学理论发展密切相关

各种管理活动都有其自身的规律，管理理论正是管理规律在认识领域的体现。职业教育管理也应当遵循管理规律。从国内外教育管理理论产生和发展的历史看，学校管理理论主要是在借鉴和吸收一般管理的合理成分中发展和成熟起来的。[1] 职业教育治理或管理的相关理论也是在借鉴或吸收其他管理的合理成分中逐步发展起来的。20 世纪 90 年代以来，西方国家对公共部门管理改革的需要催生了"治理"研究的学术潮流，[2] "治理"迅速以一种思潮、理论、范式的姿态进入管理研究者的视野。随后，职业教育领域逐步引入"治理"这一概念，并开展相关研究。

四、研究主题不断扩张

治理伴随职业教育发展的各个过程，在我国职业教育快速发展过程中，各类治理研究问题不断涌现，在职业教育科研队伍壮大的过程中，职业教育治理研究的主题不断扩张和分化。这种扩张和分化促进了职业教育

---

[1] 徐建培. 大学知识管理研究 [M]. 北京：高等教育出版社，2005：4.
[2] 彭莹莹，燕继荣. 从治理到国家治理：治理研究的中国化 [J]. 治理研究，2018（2）：39-49.

理论研究的繁荣，但也导致研究者往往局限于特定的研究领域，不同研究领域之间缺乏必要的思想交汇或相关研究的深化与验证，进而形成了众多没有交集的块状化研究。缺乏系统性的块状化研究不利于形成系统性的知识体系，难以在深层次上促进职业教育治理实践。

第五节　对职业教育治理研究的建议

一、重视本土理论建构与引介国际经验相结合

已有不少研究成果遵循"国外经验—国内启示"的研究思路，对国外职业教育治理开展了广泛研究，为我国职业教育事业发展提供了有益的经验。然而，我国职业教育正在强化内涵建设，已经建成现代职业教育体系，此时应当树立本土意识，加强国内职业教育治理现状研究。同时，也需要更加理性的思考，明确国外职业教育治理理念提出的背景、制度环境等，反思国外经验对我国职业教育实践是否适用。面对职业教育治理文献的层出不穷，我们需要放慢脚步进行一些思考：职业教育治理研究目的是什么？如何运用多种研究方法，获得可靠性证据，形成可信度高的结论？等等。这些都是重视本土理论建构的元研究。我国职业教育治理不能仅仅停留在基于西方的理论框架和研究范式在中国开展演绎式研究、用西方理论解释中国职业教育治理现象，更要结合我国现代职业教育体系，创造出具有中国本土特色的职业教育治理理论，提升中国职业教育理论在世界职业教育学术领域的话语权。因此，一方面需要对我国职业院校治理实践进行研究，提出中国特色的职业教育治理理论；另一方面需要重视对中国情境进行具体分析，提出中国职业教育治理创新研究的方向。

二、深化研究层次与加强合作研究相结合

从文献的数量上看，职业教育治理的研究发展迅速，研究者从不同维度进行了相关问题的剖析和解答，为进一步开展深度研究奠定了基础。例如，已有研究对职业教育治理的实现路径、教育治理实现现代化的办法展

开了论述，这有利于进一步在整个时代背景下分析职业教育治理的环境，对分析已提出的具体举措实施的条件与困难，具有操作性的指导。不同维度的研究丰富了职业教育治理研究的内容，但某些方面的研究仍然有深层次研究的空间。开展深层次研究如同职业教育治理一样，需要多方参与，需要多方的合作与交流。不同领域的研究者以各自的学科背景为出发点来共同思考职业教育治理问题，对其进行全面的研究，更有利于职业教育治理实践活动。

三、规范研究和实证研究相结合

在社会科学研究中，存在规范研究和实证研究两条研究路径。前者偏向于采用定性分析和演绎的方法，解决"应当是什么"的价值问题；而后者则强调采用定量分析和归纳的方法，解决"实际是什么"的事实问题。在教育研究实践中，缺乏规范研究，而仅仅强调实证研究，可能没有办法涉及教育实践的实质性问题。职业教育治理研究的成果大多数集中于规范研究，这为进一步开展实证研究奠定了基础。实证研究从来都是在先行的规范研究所提供的价值理念的基础上寻找、描述并解释问题的，而规范研究也必须使用更为准确的研究方法，使自己的思想更为清晰、明白。因此，在未来的职业教育治理研究中，需要大力提倡开展以规范研究为依托的实证研究。

第二章　职业教育中职业分析的研究

职业分析（Occupation analysis），人力资源管理学科多称之为"工作分析"（Job analysis）（但也有学者对"职业分析"和"工作分析"二者进行了区分，本研究中职业分析和工作分析并未统一起来），也有根据用途和目的的不同称之为"职务分析"或"职位描述"。职业分析是指旨在发现和记录工作核心本质的一系列广泛的活动，是个系统化探究的过程。[①]《中国百科大辞典》将工作分析界定为："依据组织总体目标，对某种工作的性质、过程和方法以及胜任该工作所需的技术知识、能力与责任等的具体规定。"[②] 人力资源管理领域将工作分析定义为："分析者采用科学的手段与技术，直接收集、比较、综合有关工作的信息，就工作岗位的状况、基本职责、资格要求等做出规范的描述与说明，为组织特定的发展战略、组织规划，为人力资源管理以及其他管理行为提供基本依据的一种管理活动。"[③] 工作分析是一种技术和方法，更是一套理解工作的方法论，[④] 是人力资源管理的重要基石。

根据关注的侧重点不同，工作分析方法可以分为工作导向（Work-ori-

---

① BRANNICK M T, LEVINE E L, MORGESON F P, Job and Work Analysis: Methods, Research and Application for Human Resource Management [M]. Thousand Oaks, CA: Sage, 2007.

② 中国百科大辞典编委会. 中国百科大辞典 [M]. 北京：华夏出版社. 1990：113-114.

③ 萧鸣政. 工作分析的方法与技术 [M]. 5版. 北京：中国人民大学出版社，2018：1.

④ 杨洋. 工作分析并未过时 [J]. 商场现代化，2011（10）：106-107.

ented）工作分析和人员导向（Worker-oriented）工作分析。[1] 也有学者认为从切入点划分，除上述两种导向外，还有"过程导向型"工作分析。从客体分布范围上划分，工作分析有广义与狭义两种。广义的工作分析，是对于整个国家与社会范围内岗位工作的分析；而狭义的工作分析，是对于某一企事业组织内部各岗位工作的分析。工作分析根据目的不同也可以分为单一目的型和多重目的型。[2] 也有学者根据用途将工作分析分为作为参考的工作分析和有特殊用途的工作分析。[3] 作为参考的工作分析包括一种工作的全体与其各种的关系，是无事时对一种工作进行分析记录以备之后使用。而"有特殊用途"的工作分析是有明确的使用目的的，如分析工作的优劣、规定或改善工资制度和奖惩规则等。

职业分析技术真正引起职业教育理论和实践者的关注、接纳、应用和研究始于20世纪六七十年代，技能模块课程MES和能力本位课程DACUM（Develop A Curriculum，即开发一个教学计划）职业分析技术传入我国。

第一节 工作分析技术溯源

如果从学理上追根溯源，工作分析理论源自于社会分工理论，受科学管理理论的直接影响和推动。

一、社会分工理论

工作分析理论源自于社会分工思想。关于社会分工思想，我国古代政治家管仲，古希腊柏拉图、色诺芬等都作过论述。但对分工的论述较有影响的莫过于亚当·斯密，他在《国富论》中专门论述了分工，其中，对西方国家某工厂大头针的制作流程进行了描述：制作每颗大头针要18个流

---

[1] 高山艳. 职业院校教师专业能力结构研究 [D]. 北京：北京师范大学，2015：66.

[2] 萧鸣政. 工作分析的方法与技术 [M]. 5版. 北京：中国人民大学出版社，2018：2-3.

[3] 刘湛恩. 职业分析 [J]. 教育与职业，1927（9）：367-373.

程,在一些工厂,18 种不同的操作由 18 个不同的工人担任,这样平均每人每天制造大头针的数量远远大于各自独立工作。① 虽然这种分工和专门岗位技能的培训节省了时间,提高了效率,但这种分工把工人肢解为技术技能的碎片,使人成为机器的附属,技能的训练以牺牲个人其他方面的能力和兴趣为代价。正如马克思所批判的,(分工)"把工人变成畸形物,它压抑工人的多种多样的生产志趣和生产才能,人为地培植工人片面的技巧……个体本身也被分割开来,转化为某种局部劳动的自动的工具"②。因此,必须全面了解人的能力和工作信息,使个人从事对其合适的工作,同时保证人员的适度流动。而要全面了解人的能力和工作信息,克服人的片面发展,必须通过工作分析。由此可见,社会分工、社会分工后的人力资源配置及人的全面发展为工作分析理论的产生提供了直接动力。③

二、科学管理理论

在西方,丹尼斯·狄德罗、舒尔茨等心理学家、经济学家和管理学家都在不同领域对工作分析进行了实践探索,大大推动了工作分析的产生和发展。但真正对工作分析提出现实要求,促使其产生的当属于科学管理理论。我们研究现代人力资源管理,研究工作分析,泰勒是不可跨越的人物。④ 科学管理之父泰勒(Taylor F. W.)在 1903 年《工厂管理》(*Shop Management*)一书中以铁块搬运工为例详细介绍了把工作分成若干部分并进行计时而提高劳动效率的事例。他在 1911 年出版的《科学管理的原则》(*The Principle of Scientific Management*)一书中提出,要对组织进行科学管理,需要对工作进行分析,科学地挑选、培训人员。其所提出的科学管理 13 项目标的第 7 项指出:"通过用科学方法对工作进行分析,对

---

① 亚当·斯密. 国富论 [M]. 唐日松,译. 北京:华夏出版社,2005:7-8.
② 马克思. 马克思恩格斯全集:第 44 卷 [M]. 2 版. 北京:人民出版社. 2001:417.
③ 高山艳. 职业院校教师专业能力结构研究 [D]. 北京:北京师范大学,2015:66.
④ 乔锦忠. 中小学校长工作分析研究 [D]. 北京:北京师范大学,2001:11.

工人进行选择、训练、安排、调动和提升，保证每个人都能最充分地发挥其能力。"[1]泰勒主张以研究代替单凭经验的管理，提出为一个工人的工作中的每个要素制定一种科学的方法，以代替老的单凭经验来做的方法；科学地选择并训练、教育和培养工人；在管理当局和工人之间几乎是平均地分担工作和责任的科学管理原则，客观上都要求对工作进行分析和研究。科学管理理论促使了人们对工作分析方法的极大关注，成为工作分析理论的又一重要实践来源。19世纪末20世纪初，在上述理论推动和工商业界实践探索下，美国各级政府广泛采用工作分析做法，工作分析制度在美国建立了起来。1923年，美国联邦政府制定了第一个职务分类法案，加拿大、法国、日本等国也纷纷效仿，在政府中实行了职位分类制。

第二节　国内职业分析研究文献分析

从中国期刊网检索题名或关键词含"职业分析""工作分析"，以及题名或关键词含"DACUM""O∗NET"的文献，进一步筛选，共检索出303篇，其中，题名含"DACUM"的文献108条，含"O∗NET"的文献22条。根据时间跨度，这些研究可以分为20世纪二三十年的职业分析方法的倡导阶段，20世纪80年代末到21世纪初对MES、DACUM的引进、介绍与应用，21世纪以来职业分析方法的深入讨论和应用三个阶段。各阶段发文量见图2-1。

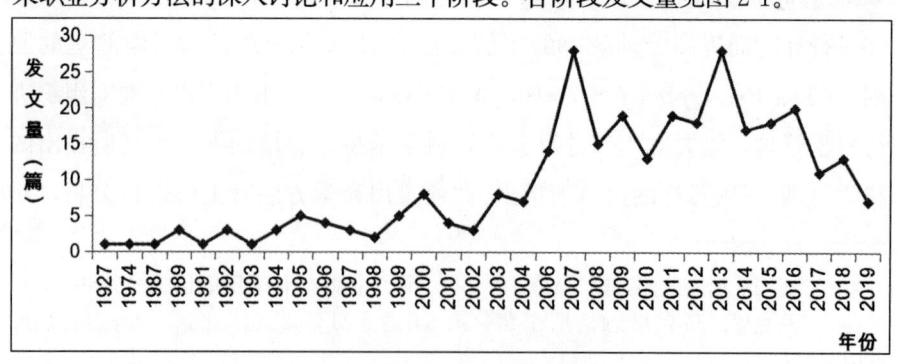

图 2-1　职业分析相关研究趋势

---

[1] 克劳德·小乔治. 管理思想史 [M]. 孙耀君, 译. 北京：商务印书馆. 1985：115.

一、20世纪二三十年代对职业分析的研究和倡导

从中国期刊网检索文献发现，国内最早提出将职业分析作为职业教育研究重要方法的当属我国近代著名教育家刘湛恩和孙祖基。刘湛恩，曾任中华职业教育社职业指导委员会主任委员，其与孙祖基在1927年4月在《教育与职业》发表的《研究职业教育之必要与方法》一文中提出协助办理职业教育试验事业，已有试验事业，拟予以指导，未有之事业，拟设法协助办理。又拟特约国内之优良职业学校，试验职业教育上各种特殊问题。所提出的7条试验事业中，第3条便是"进行职业测验，职业分析，职业指导等事务……关于职业分析，本社决即进行，以作实施职业教育之根据"，提出将职业分析作为实施职业教育的根据。[1] 但此时并未对职业分析进行详细论述。

而对职业分析的系统全面和专门论述当属刘湛恩在6个月后所发表的另一篇文章。1927年10月，在《教育与职业》上，刘湛恩发表了题为《职业分析》的文章。这也成为自中国期刊网上所检索到的国内职业教育领域最早论述职业分析的文章。文章提出，在教育由艺术向科学转变的过程中，所用为科学方法工具的便是工作分析（Occupational analysis），工作分析原是应用于工业方面的，目的有七个，一是增进工作效率，二是改良治事规程，三是发展训练人才的方法，四是规定合宜的工资标准和给薪制度，五是减除工作的糜费，六是利用适当的工具以促工作的精进，七是厘定时间标准和程序。以上是构成近代工业上科学管理法的要素，如今教育学者利用这个职业分析来探讨教育问题，足以说明教育工作的科学态度和研究精神大大进步了。文章提出，职业分析是一种法则，一种手续，是达到某种目的的工具而不是目的本身。给职业分析下定义的话，可以认为，"职业分析是搜集关于一种工作的各项事实和论据，把他们部署起来，并且用适当的方法记录之，以资研究和决定工业改良的标准、内容、方法

---

[1] 刘湛恩，孙祖基. 研究职业教育之必要与方法 [J]. 教育与职业，1927（4）：137-142.

等等"。文章列举了七种有特殊用途的工作分析，其中之一是调查一种职业的学术、技艺、升擢须知以及一切可训练可传授的质素，这项材料可编成职业单、职业训练表，并可由此演成职业训练科与教育程序。文章指出，现在教育界之应用工作分析其目的即在于此一项。文章还提出，职业分析并无一成不变的格式，各随其目的而异，无论哪一种工（Industry）艺（Trade）职（Profession）业（Vocation），只要有确定的意义，就可以用此方法去分析。[①] 文章列出了职业分析的详细步骤，但这里的职业更多是具体明确的单一类职业而非职业群，如，文章认为职业界中并无"木工"这种职业，因为"木工"有许多种，如"造车木工""粗木工""细木工"等。在当时年代能认识到职业分析于职业教育的价值，如此系统阐述职业分析的内涵以及职业分析的步骤，实属对职业教育理论研究和实践的一大贡献。

二、20 世纪 80 年代末到 21 世纪初对 MES、DACUM 的引进、介绍与应用

这一时期得益于中外职业教育合作项目，MES、CBE（Competence-Based Education，以能力为基础的教育）课程模式传入我国，与之相伴的是 DACUM 工作分析方法得到理论界和实践界的广泛认可、采纳和应用。这一时期关于职业分析的研究成果可以分为两类：一类是对 MES、DACUM 等课程模式和职业分析方法的翻译、介绍和推广，一类是对 DACUM 职业分析方法的论述及在职业教育专业设置和课程改革等领域的实践应用研究。

1. DACUM 工作分析方法的引进及在我国职业教育中的应用研究

（1）DACUM 工作分析方法的系统介绍与思考

伴随着我国职业教育课程从引入国外职业教育课程到我国职业教育课程的本土化实践过程，职业分析得到我国职业教育理论研究者的关注和应用。改革开放后不久，1987 年 10 月，劳动部培训司就引进了世界劳工组

---

① 刘湛恩. 职业分析 [J]. 教育与职业，1927（9）：367-373.

织开发的职业培训的技能模块 MES 课程。1989 年，劳动部在《关于开展工人岗位培训工作的意见》中提出："工人岗位培训要突出技能训练，着力提高学员的动手能力和解决生产实际问题的能力。要深入进行教学改革，突破传统学校教育模式，逐步推行'职业技能模块'教学法。"同年 8 月，劳动部举办了全国工人职业技能培训研修班，向省、市、自治区、有关部委和大中型企业的劳动、经济、职教部门系统地介绍了 MES。[①] MES 培训模块课程设置、教学大纲和教材是基于对每个工种、任务和技能的深刻分析，严格按照工作规范，开发成不同的培训模块。这一课程模式鲜明地告诉我们，职业教育课程应该从工作需要出发，而不是以存储知识作为课程开发的起点。一个技能型的工作、一个工作任务可以按其工作步骤划分为不同的模块，通过模块的叠加可完成这一工作任务，它具有较大的灵活性。[②] MES 技能模块课程所采用的通过分析工作开发模块课程的方法提升了培训的针对性和实效性，在我国当时需要大量的技能型人才，需要解决大的就业问题的背景下，为培养技能型工人作出了巨大贡献。这一时期劳动部除了培训大批 MES 开发和试验的骨干队伍外，在翻译、宣传该方法方面，组织天津高培中心翻译、整理出版了《模块式技能培训》一书。《北京成人教育》也连续刊登了《技能训练是工人岗位培训的核心——推荐 MES 培训模式》等文章。

1990 年 8 月 23 日至 1996 年 12 月 31 日，我国接受世界银行贷款，开展了世界银行在我国发展职业教育的第一个项目，项目资助建立一批重点职业教育院校和重点专业，也开展了一系列旨在提升职业教育师资教育教学质量的技术援助，派遣专业骨干教师赴美国、德国、英国等国家接受培训。原国家教委职业技术教育司首任司长孟广平先生带了几个专家到加拿大等北美国家考察，引入了 CBE 能力本位课程。实际上，从 1989 年开始，加拿大国际开发署（CIDA）就资助设立了"中加高中后职业技术教育项

---

① 张永林. MES 的探索与实践——全国引进模块式培训法情况综述 [J]. 北京成人教育，1992（1）：24-25.

② 姜大源. 世界职教课程改革的基本走势及启示 [J]. 职业技术，2008（11）：4-10.

目"（CCCLP），旨在建立中加两国高中后的职业技术学校间的合作；作为这个项目的延伸活动，开展了对盛行北美的DACUM教学计划模式的介绍与研讨。1991年10月，"中加高中后职业技术教育课程设计研讨班"在成都举办，加拿大三位课程设计专家系统介绍了加拿大社区学院的DACUM模式。1992年10月，在北京举办了第二期讲习班，作为成都讲习班的后续。这次讲习班的重点在于由加方专家进一步介绍CBE在教学过程中是怎么实施的。在此以前，中方派出一个专家考察小组赴加拿大具体考察了在加拿大的社区学院中CBE模式的运行情况，并和加拿大的专家们共同进行第二期讲习班的准备工作。DACUM因其严谨科学的程序，能有效促进企业界参与职业教育等优点引发职教理论研究者和实践者的振奋，两期的学习和培训引起了参加者的很大兴趣，不少校长和专家或撰文或举办研讨班加以介绍。

  代表性的研究有高奇1992年发表的《加拿大社区学院的DACUM》一文，介绍了DACUM的指导思想、工作程序等，指出DACUM不仅是一种方法，一种工作程序，而且反映了一种教育思想、教育观念，目前在研究如何摆脱普教模式，办出职教特点，这种不从学术出发而从工作出发的课程设计对于研讨职教特点、办出职教特色给予了有益启发。DACUM有利于解决职业学校和社会经济脱节的问题，使企事业参与职教工作。DACUM具体明确，可操作性强，有助于保证培训质量。[①] 除认可DA-CUM在促进教育界与企业界联系，改变职业教育以学科逻辑为出发点制订教学计划等优势外，学者也看到了，与加拿大相比我国专业培养目标覆盖面较宽泛，所开发的职责与加拿大相比是宽口径的。比如，园林绿化专业与加拿大社会岗位相比，可以包含有园林设计与施工、园艺花卉培育、城市林业等多个岗位，所以研究者所在学校园林绿化专业DACUM表的内涵大，有121项专项技能，加拿大园艺专业只有26项专业技能。[②] 制定DACUM表时要考虑到知识更新、新技术、新材料、新工艺的应用。与改

  [①] 高奇. 加拿大社区学院的DACUM [J]. 教育与职业，1992（1）：31-33.
  [②] 翟建中. CBE/DACUM教育体系在我校园林绿化专业中的实践 [J]. 中国林业教育，1997（1）：43-45.

革教学计划相配套的是教材选定和编写，实验、实习和考核等一系列实施性教学方案等也要进行配套改革。① 类似的，作为较早一批赴加拿大学习DACUM方法的学者，邓泽民也在《DACUM——一种人力资源开发的有效方法》一文中系统介绍了DACUM方法的指导思想和操作流程②，也进一步明确将DACUM定位为一种职业分析的方法，并编制了《职业分析手册》③。

（2）DACUM方法的实践应用研究

在中外合作项目和国家教委、劳动部等的推动下，除了对DACUM方法进行系统全面介绍外，很多职业学校将该方法应用于职业教育各类专业建设、课程和教学改革中，并发表了系列DACUM的应用研究论文。如，以工业电气自动化专业为例，采用DACUM方法提出并确定了包括13项职责89项任务的工电专业"职责—任务分析表"。④ 成都工业学校作为中加合作项目校，在1992年招收的"汽车运用与维修"专业试办DACUM教学试点班。通过DACUM的开发试点解决了中专深化改革中的一些重大问题。⑤ 在中加合作项目推动下，采用DACUM方法确定会计工作10个岗位及岗位的目标任务，以此作为编制教学方案的依据。⑥ 有研究者提出了中专农田水利专业毕业生应具备的、由13项综合能力和200余项专项能力组成的DACUM表呈现的综合能力⑦；用DACUM方法开发"数控加工技

---

① 屠恒正．教育课程编制（DACUM）方法初探［J］．浙江农村技术师专学报，1992（4）：24-25．

② 邓泽民．DACUM——一种人力资源开发的有效方法［J］．中国人力资源开发，1999（9）：31-32．

③ 邓泽民．职业分析手册［M］．北京：煤炭工业出版社，1999．

④ 刘振东．借鉴DACUM方法，深化教学改革［J］．西航教育，1992（2）：36-37，47．

⑤ 王珏翎．从"DACUM"试点看中专教改［J］．机械中专，1994（5）：20-21．

⑥ 李希贤．借鉴DACUM方法，进行试验教学改革［J］．机械中专，1994（9）：19．

⑦ 彭涛．我校召开农水专业CBE教育DACUM表制定会［J］．教学与研究，1994（1）：12．

术"专业教学计划[1];应用于园林绿化专业教学改革中,开发园林绿化专业工作分析表[2],应用于机电一体化专业教学计划建设[3]。除了将DACUM法应用于专业教学计划制定外,还有学者介绍了将此方法应用于新专业——"风景旅游"开发的实践经验[4],运用于农业高等职业教育的实践经验[5];运用于纺织工程专业改造的实践经验[6]。这一时期介绍DACUM在实践中应用成果的文章大量涌现。

2. 职业分析的提出和专门研究

这一时期除了对DACUM职业分析方法的介绍引进和实践研究外,有些学者开始思考职业分析与职业教育的关系及职业分析在职业教育中的应用。这主要受三方面因素推动。一是由于上述职业教育中加合作项目的推动,DACUM工作分析技术得到国内学者广泛认可和应用。二是1994年开始,国家教委批准部分中等专业学校试办五年制高职班,人们在对高等职业教育教学计划开发方面达成共识,即目前我国缺少职业岗位标准的前提下采用职业分析的方法来开发教学计划。三是国家政策的提倡和引导。如,1998年颁发的《面向二十一世纪深化职业教育教学改革的原则意见》明确提出:"职业教育应确立以能力为本位的教学指导思想,专业设置、课程开发必须以社会和经济需求为导向,从劳动力市场分析和职业岗位分析入手,科学合理地进行。"这是国家层面文件中第一次如此明确地提出将职业岗位分析作为职业教育专业设置和课程开发的方法。在上述中外因素

---

[1] 李俊梅. 用"DACUM"方法开发"数控加工技术"专业教学计划[J]. 机械中专, 1995 (1): 10-11.

[2] 翟建中. CBE/DACUM教育体系在我校园林绿化专业中的实践[J]. 中国林业教育, 1997 (1): 43-45.

[3] 朱家建. 借鉴CBE/DACUM搞好机电一体化专业教学计划建设[J]. 职教通讯, 1997 (6): 25-26.

[4] 江南凯. DACUM法开发新专业的理论与实践[J]. 旅游科学, 1998 (2): 25-28.

[5] 王雪梅,黄晓波. DACUM图表在农业高等职业教育中的应用[J]. 高等农业教育, 1999 (7): 81-82.

[6] 肖丰,李营建,苏玉恒. CBE/DACUM办学模式与纺织工程专业改造[J]. 河南纺织高等专科学校学报, 1999 (3): 27-30.

的影响和推动下，有职业教育学者跳出 DACUM 这种工作分析方法，提出了"职业分析"并对这种方法和技术的价值进行了更加深入的研究和论述。

这一时期的代表性研究有：有学者提出，如何才能在已取得的必要的信息和数据的基础上确定某一具体工作所需的技能、知识和态度，从而使相应的职业培训课程能满足实际工作的需要呢？如何才能使受训者在培训结束后就能立刻从事某一职业承担具体工作呢？唯一的办法是对有关的职业进行综合分析，去确定从事这些职业或承担这些工作所应执行的各项任务以及构成这些任务的作业项目，并在此基础上进行深入的分析和研究，确定从事该职业所需的各种技能、知识和态度。这种确认、定义和描述"任务"及"作业项目"的过程就是"职业分析"。[①] 也有学者提出，所谓职业分析，是指根据工作（职业或岗位）的实施，分析确认其性质、繁简难易程度、责任轻重及执行该工作应具备的学识、技能与经验的一系列活动。它是确认、定义和描述各种职业或各项工作所含的任务及作业项目的性质的科学分析过程。除了系统阐述职业分析的功能、具体操作外，在谈到职业分析与高等职业教育关系时，文章提出，职业分析之所以在近几年来受到高职教育的普遍重视，主要在于通过职业分析可以清楚地了解到构成任何一种职业或工作的主要内容，并能明确地分解出支撑这些职业或工作所需的知识和技能，根据职业分析形成的结果——岗位规范，我们就可以确定专业的业务范围、业务能力和知识技能结构。将职业分析的方法应用于高等职业教育，是对我国教育类型的功能在认识上有了重大飞跃后，在实践上的一次突破，通过职业分析可以获取高等职业教育所面向的一些新兴、带有智力型的岗位所需要的知识和技能结构。职业分析应用于高职教育要把握好所分析岗位的综合性和未来性。[②]

职业分析方法被认为是职业教育实践的科学方法，学者提出，为了确保专业设置的科学性与相对稳定性，体现专业设置的综合性，应以科学的

---

① 胡苏宁. 职业分析的过程和方法（一）[J]. 职业教育研究，1989（2）：13-15.
② 潘绍来. 试论职业分析与高等职业教育[J]. 武汉冶金管理干部学院学报，1999（2）：55-59.

方法——职业分析为导向，确定职业教育的专业。只有以科学的方法——职业分析为导向设置专业，才能使所设专业既能满足企业需求，又能体现专业的相对稳定性及广泛的适应性。①

职业教育领域中职业分析方法除应用于专业设置、课程开发外，也有学者采用职业分析方法对职业技术教育教师能力结构进行分析。如，韩文成等人在1994年编著的《职业技术教育师资概论》一书中采用职业分析方法对职业技术教育教师的工作进行分析，提出了职业技术教育教师的能力结构。该书指出，职业分析因其实用性和有效性，已经为国际上许多成功的决策和管理过程所采用。特别在职业技术教育的规划和设计程序中，这种方法可以最大限度地提供来自生产实践的知识——技能需求基底，使在此基础上形成和发展起来的课程结构、教学内容和教学方法都能同相应职业或工作岗位的要求相适应。② 基于职业技术教育教师职业的主体工作分析，该书提出，职业技术教育教师的能力结构应包括：①职业技术教育的课程开发与评估能力；②职业技术教育的教学设计能力；③职业技术教育的教学实施能力；④职业技术教育的教学评估能力；⑤职业技术教育的教学管理能力；⑥职业技术教育的学生指导能力；⑦社会与公共关系的开发与维持能力；⑧职业促进与自我完善能力。③ 这是国内职业教育领域较早地将职业分析方法运用于能力分析和能力结构构建的研究。

三、21世纪以来职业分析方法的深入讨论和应用

进入21世纪以来，我国职业教育深入发展，对质量的要求不断提升，职业教育课程改革不断推进。这一时期国内对工作分析方法的研究领域主要有三个方面：一是作为课程开发技术的职业分析；二是职业分析和胜任力特征构建的结合研究；三是职业资格中的职业分析。

---

① 徐涵. 现代职业教育观与职业教育教学改革 [J]. 新职教，2000（Z1）：6-7.
② 韩文成，齐树华，程岂平，胡平宁. 职业技术教育师资概论 [M]. 北京：高等教育出版社，1994：38.
③ 韩文成，齐树华，程岂平，胡平宁. 职业技术教育师资概论 [M]. 北京：高等教育出版社，1994：63-64.

1. 作为课程开发技术的职业分析方法

(1) 作为职业教育课程门类开发技术

进入 21 世纪，我国职业教育课程开发方法在吸纳世界职业教育课程改革中强调能力本位，在以工作岗位和工作任务为起点的基础上，不断变革，提出了项目课程、任务引领课程、学习领域课程、工作过程导向/工作过程系统化课程模式，而这些课程模式背后所采用的方法从本质上均是职业分析方法，是在 DACUM 职业分析技术基础上的不同程度的"发展"。

工作分析技术在职业教育课程开发中应用的理论基础是"课程内容必须是与工作任务密切联系，从课程中应能找到这些知识与工作任务的清晰联系"[1]，"职业教育课程的任务是将学生导向一个高度结构化的工作体系"[2]。因而，"开发职业教育课程的一个前提是存在一个严密组织的工作体系，在这个工作体系中，工作任务的内容、划分以及完成工作任务的标准都有严格的规定"[3]。2006 年，石伟平、徐国庆所著的《职业教育课程开发技术》一书提出，既然任务模式是职业教育课程门类划分的最佳选择，那么在对职业教育课程进行门类划分之前，就必须进行工作任务分析，这也是 CBE 课程、MES 课程、双元制课程开发中普遍使用的技术。该书提出，对工作过程分析而言，CBE 课程开发中所发展的 DACUM 法比较有效。它是由行业专家组成的小组应用"头脑风暴法"集中对工作过程进行系统分析的技术。该节肯定了 DACUM 法获得职业教育课程门类的优势，认为 CBE 中的 DACUM 法是一个比较理想的职业教育课程门类开发方法。

中国就业培训技术指导中心在《职业课程》一书提出："职业能力分析方法是采用科学的手段对一个具体职业或职业教育的专业进行能力分析、描述的技术。""职业能力分析是进行各职业人力资源开发和职业教育

---

[1] 石伟平，徐国庆. 职业教育课程开发技术 [M]. 上海：上海教育出版社，2006：221.

[2] 石伟平，徐国庆. 职业教育课程开发技术 [M]. 上海：上海教育出版社，2006：172.

[3] 石伟平，徐国庆. 职业教育课程开发技术 [M]. 上海：上海教育出版社，2006：172.

培训课程开发的关键步骤。"[1] 该书在职业课程的方法基础一章中，系统介绍了常用的工作分析方法，包括功能分析法、岗位分析法、项目分析法、任务分析法、技术分析法和产品分析法。这里所称的项目分析法即DACUM工作分析法。

学者也进一步探讨职业分析的理论基础，认为英国学者曼斯菲尔德（B. Mansfield）提出的"输入的能力观"与"输出的能力观"举足轻重。输入的能力观，强调个人具有知识、技能和态度倾向这些个体的心理要素，往往把实际操作水平理解为一个个独立要素或实际操作的内容，强调通过有组织的输入来获得职业能力。其往往分析个体应具备哪些素质才能称之为具备某种职业能力。输出的能力观，它注重工作角色，强调从输出的角度来界定能力，能力是整个工作角色或实际操作的整体结果，而不限于对个体应具有的知识和技能的描述。[2] 如，开发DACUM工作分析表时，要从"现在都做什么""能做什么"入手，而不是"具备什么能力"入手，强调能力的表现性、可见性。CBE课程采用DACUM工作方法进行职业分析。

《职业教育课程开发技术》一方面提出要开发职业教育课程门类，首先必须开发工作结构，但也同时指出，应用好工作任务分析表，实现从DACUM工作分析表到课程表的转换更加重要。因此，他们提出要对DACUM法进行改造：一是划分的工作领域的范围适当宽一些，为工作任务与知识提供更宽的接口；二是按照"适当模糊"的关系建立工作任务与知识的对接；三是对应用范围比较广泛的知识或知识量多的可以综合成单独的课程。在课程体系中增加查特斯（W. Charters）所说的"理想"要素，也就是适当地增设1—2门与专业相关的理论课程。提出了从DACUM工作分析表转换为课程表的技术流程。同时该书提出，以工作任务内容为核心来选择课程内容是职业教育课程的基本特征，工作任务分析法成为职业

---

[1] 中国就业培训技术指导中心. 职业课程 [M]. 北京：北京师范大学出版社，2010：202.

[2] 徐国庆. 职业教育课程论 [M]. 上海：华东师范大学出版社，2008：38.

教育课程内容开发的基本方法。该书中除了介绍 DACUM 工作分析法在职业教育课程内容开发中的应用外，还介绍了任务调查法、哲学依据法、内省法、敏感事件法、特尔斐法等工作分析方法和其他课程开发方法。

　　类似地，也有学者认为 DACUM 只是 CBE 课程开发方法中的一种，存在缺陷。[①] 国外学者，如曼斯菲尔德认为，对一些关键的能力方面（如对系统的管理和协调、对不定和变化的处理，或更大环境中的相互作用），常规的任务分析几乎是无法胜任的。因此，就产生了不依据工作任务分析应如何设计职业教育课程的问题。有学者提出了学习领域课程，通过整体化职业分析，建立发展综合职业能力的课程体系，指出，职业教育课程设计要基于工作过程，而所谓工作过程是"在企业里为完成一件工作任务而获得工作成果而进行的一个完整的工作程序"。[②] 但基于学习领域课程开发的首要一步是分析职业工作过程，目的是了解和分析该教育职业相应的职业与工作过程之间的关系，其本质也要进行职业分析。有学者认为，学习领域课程开发没有采用 DACUM 那样相对表面的方法，而是采取典型工作任务分析（BAG），成立专家小组进入企业，采用观察、访谈等方法深入研究工作过程。[③] 但典型工作任务分析法是 DACUM 方法的改进，德国职业分析方法也基本上以美国职业分析方法设计的基本依据为依据进行设计[④]，并非是国际普遍认可的一种分析方法，是将 DACUM 工作分析中的"职责"更加宽泛化。因为在这种课程模式下，其"典型工作任务"是指一个职业的具体工作领域，又称为职业行动领域，它是工作过程结构完整的综合性任务，反映了该职业典型的工作内容和工作方式。[⑤] 简而言之，"典型工作任务"是具体工作领域，是行动领域，是综合性任务。这与

---

　　① 赵志群. 职业教育工学结合一体化课程开发指南［M］. 北京：清华大学出版社，2009：6.
　　② 徐国庆. 职业教育课程论［M］. 上海：华东师范大学出版社，2008：46.
　　③ 徐国庆. 职业教育课程论［M］. 上海：华东师范大学出版社，2008：50.
　　④ 邓泽民，张扬群. 美、德、澳三国职业分析方法的应用分析［J］. 中国职业技术教育，2010（24）：10-12.
　　⑤ 赵志群. 职业教育工学结合一体化课程开发指南［M］. 北京：清华大学出版社，2009：33.

DACUM 工作分析中的"职责"(Duty)，即宽泛的工作任务区别何在？德国职业分析方法中职业活动内容描述采用的也是工作任务，他们叫典型工作任务，实际上北美、澳大利亚职业分析中的任务也是选择典型的任务。[①] 而 BAG 课程开发的方法——实践专家研讨法与 DACUM 工作分析方法类似，反而缺少了 DACUM 具有的严格程序性和科学性的优势，带有较强的主观性，尤其是典型任务确定时。

姜大源先生提出"工作过程系统化"职业教育课程模式，在承认工作任务作为课程开发的基础是完全正确的前提下，同时提出工作任务的表述本身却并没有凸显职业教育的动态性，职业和职业不同是因为工作过程不同。[②] 因此，其工作过程系统化职业教育课程模式一维是工作过程，另一方面同时包括情景。但是工作过程的开发本质上也是采用工作分析的方法。

(2) 作为专业课程内容开发技术

有学者提出项目主题式课程开发模式，该模式按照"确定职业领域—明确工作岗位—明晰具体任务—归结主题任务—确立项目载体"的课程开发流程，通过对反映人才结构需求状况的专业进行认真分析，切实厘清每一个专业所包含的主要工作领域及详细的工作岗位，这既是职业教育"项目主题式"课程模式设计的必要环节，也是职业教育"项目主题式"课程内容来源于真实职业生活的核心依据。[③] 职业教育"项目主题式"课程模式建构活动的主要工作是认真研究在行动领域中绘制出来的岗位工作任务明细表，仔细分析完成每一个具体的工作任务所应具备的实践知识、操作技能、职业情感和时空位置顺序等共同属性及主题。[④] 因此，职业分析是

---

① 邓泽民，张扬群. 美、德、澳三国职业分析方法的应用分析 [J]. 中国职业技术教育，2010 (24)：10-12.

② 姜大源. 世界职教课程改革的基本走势及启示 [J]. 职业技术，2008 (11)：4-10.

③ 梁成艾. 职业教育项目主题式课程与教学模式研究 [D]. 重庆：西南大学，2012：96.

④ 梁成艾. 职业教育项目主题式课程与教学模式研究 [D]. 重庆：西南大学，2012：101.

其中重要的一环。

美国马里兰大学工业教育系主任梅烈博士创立了职业群集课程与教学模式,也是采用职业分析的方法,分析若干相近的职业所需具备的核心技术、知识和职业技能。[1] 也有学者对美、德、澳三国职业教育中职业分析方法进行了比较,认为,三国职业分析的基本原理大致相同,但由于各个国家职业教育的制度、课程管理政策、职业分析人员的条件等不同,也各有自己的特点。澳大利亚职业分析采用了北美的做法,采用了能力图表作为分析工具。[2]

2. 职业分析与胜任特征模型构建的结合

针对管理实践中胜任特征模型的大量应用,国内某些学者提出了基于胜任特征的工作分析。[3] 有学者认为胜任特征的盛行使得工作分析面临尴尬;但也有学者对胜任特征和工作分析二者的区别和联系进行了分析,指出通过工作分析得到的基本任职要求中,那些能够区分高低绩效的素质,就可以认为是胜任特征。胜任特征建模通常只收集胜任特征和绩效信息,较少收集工作任务的相关信息,因此工作分析获得的信息更多、更具体。[4] 工作分析与胜任特征建模各有所长:胜任特征更侧重从组织战略和未来需求,自上而下地分析流程;而传统工作分析能够系统地分析工作要求和任职者要求,从而提供更量化和更具可比性的详尽信息。学者提出,从发展趋势看,工作分析和胜任特征建模之间的界限正在变得模糊,如果将两种方法综合起来,就能使其相互补充、相得益彰。工作分析能够为胜任特征模型提供大量的实证数据。因此工作分析系统方法与胜任特征模型构建方

---

[1] 梁成艾. 职业教育项目主题式课程与教学模式研究 [D]. 重庆:西南大学,2012:9.

[2] 邓泽民,张扬群. 美、德、澳三国职业分析方法的应用分析 [J]. 中国职业技术教育,2010 (24):10-12.

[3] 陈民科. 基于胜任力的职务分析及其应用 [J]. 人类工效学,2002 (1):23-26.

[4] 李文东,时勘. 工作分析研究的新趋势 [J]. 心理科学进展,2006 (3):418-425.

法的结合，也是未来工作分析方法研究的重要发展趋势。①

这一时期，在人力资源管理胜任特征理论研究和实践的推动下，职业教育领域也有学者开始采用职业分析方法收集信息，构建了不同职业的胜任特征。这些研究又可以分为以下两类：

一类是对 O∗NET（Occupational Information Network 的缩写）工作分析系统的研究及采用该工作分析系统构建胜任特征或能力模型。O∗NET 是美国劳工部培训署就业科支持和资助北卡罗来纳州商务部开发的，并在美国能源部的协同资助下不断发展。它是一个综合的职业描述系统，目前已经取代了职位名称词典（Dictionary of Occupational Titles，DOT），成为美国工作分析和职业分类的常用工具。② 国内有研究者系统介绍了基于该工作分析方法所建立的职业信息系统，并提出该系统对于我国建立职业信息网络数据库、学校开展职业指导、学生职业生涯规划都有重要的参考意义和借鉴价值。③

有学者以浙江省某三级甲等医院的助理护士、初级护士、高级护士、护理组长、临床带教老师、专科护士、护士长等各层级的护士共 630 名为对象，采用 O∗NET 工作分析技术对护理岗位进行了工作分析。④ 类似地，有学者采用 O∗NET 对中国临床医师胜任特征进行了研究⑤；对 ICU 护理岗位作了工作分析⑥；基于 O∗NET 技术对基层军医岗位分类进行了

---

① 李文东，时勘. 工作分析研究的新趋势［J］. 心理科学进展，2006（3）：418-425.

② 常晓雪. 美国职业信息网络及其对中国职业信息网络化的启示［J］. 中国职业技术教育，2015（27）：55-61.

③ 董琳琳，张元. 美国职业信息网络数据库的职业指导功能设计［J］. 天津职业技术师范大学学报，2016（4）：63-67.

④ 温燕玲. 护理岗位胜任特征：O∗NET 工作分析研究［D］. 杭州：浙江大学，2013.

⑤ 赵丽. 基于 O∗NET 的中国临床医师胜任特征研究［D］. 哈尔滨：哈尔滨医科大学，2016.

⑥ 柳丽颖，张莹，吴国松，郭思佳，杜蕾. 基于 O∗NET 三问卷综合 ICU 护理岗位工作分析［J］. 中国医院管理，2014（6）：59-61.

描述并作了中美比较[1]。

除了在上述医疗领域的研究外，还有学者采用 O*NET 工作分析系统对高校体育教师绩效进行研究[2]；基于 O*NET 构建工程项目经理胜任特征[3]；采用 O*NET 工作分析系统分析中等职业学校专业教师的教学能力构成[4]。

另一类是采用 DACUM 工作分析技术或关键事件法建立胜任特征模型。除了 O*NET 工作分析系统外，还有学者采用 DACUM 工作分析技术分析职业院校教师工作[5]，构建职业院校教师能力结构模型[6]。有学者采用行为事件访谈法确定了中职专业课教师 18 项能力并进行了验证。还有学者采用行为事件访谈法构建了中小学教师胜任力模型[7]。

3. 职业资格研究中的职业分析方法

职业分析方法运用于职业资格的研究在国内尚不多见。有学者提出，典型工作任务分析法（BAG）和实践专家研讨会是在职业资格研究基础上的新的资格研究方法[8]。我国目前在职业资格开发及更新过程中较少采用系统的工作分析方法，而美国采用 DACUM 等工作分析方法建立和更新职业资格。有学者提出采用认知任务分析法（Cognitive Task Analysis，简称

---

[1] 孟虎. 基于 O*NET 的基层军医岗位分类描述及中美比较研究 [D]. 西安：第四军医大学，2014.

[2] 张华文，郝卉. 基于 O*NET 工作分析系统的高校体育教师绩效研究 [J]. 广州体育学院学报，2014（4）：125-128.

[3] 王雪青，刘鹏，陈杨杨. 基于 O*NET 的工程项目经理胜任特征研究 [J]. 广西大学学报（自然科学版），2014（1）：199-205.

[4] 蔡颖华. 中等职业学校专业教师教学能力标准研究 [D]. 杭州：浙江工业大学，2009.

[5] 高山艳. 基于 DACUM 技术的职业院校教师工作分析 [J]. 职教论坛，2017（10）：29-35.

[6] 高山艳. 职业院校教师专业能力结构研究 [D]. 北京：北京师范大学，2015：66.

[7] 徐建平. 中小学教师胜任力模型：一项行为事件访谈研究 [J]. 教育研究，2006（1）：57-61.

[8] 赵志群. 职业教育工学结合一体化课程开发指南 [M]. 北京：清华大学出版社，2009：23.

CTA）对像外科医生等难以通过实际操作进行资格认定的职业进行较科学的资格评定。[1]

第三节 职业分析面临的挑战及未来趋势

一、职业分析面临的挑战：工作分析过时与否之争

进入知识经济时代，我国当前产业结构的转型升级尤其制造业向智能制造的转型升级带来了工作性质的新变化——工作本身从确定性向不确定性、从重复性向创新性转变，职业劳动的智能化程度提升，职位之间的边界变得更加模糊，个人的职位变得越来越宽泛、非专门化，单纯动手的技能型工作转向技术技能型工作，技术技能型人才的内隐知识作用被日渐强调，这些都使得传统职业分析的方法受到挑战，传统的问卷调查法、访谈法、工作日志法等，在效率和效果方面并不让人满意，[2] 难以收集到职位内在的本质的核心的信息。[3] 为此，有部分学者提出"职业分析过时"的说法，认为：一方面，工作分析仅仅是对现有工作状态的描述，难以反映动态中扁平化、柔性化的组织结构以及业务流程及战略的发展变化；另一方面，随着知识型员工的不断增多，员工素质不断提高，希望在工作中寻求工作满足感、组织归属感等除工作报酬外的东西，工作扩大化、工作丰富化、工作轮换等工作设计的方法越来越普遍，这样一来，工作本身的职责、任务及任职资格的界定模糊化，传统的工作分析已经难以适应组织的要求。[4]

但有学者提出，职位分析与素质模型是人力资源管理的两大基石，建

---

[1] 李三山. 脑力劳动工作分析中 CTA 方法综述及展望 [J]. 人力资源管理，2010（3）：30，32.

[2] 杨洋. 工作分析并未过时 [J]. 商场现代化，2011（10）：106-107.

[3] 彭剑锋，朱兴东，张成露. 职业分析面临的问题及应对策略（续）[J]. 中国人才，2003（8）：33-35.

[4] 傅婷. 对工作分析过时与否的思考 [J]. 现代经济信息，2010（14）：21.

立在这两大基石基础上的人力资源规划、人力资源获取与再配置、培训开发、薪酬管理、绩效管理构成了人力资源管理的五大模块，工作分析在其中扮演了关键角色，有了工作分析人力资源管理各职能模块才能顺利完成、互相联系与有机结合，整个人力资源管理系统才能纲举目张、有效运转。[①]也有学者更为鲜明地反对工作分析过时说，认为工作分析是否过时取决于对工作分析的理解和定位，如果仅仅将工作分析理解为一种程序、一种技术，那么可以推导出这样的方法缺乏应有的灵活性，难以适应外部环境、企业战略及特定工作的发展需要；而如果将其界定为一套方法论而不仅仅是某几种简单的工具与技术，甚至是一种强调规范的管理哲学，它就没有过时，工作分析正需要改进和创新，转变为未来导向和战略导向，因此，工作分析不是过时了而是需要改进和创新。[②]作为基础性管理过程的工作分析，是一套理解工作本身的最佳方法。工作分析作为一门技术，也是需要跟随时代的脚步而改变的，需要改进与创新。一方面是面向未来发展而进行；另一方面，要结合计算机网络等新型技术根据企业或职位的要求动态调整。与此类似，有学者提出，对于一些高速发展、工作弹性大的企业来说，传统的方法或许已不那么适用，但这并不表明，工作分析已经过时，而是恰恰说明了工作分析需要改进和创新。未来的工作分析并不会保持一成不变，而会在工作描述、信息来源、数据收集方法和工作分析单元等方面发生变化。[③]比如有学者建议采用"感知任务分析"技术，试图在工作中运用"心理地图"去完成工作目标。也有学者提出在工作分析中加入"人际关系"这一因素。这些都表明了，工作分析需要跟随时代的脚步而进步；工作分析不仅没有过时，而且是不可或缺的。总之，我们不能盲目地认为工作分析已然过时，而是要对其进行改进与创新，使之适应现代企业管理与人力资源管理系统，更好地为我们服务。[④]

无论从世界职业教育发展的基本趋势看，还是从我国学者所提出的几

[①] 杨洋. 工作分析并未过时 [J]. 商场现代化，2011 (10)：106-107.
[②] 傅婷. 对工作分析过时与否的思考 [J]. 现代经济信息，2010 (14)：21.
[③] 杨洋. 工作分析并未过时 [J]. 商场现代化，2011 (10)：106-107.
[④] 杨洋. 工作分析并未过时 [J]. 商场现代化，2011 (10)：106-107.

种职业教育课程模式及开发方法来看，有几点是我国职业教育发展应该遵循的：一是 CBE 课程所强调的学生能力的培养是应当坚持的。能力本位并没有过时，关键在于我们如何界定能力，我们持有什么样的能力观。二是能力来自于职业的要求和对职业的分析。因此，职业教育应该坚持从职业出发，职业教育课程应该基于对职业的分析。"职业不但是职业教育的思维起点，而且是职业教育的目的和终点。无论是分析职业教育的本质、功能、价值、体系，还是分析其课程及评价，首先要考虑的都是职业分析，从职业分析出发建立起来的职业教育体系才是能够区别于普通教育的一门独立学科，才拥有学科最基本的特征，拥有学科建制的资格。"职业教育必须从职业分析出发，确定职业教育各专业所针对的社会职业群或岗位群所需要的共同知识、技能和能力，并在此基础上进行教学。①

二、职业分析的改革趋势

职业是职业教育的起点和最后落脚点，职业分析的价值毋庸置疑，因此，当前讨论的不是职业分析要不要的问题，而是如何根据工作职责的不确定性增加、复合型人才需求量上升、智能化程度提高、进行独立决策和创造性地解决问题的情形增多、创新性增强等一系列工作世界的变动所带来的职业变化来改进职业分析技术。简言之，现在应该讨论的是职业教育领域职业分析如何进一步优化和改进的问题。

1. 职业教育应加强与人力资源管理、组织行为学、认知心理学等学科在职业分析技术上的交流

从本质上讲，职业教育从事的也是人力资源开发的工作，是最大化、高效地开发人力资源的行为。虽然在人力资源管理中工作分析的服务对象或着眼点是企业，且功能呈多样化，但毋庸置疑，人力资源管理中工作分析的研究更加成熟和深入，因此职业教育中的职业分析技术要加强与人力资源管理工作分析的交流，要关注人力资源管理中工作分析的进展和最新

---

① 刁哲军，王春丽，王玲. 职业教育视阈下职业的价值探析 [J]. 职业技术教育，2010（25）：5-8.

研究成果，尤其是基于人力资源开发和培训的职业分析成果。此外，组织行为学中的基于组织绩效的研究、认知心理学所提出的认知任务分析技术等，都可以突破工作内容、工作方式等的变化给传统职业分析带来的挑战，这些不同学科领域的研究会有助于职业教育领域改进职业分析，准确深入挖掘职业所需的知识、技能等，为职业教育专业设置和课程开发提供坚实依据。

2. 进一步厘清相关概念的内涵和区别

职业教育领域内尤其是不同课程模式之间的批评，很大程度上是由于对一些核心概念的理解尚未达成一致。如，有学者认为"DACUM 职业分析的核心是对岗位所需能力点进行分析"[①]，其实 DACUM 既可以用于对某一职业的分析也可以用于职业群的分析。之所以造成这些分歧，除了需要使一种方法更全面地为大家了解外，还要加强对诸如职业、工作、职位、能力等核心概念的共识。学界甚至对"工作分析"这一核心概念所指也存在理解上的偏差，给对话带来困难。如，有学者分析，当前人们对 Occupation（职业）、Job（工作）、Position（职位/岗位）、Task（任务）、Work Activity（工作活动）之间的区别和联系的认识存在一定的模糊性。[②] 如果要对工作的性质加以描述和贴标签，建议使用"Occupational Analysis"（职业分析）一词；如果是基于特定工作的招聘、选拔、培训等目的，建议使用"Job Analysis"一词；如果是基于时间动作的分析或工作标准化研究以达工效学改进之目的，建议使用"Work Analysis"一词。[③]

3. 适应人才培养层次及工作性质变动，不断改进职业分析技术

"职业分析在课程中占据主导地位，课程是动态的社会需求的反映，

---

① 赵志群. 职业教育工学结合一体化课程开发指南 [M]. 北京：清华大学出版社，2009：8.
② 杨杰，方俐洛. 工作分析的定义、理论和工具探析 [J]. 自然辩证法通讯，2003（3）：50-59，110.
③ 杨杰，方俐洛. 工作分析的定义、理论和工具探析 [J]. 自然辩证法通讯，2003（3）：50-59，110.

不只是静态学科知识的载体，要根据变化不断加以调整。"①

一是职业教育人才培养层次的高移要求改进职业教育中的职业分析技术。

我国现代职业教育体系不断健全和完善，应用型本科、本科层次职业教育等都进行了大量探索。而本科层次职业教育的开展和人才培养层次要求职业分析不能仅仅停留在技术工人、技术员等技能操作型职业的分析上，即便是高等职业教育所培养的人才，其职业性质也往往多是技术/业务-管理型、高级服务型、技术训练型。②如何对技术技能型、技术创新型、心智技能和动作技能高度结合型的职业进行分析，系统分析产业向智能制造、创新转型背景下的职业所需要的知识、技术、技能、态度等综合能力，从而为不断优化专业课程体系和课程内容提供参考，成为摆在职业教育领域职业分析面前的问题。人力资源管理领域已经有学者进行了相关探索，如有学者曾提出，工作分析要具有战略导向和未来导向，要使职业分析具有未来导向，可以设计"如果-那么"的假设情境并通过对主域专家（Subject Matter Expert，简称 SME）进行访谈，确定未来工作对知识、技能、能力和其他特征的要求，这样就能够满足由于工作性质的变化带来的工作职责和任职要求的变化。③

二是创新型工作中心智技能重要性要求改革职业教育中的职业分析技术。

传统工作分析方法只能分析那些工作过程中所能观测到的操作行为和显现的指导行为的知识（如程序化知识），任务中的认知成分（完成任务

---

① 中国就业培训技术指导中心. 职业课程［M］. 北京：北京师范大学出版社，2010：278.
② 刘德恩. 我们需要什么样的高职人才——通过职业分析看高职人才的职能与类型［J］. 职教论坛，2001（10）：22-23.
③ 李文东，时勘. 工作分析研究的新趋势［J］. 心理科学进展，2006（3）：418-425.

所需要的认知技能，包括推理、诊断、判断和决策技能）并不能分析到。[1]此外，当今体力劳动减少，脑力劳动增加，技术创新性成分增加，传统工作分析受到挑战，业界提出采用认知任务分析法（Cognitive Task Analysis，简称 CTA），即运用一系列能够揭示人脑思维过程的方法和技术，去发现人们在执行任务过程中的思维过程，所用到的知识、技能，通常会遇到的难点以及解决的办法，等等，并由此进行脑力劳动的工作分析。其主要技术手段是出声思维法（Think aloud）和内省法（Introspective method）。[2] 值得一提的是职业教育领域也有学者采用此种技术进行了高职项目化课程设计[3]，有学者采用出声思维法探讨技术技能获得中的内隐知识的作用。

此外，职业分析的改进不仅仅包括上述方法的优化和改进，还包括将现代信息技术、脑功能成像技术等新技术应用到职业分析的组织形式及核心技术中去。

4. 扬长避短，综合应用

每种工作分析方法在多用途性、标准化、可接受性、可理解性、所需的培训、立即可用性、耗费时间、信度和效度以及成本方面各有其优势，如，PAQ（Position Analysis Questionnaire，职务分析问卷法）和任务调查表被认为是最标准化和最可靠的方法，而从总体上看，应用性以 PAQ 评价最高。[4] 对于工作分析的第一阶段——描述工作的本质和范围，"从从业者专家那里获取信息"是最有效的；第二阶段——能力列表开发，DACUM 是最有效的；第三阶段——收集每项能力在"重要性""频率"等维

---

[1] MILITELLO, L G, HUTTON R J B. Applied Cognitive Task Analysis: A Practitioner's Toolkit for Understanding Cognitive Task Demands [J]. Ergonomics, 2000 (11): 1618-1641.

[2] 李三山. 脑力劳动工作分析中 CTA 方法综述及展望 [J]. 人力资源管理, 2010 (3): 30, 32.

[3] 张君瑞. 基于认知任务分析方法高职项目化课程设计研究 [J]. 现代计算机（专业版）, 2018 (10): 45-48.

[4] 杨杰, 方俐洛. 工作分析的定义、理论和工具探析 [J]. 自然辩证法通讯, 2003 (3): 50-59, 110.

度的数据阶段，问卷调查是最有效的。也有学者指出，在工作分析方法中，当对那些经常出现新技术和工作组织新形式类的工作进行分析时，德尔斐法（Delphi）的有效性最高；对于那些相对稳定的工作，咨询委员会（Advisory Committee）、DACUM、工业中的培训师、任务清单法都是非常有效的。[1] DACUM 和 VTEC（Vocational-Technical Education Consortium of States）是融工作者定向和工作定向于一体的最好例证。不可否认的是，每种职业分析方法都不是万能的，每种职业分析方法都各具优势，同时也都不可避免地存在弊端。因此，职业教育实践需要扬长避短，综合利用不同的职业分析方法，未来工作/任务分析的发展趋势是以多种方法的有机结合来取代功能单一的任务分析。[2]

---

[1] 高山艳. 职业院校教师专业能力结构研究 [D]. 北京：北京师范大学，2015：68.

[2] 杨杰，方俐洛. 工作分析的定义、理论和工具探析 [J]. 自然辩证法通讯，2003（3）：50-59，110.

第三章 职业教育校企合作研究

"中国制造向中国创造转变给职业教育提出了新期望，经济大国变经济强国期望职业教育成为新基础，低端制造到高端制造期望职业教育成为新支撑，粗放发展到集约发展期望职业教育成为新动力，传统产业到现代产业期望职业教育成为新前提。"[①]职业教育的重要使命已不容推卸，但职业教育以何承载如此重任？毋庸置疑，校企合作必须在此发挥先锋作用。职业教育校企合作是职业教育的本质特征之一，是技能型人才培养的基本规律。校企合作能够补充学校办学中欠缺的实习场所，有利于提升专业教师技能，有助于解决毕业生的就业问题，并能大大提高办学能力；校企合作有利于满足企业的用人需求、技术革新需求，提高企业生产力；最终实现职业院校与企业的优势互补，共创双赢的局面。

因此，新中国成立70年来，校企合作一直是职业教育研究的热点问题之一。系统整理有关职业教育校企合作的思想与理念，梳理职业教育校企合作的内涵，界定职业教育校企合作的发展阶段，概括职业教育校企合作的模式，总结职业教育校企合作的理论与实践经验，不断反思我国职业教育校企合作的问题与不足，对指导我国职业教育校企合作的深化发展与理论研究具有积极意义。

---

① 鲁昕在高等职业教育引领职教科学发展战略研讨班开班仪式上的讲话［EB/OL］.（2011-06-08）［2019-09-08］. http://www.cvae.com.cn/www/xw/zfxw/2011/12384.html.

第一节 职业教育校企合作研究概况

为了整体掌握我国职业教育校企合作研究的状况，本研究依据中国知网数据库进行检索，以"校企合作"为篇名，检索时间为1949年至2019年，检索范围为学术期刊中的北大核心期刊和CSSCI来源期刊，共检索期刊文章2369篇，去除会议综述、新闻报道等，剩余有效文献2310篇。以校企合作为题名，检索时间从1980年至2019年，检索范围为硕博论文，共检索论文459篇。两个数据库共2769篇文献。

一、总体趋势分析

总体来看，期刊论文虽然检索时间为1949年至2019年，但改革开放之前，基本上不用这一术语，到1994年之后，以"校企合作"为篇名的论文才逐渐出现，2007年增长迅速，在2010—2011年达到研究的高峰，2011年之后虽然研究数量减少，但一直具有一定的热度。年度发表情况如图3-1所示。

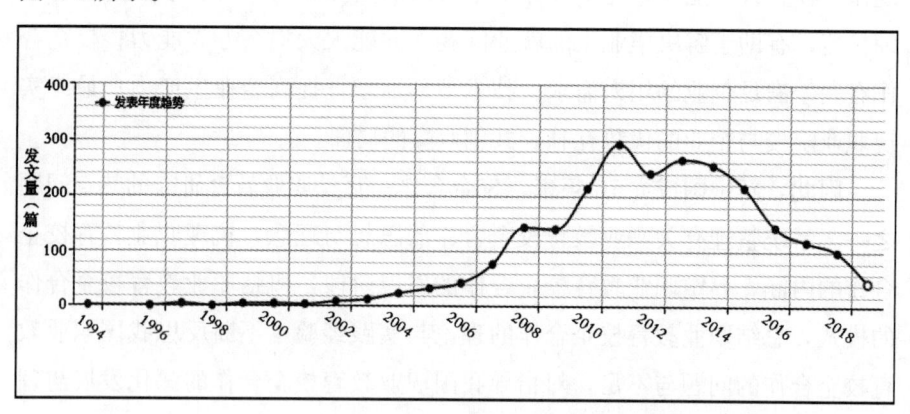

图3-1 以"校企合作"为篇名的年度发文量

硕博论文的情况大体一致，"校企合作"第一次出现于硕博论文中是2005年，之后持续增多。其中学科分布、关键词分布如图3-2、图3-3所示。

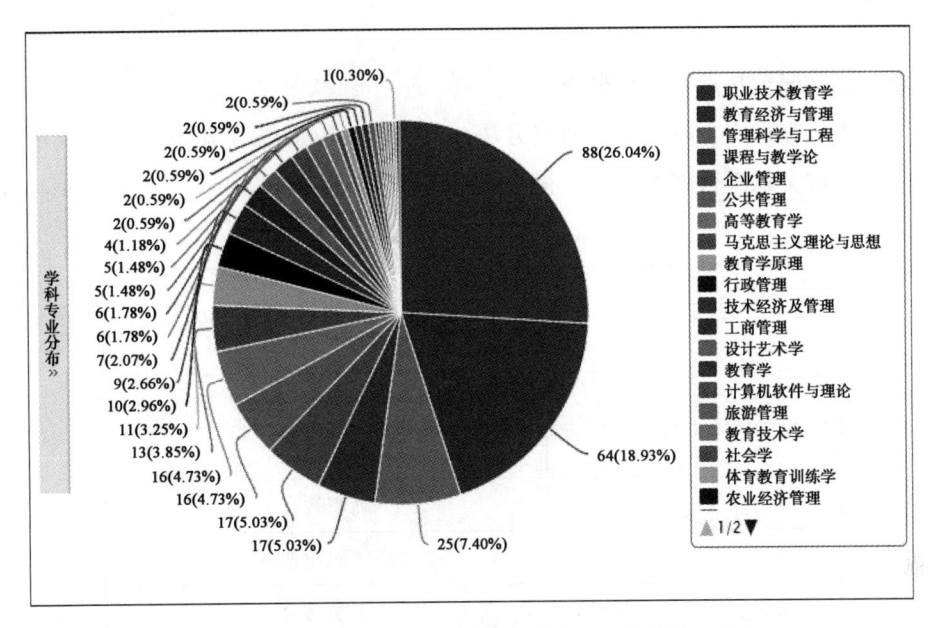

图 3-2 以"校企合作"为题目的硕博论文学科专业分布

从学科专业分布来看,研究校企合作的以职业技术教育学专业、教育经济与管理专业为主,还有相当一部分管理科学与工程、课程与教学论、企业管理、公共管理等专业的学生。说明各领域都对校企合作有所关注,校企合作并不是教育学领域独有的研究问题。从多学科对校企合作的研究可以看出校企合作问题的重要性。

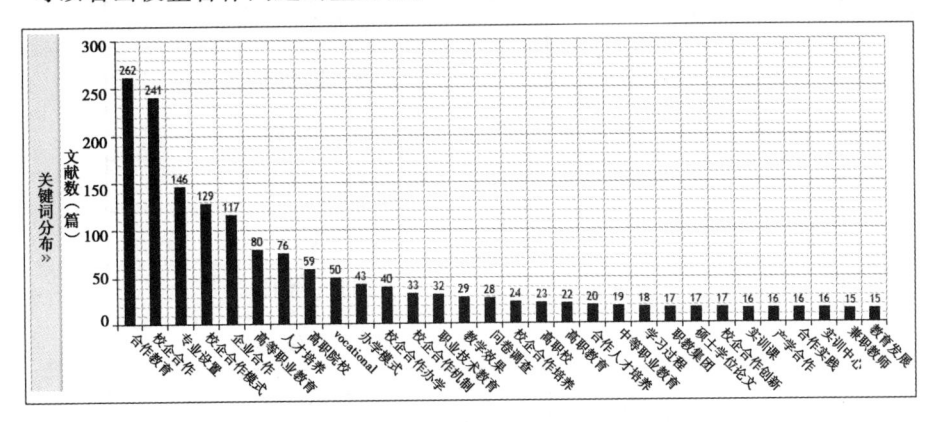

图 3-3 以"校企合作"为题目的硕博论文的关键词分布

81

二、研究热点可视化分析

本研究采用文献计量学研究方法，借助 CiteSpace5.4 知识图谱可视化软件，对文献进行聚类分析，得到的结果如表 3-1 所示。

表 3-1　CiteSpace 聚类分析结果

频次	年份	关键词
1536	2007	校企合作
468	2008	职业教育
236	2008	高职院校
193	2009	高职教育
143	2008	高等职业教育
120	2008	工学结合
114	2014	产教融合
112	2008	企业
95	2009	人才培养模式
78	2008	企业管理
66	2008	学校
59	2009	对策
55	2009	职业院校
51	2013	现代学徒制
42	2010	人才培养
39	2009	学堂
35	2010	高等职业院校
34	2010	职业教育发展
32	2011	模式
27	2011	职教集团

续表

频次	年份	关键词
25	2009	高职
24	2011	问题
24	2012	长效机制
22	2011	中等职业教育
18	2012	机制
17	2012	中职学校
16	2011	创新
16	2009	教育行政组织
16	2010	高等职业技术教育
16	2009	教育部
16	2011	产教结合
14	2012	运行机制
14	2014	现代职业教育体系
14	2011	中等职业学校
13	2009	办学模式
12	2014	现代职业教育
11	2010	顶岗实习
10	2009	培养模式
7	2018	新时代
6	2015	保障机制
6	2011	职业教育改革
6	2018	工匠精神
5	2018	全国职业院校技能大赛
5	2012	职业学校

续表

频次	年份	关键词
5	2011	中职教育
5	2018	改革开放
5	2013	职业教育集团
5	2014	德国
5	2015	专业建设
5	2010	实训基地

从聚类结果来看，出现的关键词最多的是"校企合作"，其次是"职业教育"。因为本研究聚焦于职业教育校企合作，所以文献中这两个关键词最多说明本研究所选取文献的效度比较高。除去这两个关键词，以及与职业教育相关的指向不是特别明确的词汇，如有关职业教育改革、职业教育发展等指向不太明确的关键词，最终剩余的关键词为本研究的热点主体，如图 3-4 所示。

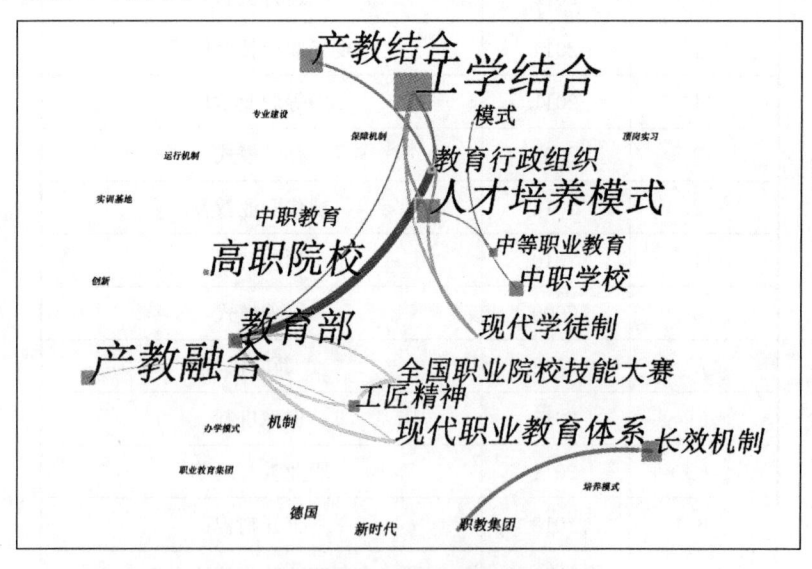

图 3-4　校企合作关键词聚类分析结果

出现频率最高的是关于校企合作的主体院校、企业、政府等，院校包括"高职院校"（236 次）及与之密切联系的"高职教育"（193 次）、"高等职业教育"(143次)、"学校"(66次)、"学堂"(39次)、"高等职业院校"(35次)、"中职学校"(17次);企业包括"企业"(112次)、"企业管理"(78次);政府包括"教育行政组织"(16次)、"教育部"(16次)。

将主题词再进一步归类汇总,可以看出,新中国成立70年来,关于校企合作的主题研究热点包括"校企合作主体""顶岗实习""工学结合""产教结合""职教集团""产教融合"等合作模式范畴,"问题""对策"等实践范畴,"长效机制""机制""运行机制""保障机制"等机制制度建设范畴。

三、权威文献分析

本研究将前述期刊文章中被引率在30次以上的197篇文献作为权威文献进行分析,发现权威文献中,引证文献从2006年左右开始持续升高,2015年达到最高峰,后陡然下降。如图3-5所示。2015年达到最高峰之后下降比较快的原因之一是人们将视野更多地转向了"产教融合"这一词汇。

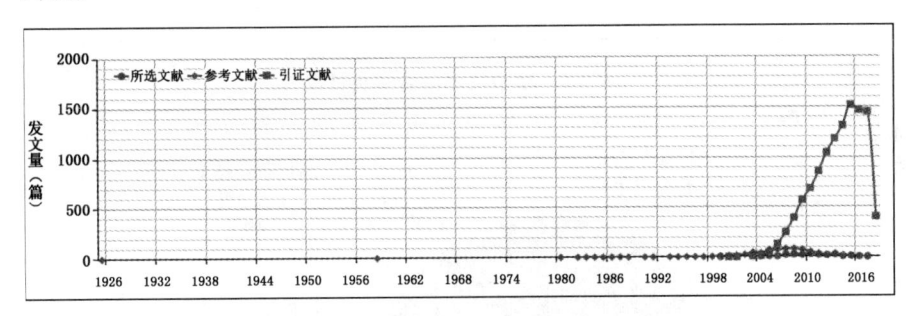

图3-5 "校企合作"权威文献发文量

197篇权威文献的关键词跟整体文献相似,都集中在合作主体、合作关系与内容、人才培养、制度建设等层面。

权威文献的来源:17.87%来自于《中国职业技术教育》,17.8%来源于《教育与职业》,11.7%来源于《职教论坛》,10.2%来源于《职业技术教育》,6.6%来源于《中国高教研究》,4.6%来源于《教育发展研究》,3.01%来源于《中国高等教育》,20.3%来源于其他期刊。

权威文献中得到全国教育科学规划基金支持的占比约10%,如图3-6

○ 职业教育研究

所示；北京师范大学、华东师范大学、温州职业技术学院、金华职业技术学院、教育部职业教育中心研究所等单位发文较多，如图 3-7 所示；被引频次较高的论文 12 篇，均在单篇被引 200 次以上，作者分别为张志强、黄亚妮、洪贞银、丁金昌、林健、余祖光、潘海生、和震、孙宏伟、王振超、张秉钊、马成荣，如图 3-8 所示。

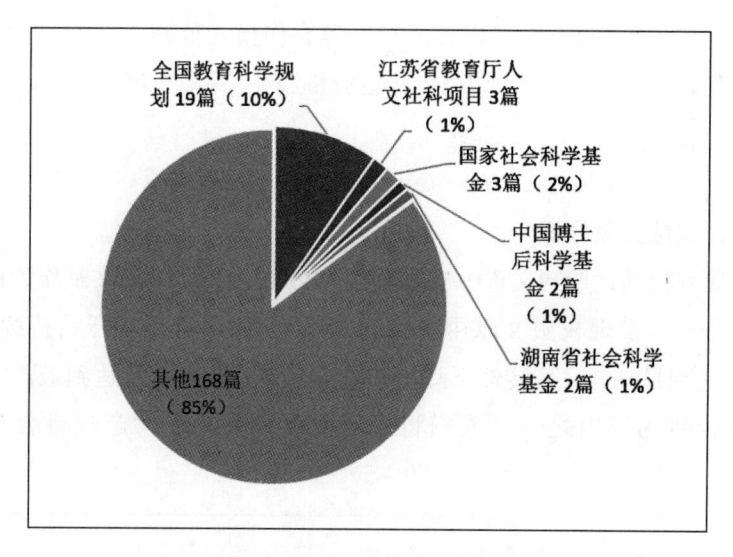

图 3-6 权威文献基金支持情况

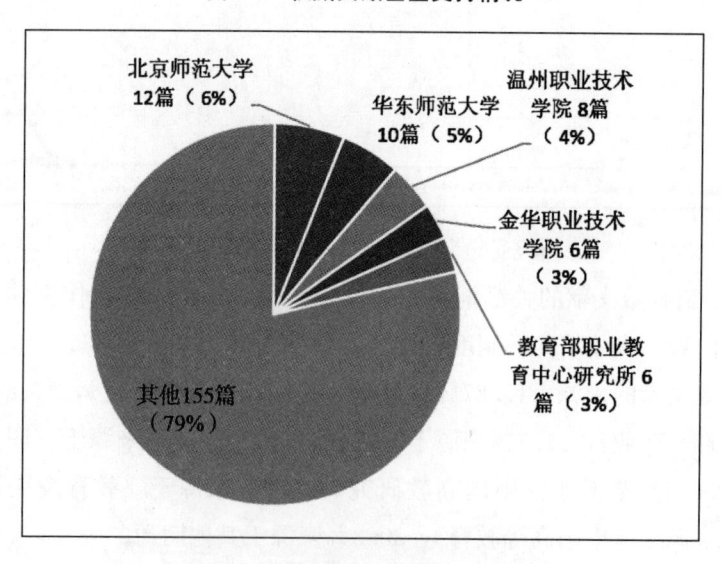

图 3-7 权威文献的来源机构情况

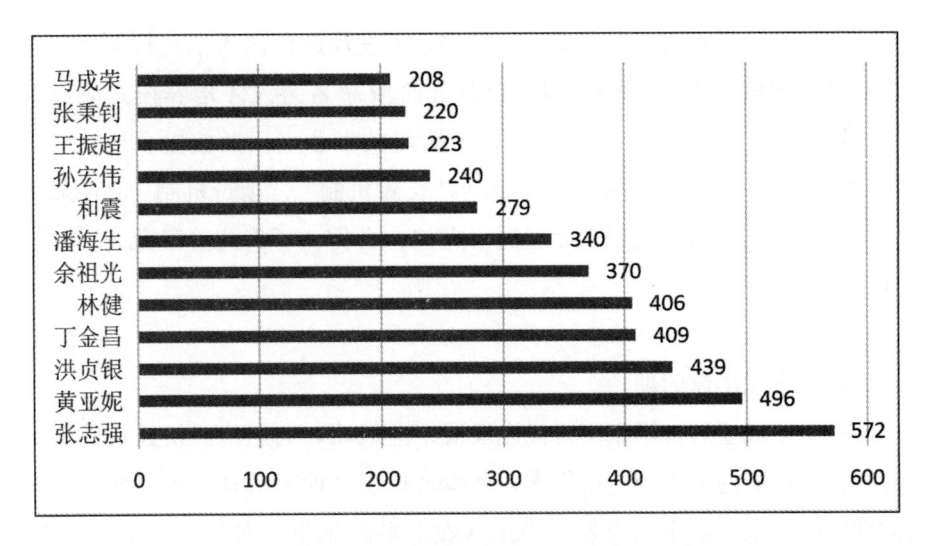

作者	数量
马成荣	208
张秉钊	220
王振超	223
孙宏伟	240
和震	279
潘海生	340
余祖光	370
林健	406
丁金昌	409
洪贞银	439
黄亚妮	496
张志强	572

图 3-8　高频被引文献第一作者情况

本章的研究是在对以上所有文献的泛读、对权威文献的精读的基础上进行的，从我国职业教育校企合作研究历史阶段、我国职业教育校企合作的热点主题两部分进行整理。研究热点主题部分对聚类分析结果进一步归类为五类：校企合作主体、校企合作模式分类、典型校企合作模式、校企合作问题与对策、校企合作机制与制度建设。

第二节　职业教育校企合作研究的历史阶段

依据研究文献数量的集中度、研究特点主题词的出现时间早晚，结合我国职业教育校企合作的实践现状，可把我国职业教育校企合作的研究划分为三个阶段。

不同的阶段人们对校企合作内涵的理解和术语的使用是不同的。第一个发展阶段从新中国成立到改革开放时期，这个阶段"校企合作"这一术语尚未出现，当时应用较多的术语是"半工半读"，可将其称之为半工半读时期。第二阶段是 1978 年至 2010 年左右，这个时期的专业术语是"工学结合""产教结合""校企合作"，与这些术语同时存在的还有"人才培养模式""人才培养"。根据术语出现的时间及精读文献中对"工学结合"

"产教结合""校企合作"等术语的描述，可发现此阶段人们将校企合作作为一种人才培养模式看待，因此可将此阶段命名为人才培养模式研究时期。第三个阶段是2011年至今，这个阶段的专业术语开始更多地转变为"产教融合"，而与之伴随的术语包括"长效机制""运行机制""保障机制"等，人们开始从机制制度层面研究校企合作，可将此阶段命名为制度建设研究时期。

一、半工半读时期

新中国成立后，国家实行优先发展工业战略，为适应经济建设发展对有知识和技能的工人的迫切需求，刘少奇提出"两种劳动制度、两种教育制度"的主张，要求大力发展半工（农）半读职业技术学校和业余学校。1958年，毛泽东在《工作方法六十条（草案）》中要求："一切中等技术学校和技工学校，凡是可能的，一律试办工厂或者农场，进行生产，做到自给或半给。学生实行半工半读。"[①] 同年《关于1958年度国民经济计划草案的报告》正式提出："有步骤地实行半工半读的教育制度。中等学校和高等学校，凡是有条件单独举办或者联合举办实验工厂、实验农场和实验牧场的，都可以单独举办或者联合举办，一面从事教学，一面从事生产劳动；不能举办的，可以同当地的工厂、作坊和服务行业订立生产实习合同，进行实习，或者参加当地的定期义务劳动和农业合作社劳动，使学习和劳动相结合。"[②] 新中国政府首次从国民经济规划层面明确了产教结合的具体实现制度。1958年9月，中共中央、国务院发出《关于教育工作的指示》，要求"国家办学与厂矿、企业、农业合作社办学并举；全日制与

---

① 中共中央办公厅. 工作方法六十条（草案）[EB/OL]. [2015-02-03] http://www.baike.com/wiki/%E3%80%8A%E5%B7%A5%E4%BD%9C%E6%96%B9%E6%B3%95%E5%85%AD%E5%8D%81%E6%9D%A1(%E8%8D%89%E6%A1%88)%E3%80%8B.

② 第一届全国人民代表大会第五次会议. 关于1958年度国民经济计划草案的报告[EB/OL]. [2015-02-03]. http://www.npc.gov.cn/wxzl/gongbao/2000-12/23/content_5328420.htm.

半工半读业余学校并举"①。周恩来也曾指示要发动"工交财贸系统的厂矿、企业单位和大农场、林场办,国家也要直接办,军队也可以办一点",指明了产教结合的办学主体。② 当时的技工学校有国家产业部门办的、各级劳动部门办的、厂矿企业事业单位办的和有关部门单位联合办的,其中,企业办校占50%。

半工半读教育其实是校企合作的一种变形,在技工培训的过程中,将学校学习和工厂技能培训结合起来,实现工学合作。在当时的半工半读制度下,许多学校既是学校,又是工厂;学校既培养学生,也生产产品;学生既学习理论,也参加劳动。接受技能培训的工人,其身份与学徒工类似,既在劳动过程中学习生产技能,又接受学校教育,因而,通常称为"学工"。半工半读制的经费不用学工承担,或者摊入生产成本,通过编制开支预算计划由国家财政下拨经费;或者来自厂长基金。学工的待遇是参考学徒工的,一般没有工资,只拿生活津贴。③

除了半工半读教育以外,当时,委托培训与公立中等职业学校的发展也是技能形成的途径。委托培训是利用大型企业的生产技术、机械设备和技术力量,为其他工厂的学徒工提供技能培训的一种方式,属于一种国家主导下的厂际技能帮扶共享行动。委托培训是一种政府行为,由政府按照计划实施。④ 公立中等职业学校在当时也有了长足的发展,当时中等专业学校由各业务部门或企业单位办理,由教育部检查指导,实行"专业化与单一化"体制,把"学用脱节"的原有职业学校"通才"的培养模式改成

---

① 中共中央、国务院. 关于教育工作的指示[EB/OL]. [2015-02-03]. http://news.xinhuanet.com/ziliao/2005-01/05/content_2419375.htm.

② 钟名湖,王从容. 周恩来职业教育思想及其启示[J]. 教育与职业,2012(5):21-22.

③ 王星. 技能形成的社会建构:中国工厂师徒制变迁历程的社会学分析[M]. 北京:社会科学文献出版社,2014:262-263.

④ 王星. 技能形成的社会建构:中国工厂师徒制变迁历程的社会学分析[M]. 北京:社会科学文献出版社,2014:260.

为国家经济建设服务的"专业"教育模式。①

由此可以看出,这一时期,校企合作的实践主要是半工半读教育,人们对校企合作的研究也主要围绕半工半读展开。

二、人才培养模式研究时期

随着1978年改革开放政策的实施,国家的用工政策改革以及国企市场化改革全面铺开,我国的技能形成陷入了市场化的危机。1983年,国家对用工政策进行调整,开始推行"先招生、后招工"的用工制度。原劳动部在贯彻《国务院关于大力发展职业技术教育的决定》的过程中,将招学徒工改为招定向培训生。用工制度的改革使企业招收工人的形式发生了显著变化,即过去以招收学徒工为主培训技术工人,转变为以各大中专学生、技工学校学生、职业高中生为主的补充工人方式,技能培训开始外部化。

在改革过程中,国企改制也在稳步推进,企业组织由承担国家生产计划任务的"单位角色"转向"自主经营、自我发展、自负盈亏"的市场性角色。企业市场化改变了企业组织之间的关系结构,使企业对技能的投入成本成为企业需要重点考虑的成本之一。在这种情况下,许多厂办技校与企业剥离,自谋发展,校企合作更是受到了冲击,职业教育与产业的紧密结合开始变得松散。

这个时期,校企合作的问题逐步凸显出来,"校企合作"这一术语也在实践中产生,人们认识到为了更好地培养企业所需要的人才,应该实施校企合作的人才培养模式。这从当时的理论研究对校企合作的界定中能够看出。

钱爱萍认为:"校企合作是充分利用学校与企业的资源优势,理论与生产相结合,培养适合经济发展需要的人才培养模式。"② 黄亚妮认为:"校企合作主要是应企业人才实际需求状况而产生的,并按照企业部门和

---

① 方展画,刘辉,傅雪凌. 知识与技能——中国职业教育60年[M]. 杭州:浙江大学出版社,2009:49.

② 钱爱萍. "校企合作"模式的研究与实施——机械基础在生产中的应用[J]. 中国科技信息,2006(14):287-288.

学校的安排实施的、交替进行课堂教学和企业实际操作培训的教育模式。"[1]李新生认为："校企合作和工学结合是指高职院校和相关企业或行业在共同育人方面遵循平等互利的原则进行优势互补的合作，是一种将学校的教育资源和企业的各种资源整合，学校把课堂设置到企业，让学生在企业生产经营过程中进行学习，企业把学生视为正式员工使用，按企业要求进行管理和考核，以培养适合企业或行业需要的应用型人才为主要目标的教育模式。"[2]孙伟宏认为："校企合作教育是一种以市场和社会需求为导向的运行机制，是学校和企业双方共同参与人才培养过程，以培养学生的全面素质、综合能力和就业竞争力为重点，利用学校和企业两种不同的教育环境和教育资源，采用课堂教学与学生参加实际工作有机结合，来培养适合不同用人单位需要的应用型人才的教学模式。"[3]张亚军等认为："校企合作是指学校与企业双方以生存和发展的共同愿望为基础，以人才、技术、效益为结合点，利用学校和企业不同的环境与资源，以培养适合生产、建设、服务、管理一线实用型人才为主要目标的办学形式。"[4]

陈芳柳等认为校企合作有广义和狭义之分，广义的校企合作是指以企业、高校、研究机构为基本主体，以政府、中介机构、金融机构等为辅助主体，在市场经济条件下按照一定的机制或规则进行结合，形成某种联盟进行合作研发，不断进行知识消化、再生产、传递和转移，创造某种未知的需求和价值，以实现技术创新、人才培养、社会服务、产业发展和经济进步等功能。[5]

---

[1] 黄亚妮. 高职教育校企合作模式初探[J]. 教育发展研究，2006（10）：68-73.

[2] 李新生. 校企合作和工学结合在高职教育中的作用[J]. 中国冶金教育，2006（4）：10-12.

[3] 孙伟宏. 探索校企合作模式 培养优秀技能人才[J]. 教育发展研究，2006（7）：23-25.

[4] 张亚军，徐亚娜，楚金华. 我国高职院校校企合作研究述评[J]. 职教论坛，2008（24）：4-8.

[5] 陈芳柳，陈莉平. 国外产学研合作的比较研究及其启示[J]. 沿海企业与科技，2007（2）：161-165.

孙琳也认为："广义的职业教育校企合作则是指所有与职业教育相关的各类教育机构、培训机构与企事业单位的各种层次、各种方式的合作。"①

以上这些定义都强调了学校与企业两种教育环境与教育资料，学校课堂学习与企业工作学习两种学习内容与方式等。这种校企合作的定义强调的基本内涵是产学合作，实施的途径是顶岗实习，"工"与"学"结合，要达到的目标是培养学生的全面素质、综合能力和就业竞争力。这些定义都将校企合作界定为一种必要的、有效的人才培养模式。

三、制度建设研究时期

校企合作作为一种人才培养模式，在实践中面临的困难，需要各方面的共同努力，单靠合作双方力量，仅仅从合作模式的角度扩大合作范围，并不能有效解决实践问题，因此，2011年以来，呈现出将校企合作作为一种教育与生产的交叉制度加以研究和实践的趋势。

2011年以来，一直比较热的"校企合作"术语，在文献研究中心出现的频次开始减少，取而代之的是"产教融合"。2011年以来，产教融合逐渐成为人们研究的热点词汇，产教融合与校企合作的不同之处就在于，产教融合更多地是从制度层面探究校企合作的内外部制度保障，与之相对应的，这一时期的热门关键词是"长效机制""运行机制""保障机制"等，这些词汇背后的研究都在竭力从机制、制度层面解决校企合作的问题。2013年，北京师范大学和震以"职业教育产教融合制度创新"为题从事教育部人文社科一般项目的研究；2018年，他出版专著《职业教育产教融合制度创新》，该专著是其校企合作制度研究的精华，他认为"对职业教育产教融合制度的研究，既是职业教育基本理论创新的需要，也是我国职业教育实践的现实需求"②。该书从理论上构建了职业教育产教融合制度体系，进一步从整体上系统把握产教融合的内涵、外延、特点等，深入分析

---

① 孙琳. 产教结合职业教育发展新途径探索［M］. 北京：高等教育出版社，2003.
② 和震，李玉珠，魏明，等. 职业教育产教融合制度创新［M］. 北京：科学出版社，2018.

了创新国家产教融合制度所需的制度环境、匹配制度和分类治理的思路，包括制度环境构建、职业教育产教融合的基本制度及其之间的匹配关系等。这一时期，其他学者也有将校企合作作为一种教育与产业交叉的制度进行研究的。有学者从新制度经济学的视角研究产教合作制度，并探究了职业教育校企合作的互补性制度，认为责任分担的技能投资制度、以企业为主体的技能供应制度、公平的技能评价制度、有保障的技能使用制度、协调的社会合作制度是职业教育校企合作发展的匹配制度。[①]

总之，这一时期，学者对校企合作的理解，已经不仅仅局限于从人才培养模式上对其进行解释，更将其作为一种融合了教育制度与产业制度的职业教育的国家基本制度来研究，以从理论上研究职业教育产教合作制度的构成。此时的"合作"二字是希望打破过去产业和教育单独的发展模式。从产业发展方式上来说，打破主要靠产量和劳动力数量促进经济增长的方式，而把人力资本的投资和科技进步放到增长的环节中；从教育发展方式上来说，打破教育相对封闭的发展方式，把职业教育放到经济增长的过程中，内化到产业链发展的过程中。

不同时期学者们对职业教育校企合作的研究，体现了人们对校企合作内涵理解的不同阶段，人们对校企合作的理解逐渐从一种人才培养模式转变为一种教育与产业交叉的制度。

第三节　职业教育校企合作研究热点主题分析

根据 CiteSpace5.4 软件做出的知识图谱的可视化分析结果，本研究将新中国成立以来职业教育校企合作的相关研究分为以下几个方面进行梳理：校企合作利益相关者及其职责研究、校企合作模式分类研究、典型校企合作模式研究、校企合作问题与对策、校企合作制度建设研究。

[①] 李玉珠，韩春梅. 职业教育校企合作的互补性制度 [J]. 教育与职业，2014 (17)：12-15.

一、校企合作利益相关者及其职责研究

校企合作反映的是教育与经济的联系，不仅仅限于职业院校与企业这两种不同性质组织之间进行的合作，实际上涉及政府、职业院校、企业及其他用人单位、行业协会等多方的活动。根据 CiteSpace5.4 做出来的知识图谱分析，当前的研究比较集中于对职业院校、企业、政府三个利益相关者及其职责的研究。行业协会虽然相对来说研究少一些，但鉴于其在校企合作中的重要职责，本研究也将其纳入其中。

1. 政府及其职责

陈胜等人的研究认为，在职业教育校企合作中，直接的受益者是个人和企业，而最大的受益者是政府。一般来讲，职业教育具有"准公共产品"属性。举办和统筹发展职业教育是政府应该履行的法律职责。政府应该在法律保障、经费投入和政策引导方面支持、推动校企合作，为职业院校与企业的合作提供服务和搭建平台。政府根据行业企业对人才培养质量的信息反馈、就业需求以及经济社会发展目标的要求等，为职业院校的专业设置、培养目标、人才规格、教育教学提供指导。政府享有信息、政策、制度资源，通过为企业发展提供职业院校的人力资源信息和政策引导，对企业进行宏观调控；通过制定优惠政策，调动企业参与校企合作的积极性。政府投入资金、提供服务，换取企业和职业院校对校企合作的支持和参与，共同培养高素质人才，从而促进经济和社会的发展。[①]

邢晖等人认为切实发挥政府对职业教育发展的主导作用，应建立中央政府、省级政府、地市级政府分工合作、责任共担的政府职能体系。地市级政府在职业教育校企合作中承担主要职责，具体包括：负责规划职业教育发展目标，整合各类与职业教育发展相关的资源，调整中职学校布局和专业结构，落实职业教育发展经费等职能，拓宽经费来源。[②]

[①] 陈胜，王虹. 校企合作利益主体之间的权责关系及角色定位 [J]. 现代教育管理，2014（3）：82-86.

[②] 邢晖，李玉珠. 地市统筹：职业教育政府责任的突破口——全国部分地市教育局长的调查与思考 [J]. 教育与职业，2013（10）：44-46.

喻忠恩认为，在我国的校企合作中，政府的合理选择是：首先，政府应将介入的重点放在加强对学校人才培养质量的监管上。政府应通过包括行政力量在内的多种手段，推动职业院校借鉴职业教育发达国家的先进办学经验，把着力点放在职业院校的改革发展上，促使学校自觉树立市场意识、为社会服务的意识，切实做到开门办学，不断提高校企合作能力。只有这样，校企之间的利益机制才有可能建立，校企合作关系也才有可能更牢固、更长远。其次，政府通过现实可行的法律、法规或政策来规范企业行为，为校企合作关系的建立营造外部条件和社会环境。在这里，需要强调的是，政府应尽量避免利用行政的力量对企业实施干预。[1]

杜世禄等人认为，地方政府在校企合作中的角色定位应该包括：合作推动者、利益协调者、过程监督者、成果评估者，地方政府应该在校企合作中发挥宣传发动、组织协调、引导保障、创新平台、评估监督的职责。[2]

2. 学校及其职责

现有研究中对校企合作中学校主体及其职责的深入研究并不多，大多数研究都建立在校企合作中学校职责比较明确的假设之上，并基于此假设提出一些建议和意见。

宋丽认为，作为校企合作主观愿望的提出者，职业学校在整个校企合作的过程中承担着更重大的责任。首先，职业学校要保持主动性，要主动倡导校企合作的办学模式，将校企合作定位为自己的办学重点，加强全校对校企合作重要性的认识；要主动寻求合作企业，在这个过程中，要分析市场，分析企业，之后主动邀请合适于本校的企业参与合作，做一个校企合作的主动发起者；要主动向企业阐明自己的优势，给予企业一定的利益，让学校与企业互利互赢，共求发展。职业学校不仅要从意识上保持主动性，更要从行动上保持主动性。其次，职业学校要深刻认识到自己存在的意义，提高责任意识，为学生负责，承担起自身在校企合作中应负的责任，为企业提供厚基础高素质的实习生，促进校企合作运行及职业教育目

---

[1] 喻忠恩. 论校企合作中的政府角色 [J]. 职业技术教育，2009 (22)：33-36.
[2] 杜世禄，黄宏伟. 高职校企合作中地方政府的角色与功能 [J]. 教育发展研究，2006 (11)：77-79.

标的实现，最终真正为区域经济发展出力。其三，职业学校是学生与企业之间的协调者、沟通者、关系维护者，在双方之间进行疏导、协调，帮助学生和企业构建良好的实习关系，这是校企合作可持续发展的关键因素。①

蒋承杰从校企合作内部管理机制出发，探讨了学校、二级院（系）、专业三个管理层次在校企合作中担任的角色、履行的主要职责、承担的管理责任、采取的方式方法及相互之间的关系。学校层面的角色定位：引导者、分配者、协调者、督查者、评判者。学校层面的职责分工：搭平台、立规章、配资源、做协调、树典型。二级学院层面的角色定位：执行者、实施者、调动者、检查者、分配者。二级学院层面的职责分工：合作项目开发、实施、管理，合作经验总结，上情下达。专业层面的角色定位：联系者、操作者、开发者、执行者、利用者。专业层面的职责分工：日常工作联系、项目具体运行、合作内涵深化、合作项目共建、合作资料保管。②

3. 企业及其职责

刘旺生认为："企业作为校企合作的主体，具有多重含义，在利益诉求、法律规范、社会责任、合作行为等方面都体现了企业主体的内涵特征。它是一个多义综合、系统相关、动态发展的主体，是利益主体、法律主体、责任主体和行为主体的逻辑综合体。"③

利益主体。企业是社会经济的细胞，既是市场主体，也是利益主体。追求利益最大化，是企业遵循的基本原则。利益驱动是企业参与校企合作的重要原动力，是校企合作、共赢发展的重要基础。

法律主体。在校企合作中，企业的责权利需要法律保障，企业参与校企合作的模式、路径、制度和行为必须受到法律的刚性约束，这说明企业必须作为校企合作的法律主体存在并发挥作用。企业与学校是平等权利和

---

① 宋丽. 职业学校正确认识校企合作刍议［J］. 中国成人教育，2012（21）：104-106.

② 蒋承杰. 整体、局部、细部视角下的高职院校校企合作内部管理机制构建［J］. 中国职业技术教育，2017（28）：60-64.

③ 刘旺生. 高职教育校企合作中企业主体内涵探究［J］. 教育与职业，2015（26）：9-12.

义务的法律主体,这是校企合作的法律基石。

责任主体。企业是高职教育的直接受益者,也是校企合作的责任主体。企业的主体责任体现为经济责任、法律责任和道德责任的协调统一:在经济责任上,企业应为技术技能人才培养提供资金、捐赠设备、提供场所等;在法律责任上,企业应自觉维护法律权威,确保自己的行为不超越法律规定的边界,不损害国家、教师和学生的权益;在道德责任上,企业行为应促进教师和学生的身心发展及校企、产教、师生等关系的和谐。企业承担校企合作的社会责任,是企业主体的主观志愿和行为自觉的统一,是企业形象的展现和企业文化的升华。企业通过承担校企合作的社会责任,推动人才培养质量的提升,培养潜在的合作者、消费者,提高社会的信任度和影响力,促进企业短期利益与长远利益的协调融合,为企业的健康发展增添动力。

行为主体。作为校企合作的行为主体,企业是校企合作中企业利益行为、法律行为和责任行为的现实承载者,是校企合作的办学行为、投资行为、教学行为、管理行为、评价行为的直接实施者,具有自主性、主动性、多样性和创造性。自主性是企业在校企合作中具有独立支配和行使权利的能力;主动性集中表现为有目的地参与校企合作的具体活动;多样性指企业根据不同的合作项目、合作目标、制度要求等作出不同的行为选择;创造性是企业在合作办学中寻求在体制、机制、模式、制度等方面的突破、创新、超越,推动校企合作升级发展。

肖凤翔等认为企业是职业教育的重要利益相关者,课程是职业教育育人的核心载体,也是校企合作的媒介。企业在职业教育课程开发中扮演着异质跨界合作、供需适应合作、资源互补合作和培养衔接合作的一个主体角色。其参与职业教育课程开发的任务集中在专用技术技能课程上,主要体现在促进专用技术技能课程功能实现、选择和组织专用技术技能课程内容,以及规约专用技术技能课程实施过程,承担着导向责任、供给责任和参与责任。①

4. 行业组织及其职责

陈胜等人认为，在校企合作中，行业组织的利益诉求就是制定本行业人才质量标准，将行业标准与职业院校人才培养标准对接，培养本行业需要的人才，促进本行业企业的发展。因此，行业组织就有责任对人才需求进行预测，对人才标准进行充分认证，对人才培养质量进行评价，为职业院校管理和教学改革提供信息反馈，引导职业院校的专业设置和课程建设。行业组织可以将人才供求信息和人才质量标准反馈给政府，由政府统筹职业教育的发展；也可以在企业与职业院校之间牵线搭桥，协调和指导校企合作，共同培养行业企业需要的人才。②

作为新时代推进校企合作的重要标志之一，在2010年组建、2012年换届的基础上，2015年行业教学指导委员会换届重组，进一步突出了行业作为职业教育参与方的主体作用。新组行指委在原有指导教育教学的基础上，赋予行业企业新时代的功能与责任：分析研究国家经济建设、科技进步和社会发展，分析经济发展方式转变和产业结构调整升级对职业岗位变化和人才需求的影响；指导推进相关院校与企业合作，实施校企一体化，组建行业职业教育集团；指导推进本行业专业教师到企业实践，推进院校相关专业实施"双证书"制度；研究本行业职业教育专业人才培养目标、教学基本要求和人才培养质量评价方法，对专业设置、教学计划制订、课程开发、教材建设提出建议；参与本行业职业教育教学基本文件、专业教学标准、实训教学仪器设备配备标准和教学评估标准及方案制定工作，等等。③

行业组织作为实施教育的主体之一，作为指导职业教育人才培养的重

---

① 肖凤翔，黄晓玲. 试论职业教育课程开发中企业的角色与责任 [J]. 高等工程教育研究，2019（1）：133-138.

② 陈胜，王虹. 校企合作利益主体之间的权责关系及角色定位 [J]. 现代教育管理，2014（3）：82-86.

③ 席东梅. 新时代产教融合校企合作下的行业贡献 [J]. 中国职业技术教育，2018（16）：32-40.

要组织，这些功能与责任回应了职业教育的本质需求，契合了需求侧的发展要求。

二、校企合作模式研究

1. 国内学者的校企合作模式分类研究

通过对文献的梳理，我们发现国内学者或教育机构从不同的角度，依据不同的标准对职业教育校企合作模式进行了分类研究。

（1）依据学校和企业的关系及地位分类。叶小明、朱雪梅依据校企合作中学校和企业的关系以及地位角色的不同，将职业教育校企合作分为学校本位模式和企业本位模式。学校本位模式：学校本位的校企合作内生于学校、以学校为主，坚持以学校计划组织为基础，学校从培养学生的现实出发，教师根据学生的专业和兴趣寻找适当的企业雇主，根据企业的需要和可能提供相应的生产实践培训场所等，开展与企业的合作。企业本位模式：企业本位的校企合作内生于企业、以企业为主。校企合作的对象为企业或生产部门的学徒，企业或生产部门为实施校企合作的主要组织者和管理者，企业内专设有培训机构且企业内培训比重远远大于学校教学的比重。[①]

（2）依据学校和企业参与方式及程度分类。叶小明、朱雪梅又依据校企合作中企业和学校参与方式与程度的不同，将校企合作分为企业配合模式、校企联合培养模式、校企实体合作型模式三类。企业配合模式：由学校制订人才培养目标和计划，并承担大部分培养任务，企业处于"配合"的辅助地位，根据学校提出的要求，提供相应的条件或协助完成部分（主要是实践教学环节）培养任务。校企联合培养模式：校企联合，共同培养人才，企业与学校共同参与研究和制订培养目标、教学计划、教学内容和培养方式。校企实体合作型模式：企业对教育的参与是全方位的整体参与、深层参与，管理上实行一体化管理，如学校中建企业、企业中建学

---

① 叶小明，朱雪梅. 中国高职教育校企合作：模式特征与实践策略 [J]. 现代教育管理，2011（4）：91-94.

校、校企共建企业等实体合作形式，或企业以设备、场地、技术、师资、资金等多种形式向高职院校注入股份，以主人的身份直接参与办学过程和学校人才培养，并分享办学效益。①

（3）依据校企合作主体分类。王文岩等从合作主体的角度，认为产学研合作可以划分为点对点、点对链和合作网络等三种模式。点对点模式：企业与大学或科研机构之间进行的一对一合作创新，即企业界中某一特定企业与学术界中某一特定学校或科研机构建立的合作创新关系。点对链模式：一个企业与若干个学术机构或一个学术机构与若干个处于同一产业链或供应链上的企业进行的合作创新。网络模式：某个行业内或供应链上的多个企业、高校、科研机构共同参与的合作创新。②

（4）依据政府作用发挥的程度分类。从政府作用的角度，产学研合作可以分成市场自发、政府引导和政府主导等三种模式。市场自发模式：指受市场机制作用影响，由企业、大学、科研机构基于各自利益需要自发形成的产学研合作机制。政府引导模式：指在政府的引导下，企业、大学和科研机构基于自身需要形成的产学研合作机制。政府主导模式：指一国政府基于国家发展需要主导的由企业、大学、科研机构参与的产学研合作机制。③

（5）依据校企合作实践操作特点分类。中国高教学会产学研合作教育分会依据实践操作的特点进行分类，总结了九种模式：订单式、"2＋1"式、学工交替式、全方合作教育式、"实训—科研—就业"式、双定生式、工学结合校企双向介入式、结合地方经济全面合作式、以企业为主的合作办学式。④

---

① 叶小明，朱雪梅. 中国高职教育校企合作：模式特征与实践策略［J］. 现代教育管理，2011（4）：91-94.

② 王文岩，孙福全，申强. 产学研合作模式的分类、特征及选择［J］. 中国科技论坛，2008（5）：37-40.

③ 王文岩，孙福全，申强. 产学研合作模式的分类、特征及选择［J］. 中国科技论坛，2008（5）：37-40.

④ 教育部. 必由之路：高等职业教育产学研结合操作指南［M］. 北京：高等教育出版社，2004：11-15.

李进、丁晓东从校企联合办学的主体入手将校企合作办学的模式分为共建式、订单式和输出式，又从学生的学时分布将其分为学工交替式、顶岗式、三明治式和蛇头虎尾式。①

（6）依据校企合作参与主体分类。组织行为学是对管理过程中人的因素的研究，主要包括个体、群体、组织三个领域。校企合作也具有个人、群体、组织等不同层级的参与主体，依据不同主体，可以将校企合作分为个人层面的合作——工学结合；组织层面的合作——校企合作；区域跨组织层面的合作——专业集群与产业集群的合作。②

（7）依据校企合作中企业所需人力资本类型分类。在企业的分类标准中，其中很重要的一种是按企业生产要素集约度的分类法，它将企业分为资本密集型企业、劳动密集型企业、技术密集型企业，这种分类方法鲜明地揭示了不同类型企业所需的不同人才特征。参照企业的此种分类方法及企业所需人才类型，和震等人将校企合作分为技能依赖型校企合作、知识依赖型校企合作、素质依赖型校企合作、体力依赖型校企合作。③

（8）依据校企合作中企业的生产方式分类。和震等人在总结生产方式发展基本阶段（手工业作坊生产阶段、手工业工场阶段、小批量生产阶段、大批量生产阶段、网络化精益生产阶段）的基础上，将校企合作分为手工生产方式下的校企合作、福特制生产方式下的校企合作、精益生产方式下的校企合作。④

（9）依据校企合作中学校的专业类别分类。和震等人将具有相似特征、在人才培养中具有相通性的学校专业与企业的合作划分为一类，共分为五大类：加工制造类专业校企合作、生命培植类专业校企合作、社会服

---

① 李进，丁晓东. 产学合作教育研究与探索［M］. 上海：上海交通大学出版社，2004：223-224.
② 和震，李玉珠，魏明，等. 职业教育产教融合制度创新［M］. 北京：科学出版社，2018.
③ 和震，李玉珠，魏明，等. 职业教育产教融合制度创新［M］. 北京：科学出版社，2018.
④ 和震，李玉珠，魏明，等. 职业教育产教融合制度创新［M］. 北京：科学出版社，2018.

务类专业校企合作、信息技术类专业校企合作、精神产品再生产类专业校企合作。①

2. 国际校企合作模式分类的引介研究

关于校企合作模式的分类，除了我国学者依据我国实践情况进行的系列研究之外，还有一些学者引介了国际上对校企合作模式的分类研究。

(1) 依据合作关系分类。杨秀芬介绍了经济合作与发展组织（Organization for Economic Co-operation and Development，简称 OECD）秘书处对校企关系的分类：一般性合作研究计划（General Research Support）、非正式个人合作研究计划（Informal Research Collaboration）、契约型合作研究（Contract Research）、知识转移和训练计划（Knowledge Transfer and Training Schemes）、参与政府补助之共同研究计划（Cooperative Research Schemes）、研发联盟（Research Consortia）、合作研究中心（Cooperative Research Center）。②

她还介绍了 Altlan 从实践角度出发，将产学合作划分为六类：一般性研发资助、合作研发、研发中心、产学研发联盟、大学中的业界协调单位、创业培训中心与科学园区。这种划分方法与 OECD 的划分方法有相似之处。

(2) 依据企业与大学互动的程度。张学文介绍了国外学者的研究，他认为产学合作通常有四种模式，分别是研究资助、合作研究、知识转移、技术转移，每一种合作模式代表着企业和大学之间不同的互动程度。③

(3) 依据产学合作的内容。李俊俊介绍了国外学者的研究，他们将安达卢西亚的 737 家企业和 765 个高校研究小组作为主要研究对象，通过回收的数据总结出了四大类共 13 小类合作类型，其中四大类是指研发活动或

---

① 和震，李玉珠，魏明，等. 职业教育产教融合制度创新 [M]. 北京：科学出版社，2018.

② 杨秀芬. 产学合作推动模式与创新绩效关系研究 [D]. 吉林：吉林大学，2010.

③ 张学文. 基于知识的产学合作创新：边界与路径选择 [D]. 杭州：浙江大学，2009.

正式咨询工作、人员培训和调动、知识产权的商业化、其他联系。[1]

（4）依据大学参与合作的组织资源、合作时间长度、合作关系正式化程度。谢志宇介绍了国外学者的研究，他们根据大学参与合作的组织资源、合作时间长度、合作关系正式化程度将产学合作模式分为个人的非正式关系、个人的正式关系、第三方关系、正式协议（非明确目标）、正式协议（有明确目标）、合作组织。[2]

当然，在国外还有很多学者从不同的角度对校企合作进行了不同的分类，如有研究者认为产学合作的类型有"正式"和"非正式"之分，也可以按照合作时间的长短进行区分，还可以按照互动方式的简单和复杂进行区分。有研究者通过对奥地利产学合作中各种可能出现的形态进行研究，认为合作包括技术授权、合作研究、衍生公司、联合发表等。[3] 有研究者列举了产学合作以来的几种类型：促成产业界的主要科学家回到大学校园，大学生在课余或暑假期间到企业的实验室工作，大学计划委员会的工业代表，使用大学暂不使用的实验场地和设施，咨询关系，大学学者到产业界参观或报告，企业为大学的研究或教学提供各种仪器和设备等。[4]

通过对文献的梳理，我们发现国际上存在多种校企合作模式，这种模式多样化的呈现是校企合作发展的必然，反映出校企合作在世界范围内蓬勃发展，其中的成功典范为我们更好地开展校企合作提供了有价值的经验。

三、典型校企合作模式研究

1. 国内典型校企合作模式研究

（1）工学结合

---

[1] 李俊俊. 校企合作模式及合作意愿影响因素的分析研究 [D]. 太原：山西财经大学，2011：1-2.

[2] 谢志宇. 产学合作绩效影响因素研究 [D]. 杭州：浙江大学，2004.

[3] 周笑. 产学研合作中的政策需求与政府作用研究 [D]. 南京：南京航空航天大学，2008.

[4] 李恒. 产学研结合创新的法律制度研究 [D]. 武汉：华中科技大学，2009.

第一，教育政策文献中的工学结合。在有关教育和职业教育的政策文献中，"工学结合"一词最早出现于1991年10月17日国务院发布的《关于大力发展职业技术教育的决定》中，文件提出"提倡产教结合、工学结合"。此后至2005年初，虽然职业教育围绕"产教结合"进行了积极探索，但其间"工学结合"在教育政策文献中基本未再提及。直至2005年3月2日，教育部原部长周济在职业与成人教育年度工作会议上讲话，强调"要实行产教结合、校企合作"，并再一次提到"大力提倡'工学结合''半工半读'"。此后，工学结合、半工半读不仅成为职业教育实践改革的聚焦点，也成为职业教育理论界研究的重点。2005年11月，《国务院关于大力发展职业教育的决定》颁布，再一次明确了"大力推行工学结合、校企合作的培养模式"。尽管2005年以来在文件中频繁使用"工学结合"的概念，但对工学结合的内涵并没有作明确的界定。①

第二，学术研究中的工学结合。1993年，沈阳市第二服装学校以《大力发展校办产业，走产教结合、工学结合的路子》为题在《中国职业技术教育》上发表文章，介绍了学校通过校办产业，进行工学结合的经验。根据文献查询，这是国内最早对工学结合给予关注的文章，但其对工学结合的内涵并没有进行界定。1993年至2004年的10年间，工学结合并没有引起学界的关注，其间以工学结合为题发表的论文仅7篇，主要是介绍职业学校探索工学结合经验的文章，鲜有学者对工学结合进行理论上的探讨与思考。2005年随着国家再次大力倡导与推行工学结合的人才培养模式，工学结合才逐渐受到学者们更多的关注。在最初的研究中，人们很难在文献中找到对"工学结合"的直接定义。2006年以后，随着研究的不断深入，学者们开始关注并研究工学结合的内涵。其中最有代表性且引用率最高的两位学者是陈解放和丁金昌。

陈解放认为，工学结合与产学研结合相比较为微观，它是一种将学习与工作相结合的教育模式，形式多种多样：有一年分为三学期，工作与学习交替进行的；也有一个星期几天学习几天工作的；也有每天半天学习半

---

① 徐涵. 工学结合概念内涵及其历史发展[J]. 职业技术教育，2008（7）：5-8.

天工作的；等等。无论是什么形式，其共同点是学生在校期间不仅学习而且工作，也就是半工半读。这里的工作不是模拟的工作，而是与普通职业人一样的有报酬的工作，因为只有这样，学生才能真正融入到社会中，得到锻炼。学生的工作作为学校专业培养计划的一部分，除了接受企业的常规管理外，学校有严格的过程管理和考核，并给予相应学分。因此，他将工学结合定义为："工学结合是将学习与工作结合在一起的教育模式，主体是学生。它以职业为导向，充分利用学校内外不同的教育环境和资源，把以课堂教学为主的学校教育和直接获取实际经验的校外工作有机结合，贯穿于学生的培养过程之中。"在这一过程中，学生在校内以受教育者的身份，根据专业教学的要求参与各种以理论知识为主要内容的学习活动，在校外根据市场的需求以"职业人"的身份参加与所学专业相关联的实际工作。这种教育模式的主要目的是提高学生的综合素质和就业竞争能力，同时提高学校教育对社会需求的适应能力。[①]

丁金昌认为"校企合作"是办学层面上的概念，是一种办学模式；"工学结合"是人才培养层面上的概念，是一种育人模式。校企合作的基本内涵是产学合作，它是工学结合的基础；工学结合是实施校企合作教育的有效途径和方法。[②]

之后学者们关于工学结合的定义，基本上是引用或借鉴陈解放和丁金昌二位学者的定义。

(2) 产教结合

第一，教育政策文本中的产教结合。改革开放以后，在国家的政策文本中，第一次出现产教融合相关概念是1991年的《国务院关于大力发展职业技术教育的决定》，"提倡产教结合，工学结合"。1994年《国务院关于〈中国教育改革和发展纲要〉的实施意见》又提出"职业学校要走产教结合的路子"。此时政策文本多提倡职教走产教结合之路。

---

① 陈解放. "产学研结合"与"工学结合"解读 [J]. 中国高教研究，2006 (12)：34-36.

② 丁金昌，童卫军. 关于高职教育推进"校企合作、工学结合"的再认识 [J]. 高等教育研究，2008 (6)：49-55.

1996年颁行的《中华人民共和国职业教育法》中规定："职业学校、职业培训机构实施职业教育应当实行产教结合。"1999年,《国务院关于深化教育改革,全面推进素质教育的决定》提出:"职业学校要实行产教结合,鼓励学生在实践中掌握职业技能。"2004年,《关于进一步加强职业教育工作的若干意见》提出"推动产教结合,加强校企合作"。此时政策文本明确了职业教育走产教结合之路。

2010年,《国家中长期教育改革和发展规划纲要（2010—2020年）》指出:"把职业教育纳入经济社会发展和产业发展规划,促使职业教育规模、专业设置与经济社会发展需求相适应。"之后,职业教育与各行业已先后开展了数次产教对话活动。这一时期的产教结合被提到了制度化的高度。

第二,学术研究中的产教结合。关于产教结合概念和内涵的研究有很多,概括起来,产教结合的含义如下:

一是出于实现培养技能人才目标的需要,由校企双方共同完成人才培养的任务,实现"学生学习与工作的内在统一,学校办学与社会需求的高度一致"的目标。

二是实施的主体至少有企业（或政府、事业单位等）和学校两个主体,运用双方的资源。

三是在产教结合中,企业承担的责任是为学生提供真实的生产或服务的现场环境、工作岗位和任务、技术指导,进行组织管理,适当参与学校人才培养的过程,为学校提供课程与教学改革意向；学校承担的责任是为学生上岗提供足够的专业理论知识、初步的技术训练、规范培训,为企业的生产、技术创新提供智力和人力支持,不断了解企业的生产发展和技术需求变化,及时调整课程与教学。基于工作过程,构建"双证融合、学做合一"的课程体系,使课程体系与工作过程一致,技能训练与岗位要求一致。

四是学校与企业相互扶持、相互开放。双方各取所需,实现"互惠双赢"的结果。

(3) 校企合作

第一，教育政策中的校企合作。2004年，教育部等七部门颁布的《关于进一步加强职业教育工作的若干意见》提出"职业院校要坚持以服务为宗旨，以就业为导向，面向社会、面向市场办学，推动产教结合，加强校企合作"。此时，"校企合作"首次在国家政策文件中被提及。同年，教育部颁布的《关于以就业为导向深化高等职业教育改革的若干意见》提出"高等职业教育应以服务为宗旨，以就业为导向，走产学研结合的发展道路"。2005年，国务院颁布的《关于大力发展职业教育的决定》提出"职业院校与企业紧密联系，加强学生的生产实习和社会实践，改革以学校和课堂为中心的传统人才培养模式，大力推行工学结合、校企合作的培养模式；逐步建立和完善半工半读制度，推动公办职业学校与企业合作办学"。这是首次在国家政策层面肯定了职业教育校企合作的培养模式。2006年，教育部颁布的《关于职业院校试行工学结合、半工半读的意见》提出"进一步加强校企合作，加快推进职业教育人才培养模式向工学结合、校企合作的根本性转变；职业院校要紧紧依靠行业企业办学，进一步扩展和密切与行业企业的联系，大力推行工学结合、校企合作的培养模式"。至此，工学结合、校企合作已经成为职业教育人才培养模式改革的重要切入点，工与学、校与企的结合更加深入，使"学"由学校的课堂走向企业的工作场景，使"工"具有了真正的实践和教育意义。随后，2010年，《国家中长期教育改革和发展规划纲要（2010—2020年）》提出："建立健全政府主导、行业指导、企业参与的办学机制，制定促进校企合作办学法规，推进校企合作制度化。"至此，行业企业参与职业教育的体制机制创新问题引起了人们的关注，国家为行业企业积极参与发展职业教育指明了方向，并首次在国家政策层面提出校企合作的制度化建设，为推进校企合作的深入开展提供了制度保障。[1]

第二，学术研究中的校企合作。学术研究中的校企合作概念，以人才培养模式为主，例如前文已经提到的钱爱萍、黄亚妮、李新生等给出的概

---

[1] 徐涵，周乐瑞，孙珊珊. 改革开放以来我国职教校企合作政策的回顾与思考[J]. 职教论坛，2013（31）：11-16.

念。在此不再赘述。

(4) 产教融合

第一，教育政策文本中的产教融合。2013年出台的《中共中央关于全面深化改革若干重大问题的决定》最早提出了产教融合："加快现代职业教育体系建设，深化产教融合、校企合作，培养高素质劳动者和技能型人才。"2014年，习近平总书记在关于加快现代职业教育发展的指示中再次强调坚持产教融合："要牢牢把握服务发展、促进就业的办学方向，深化体制机制改革，创新各层次各类型职业教育模式，坚持产教融合、校企合作，坚持工学结合、知行合一，引导社会各界特别是行业企业积极支持职业教育，努力建设中国特色职业教育体系。"党的十九大报告针对职业教育再次重申："完善职业教育和培训体系，深化产教融合、校企合作。"[1] 2017年底，国务院办公厅印发了《关于深化产教融合的若干意见》，对深化产教融合，从国家层面加强顶层设计，作出制度性安排。根据意见，教育部联合国家发展改革委、工业和信息化部、财政部、人力资源社会保障部和国家税务总局迅速出台《职业学校校企合作促进办法》，旨在将深化产教融合校企合作落地落细。这一连串的制度政策组合拳，一方面彰显了产教融合校企合作的重要意义，另一方面也突显了政府破解深化产教融合的制度性瓶颈的决心。这些都为研究并落实产教融合政策提出了紧迫性与必要性要求。[2]

第二，学术研究中的产教融合。陈年友等认为，产教融合就是职业教育与产业深度合作，是职业院校为提高其人才培养质量而与行业企业开展的深度合作。[3]

王丹中认为"产教融合"传达出了一些新的理念和导向：在合作主体

---

[1] 孙翠香. 新时代的新使命："产教融合"政策分析 [J]. 教育与职业，2018 (18)：11-17.

[2] 钱闻明. "深化产教融合"政策的理论、文本及机制研究 [J]. 职教论坛，2018 (11)：147-150.

[3] 陈年友，周常青，吴祝平. 产教融合的内涵与实现途径 [J]. 中国高校科技，2014 (8)：40-42.

方面，企业、产业在人才培养的作用定位上不应再处于配合和支持地位，而应该和院校是平等关系，双方负有同样的培养高职教育人才的责任（尽管企业的责任目前还缺乏明晰的法律约束，并在一个相对较长的时间内难以实现）；在合作层次方面，无论是一个产业还是一个具体的企业，与教育的合作不仅仅是培养技术技能人才的合作，将由此延伸到产业的整个价值链，是两类具有高度互补性资源之间的全要素、全方位的集成整合和一体化合作，是利益共同体、发展共同体。产教融合是实现院校人才培养规格与社会人才需求统一的最佳途径。从形式上看，融合的着力点在人才的技术技能培养过程，但究其本质而言，是高职教育的再社会化，从走近产业到走向市场、从走出高墙到走入社会。产教融合是院校制度与企业制度的融合，是技术价值与产业价值的融合，是创业与就业的融合，是学院文化与企业（工业）文化的融合。①

孙善学从产教融合理论的角度进行了研究，认为产教融合理论是研究职业教育系统与产业系统关系的理论，是分析职业教育活动目的、方式、标准、内容来源的方法论体系，为产教双方共同构建职业教育教学模式、制度和机制，开展职业人才培养实践提供了基础。这一理论包括职业教育目的论：职业教育是以满足产业用人需求为主导的人才培养活动，即融产教一体的教育目标；职业教育标准论：职业教育的标准与内容来自实际职业活动的相关规范、要求和任务，即融产教一体的教育标准；职业教育教学论：职业教育教学组织模式具有教育与产业合作的特点，即融产教一体的课程与教学模式；职业教育治理论：职业教育治理体系具有以教育界、产业界为主体，政府、学校、社会、行业、企业等利益相关方协同治理的基本特点；职业教育系统论：产教融合是职业教育的基本特征，职业教育系统及其子系统的有效运行自始至终离不开产教融合。②

李玉珠研究了产教融合概念的演变，认为产教融合是世界许多国家职

---

① 王丹中. 基点·形态·本质：产教融合的内涵分析[J]. 职教论坛，2014(35)：79-82.
② 孙善学. 产教融合的理论内涵与实践要点[J]. 中国职业技术教育，2017(34)：90-94.

业教育发展的共同理念,其内涵经历了一种人才培养模式,到一种学校与企业的合作关系,再到一种教育与生产的交叉制度的演变。她认为产教融合是职业教育与产业界为了推动技能养成与发展而进行的资源优势互补的合作活动、合作关系及其保障制度。[①]

(5) 现代学徒制

第一,教育政策文本中的现代学徒制。当校企合作、工学结合等职业教育形式并没有取得理想效果之时,当职业教育人绞尽脑汁地寻求发展之时,现代学徒制走进了我们的视野。2011年3月,时任教育部副部长鲁昕在推进国家中等职业教育改革发展示范学校建设专题培训班上首次谈到现代学徒制,希望地方政府和企业通过组织参与现代学徒制来培养"适销对路"的人才,从而缓解东南沿海地区的用工短缺问题。同年6月,教育部将新余市的江西职教园区列为国家现代学徒制试点平台,开启了第一个中国特色现代学徒制试点。

为深化产教融合、校企合作,进一步完善校企合作育人机制,创新技术技能人才培养模式,2014年教育部印发《关于推进现代学徒制试点工作的意见》。意见不仅要求要充分认识试点工作的重要意义,从指导思想、工作原则等方面明确了试点工作的总要求,还要求深刻把握试点工作内涵,并完善相应的工作保障机制,从而稳步推进试点工作的开展。2014年2月26日,李克强主持国务院常务会议时,正式提出开展现代学徒制试点工作。2014年6月,《国务院关于加快发展现代职业教育的决定》明确提出"开展校企联合招生、联合培养的现代学徒制试点,完善支持政策,推进校企一体化育人",标志着现代学徒制成为国家人力资源开发的重要策略。至此,我国现代学徒制发展理念进一步明确与深化,职业教育"以立德树人为根本,以服务发展为宗旨,以促进就业为导向"的指导思想,已经开始落实到现代学徒制试点工作的具体行动方略上。

---

① 李玉珠. 产教融合制度及影响因素分析 [J]. 职教论坛,2017 (13):24-28.

表 3-2 我国现代学徒制相关的主要政策文件

时间	签发机构	政策文件
2014 年 6 月	国务院	关于加快发展现代职业教育的决定
2015 年 8 月	人力资源和社会保障部、财政部	关于开展企业新型学徒制试点工作的通知
2015 年 8 月	教育部办公厅	关于公布首批现代学徒制试点单位的通知
2017 年 4 月	教育部办公厅	关于做好 2017 年度现代学徒制试点工作的通知
2017 年 7 月	教育部职业教育与成人教育司	关于成立现代学徒制工作专家指导委员会、设立专家库（2017—2020 年）的通知
2017 年 8 月	教育部办公厅	关于公布第二批现代学徒制试点和第一批试点年度检查结果的通知
2018 年 3 月	教育部办公厅	关于做好 2018 年度现代学徒制试点工作的通知
2018 年 8 月	教育部办公厅	关于公布第三批现代学徒制试点单位的通知

第二，学术研究中的现代学徒制。关晶、石伟平认为现代学徒制的"现代性"体现为：功能目的从重生产性到重教育性；教育性质从狭隘到广泛；制度规范从行会层面上升到国家层面；利益相关者机制从简单到复杂；教学组织从非结构化到结构化。[①]

杜广平认为"所谓'现代学徒制度'是将传统的学徒培训方式与现代学校教育相结合的一种'学校与企业式的职业教育制度'"。这一概念指明了现代学徒制所涉及的两个重要主体：学校和企业；现代学徒制的特征是结合了学校和企业双方的优势；现代学徒制的形式是建构一种职业教育制度。[②]

杨黎明认为"现代学徒制"以校企合作为基础，以学生（学徒）的培养为核心，以课程为纽带，以学校、企业的深度参与和教师、师傅的深入指导为支撑，既不同于传统的学徒制，也不同于单纯的学校职业教育，它

---

① 关晶，石伟平. 现代学徒制之"现代性"辨析 [J]. 教育研究，2014 (10)：97-102.

② 杜广平. 我国现代学徒制内涵解析和制度分析 [J]. 中国职业技术教育，2014 (30)：88-91.

试图改变以往理论与实践相脱节、知识与能力相割裂、教学场所与实际情境相分离的局面，是传统职业学校的一场重大变革。[1]

李玉珠从教育现代化的视角研究现代学徒制，认为现代学徒制的发展依赖于教育现代化的发展，教育现代化的发展要求现代学徒制逐步形成国家化、法制化、民主化、理性化发展的道路，教育现代化及其所在国家的经济社会现代化要求现代学徒制必须具有"现代性"，并成为现代学徒制具有"现代性"的根本原因。将现代学徒制与传统学徒制对比，可以发现，其"现代性"特征主要表现在其国家化、民主化、法制化、理性化、生产性。[2]

赵鹏飞等认为，现代学徒制是企业工作本位职业培训与学校本位学历教育紧密结合的一种人才培养模式，核心要素与基本特征是校企一体化双元育人。梁幸平指出，现代学徒制是传统学徒制与现代职业教育相结合，学校与企业联合招生招工，教师与师傅联合传授知识与技能，校企联合培养企业所需要的技术技能型人才的一种职业教育制度。于洪梅则认为现代学徒制是学校与企业"双元"育人，由培养技术工人向培养高素质的技术技能型人才转变，采取"工学结合"方式的一种人才培养模式，学生具有双重身份。[3]

2. 国外典型校企合作模式研究

目前，国际上的校企合作模式较多，我国学者对国外校企合作模式研究较多的是德国的"双元制"和澳大利亚的 TAFE 模式。

（1）德国的"双元制"

所谓"双元制"就是指学生既在企业里接受职业技能培训，又有部分时间在职业学校里接受专业理论和普通文化知识的教育模式。在双元制的

---

[1] 杨黎明. 关于现代学徒制（一）——什么是现代学徒制 [J]. 职教论坛，2013（6）：1.

[2] 李玉珠. 教育现代化视野下的现代学徒制研究 [J]. 职教论坛，2014（16）：14-18, 30.

[3] 赵鹏飞，陈秀虎. "现代学徒制"的实践与思考 [J]. 中国职业技术教育，2013（12）：38-44.

教育模式中,企业和学校分工合作、各司其职,共同完成对人才的培养。

"双元制"的目标。双元制模式的专业培养目标是在德国经济部和教育文化部的统一组织下,由行业协会、工会、教师三方代表共同拟定的。这样制定的培养目标和培养方案一是针对行业和市场的需要确定的,二是按照教学规律和企业的生产规律确定的。企业和学校合作完成教学任务。

"双元制"模式的内容及开发。德国的双元制中,企业培训依据联邦政府颁布的职业培训条例进行,职业学校教育依据框架教学计划进行。职业培训条例对培训职业的名称、企业要教授的技能和知识、教授时间的长短及培训进度、培训最后的考核要求都作了详细的规定。其中,企业要教授的技能和知识以及培训时间的长短和进度安排构成了"培训框架计划",它是整个职业培训条例中最为核心的内容,企业依据它开展培训。框架教学计划是按培训学年划分的,它对学习范围、学习目标、学习内容和学习时间四个方面进行了详细的规定。

"双元制"的实施。学徒在企业的培训时间与在学校的脱产学习时间比例约为 7∶3。学徒每周有 3—4 天在企业中接受职业岗位的技能操作训练,另外的 1—2 天在职业学校中进行专业知识及普通文化学习,学校与企业相互合作,又各司其职。

符合培训软硬件条件的企业,可以招收双元制学徒,并依据相关职业的培训条例,开展企业培训。企业首先会依据培训条例,结合企业的生产实际,制订本企业的培训计划;然后再结合企业生产和学徒的实际情况,制订出学徒个人的培训计划,包括培训时间、地点、内容、培训师以及假期等内容,进而实施培训。

职业学校中的教学场所主要是教室和实验室。双元制职业学校教学中,2/3 的教学应该是职业导向的,另外 1/3 提供普通教育或综合的职业教育;每周最少提供 12 小时的教学。其中普通教育部分的教学要根据各州规定的课程和教学计划进行,主要包括社会研究、经济、德语、外语、宗教和体育。职业教育部分的教学则根据联邦德国各州教育与文化事务部长联席会颁布的框架教学计划开展。[①]

"双元制"的评价。德国对"双元制"模式实施效果的评价机构是行业协会，行业协会专门设有考试委员会，该委员会由雇主联合会、工会及职业学校三方代表所组成。由于考试由行业协会组织实施，这就有利于考试按照职业培训条例的考试要求进行，而不是根据哪一个培训机构（企业或职业学校）中所传授的具体内容，从而更客观地评价职业教育的培训质量。因而其考试的"权威性"在世界职教界所享有的声誉极高。

德国"双元制"的特点。德国的双元制具有四个明显的特点：第一，企业与学校分工合作、各负其责。在德国的"双元制"中，实践技能的培训几乎完全由企业来负责，而理论教学几乎完全由学校来负责，这种明确的分工是德国"双元制"合作得以顺利实施的条件与保障，合作是分工基础上的合作，分工是为了合作，双方各负其责，完成自己的使命。第二，培训条例明确且符合行业发展需要。德国"双元制"中企业的培训条例制定程序严格，而且由联邦职业教育研究所根据行业的发展需要起草，由行业所属的联邦部委颁布。这样的培训条例与行业发展联系密切，满足产业发展需要，能够促进经济发展。第三，行业协会发挥了应有作用。德国"双元制"中行业协会承担着第三方的作用，协调企业和学校的各种关系，并且作为第三方负责"双元制"实施效果的评价，这保证了评价的客观性、权威性，有利于"双元制"的顺利实施和高质量完成。第四，规范体系完善、明晰。德国对"双元制"的实施从宏观管理到中观层面培训条例和框架教学计划的制订再到微观的教学的监督都有完善的规范体系。

（2）澳大利亚的 TAFE 模式

澳大利亚技术与职业教学院，简称"TAFE 学院"，是澳大利亚实施职业教育与培训的专门机构，自 20 世纪 70 年代初特别是 90 年代以来，TAFE 学院发展迅速、规模日益宏大，逐渐成为具有特色的 TAFE 人才培养模式。

模式的目标：直接为生产经营第一线培养高级应用型人才。

[①] 关晶. 西方学徒制研究 [D]. 上海：华东师范大学，2010.

模式的内容及设计。澳大利亚政府对 TAFE 模式的课程开设严格规范：每一类证书和文凭需要开设多少门课程、需要开设哪些课程、用什么教学大纲，都有严格的规范和标准。即使是 TAFE 学院自己的课程也须经教育部门和行业组织批准审定后才能实施。凡被注册的课程，学生修业合格即可取得国家和行业承认的资格证书或文凭。

培训包是澳大利亚国家高职教育与培训的重要官方文件，被称为"培训指南"。其包括两部分内容：其一为认可的内容，由能力标准、评估指南和国家资格组成。能力标准就是对达到工作场所标准的知识与技能以及知识技能在工作场所中的应用的详细描述。评估指南对评估制度、评估者要求、评估资源、评估程序等作了详细的规定。其二为支持材料，用于帮助学习者、评估者和雇主使用培训包资源，包括学习策略、评估材料、职业发展材料等内容。所以培训包实际上是一个能力体系，它强调多元化、灵活化、强调创新能力、强调团队精神和客户服务能力，强调职业培训要从简单到复杂，要把理论融合到实践中去，强调学员动手能力的训练。

除了培训包的开发之外，澳大利亚 TAFE 模式在实施的过程中还要开发课程、制订教学计划。澳大利亚的州教育部教育服务处负责课程的开发和教学计划的制订。在课程开发方面，由教师向州教育部教育服务处提出开设某门课程的申请，该处了解情况后，如果确实需要开发课程，就以招标的形式向社会发布信息，确定课程开发后签订合同，明确课程开发时间、具体要求、经费和课程主审。州教育部教育服务处开发的课程都具有统一名称、编号、学时数、能力标准和测试准则。在教学计划方面，州教育部教育服务处根据培训包提出的能力要求和州教育培训部教育服务处提供的教学计划开发办法，在听取国家培训信息服务处、州行业顾问委员会、企业、州高职教育顾问委员会和有关专家意见后，制订教学计划。

TAFE 模式的实施。TAFE 模式的主要实施机构是 TAFE 学院。学院有对校长负责的组织计划部，负责学院的教育计划，全权安排整个模式的实施。还有就业指导部，负责与产业部门建立广泛的联系，向学生提供用工信息、心理咨询等。

TAFE 模式的评价。澳大利亚对 TAFE 的评价包括宏观评价和微观评价。宏观评价是指澳大利亚政府对TAFE、TAFE学院人才培养水平的评价。澳大利亚政府对TAFE人才培养质量十分重视,视人才质量为TAFE的生命。

宏观评价包括:严格TAFE学院的准入、制定评估指南、建立能力认可制度、设立评估机构、注重跟踪评估。微观评价是对TAFE学院学生的评价,包括明确课程考核要求、制定标准测验方法、突出对学生实践能力的考核等方面。

四、校企合作存在问题与对策研究

在我国,职业教育校企合作的实践是丰富、多样的,其中暴露出的问题也有很多,因此,学者对校企合作的问题与对策的研究也较为丰富。

张志强认为,政府推进校企合作的政策与管理机制不健全、职业院校适应行业企业需求的能力不强、企业参与职业教育发展的动力不足、校企合作的有效模式尚未形成等问题影响和制约了校企合作的发展。要真正解决上述问题,必须以政府为主导构建校企合作的政策与管理机制、创新校企合作的运行模式、加强校企合作在内涵上的对接。[①]

和震认为我国职业教育校企合作存在政府、行业、企业、院校、学生等五大层面的问题,任何单一方面都无法有效地解决职业教育校企合作的跨部门、跨领域问题,因此,需要国家统筹职业教育校企合作政策,进行顶层设计,为国家技术技能的积累和高素质技能人才的培养提供制度保障。国家应尽快制定国家职业教育校企合作促进法规,明确参与各方的权利、义务和责任,围绕关键问题实施制度创新,系统构建职业教育校企合作的国家制度和机制,完善培养高素养技能型人才的基本制度。[②]

胡艳曦等人分析了我国高等职业教育校企合作的瓶颈问题与对策。首先是观念上的瓶颈:企业方面观念上的瓶颈,企业参与和支持职业教育的

---

① 张志强. 校企合作存在的问题与对策研究 [J]. 中国职业技术教育,2012(4):62-66.

② 和震. 职业教育校企合作中的问题与促进政策分析 [J]. 中国高教研究,2013(1):90-93.

社会责任意识尚未确立,大部分人没有意识到企业参与和支持职业技术教育的必要性和重要性;学校方面观念上的瓶颈。其次,政策及法律法规的瓶颈:缺乏具体指引和鼓励行业企业参与职业教育、支持职业教育的政策导向,尤其在校企合作、工学结合这些关键环节上缺乏具体化的引导和约束机制。第三是体制方面的瓶颈。他们认为突破我国高等职业教育校企合作瓶颈应加快出台和完善有利于职业教育发展和校企合作的法律法规和政策;引导社会观念,营造全社会重视和支持职业教育的氛围;统筹各方力量,推进职业教育管理体制改革,使校企合作顺畅发展。[①]

汪建云等人认为我国高职教育在政校企协同合作中,主体联动缺乏内在动力,校企合作教育缺乏刚性制度,人才协同培养缺乏平台支持。他提出产学研联盟具有政校企协同特性,依托产学研联盟的平台优势,可以建立专业链与产业链对接机制,形成稳定的校企合作教育模式,拓展高职教育的服务域和发展域。[②]

熊荣生认为,我国高等职业教育校企合作面临企业合作积极性不高、学校的合作能力有限和政府协调不足等问题,因此,学校在校企合作过程中要积极寻找和企业的利益结合点,增强自身为企业服务的能力,同时政府也要全方位进行协调,以使我国高职教育的校企合作实现全社会的多赢。[③]

陈新民认为校企合作是新建本科院校转型发展的重要选择。但目前校企双方仍存在着合作理念与意向缺失、管理制度不健全、资金需求制约以及合作机制不完善等方面的问题。为此,企业与高校必须加强价值观念融合,提高认识,健全政策制度,加大资金投入,完善合作机制,形成"官

---

① 胡艳曦,曹立生,刘永红. 我国高等职业教育校企合作的瓶颈及对策研究[J]. 高教探索,2009 (1):103-107.
② 汪建云,王其红. 高职教育政校企协同合作的困境与突破[J]. 中国高教研究,2014 (1):97-100.
③ 熊荣生. 我国高职教育校企合作现存问题分析[J]. 教育与职业,2008 (5):37-38.

产学"三重螺旋合作平台，积极推进新建本科院校校企合作战略。[①]

沈云慈认为，由于合作理念与认识、运行机制与动力、组织协调与沟通、政策匹配与支持等方面存在的问题和欠缺，影响和制约了我国校企合作的成效和向纵深的发展。为此，有必要从市场经济的视角来深入分析校企合作的现状问题，重新审视校企合作的组织形式、合作关系、主体行为和运行机制，积极探索和建立与市场经济相适应的由市场机制主导的长期、稳定、制度化的校企合作模式。[②]

刘春玲等人认为，当前，高职教育校企合作存在法规缺失、政策失效、学校追求短期利益、企业消极应对、行业组织乏力等问题，需要进一步探索校企合作的新路径，促进内涵发展。[③]

五、校企合作机制与制度建设研究

校企合作的机制和制度建设，其实是问题与对策研究的延伸，是从机制与制度的角度提出的解决校企合作实践问题的措施，但因其将问题的解决从比较微观的、教育内部的视角拓展到了宏观的、教育外部环境与制度的视角，所以本研究将此单独列出。

1. 校企合作机制建设研究

机制，是指影响人类活动的各种因素及其作用的原理、过程与效果。在市场体制环境中，要想建立长期、可持续发展的校企合作关系，关键在于创建良性的运行机制。学术界普遍认为机制是否健全决定着校企合作能否顺利进行，决定着双方资源能否有效地利用，以及双方能否共赢等。

对现有文献进行研究发现，有关校企合作机制的研究主要有四个方面的内容。

---

① 陈新民. 新建本科院校校企合作中的问题与对策［J］. 中国大学教学，2013（7）：18-20.
② 沈云慈. 市场经济视角下校企合作的问题及其化解［J］. 中国高等教育，2010（Z3）：42-44.
③ 刘春玲，杨鹏. 高职教育校企合作问题及内涵发展路径［J］. 黑龙江高教研究，2014（1）：112-114.

第一,动力机制。自愿结合是校企双方有效合作的前提,既然是自愿结合,理应有足够的推动力,这种推动力一定来源于良好的合作氛围,如转变旧有观念,加大高职社会资源分配份额,建立相关法律法规制度,严格劳动准入制度等。

丁金昌等人提出建立基于校企共同发展的动力机制:转变观念,形成良好的社会氛围;加大在社会资源分配中的份额;建立相关法律法规和政策制度;严格劳动准入制度,推进和规范职业资格证书制度。[①]

第二,利益分配机制。市场经济体制下的校企合作,必须考虑双方的利益分配,这是维系双方可持续运转的纽带。企业的目的在于获得高技能应用人才、信息技术、科技成果转化、产品研发和员工培训等福利,高职院校的目的在于获取教学指导、教师进修、学生实习和经费资助等。

刘建湘提出,高职院校要发挥人才智力资源优势,利用企业技术创新的资源平台,共建应用技术研究机构,共同进行新产品的研制与开发,促进高职院校专业建设和企业现实生产力的提升。高职院校要以教学、培训、技术创新合作项目为纽带,确保企业在获得学校服务的同时,参与学校人才培养、课程建设、基地建设及师资队伍建设。[②]

第三,保障机制。校企双方的长效合作取决于有效的保障机制,主要是经费保障、管理和组织保障、政策激励保障等。政府要对高职院校进行调控,企业要发挥主导作用,高职院校要增强办学优势,重组结构、增强管理,建立评估和反馈体系。

"校企合作保障机制"是职业教育中的合作主体(政府、学校、企业)为充分发挥各自的功能和优势,通过制定相关的法律、制度和措施以促进校企合作的可持续发展而形成的相互联系、相互作用的关系及其功能的

---

① 丁金昌,童卫军,黄兆信. 高职校企合作运行机制的创新[J]. 教育发展研究,2008(17):67-70.

② 刘建湘. 高职院校校企合作机制建设的思考与实践[J]. 中国大学教学,2011(2):69-71.

总称。①

丁金昌等人提出建立校企合作的保障机制，关键是建立经费保障机制和政策激励机制。经费保障机制主要是要求学校设立校企合作专项资金，支持校企合作活动的开展和校企合作人才培养基地的建设。在政策激励方面，要从促进素质教育，突出创造、创新、创业精神和实践能力培养的角度，探索新型的教学管理模式，创建与新的人才培养模式相适应的教学管理机制，实现教学管理的科学化。②

刘文清认为校企合作的顺畅运行，需要完整的体系作保障，因此要建立管理、评价、自我发展等保障机制。管理机制包括组织架构、规章制度、经费来源及使用等，必须建立相应的董事会或理事会，设立相关的职能部门及人员构成，明确各自的职责，确立议事规则、行为准则。评价机制是衡量校企合作运行状况的一套标准，可以从合作的基础、合作内容、合作取得的成效等多方面拟定指标，对校企合作进行过程评价。自我发展机制指的是从保障资金、战略规划、开放合作等方面构建的持续发展体系。③

第四，约束机制。校企双方长期有效的合作并不依托情感的维系，而是要求双方要共同履行责任和义务。在法律的约束下，企业与学校都要完善相应的管理制度，增加制度约束的力度。

2. 校企合作制度建设研究

随着产教融合这一概念进入人们的视野，学者对校企合作制度的关注越来越多，观点也比较多样。

和震认为，产教融合、校企合作培养技术技能人才是国际上职业教育成功的国家的共同规律。我国需要从建立现代职业教育治理体系的高度，

---

① 颜楚华，王章华，邓青云. 政府主导 学校主体 企业主动——构建校企合作保障机制的思考 [J]. 中国高教研究，2011（4）：80-82.

② 丁金昌，童卫军，黄兆信. 高职校企合作运行机制的创新 [J]. 教育发展研究，2008（17）：67-70.

③ 刘文清. 构建利益驱动的校企合作运行机制研究 [J]. 教育与职业，2012（5）：10-12.

开展职业教育产教融合、校企合作制度的顶层设计；国家应该同时从教育领域和经济领域实施产教融合、校企合作制度创新；坚持校企合作分类建设，探索差异化校企合作政策；政府与市场各尽其能促进产教融合。各级政府逐步通过经济、教育、劳动等多领域的法律法规创新来推进职业教育校企合作，采取措施打破行政管理部门之间的壁垒，加强协调联动，积极探索并建立促进职业教育校企合作的长效机制。[①]

黄文伟在回顾 20 世纪末 21 世纪初我国产教融合制度演进、分析产教融合制度设计路径的基础上，提出从现代学徒制视域开展我国产教融合制度设计的构想，包括在价值取向上的多元共赢；在问题意识上强化机制性问题的破解；在设计思路上坚持从劳动、教育双重领域双向设计产教融合制度；在路径选择上采用自下而上的"地方试点、国家跟进"；在制度配套上建立健全个性化的地方政策体系。[②]

李玉珠从制度的角度考察职业教育产教融合，发现产教融合制度是由社会建构的，其形成涉及多元的利益相关者——政府、企业、学校、学生、社会合作者等，这些利益相关者的利益诉求及利益冲突影响着产教融合制度的形成。从多元利益相关者的利益诉求及冲突分析发现，职业教育产教融合制度的基本构成应包括：职业教育投资制度、职业教育供应制度、职业教育评价制度、人才应用制度、社会合作制度。[③]

赵学昌认为，我国目前的职业教育制度无法满足校企合作、工学结合实践的需要。在法律或政策层面，亟待建立权威、科学的校企合作组织协调制度，认可和规定职业院校的多元办学制度，制定或完善科学的职业教育经费保障制度、独立的教师资格认定和职称评定制度、独立的职业院校招生考试制度、有效的技能型人才地位和待遇提升制度、严格的职业资格认证制度和

[①] 和震. 建立现代职业教育治理体系　推动产教融合制度创新 [J]. 中国职业技术教育，2014（21）：138-142.

[②] 黄文伟. 现代学徒制视阈下我国产教融合制度设计研究 [J]. 职教论坛，2018（5）：30-33.

[③] 李玉珠. 产教融合制度及影响因素分析 [J]. 职教论坛，2017（13）：24-28.

就业准入制度。在学校规章层面，亦迫切需要加强相应的制度创新。①

祁占勇等人认为职业教育校企合作制度性障碍的破解需要构建健全的职业教育校企合作法律体系、建立有效的校企合作双赢机制、完善校企合作监督评估机制、细化校企技术合作制度。②

从制度层面对高等职业教育工学结合、校企合作进行反思，发现高等职业教育工学结合、校企合作的根本问题在于如何实现个体、国家和企业三者利益的均衡；对科技的片面理解和利用才是造成企业低技术均衡的根本原因；高职院校在观念上要调整原来标准划一、线性逻辑和适应论的思路，在实践上要从经费投入、实训管理和师资发展三个方面加强制度建设。③

第四节 职业教育校企合作研究述评

从以上文献综述中可以看出，我国学者对职业教育校企合作的研究日益丰富、透彻，对校企合作概念的研究与认识越来越深入、全面；对校企合作主体及其职责的研究也是多样的；对校企合作模式的研究非常丰富，也具有一定的科学性；对校企合作问题与对策的研究比较深入；对校企合作制度的研究比较活跃。当然也有不足之处，研究略欠科学性，制度研究略显零散。

一、校企合作内涵及理论研究愈加深入、全面

我国学者对校企合作概念的研究，已经不仅仅局限于一种人才培养模式，而是将其看成一种人才培养模式、合作关系和教育与生产交叉制度的整合体。对校企合作意义和价值的认识越来越深入、到位，对校企合作之

---

① 赵学昌. 校企合作、工学结合的职业教育制度宏观探究 [J]. 江苏高教，2010 (2)：129-131.

② 祁占勇，王君妍. 职业教育校企合作的制度性困境及其法律建构 [J]. 陕西师范大学学报（哲学社会科学版），2016 (6)：136-143.

③ 浙江经贸职业技术学院课题组，何杨勇. 高等职业教育工学结合、校企合作的制度反思 [J]. 中国高教研究，2009 (2)：70-72.

于职业教育和经济发展的价值非常认可,基本达成共识。

二、校企合作主体及其职责的研究较多,尚需科学化

对校企合作主体的认识大家基本上形成了一致认识,包含学校、企业、政府、行业协会等。但对各主体应该承担的职责,大多数研究还停留在表面上的探讨,没有科学的理论依据与实践支撑,只凭自身经验和认识进行划分,但人的认识往往存在局限性,实践经验也存在盲点,所以职责划分仍需科学化。

三、校企合作模式的研究较为丰富,尚需深入

在校企合作模式方面,我国学者的研究最为丰富,对校企合作模式从不同的层面进行了分类,但分类的目的是更好地解决校企合作的实践问题,所以在分类研究的基础上,应该更加深入地研究每类校企合作所面临的实践困境,探索解决困境的途径。

对典型校企合作模式的研究比较系统,但对每种典型校企合作模式的适用范围的研究略显不足,对这些不同的校企合作模式的本质差异研究也有待加强。对国外校企合作模式介绍比较详细,但国外校企合作模式的哪些内容能够为我所用、哪些内容不能为我所用的区分研究有待加强。

四、校企合作问题与对策研究比较全面,仍需探求规律性

我国学者对校企合作问题与对策的研究具有问题导向的特点,这一研究最具实践性,反映了我国校企合作实践中的各种问题、各层面问题,但这些问题的出现有没有规律可言,这些问题的解决有没有规律可循等,尚有待人们给予更多的关注。校企合作问题与对策的研究仍需探求规律性。

五、校企合作制度研究比较活跃,但尚未成熟

校企合作的概念已经由早期单纯的人才培养方式逐步向一种教育制度与生产制度的交叉制度转变。因而,有必要从制度的角度对其进行研究。

首先,了解合作主体间顺畅的合作关系,形成所必需的可信承诺、契

约制度约束、激励政策等，研究校企合作制度内部构成及其所需的约束与激励机制，有助于我们有效解决校企合作的实践问题。目前，对校企合作的制度构成的研究刚刚起步，还比较薄弱，这些研究具有了校企合作制度的雏形，但在什么应该纳入校企合作的基本制度，什么不应纳入的取舍上有失偏颇。

其次，校企合作制度运行与国家校企合作制度之间存在着一定的匹配关系，制度的有效变迁，是一种整体的变迁，与该制度相互匹配的制度同步变迁，才是有效变迁，现有研究对校企合作匹配性制度的研究尚不成熟。

最后，分析校企合作所处的外部制度环境，包括技术、劳动力市场和文化政治环境，将外部制度环境作为影响变量便于我们更加准确地把握校企合作的变化规律。但是，现有研究忽视了这些外生变量的作用，单纯研究和借鉴某国校企合作的具体做法，导致学习与借鉴成为一种形而上的学习与借鉴。

总之，以上研究从不同角度作出了贡献，但缺乏从整体上进行系统设计，对于构建什么样的校企合作制度、如何构建校企合作制度等尚需继续系统、深入研究。

第四章 职业教育教师资格研究

作为教育的三大要素之一，教师无疑是十分重要的。在任何时代，教师问题始终是教育研究的重要主题。其中，"教师资格"因与教师队伍建设质量密切相关而成为极其重要的政策议题和研究领域。本章将从纵横两个方面对我国职业教育教师资格的学术研究进行考察：纵向上，对我国职业教育教师资格的学术研究历史进行整体回顾；横向上，对我国职业教育教师资格的研究主题进行学术分析。通过梳理职教教师资格的学术研究史，洞察我国职业教育教师队伍建设的困境、矛盾与出路，管窥我国职业教育研究的学术特点与发展态势。

第一节 职业教育教师资格研究的历史回顾

一、清朝末年实业教育教师资格

实业教育兴起及实业教育教师资格。为救亡图存，抵御外侮，"洋务派""维新派"积极推动学习西方教育，并仿照西方创办了一批实业学堂。如 1866 年左宗棠创办了福建船政学堂（该学堂被认为是我国最早的新式职业学校），1867 年上海江南制造局附设机器学堂，1879 年天津电报学堂创设，1882 年天津北洋武备学堂附设铁路学堂，1897 年杭州太守林启创办浙江蚕学馆等等。① 随之，实业学堂教师资格成为重要议题。此时期，对实业学堂教师资格尤其重视相关专业的实践经验。如《浙江蚕学馆章程》规定："教习必精于蚕学，在外国养蚕公院给有凭据者，方能充选，此最紧要，为全局之关键。"②

　　实业教育制度建立与实业教育教师资格。1903 年，张百熙、荣庆、张之洞的《学务纲要》系统阐述了清朝建立新学制的思想、任务和具体内容。以此为基础，清政府颁布了《奏定学堂章程》（即癸卯学制），我国实业教育制度逐步确立并得到短暂发展。据统计，到 1909 年全国共有高等实业学堂 13 所，学生 1690 人；中等实业学堂 51 所，学生 5340 人；初等实业学堂 123 所，学生 5581 人；实业预科学堂 67 所，学生 4038 人。③ 此时，实业学堂的教师来源与资格问题变得更加突出。《学务纲要》以日本为参照，提出学堂教员宜列作职官，以三年，或二年，或学堂学制期为一任，不得力者随时辞退，优者任满再留，中平者如期更换，未满时不得自行告退。同时，建议教员多看参考书，须博览旁搜。另外，清政府一方面加强实业学堂的师资培养，颁布了《奏定实业教员讲习所章程》，设立了实业教员讲习所，分为农业教员讲习所、商业教员讲习所、工业教员讲习所三种。④ 另一方面，对实业学堂的教师资格作出要求，清政府颁布的《奏定任用教员章程》规定：高等实业学堂正教员"以将来大学堂分科毕业考列优等及中等及游学外洋得有大学堂毕业文凭暨大学堂选科毕业考列为优等者充选"，副教员"以将来大学堂选科毕业考列优等及中等及游学外洋得有大学选科毕业文凭者充选"；中等实业学堂正教员要"以将来大学堂实科毕业及高等实业学堂考列优等者及游学外洋高等实业学堂毕业得有毕业文凭者充选，暂时只可以实业传习所较优之毕业生充之"，副教员"以将来高等实业学堂考列中等者及游学外洋得有高等实业学堂毕业文凭者充选，暂时只可以实业传习所其次之毕业生充之"；初等实业学堂正教员

---

① 李蔺田. 中国职业技术教育史［M］. 北京：高等教育出版社，1997：6-9.
② 李蔺田. 中国职业技术教育史［M］. 北京：高等教育出版社，1997：17.
③ 李蔺田. 中国职业技术教育史［M］. 北京：高等教育出版社，1997：27.
④ 李蔺田. 中国职业技术教育史［M］. 北京：高等教育出版社，1997：62.

"以曾入实业教员讲习所及中等实业学堂得有毕业文凭者充选",副教员"以曾入实业教员讲习所及中等实业学堂得有修业文凭者充选"。①

然而,在新式教育刚刚起步之时,教师匮乏已成为普遍现象,在实业学堂中经过一定培训的师资更是凤毛麟角。因此,其实在实业学堂的实际办学中,学堂会根据各自学堂的办学情况设定教师遴选标准。其中省级以下实业学堂多聘请具有一定实践经验的技师、农艺师,如福建蚕桑公学,于1900年"雇浙江桑工,料理桑园,并教授接桑等事"②;河南孟县公立工业学堂染科教员谢武英、织科教员孙景琪均为北洋实习工厂培训后充当教员的匠师③;云南永昌府于农业学堂添设艺徒学堂教织草辫,"由川省雇募技师二人到府"④。而省级以上学堂,为保证教学质量,多会聘请洋教习。如光绪三十三年(1907年),御史王步瀛奏请合办河北实业学堂时,就师资问题即提议"开学之始,除算数、体操两门中国有人选充分外,其他学科研究者尚少合格,自以遴选西人为是,不宜爱惜巨资,贻误功课"⑤。其间,为节省开支,也有大臣建议聘请留学归国者充当教习,如变法期间,矿务总局王文韶建议:"如以西国矿师岁俸太巨,延请难遍,宜先派学生赴各国矿学堂研习,尤属事半功倍。将来学成回华后,即可分充教习。"⑥ 至癸卯学制前后,各较早兴办的新式学堂陆续有学生毕业,他们当中的很多人也成为新建实业学堂的师资人选。

可见,与19世纪八九十年代实业教育初办时期强调教师的实践经验不同,此时在教师资格上更加强调学历,各学堂也是严格把关,实难寻觅则

---

① 李蔺田. 中国职业技术教育史 [M]. 北京:高等教育出版社,1997:35.

② 福建桑蚕公学庚子年拟办情形说略 [J]. 农学报,1900(119):1-2.

③ 实业学堂调查表 [J]. 河南教育官报,1907(19). 转引自:吴玉伦. 清末实业教育制度变迁 [M]. 北京:教育科学出版社. 2009:253.

④ 本司叶奉院批永昌府陈护守文灿禀在任兴办艺徒学堂招生教织草辫以挽弃利一案遵批通饬各属酌量依办文 [J]. 云南教育官报,1908(39). 转引自:吴玉伦. 清末实业教育制度变迁 [M]. 北京:教育科学出版社. 2009:253.

⑤ 陈元晖,璩鑫圭,童富勇,张守智. 中国近代教育史资料汇编:实业教育·师范教育 [M]. 上海:上海教育出版社,2007:79.

⑥ 国家档案局明清档案馆编. 戊戌变法档案史料 [M]. 北京:中华书局,1958:289.

不惜重金外聘。虽然在实际办学过程中，由于师资匮乏，对于标准的执行多有变通，但相较之前的师资遴选，不仅在要求上有了很大的提高，并且将教师作为一门独立专业化的职业意识凸显。

二、民国时期实业（职业）教育教师资格

实业教育改革与教师资格。清朝末年，实业教育虽得到一定发展，但与经济社会脱节。黄炎培在《考察本国教育笔记》中指出，"各种学校毕业生除升学外几无他路"，实业学校"不注重新技术新人才"，"学生有读书之习惯，无劳动之习惯"。民国教育部咨各省区文更是明确指出，此种实业学校"积重难返，大都无相当之设备，所学者重理论而轻实习，修业期满往往不获一业，而获一业类皆用非所学"[1]。为此，在蔡元培、黄炎培等教育学者的推动下，民国政府对实业教育进行改革，1912—1913年颁布了《壬子癸丑学制》，将高等实业学堂改为专门学校，将中等实业学堂改为甲种实业学校，将初等实业学堂改为乙种实业学校。据统计，1916年，共有实业学校525所，其中，甲种实业学校共有84所，乙种实业学校441所。[2] 根据《壬子癸丑学制》，1913年，教育部公布《实业学校规程》对教员资格进行规定：甲种实业学校（相当于中学程度）教员要在国立或外国专门学校或高等师范学校或在教育部认定的公立私立专门学校毕业，或甲种实业学校毕业、积有研究者，或有中等教员许可状。乙种实业学校（相当于高小程度）教员要在甲种实业学校或师范学校毕业，有高等小学校正副教员许可状，在乙种学校毕业，积有研究者。实业补习学校教员，依乙种实业学校教员之资格，但其补习学科有甲种程度者，其教员资格亦依甲种实业学校定之。[3] 这是我国成人教育教师资格归并到相应的教育层次的肇端。[4] 但考虑到教师不足的现实，民国政府同时颁布了《申明实业学校

---

[1] 李蔺田. 中国职业技术教育史 [M]. 北京：高等教育出版社，1997：83.
[2] 李蔺田. 中国职业技术教育史 [M]. 北京：高等教育出版社，1997：90.
[3] 李蔺田. 中国职业技术教育史 [M]. 北京：高等教育出版社，1997：97.
[4] 俞启定，杨瑾. 关于中国教师资格的历史考察 [J]. 河北师范大学学报（教育科学版），2009（7）：65-70.

注重本科并解析实业学校教员资格令》,放宽了资格条件,规定:"其在前清高等、中等、初等实业学堂,及优级、初级师范学堂毕业,经学部及该主管官所核准者,均得比照规程所定,有充任各项教员之资格。其中实业教员讲习所完全科毕业者,得为甲种实业学校教员。在简易科毕业者,亦得暂充乙种实业学校教员。""在教员检定未实行以前,凡曾为中等学校或高等小学校教员三年以上者,亦得有充任教员之资格。"[①]可见,民国初期对实业学校教师资格主要突出学历要求以及教学工作经历。

职业教育制度的建立与教师资格。黄炎培在总结了清末以来实业学堂的经验教训后认为,实业教育已不能符合社会分工的需要,不能解决社会国家最困难的生计问题,主张把实业教育改名为职业教育。1917年,他联合教育界和实业界著名人士蔡元培、梁启超、张謇、宋汉章等48人在上海创立中华职业教育社。1922年,北京政府颁布了新学制,即"壬戌学制",以职业教育制度取代了实业教育制度,将甲种实业学校改为职业学校或高级中学农、工、商等科;将乙种实业学校改为初级职业学校,收受高级小学毕业生,亦得收受相当年龄的修了初级小学的学生。关于职业学校教师资格,黄炎培提倡师范技能与职业经验并重,"如不易得学校教练与职业经验兼备者,可聘富有职业经验者而以受过学校训练者辅之。如二者不可兼得,毋宁聘富有职业经验者,较之专聘仅受学校教练者必差胜"。陶行知也认为,"健全之职业教师,自必以经验、学术、教学三者皆具为标准。三者不可得兼,则宁舍教学学术而取经验。……三者中,经验尤为根本焉"。可见,黄炎培、陶行知均认为职业教育教师资格最重要的标准是"职业经验"。[②]

抗日战争前的学制改革与教师资格。1928年、1932年,国民政府先后两次对学制进行修改,并先后颁布《职业学校法》《职业学校规程》《职业补习学校规程》等法规文件。这些措施在一定程度上推动并规范了职业教育的发展。据统计,1936年,全国共有职业学校494所,其中,高级职

---

① 李蔺田. 中国职业技术教育史 [M]. 北京:高等教育出版社,1997:97.
② 李蔺田. 中国职业技术教育史 [M]. 北京:高等教育出版社,1997:123.

业学校191所，初级职业学校235所，初高级合设的学校5所，在校生共计56 822人。① 对于教师资格，《职业学校规程》明确要求："职业科教员资格须品格健全，对所任学科有专长学识、具有大专以上学历或师资训练机关毕业并有一定职业经验者。初级职业学校教员资格也可是高职毕业、有二年以上职业经验工作著有成绩者。"② 可见，对职业学校教师资格主要突出"思想品德""专业学识"和"职业经验"三个方面的要求。另外，实施了职教教师登记检定制度，这可视为我国职业教育教师资格制度的开端。1933年，《各省市职业学校职业科师资登记检定与训练办法大纲》规定，职业学校师资分为甲乙两种，甲种为高级职业学校师资，乙种为初级职业学校及职业实习学校师资。职业学校教师登记分两种：凡国内外专科以上学校毕业、具有两年以上职业经历者，或职业高等技术人员，连续任职四年以上者，可请求登记，充当甲种职业专科师资；凡初、高级职业学校或初、高级中学农工商科毕业后，具有两年以上职业经验者，或职业界各中级技术人员连续任职四年以上者，可请求登记充之乙种职业学校师资。职业技术学科师资的检定分两种：具有职业技术及经验，其证明文件经审查属实者，得接受检定；凡具有职业技术及经验，但证明文件未能确定或有其他疑问的，应受职业技能的考试检定。检定合格的师资，各省市厅局应用假期或定期予以职业教学及管理方法等训练。③ 1935年，民国教育部颁布实施的《修正职业学校规程》对高级职业学校、初级职业学校的教员资格作了规定，如要求高级职业学校职业学科教员须品格健全，对于所任教学科有专长学识，且满足三个条件之一：一是职业师资训练机关毕业后有一年以上之职业经验者；二是国内外大学专科学校专门学校或高等师范专修科毕业后有二年以上之职业经验者；三是有专门之职业技能，曾任职业机关相当职务四年以上著有成绩者。④

相比于官方公布的教师资格标准，学术界对于教师资格的研究与探

---

① 李蔺田. 中国职业技术教育史[M]. 北京：高等教育出版社，1997：137.
② 李蔺田. 中国职业技术教育史[M]. 北京：高等教育出版社，1997：151.
③ 李蔺田. 中国职业技术教育史[M]. 北京：高等教育出版社，1997：152.
④ 梁蕴甫. 职业教育法令汇编[Z]. 北京：商务印书馆，1935：51.

讨，则多注意教师资格的综合性标准。如曹无逸在其所编著的考试指导用书《教育学问答》中对教师资格作出八个方面的要求：天职之自觉、性格、学识、理解被教育者之个性、研究教学方法、同情、威严、办事能力。① 胡子瑫在《教育概论》中论及不同等级学校的教师资格，不仅包括官方对教师的外在规定，还有对教师学行上的要求，如体格、学识、态度、品行、社交以及对教育的爱。② 在王云五主编的"万有文库"丛书中，张世禄在其《语言学原理》中对语言教师的资格作出要求，"教师一定对于所教的语言要切实的纯熟""要有语言学和教育学的知识"。③ 在这里，作者不仅强调教师要具备实践经验、掌握专业知识，还要学习教育学知识。另外，随着比较教育学科在中国的传入，学者们也开始尝试基于国际比较的视角，为中国教师资格制定标准。如夏承枫的《现代教育行政》从教育行政学的角度分别考察了日本、德国、法国、英国和美国在立法上对教师资格的认识，并在借鉴与结合中国实际师资状况基础上，对教师队伍建设中教师标准的制定提出几条规则：什么是合理限制的标准；未来教师培养比在职教师限制还要重要；取消临时的救急态度去选择教师；训练和考试并用；教育行政和师资训练机关合作。④

可见，民国时期随着职业教育制度的建立，对于职业教师资格的标准制定也逐渐规范化、标准化，从只注重职业经验到学历与经验并重的标准取向，认识到教师不仅要具备学科专业知识，还要掌握教育学知识，合格的教师需要经过专门的训练与培养。如有学者建议，师范教育培养的职业教育师资，毕业后要有一定的实习经验；而一般大学培养出来的职业教育师资，有教育系的应设职业教师师资训练科，无教育系的，还需要添置教育学课程。⑤

---

① 曹无逸. 教育学问答 [M]. 上海：大东书局，1931：86.
② 胡子瑫. 教育概论 [M]. 天津：百城书局，1935：189-190.
③ 张世禄. 语言学原理 [M]. 上海：商务印书馆，1933：166.
④ 夏承枫. 现代教育行政 [M]. 上海：中华书局. 1933：27-50.
⑤ 清儒. 评论：职业教师师资的缺乏 [J]. 教育与职业，1935（165）：315-317.

三、新中国成立初期职业教育教师资格

新中国成立初期,在全国组织对农业、手工业和资本主义工商业的社会主义改造,全面推行社会主义建设的时代背景下,我国职业教育得到迅猛发展,并逐步建立了中等专业教育制度和中等技工教育制度。1951年,中央人民政府在《关于改革学制的决定》中明确了各级各类职业技术学校和专科学院在学制中的地位。1954年,政务院批准、高等教育部发布的《中等专业学校章程》对于教师资格也予以明确规定:"教师须具有高等教育文化水平。在特殊情况下,具有中等专业教育文化水平,并有教学经验和生产经验者,经主管业务部门批准亦可担任。"[①] 同年,劳动部制定、中央财经委员会批转试行的《技工学校暂行办法(草案)》规定:"(技工学校)技术理论课教师,应由相当于中等技术学校毕业以上程度的技术人员担任;技术实习教师,应选拔具有高小以上文化程度的优秀技工担任。"可见,"学历"是中等专业学校教师资格的重要条件,但教学及实际生产工作经验可作为学历的替代性条件。另外,技工学校对教师的学历要求相对较低,且更强调教师的技术技能。

第二节 改革开放以来我国职教教师资格研究发展历程与研究热点

改革开放以来,我国职业教育得到了迅速恢复和发展,职业教育教师队伍建设受到党和政府的高度重视,职业教育教师资格研究不断向纵深发展。

一、改革开放以来我国职教教师资格研究发展历程

从纵向来看,职教教师资格研究以我国1995年实施教师资格制度为分界点,包括教师资格制度实施前的研究、教师资格制度探索实施期间的研

---

① 李蔺田.中国职业技术教育史 [M].北京:高等教育出版社,1997:287.

究、教师资格制度全面实施后的研究。

1. 20 世纪 70 年代末至 90 年代初，教师资格制度实施前的研究

这一时期主要以介绍国外教师资格及认证制度经验为主。据中国期刊网检索数据，1979—1990 年，共有 40 篇是与教师资格主题相关的研究论文，其中有 30 篇是介绍发达国家经验的文章，以美国、日本、英国三个国家为主，如《美国中学外语教师的资格》[1]《美国关于颁发教师资格证书的要求》[2]《日本的师范教育》[3]《战后日本幼儿师资培养》[4]《英国中小学教师的资格》[5] 等。另外，此时期也已出现对中国中小学教师资格证书制度的探索，如《我国制定〈教师法〉需要解决的若干问题》[6]《我国中小学教师资格证书制度亟待完善——兼与李友芝同志商榷》[7] 等。

2. 20 世纪 90 年代初至 2000 年，教师资格制度探索实施阶段的研究

这一时期，我国开始探索实施教师资格制度，相关研究较之前丰富起来。据中国期刊网检索数据，1991—2000 年共有 60 篇与教师资格主题相关的论文。[8] 从研究主题来看，这一时期除了国际比较研究以外，[9] 主要以政策研究为主，特别是对教师资格制度的解读与思考，包括对教师资格制度的意义、问题等方面的思考。值得注意的是，这一时期职教教师资格制度开始受到关注，在 60 篇教师资格主题的研究论文中，有 6 篇是关于职教

---

[1] 元元. 美国中学外语教师的资格 [J]. 汉语学习，1980（2）：61-63.
[2] 司荫贞. 美国关于颁发教师资格证书的要求 [J]. 外国教育动态，1981（1）：31.
[3] 秦荣安. 日本的师范教育 [J]. 辽宁师院学报，1981（3）：16-18，27.
[4] 刘翠荣. 战后日本幼儿师资培养 [J]. 外国教育研究，1984（2）：63-66.
[5] 石伟平. 英国中小学教师的资格 [J]. 师范教育，1986（9）：20.
[6] 忻福良. 我国制定《教师法》需要解决的若干问题 [J]. 上海高教研究，1987（3）：46-48.
[7] 孙成城. 我国中小学教师资格证书制度亟待完善——兼与李友芝同志商榷 [J]. 华东师范大学学报（教育科学版），1990（1）：95-96.
[8] 作者以中国知网（CNKI）数据库为主要数据来源，以"教师资格"为主题词进行模糊检索，结果显示 332 篇相关论文，后经过对文章标题、摘要的严格筛选，与探讨教师资格直接相关的论文 63 篇。
[9] 在 60 篇论文中，国际比较研究论文有 24 篇，占总数的 40%，其中又以对美国的研究为主。

教师资格制度的,分别是李亚平的《日本职业教育师资的确保制度》[①],李成渝、李阳明的《中专教师资格标准及达标途径的初步研究》[②],刘慧英的《中等职校教师资格应有专业限制》[③],陈幼德的《德国职业教育教师资格及其培养模式的启迪》[④],陈嵩的《培养"双师型"高职教师的思考》[⑤]以及王珍的《国内外职业教育师资培养的比较》[⑥]。

3. 2001 年以来,教师资格制度全面实施后的研究

这一时期伴随着我国全面实施教师资格制度,职业教育教师资格的相关研究受到更多关注,发文数量逐渐增多,且呈现多样化的研究态势。仅以中国知网(CNKI)数据库为主,通过检索发现 2001—2018 年发表的职教教师资格相关主题论文就达到 1020 篇之多。这一时期,不仅研究成果更加丰富,而且研究的视角与研究主题更加多样,研究的系统性也更强。在研究视角方面,除了依然受关注的政策文本研究和国际比较研究以外,一些学者开始从教师专业化、教师教育等角度去研究职业教育教师资格制度问题。在研究主题方面,一些研究者开始关注更微观层面的教师资格认证标准、教育教学能力测试标准、职业院校"双师型"教师资格等问题。这一时期,围绕职教教师资格不仅有一般研究,而且还有系统性更强的学位论文研究、全国重点课题研究以及学术著作。其中在课题方面,较有代表性的有胡业华主持的全国教育科学规划教育部重点课题"'双师型'职教师资培养制度研究",中国职业技术教育学会职教师资专业委员会立项课题"'双师型'职教师资内涵、资格认定和能力标准的研究"以及李梦卿主持的 2017 年度教育部人文社会科学研究规划基金项目"中等职业学校

[①] 李亚平. 日本职业教育师资的确保制度 [J]. 日本问题研究,1994(2):24-27.

[②] 李成渝,李阳明. 中专教师资格标准及达标途径的初步研究 [J]. 中等林业教育,1996(1):52-56.

[③] 刘慧英. 中等职校教师资格应有专业限制 [J]. 职业技术教育,1996(5):23.

[④] 陈幼德. 德国职业教育教师资格及其培养模式的启迪 [J]. 教育发展研究,2000(2):80-83.

[⑤] 陈嵩. 培养"双师型"高职教师的思考 [J]. 职教论坛,2000(2):30-32.

[⑥] 王珍. 国内外职业教育师资培养的比较 [J]. 天津职业技术师范学院学报,2000(4):40-44.

'双师型'教师资格认证标准研究"等。学术著作方面，有俞启定主编的《中等职业学校教师资格制度研究》[①]以及查吉德著的《职业教育教师资格制度研究——制度有效性的视角》。

二、改革开放以来我国职教教师资格制度研究的热点

为进一步了解改革开放以来中国职业教育教师资格研究的发展历程及研究重点，本研究首先利用中国知网（CNKI）文献计量与可视化分析的方法对初步检索出的文献进行整体性分析，之后再结合图谱以及对文献的二次检索，归纳并总结新世纪以来中国职业教育教师资格研究的进展。首先，以中国知网（CNKI）为数据来源，以 SU＝职业教育＋教师资格（模糊匹配）或 SU＝职业教育＋教师标准（模糊匹配）为检索表达式，获得检索文献数量 1033 篇，最早一篇为李亚平在 1994 年 5 月发表的《日本职业教育师资的确保制度》[②]，最近一篇为俞启定在 2018 年 7 月发表的《"双师型"教师的定位与培养问题辨析》，研究论文数量总体走势如图 4-1 所示。之后，利用中国知网（CNKI）可视化分析的方法对 1033 篇文献进行关键词可视化处理，所呈现的关键词共现网络如图 4-2 所示。

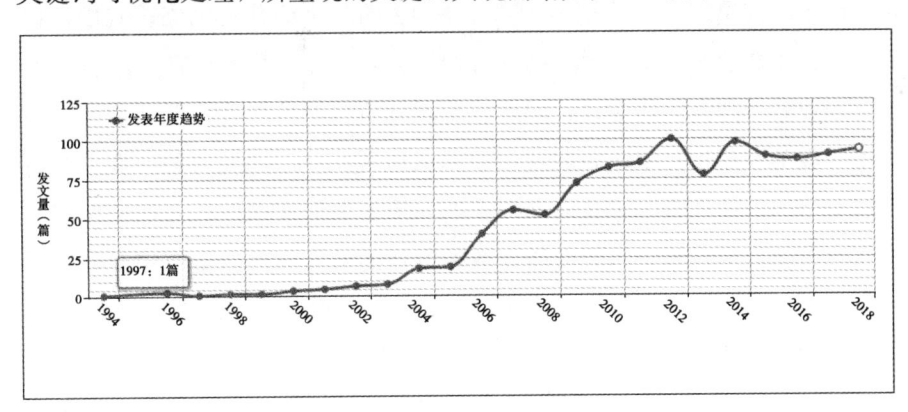

图 4-1　中国职业教育教师资格主题研究数量分布图

---

① 该研究为 2009 年由俞启定主持的教育部、财政部中职教师素质提高计划之公共项目"职业教育教师资格制度研究"的主要研究成果。
② 李亚平. 日本职业教育师资的确保制度［J］. 日本问题研究，1994（2）：24-27.

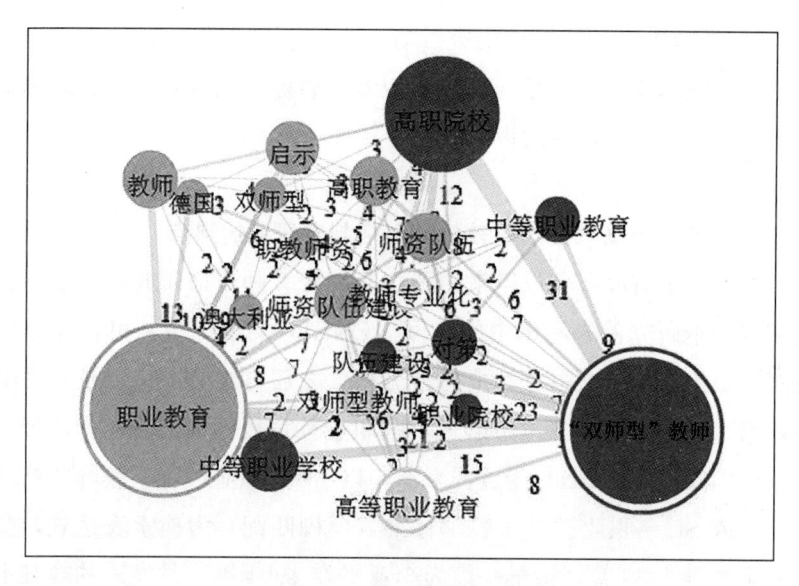

图 4-2 关键词共现网络

在图 4-2 的关键词共现网络中，每一节点代表一个关键词，节点大小代表此关键词出现的频次，节点越大则表示关键词出现的频数越大。而节点之间的连线则代表相连关键词在同一篇文章中出现的次数，连线越宽则代表两者共同出现的次数越多。基于图 4-2 的关键词共现网络，我们可以看到，关于职业教育教师资格的探讨是与以下几个重要研究主题分不开的：职业教育师资队伍建设；职业教育教师资格制度研究；职业教育"双师型"教师专业化；中、高职院校教师队伍现状、问题及对策；职业教育教师资格的国际比较。结合以上各主题，笔者又对文献进行二次检索和总结归纳，新世纪以来中国职业教育教师资格的研究热点与重点主要包括两大方面：一是职教教师资格标准研究，二是职业教师资格制度的研究。

1. 职教教师资格标准研究

20 世纪 60 年代以来，受教师专业化理论的影响，教师被视为一种专门的职业。专门化的职业不同于一般性职业，它需要具备特定的专业权威性和系统化的专业知识，能够提供独立而可信的服务。美国国家教师协会曾提出专业化教师的八项标准，包括"高度的心智活动、具有特殊的知识领域、专门的职业训练、不断在职进修和有健全的专业组织"等。[1] 基于教师专业化，谁才有资格做职业学校教师？围绕此问题，一些研究从不同视角对职业教育教师资格标准进行研究。

（1）基于职业教育教师培养培训的职教教师资格框架研究

改革开放以来，职业教育得到迅速恢复和发展，职教教师培养问题日益突出。为此，党中央积极推动职业教育教师培养培训体系建设。1979年，国务院首次在全国批建了两所独立的职技高师，即天津技工师范学院和吉林技工师范学院，专门为全国技工学校培养教师。随后20多年里，参照普通中小学教师培养和培训的模式，教育部和国家教委先后在全国批准建立了12所独立设置的职业技术师范院校，由这些学校培养职业学校的专业课教师和实习指导教师。20世纪80年代中后期，国家又以在普通高校建立二级学院为重点，继续构建职教教师教育体系，先后在天津大学、浙江大学、东南大学等8所高校设立职业技术教育学院或农村职教培训中心。进入新世纪，国家依托一些本科、高职或中职学校及行业企业，建立了一批职教教师培养培训基地。[2] 为提高职教教师培养培训质量，一些机构和研究人员积极开展职教教师培养目标研究，在此基础上提出职教教师专业资格框架。如早在1982年，有学者对国外职教教师培养经验进行研究，并在此基础上，提出职教教师的一般资格要求。他认为职教教师必须有扎实的普通学术课和技术课的基础，必须经过不同程度的教育科目学习，并在所教的专业方面有实际工作经验。[3] 天津职业技术师范大学致力于培养"一体化双师型"教师，学术性、职业性、师范性的结合，动手与动脑、理论知识与实践能力并重，希望毕业生既能从事理论课教学，又能指导专业技能训练，还能进行职业教育课程开发和职业指导，既具有扎实系统的

---

[1] National Education Association. The Yardstick of a Profession, Institute on Professional and Public Relations [M]. Washington D.C., NEA, 1948.

[2] 俞启定，查吉德，张宇. 中等职业学校教师资格制度研究 [M]. 北京：北京师范大学出版社，2013：152.

[3] 冯若霓. 国外职业技术教育的师资培养 [J]. 外国教育动态，1982 (3)：37-40.

理论知识，又有一定的专业实践经验和较强的动手能力。① 广东技术师范大学致力于技术性、学术性与师范性相结合培养"双师型"中职师资。技术性强调应用能力，解决的是"如何做"的问题；学术性强调学科专业知识，解决的是"教什么"的问题；师范性则强调教育教学方法，解决的是"怎么教"的问题。② 河南科技学院实施中职教师培养的"四双"工程，突出学生的专业技能和教育教学技能训练，致力于培养教师型与技师型"双师型素质"教师。③ 江苏理工学院融合师范性、技术性和学术性，培养既能从事理论教学，又能从事实践教学的"双能型"教师。④ 2013年，教育部办公厅又印发了《职教师资本科专业的培养标准、培养方案、核心课程和特色教材开发项目管理办法》（教师厅〔2013〕5号），全国计划遴选资助100个职教师资培养资源开发项目作为重点建设专业，共分为五个大类，涉及88个专业，以完善师资队伍的培养标准及课程体系建设，规范中等职业教育的发展。

可见，从职教师资培养的角度而言，这些研究普遍认为职教教师应具备三方面的素养：一是专业知识与能力，即具备任教课程的专业学识及能力，为此需要受过专门的高等教育；二是教学知识与能力，即具备教学方面的知识和能力，为此需要受过专门的教师教育或学习过教育学相关课程；三是实践知识与能力，即具备所教专业相关的实践知识及能力，为此需要有相关实践工作经历。当然，由于研究者对于教师教学能力的理解不同，有的标准偏重于具体教学专业，凸显职业教师的专业特色；有的则更多体现通用教师标准的完整结构，即集教学、研究、育人等功能于一身的教师社会角色能力定位。

---

① 孟庆国，吴炳岳，等. 动手动脑并举培养"一体化双师型"职教师资 [J]. 中国高等教育，2006（22）：59-60.

② 王乐夫，姚洪略. 技术性、学术性与师范性相结合培养"双师型"中职师资 [J]. 中国职业技术教育，2009（3）：51-52.

③ 王清连. 职教师资培养培训的理论与实践 [J]. 河南职业技术师范学院学报（职业教育版），2004（6）：24-29.

④ 俞启定，查吉德，张宇. 中等职业学校教师资格制度研究 [M]. 北京：北京师范大学出版社，2013：165.

(2) 基于职教教师职业任务的职教教师资格标准研究

此种研究主要采用职业分析方法,通过对职业教育教师典型工作任务、职业活动的研究,提出职教教师承担这些工作任务、职业活动应具备的能力和素质要求。如教育部职业技术教育中心研究所承担的亚太经合组织框架内的政府国际合作项目"职业教育师资标准及其开发方法"。该研究是国内较早开展的中职教师标准的研究,研究团队由来自中国、美国、泰国、墨西哥、马来西亚、韩国、日本、印度尼西亚、文莱等国家和地区的研究人员组成,他们利用职业分析的方法和调查研究方法,总结归纳出中职教师的八大职业活动:课程开发、教学设计、管理、指导学生、教学评估、教学实施、公共关系和职业发展,[①] 提出中职教师应"掌握与应用型人才的职业实践有直接联系的知识,正确分析和评价该专业领域的职业活动和工作过程,有一定的课程开发能力",[②] "按照职业学习规律正确分析、评价、设计和实施职业教育教学过程"和"具有从事职教管理工作和处理相关公共关系的基本能力"等。另有研究认为,现代意义的职教教师很大程度上成了学习过程的主持人,其具体任务是:设计职业能力发展途径,开发课程;对整个学习过程进行发动、促进和引导;加工信息资源并采用合适的方式提供给学员;策划和设计合适的学习环境。为此,要求教师能够在适当的时候提出关键的问题,把持并有效运用合适的方法,及时对小组的要求做出反应,促进小组活动深入发展,合理地归纳意见和观点,仔细观察活动过程与学员反应,灵活地调整活动程序或进行适当增减,计划时间并留有余地,在开展活动时不过分拘泥于时间的限制,不要控制活动的过程。同时,教师应具备以下素质:信任别人;耐心且具有良好的倾听技能;有自我意识,渴望学习新的技能;自信但不骄傲;具有丰富的生活经验,掌握科普和日常知识;尊重别人的意见,从不将观点强加给别人;具有激发参与者自信心的能力;能灵活变换方法或活动程序,不

[①] 刘京辉,刘育峰,赵志群. 中国职业教育教师标准研究[R]. 北京:教育部职业技术教育中心研究所,2000:111.

[②] 俞启定,查吉德,张宇. 中等职业学校教师资格制度研究[M]. 北京:北京师范大学出版社,2013:138.

固守预定计划的方法；在空间、时间和材料安排方面有判断力，能创造良好的物质环境和氛围；绘画和书写能力。①

可见，从职业任务的角度来制定职教教师资格标准，主要是对职教教师的职业能力与专业知识的融合与提升，且更强调他们的综合工作能力。此种标准对职教教师的职业能力要求较高，但似乎又过于笼统，没有对不同类别职教教师的职业任务进行标准区分，且标准的重点放在了教师的职业能力上，职业教育教师的专业性与特殊性不甚明确。

（3）基于职教教师专业性的职教教师资格标准研究

职教教师是否为一种专业化职业？职教教师与普通中学教师的职业任务、专业性上有何区别？如何基于职教教师专业性制定职教教师的教师资格标准？要解答此一系列问题，首先需还原到教师是否是专业人员的问题上来。

关于教师职业是否属于专业的问题，有两种不同的观点：一种观点以社会学家埃利奥特（J. Elliott）等西方学者为代表，他们认为教师是专业，并且将教师与医生、律师、神甫职业并称为"四个伟大的传统专业"；另一种观点以曾光荣等国内学者为代表，他们在比较分析教师工作特征与专业标准的基础上，认为教师职业与"已确立的专业"的专业化程度要求还有一定的差距，因此提出教师职业不是专业，而是一种"准专业"或"边际专业"。但相较而言，后一种观点的支持者要更多一些，许多国家的教师政策足以证明。如1986年，美国卡内基教育基金会、霍姆斯小组相继发表了《国家为21世纪教师做准备》《明日之教师》两个重要报告，同时强调以确立教师专业性为教师教育改革和教师职业发展的目标；日本早在1971年就在中央教育审议会通过的《关于今后学校教育的综合型扩充与调整的基本措施》中指出，"教师职业本来就需要极高的专门性"，强调应确认、加强教师的专业化；1993年，我国颁布的教师法同样肯定了教师作为

---

① 赵志群，白滨. 职业教育教师教学手册［M］. 北京：北京师范大学出版社，2013：25-27.

"履行教育教学责任的专业人员"的地位。① 然而,即便事实如此,我们还需进一步追问,教师何以为专业化职业?对此,学者们更多从专业社会学视角出发来解释此问题。

专业社会学认为,整个社会由不同层级的职业群体构成,并将那些因具备一些独特性质并能在整个职业结构中占据较上层社会位置的职业群体称为"专业"。至于如何判定一种职业属于"专业",国内外学者也是众说纷纭。在我国比较有代表性的如曾光荣在1984年提出的"七条核心特质和十条衍生特质",其中七条核心特质有:①一定学术地位的理论体系;②一套与理论系统相适应的专业技术;③理论与技术的效能得到证实与认可;④专业知识具有不可或缺的社会功能;⑤专业人员具有忘我主义;⑥专业人员具备客观的服务态度;⑦专业人员的服务公正不偏。十条衍生特质包括:①受过长期的专业训练;②专业知识是大学的一门学科;③形成垄断的专业知识系统;④有管理控制职业群体的自主权;⑤有制裁成员权力的专业组织;⑥专业人员对当事者具有极高的权威;⑦对与其合作的群体有支配权;⑧专业人员对职业投入感强;⑨有一套制度化的道德守则;⑩获得社会及当事人的信任。又如赵康提出的"六条标准":正式的全日制职业;专业组织和伦理法规;知识和教育;服务和社会利益定向;社区的支持和认可;自治。教育部师范教育司组织编写的《教师专业化的理论与实践》中提出的三条标准:专业职业具有不可或缺的社会功能;专业职业具有完善的专业理论和成熟的专业技能;专业职业具有高度的专业自主权和权威性的专业组织等。虽然学者们对于专业标准的认识存在一定差异,但总体而言,大家对于成熟专业的"特质"或"标准"的理解还是具有一致性的。首先,规定从业者接受过长期专业教育和专门的职业训练;其次,服务于社会公共利益,且具有不可或缺性;再次,具有自身的职业标准和准入资格,包括职业伦理规范和职业纪律;最后,专业是意向要求极高的智力活动,需要从业者不断地自我发展。对照成熟专业的基本特

---

① 教育部师范教育司. 教师专业化的理论与实践 [M]. 北京:人民教育出版社,2001:6-7.

质，我们发现职教教师基本具备成熟专业的基本特质，也就是说，从专业社会学视角而言，完全可以将职教教师判定为专业化职业的一种。

然而，我们需要注意的是，专业社会学视角下所强调的教学专业化是对专业形式上的关注，其所追求的实为一种教师职业的外烁特质。仅就职教教师而言，忽视对职业内容的细致分析，则会导致职业教育教学的内在特点缺失、职教教师的专业特征无法得到充分体现。作为一种职业的职教教师具备何种职业属性？这与职教教师所从事的职业活动直接相关。有学者通过对中职教师活动对象、活动目标、活动内容和活动环境等职业活动要素的分析，认为中职教师职业属性主要表现在四个方面：职业活动对象的多样性，职业活动目标的多重性，职教活动内容的多变性，以及职教活动环境的多元性。[①] 也有学者从工作对象的复杂性、工作内容的发展性、工作过程的创造性和工作方式的实践性四方面归纳职教教师工作特点。[②] 总体来说，职教教师的专业性突出表现为"双重"实践性，既包括教育教学实践，也包括非教学的专业实践，不仅要求教师具备良好的教学能力，而且要求教师具备突出的学生管理能力和专业实践能力。[③]

职教教师的专业性为职教教师资格标准制定提供依据，有很多学者即基于职教教师专业性来研究职教教师资格标准。1995 年，我国教育部发布实施的《教师资格条例》，建立了教师资格认证制度，并且从制度上确立了教师职业的专业化性质以及教师专业的行业标准。但对于职教教师的资格标准，只是给出学历等框架性规定条件，缺少相应的职教教师专业标准。2013 年 9 月，教育部印发了《中等职业学校教师专业标准（试行）》，其中规定"中等职业学校教师是履行中等职业学校教育教学工作职责的专业人员，要经过系统的培养与培训，具有良好的职业道德，掌握系统的专

[①] 俞启定，查吉德，张宇. 中等职业学校教师资格制度研究［M］. 北京：北京师范大学出版社，2013：92.

[②] 张泽民．袁苗. 中等职业教育专业课教师专业化内涵研究［J］. 黑龙江教育学院学报，2008（1）：59-60.

[③] 查吉德. 职业教育教师资格制度研究——制度有效性的视角［M］. 广州：暨南大学出版社，2011：50.

业知识和专业技能，专业课教师和实习指导教师要具有企事业单位工作经历或实践经验并达到一定的职业技能水平"。该标准的公布为中等职业学校教师的培养、准入、培训、考核等工作提供了基本的依据。然而，在肯定此标准对中国职业教育师资队伍建设具有一定积极意义的同时，很多学者普遍认为此标准与普通中小学教师标准区分度不大，没有凸显职业教育的特殊性以及职教教师的专业性。为此，基于职教教师的专业性，学者们继续推进职教教师专业标准的研究与制定。如有学者从教师职业生涯及专业发展的角度系统设计了中等职业学校教师专业标准、专业教师标准、专业教师毕业标准以及教师资格考试标准，并将此四种标准层级按降序排列。① 还有学者在《中等职业学校教师专业标准（试行）》的基础上，根据专业特点增加了职业教育专业教师需要具备的职业素质和专业能力。如王张妮、张蜜以工作过程为导向对职业教育教师的能力进行重构：专业岗位操作过程中的专业能力、岗位操作能力以及专业类课程教学过程的专业教学能力，并初步形成《机械电子工程类专业教师标准》，其中包括4个维度、16个领域、80项基本要求。② "十一五"期间，中职学校教师素质提高计划师资培训包项目开发也取得了丰富成果，其中开发了中等职业学校70个专业教师培训包，内容包括专业教师的教学能力标准、培训方案、专业核心课程教材、专业教学教材和培训质量评价指标体系五方面成果。

可见，对职教教师专业性的探讨表明研究者们皆已注意到职教教师与普通教师职业属性的不同，但从"教师是一种职业"到"教师是一种专业化职业"的论证逻辑，使得对职教教师专业化的探讨囿于如何更好地为职业活动服务的工具性目的，所谓的职业属性也是强调对职业活动的要素区分，忽视了教师在职业活动中的主体性价值，将职教教师固化为单一行动者，缺少对教师与学生、教师与教师、教师与学校环境等之间互动的研究。由此，以上基于职教教师专业性的职教教师资格标准的制定，主要围

---

① 曹晔，盛子强. 我国中等职业学校教师专业发展标准体系构建［J］. 职教论坛，2015（8）：4-9.
② 王张妮，张蜜. 以工作过程为导向的《专业教师标准》研究与开发.［J］. 职业教育研究，2016（4）：55-58.

绕专业操作能力和专业教学能力基本框架进行研究，可看作"双师型"教师标准的雏形；其中对于职教教师专业性的强调也表现在对某一专业的教师专业标准上，即将标准的制定对应某一专业，指标过于精细化与专门化，并没有抽象出具有权威指导意义的职教教师资格标准。

（4）基于职教教师专业发展周期的职教教师资格标准研究

2007年，中澳政府合作（重庆）职业教育项目团队，对中职学校初级、中级和高级不同专业技术职务教师的职业任务进行调查分析，构建了中职教师能力标准体系，包括中职教师能力领域、能力单元、能力要素及不同职务教师的能力表现，其中能力领域包括职业道德、行业联系、课程设计、教学工作、学生鉴定、交流合作、职场安全、学生管理和专业发展等九个方面。[①]另有研究根据职教教师教学活动中反映的核心能力差异将教师分为四个发展阶段：Ⅰ型教师（即普通教师）、Ⅱ型教师（即"双师型"教师）、Ⅲ型教师（即"骨干型"教师）、Ⅳ型教师（即"专家型"教师）。同时，研究提出四类教师的核心能力，如Ⅰ型教师的核心能力是基本执教能力（教师职业的能用能力），包括教学设计能力、教学组织和管理能力、教学监控能力，以及必要的教学评价与教学研究能力；Ⅱ型教师的核心能力除具备"一般教师"的核心能力之外，还须具备某专业工种的实际操作能力，并达到中高级水平；Ⅲ型教师是高层次的"双师型"教师，除具备Ⅱ型教师的核心能力外，还须具备职教课程开发能力；Ⅳ型是职教教师中的最高层次，除具备课程开发能力，还须具有课程评价能力。[②]

可见，此种标准的制定主要侧重于教师职业能力的阶段发展性，但标准制定的过程中往往以普通教师资格为模板，没有凸显职教教师的职业特殊性与专业性，另外，对于教师能力层级与发展阶段的划分是否有据可依还需进一步进行研究。

（5）"双师型"教师标准研究

---

① 重庆市中等职业学校专业教师能力标准（修订版）[EB/OL].[2018-09-23].https://max.book118.com/html/2017/0117/84666193.shtm.

② 俞启定，查吉德，张宇.中等职业学校教师资格制度研究[M].北京：北京师范大学出版社，2013：148-151.

"双师型"教师是职业教育教师队伍建设的特色和重点。近年来,"双师型"教师资格标准及培养是职业教育教师研究的一个热点问题。为推进"双师型"教师认证标准的制度建设,中央制定并出台了一系列具有指导性的政策文件,如《现代职业教育体系建设规划(2014—2020年)》中提出"要根据职业教育的特点完善教师资格标准",《高等职业教育创新发展行动计划(2015—2018年)》中提出"鼓励高等职业院校制定和执行反映自身发展水平的'双师型'教师标准"等。各省、市也在中央文件指导下,纷纷出台区域性"双师型"教师资格认定标准,如江苏、福建、安徽、吉林、河南、江西、重庆、广西等8省(市、自治区)已开始了地方"双师型"教师资格认证标准的制定和实施的探索。[①] 目前关于"双师型"教师资格标准没有统一的规定,从来源来说可以分为三类:一是行政标准,即教育行政部门制定的有关标准,如教育部办公厅《关于全面开展高职高专人才培养工作水平评估的通知》(教高厅〔2004〕16号)的附件——《高职高专院校人才培养工作水平评估方案(试行)》中对"双师型"教师的内涵作了规定;二是院校标准,即一些职业院校在教师管理中,根据国家有关文件要求,结合自身实际,制定了本校的"双师型"教师标准;三是学者标准,即研究者从不同角度去研究,并提出他认为合理的"双师型"教师标准,如贺文瑾提出"双师型"教师应具备的职业素质标准是"一全"(全面的职业素质)、"二师"(既是教育教学活动的"经师",又是引导学生成长成才的"人师")、"三能"(能进行专业理论或文化知识讲授的教育教学能力,能进行专业技能基本训练指导的能力,能进行科学研究和课程开发的能力)、"四证"[毕业证、技术(技能)等级证、继续教育证和教师资格证]。[②] 对于此三种标准,也有学者认为或过于形式化或不具备可行性,于是借用职业分析法,依据联合国教科文组织提出的教育"四大支柱"和联合国教科文组织加拿大职业教育中心研究者提出的

---

① 李梦卿,刘博. 我国省级"双师型"教师资格认证标准建设的实证研究[J]. 现代教育管理,2018(5):80-87.
② 贺文瑾. 略论职技高师"双师型"师资队伍建设[J]. 教育与职业,2003(23):50-52.

"新能力"观对"双师型"教师专业标准进行解构,将"双师型"教师能力分为三个层次,并相应设有专业标准。其中一级标准主要为教师外在的学历资格标准,二级标准包括"经师能力标准""技师能力标准""人师能力标准"和"事师能力标准"。与此同时,又在二级能力标准中设置了一般能力和阈能力,此种弹性设置不仅关注到职业教育教师标准的可行性与可操作性,同时又兼顾教师专业发展性与人文关怀。[1]

总体而言,虽然各类标准或不同学者的观点存在一定差异,但也存在一定的共性:一是"双师型"教师的前提是具备教师资格;二是"双师型"教师是成熟教师,一般要求具备讲师或以上职称;三是在以上前提下,要求教师具备与专业相关的企业工作经验或专业实践能力。这种共性是建立在官方原则性要求之上的,如果抛开官方的要求,从研究的角度而言,有些问题还需要进一步思考研究:一是企业工作经历或专业实践能力是作为入职要求,还是职后要求?二是企业工作经历或专业实践能力是对所有职业教育教师的要求,还是只针对部分成熟教师?三是"双师型"教师到底是一种身份,还是一种标准?关于这些问题目前仍存在一定争议。从学理角度而言,"双师型"教师原本是根据职业教育的特点,对职业教育教师提出的一种素质要求,既然如此,专业实践能力应该是所有职业教育教师的入职要求,但在实践层面,往往又将"双师型"教师作为一种素质层次,与专业带头人、骨干教师并行,专业实践能力并不是针对所有职业教育教师的入职要求,而是对在职的成熟教师的更高要求。对此,有专家学者提出了疑问,如王继平认为,"双师型"是职业教育教师的基本素质,任何一名合格的职业教育教师都应该是"双师型"教师,职业教育教师资格条件应该对申请入职者从事相关行业(职业)的经历或经验、专业实践能力等方面提出要求。[2]而俞启定则认为,职业院校专业各有特色,课程设置类型不同,因此无需将"双师型"作为所有职教教师的标准,更

---

[1] 唐林伟,董桂玲,周明星."双师型"教师专业标准的解构与重构[J]. 职业技术教育,2005(10):45-47.

[2] 王继平."双师型"与职业教育教师专业化[J]. 职业技术教育,2008(9):50-54.

要避免将"双师型"作为全体教师的一个层次,仅将其限定于专业实践类课程的教育领域即可。① 因此,关于这些问题仍需要作进一步的研究。

2. 职业教育教师资格制度研究②

教师资格制度(又称"教师资格证书制度")是国家在法律范围内对教师实行的职业许可制度,是对从事教师职业者所应具备的条件和身份的一种强制性规定。20 世纪 90 年代中期,随着《中华人民共和国教师法》和《教师资格条例》的出台,我国开始探索实施教师资格制度。为了实施《中华人民共和国教师法》第十二条和《教师资格条例》的规定,原国家教育委员会于 1995 年 12 月 28 日下发《教师资格认定的过渡办法》,对教师资格过渡范围、分类及适用范围、申请、认定、证书管理与发放、具体工作要求作出了较为详细的规定。2000 年 9 月 23 日,教育部颁布《〈教师资格条例〉实施办法》,2001 年 5 月 4 日,教育部制定《关于首次认定教师资格工作若干意见》、印发《关于首次认定教师资格工作若干问题的意见》的通知,其中就教师资格认定的范围、程序、学历条件、教育教学能力等方面作出具体规定。同年 8 月 8 日,教育部又印发关于《教师资格证书管理规定》,对教师资格证书的管理作出相关规定。自此,我国教师资格制度开始全面推行。

根据《教师资格条例》,我国将教师资格分为七大类:幼儿园教师资格,小学教师资格,初级中学教师和初级职业学校文化课、专业课教师资格(统称初级中学教师资格),高级中学教师资格,中等专业学校、技工学校、职业高级中学文化课、专业课教师资格(统称中等职业学校教师资格),中等专业学校、技工学校、职业高级中学实习指导教师资格(统称中等职业学校实习指导教师资格)和高等学校教师资格。其中,中等职业教育占了两类,即中等职业学校教师资格和中等职业学校实习指导教师资格;高等职业教育教师资格则没有单独规定,高职教师与普通高校教师持

---

① 俞启定. "双师型"教师的定位与培养问题辨析[J]. 教师教育研究,2018(4):30-36.

② 该部分内容主要参考:查吉德. 职业教育教师资格制度研究——制度有效性的视角[M]. 广州:暨南大学出版社,2011.

有相同的教师资格证书。

　　新世纪以来，为提升职教教师素质、加强职业院校教师队伍建设，教育部会同有关部门陆续出台了一系列职教教师教育相关文件，如《中等职业学校教师职业道德规范》《教育部关于进一步完善职业教育教师培养培训制度的意见》《职业学校兼职教师管理办法》等；在"十五""十一五""十二五"期间都陆续出台了职业院校教师队伍建设的政策文件，明确了相关政策措施。各省根据当地实际情况，也纷纷出台了不同的教师资格标准。如2008年安徽省出台《安徽省中等职业学校教师资格申请人教育教学基本素质、能力测评办法和标准》，同年浙江省也出台《关于进一步加强中等职业学校教师队伍建设的若干意见》，等等。然而，我国自实施教师资格证以来，并没有针对职业教育教师制定全国性的教师资格专业标准，直至2013年9月20日，教育部印发了《中等职业学校教师专业标准（试行）》，这是新中国成立以来第一次针对中等职业学校教师制定的专业标准，是国家对合格中等职业学校教师专业素质的基本要求。与此同时，教育部又发布了《中小学教师资格定期注册暂行办法》（教师〔2013〕9号），改变了以往的"一次认定，终身有效"的职教教师资格认证办法。

　　教师资格制度是对教师从事教育教学专业活动所指定的规则和规定，从内容上来说，它一般包括教师资格证书的发放制度、认证制度和管理制度。首先，关于职教教师资格证书的发放制度，主要涉及职教教师资格证书的分类，包括横向的教师资格类型和纵向的教师资格层次。在现行的职教教师资格制度中，主要分两类：教学教师资格和实习指导教师资格，并且实行单一合格证书模式，同一类证书没有层次上的区分。其次，关于职教教师的认证制度，规定了教师资格认证的对象、标准以及认证方式。我国1995年颁布实施的《教师资格条例》第二条规定：中国公民在各级各类学校和其他教育机构中专门从事教育教学工作，应当依法取得教师资格。据此，我国职教教师资格认证的对象首先要求是中国公民，其次是专任职教教师，具有外国国籍的职教教师以及职教兼职教师皆不在职教教师资格认证范围之内。至于认证标准，目前在现行教师资格制度框架下，国家对教师资格的基本条件，如学历、语言、身体提出统一要求，《中等职业学校教师专业标准（试行）》又从专业理念与师德、专业知识以及专业能力三方面为中等职教教师资格提供统一的专业标准；而对于教师教育教学能力测试标准则是由各省级教育行政部门规定。另外，我国现行的教师资格制度采取的是认证和考试相结合的认证方式，对于师范专业毕业的教师资格申请人，如果满足基本的学历、身体、语言等条件，一般可以直接认定教师资格，也有些地方会对申请人作必要的教育教学能力测试；对于非师范专业毕业的申请人，除了基本条件认定以外，还要求通过教育学和教育心理学考试、教育教学能力测试。最后，关于职教教师资格管理制度，主要包括职教教师资格制度的实施机制、教师资格证书的时效性以及融通性等内容。我国教师资格制度是由教育部出台，由各地教育行政部门组织实施的。2000年9月23日，教育部颁布《〈教师资格条例〉实施办法》，规定国务院教育行政部门负责全国教师资格制度的组织实施和协调监督工作，县级以上（包括县级）地方人民政府教育行政部门根据《教师资格条例》规定权限负责本地教师资格认定和管理的组织、指导、监督和实施工作。其中，《〈教师资格条例〉实施办法》及《教师资格证书管理规定》对教师资格证书的印刷、资格证书的丧失或撤销、教师资格认定的纪律等均作了具体规定，如规定弄虚作假、骗取教师资格的，或品行不良、侮辱学生，影响恶劣的，撤销其教师资格，并规定自撤销之日起五年内不得重新申请认定教师资格。《中小学教师资格定期注册暂行办法》公布后，我国中等职业教育教师开始实行教师资格定期注册制，对教师入职后的从教资格进行定期核查。另外，根据我国《教师资格条例》的规定，教师资格可以向下融通，高级中学教师资格与中等职业学校教师资格可以融通。

  职业教育教师资格制度不仅是我国职教师资队伍建设的质量保障，同时也是我国职教教师的专业化发展的重要推动力量。然而，由于我国的教师资格制度尚处于探索期，现行的职教教师资格制度不论是在标准制定还是实施推广过程中都存在很多的问题与争议。因此，对于职教教师资格制度仍需要进一步加强理论思考与实践探索，以期在理论与实践的不断碰撞中实现我国职教教师资格制度的推进与完善。从现有的研究文献来看，目前国内关于职教教师资格制度方面的研究确有一定数量，但鲜有系统性研究。其中，查吉德在 2011 年出版的《职业教育教师资格制度研究——制度有效性的视角》是迄今为止唯一一本以职教教师资格为主题的系统性的研究著作。作者不仅以制度经济学为分析框架分析当时职教教师资格制度的低效性，并且分别从发放制度、认证制度以及管理制度三方面为职教教师资格制度进行创新设计。该著作虽为多年前的研究，我国职教教师资格制度已经过多次的改良与完善，但其中的很多观点与思考对当今仍然具有一定的借鉴价值，并且书中所提出的职教教师资格"注册制度"的设计，我国已经开始全面实施。除此之外，研究多为职教教师资格细化主题研究，其中主要涉及教师资格制度的意义研究、现行职教教师资格制度的问题与对策研究，以及教师资格制度的国际比较。

关于实施职教教师资格制度的意义研究。制度的意义体现了制度设计者与研究者对此制度的期待，这种期待是检验制度有效性的重要依据，当制度在实际运行中符合人们的期待，那么可以说这种制度是有效的；相反，当制度在实际运行中没有达到人们的期待要求，那可以说这种制度是低效的甚至是无效的。关于完善职教教师资格制度的必要性，已有研究主要着眼于以下四个方面：第一，教师资格制度促进职教教师认证科学化、规范化与法制化。如钱怀瑜、陈进卫认为，教师资格制度作为法律制度，规范了教师的任用条件，解决了教师任用上的混乱状态和不正之风，有利于师资管理的严肃性，使师资管理从混乱无序的人治状态走上科学法制的轨道。[①]第二，教师资格制度促进职教教师队伍整体素质的提升。如有学者认为，教师资格制度通过严格的考核与认定程序，严把教师队伍"入口关"，只向那些具备教师资格条件者发放教师资格证书，这样势必将滥竽充数者封堵在教师队伍之外，从而提高教师队伍的素质水平，促进教师队伍中未达到资格规定标准的教师努力提高自己的文化知识水平和教育教学能力，提高教育教学质量。[②] 第三，教师资格制度促进职教教师专业化发

[①] 钱怀瑜，陈进卫. 论实行教师资格制度的重要意义 [J]. 渭南师专学报（社会科学版），1998（1）：88-92.

[②] 吴全华. 意义与问题——对我国教师资格制度的解读 [J]. 华南师范大学学报（社会科学版），2001（4）：90-93.

展。如有学者认为,"实施教师资格制度加速了我国教师的专业化进程"[①],"实施教师资格制度是教师职业走向专业化的重要步骤,有利于体现教师职业特点,使教师地位和队伍素质形成良性循环"[②]。第四,教师资格制度有利于教师教育的发展。如有学者提出,教师资格制度与教师教育制度都是以提高教师的素质和专业化水平,保证教育教学质量为主旨。因此,教师资格制度与教师教育制度具有本质上的一致性。教师资格作为从事教师职业的准入条件和标准,决定着教师教育的内容、过程、方式、模式、考核等,对教师教育具有导向和制约作用,随着教师教育专业化水准的不断提高,教师资格的要求也会提高或变化。所以说,推行教师资格制度有利于促进教师教育的发展。[③]

关于现行职教教师资格制度的问题与对策研究。已有研究对我国现行教师资格制度的问题进行了较充分研究,归纳起来,主要指向以下六个方面:一是教师资格制度未能体现职业教育的特点。如毛才盛的研究认为,当前我国没有独立的职教师资格认定体系,兼职教师的资格认定制度不健全,对职教师资的资格设置尚不全面。[④] 高山艳、刘红云的研究认为,职业学校教师资格更多的是参照普通教育相同层级的教师资格,缺少与职业教育特点相适应、体现职业教育内涵的职业学校教师资格制度,缺少对职业学校教师专业技术和技能以及相关职业经验的规定。[⑤] 二是对教师资格认定条件的反思,主要是认为现有教师资格的学历标准偏低,教育教学能力要求过于简单笼统,申请人的思想品德考核流于形式。三是对教师资

---

① 渠素彬. 实施教师资格认证制度的意义探讨 [J]. 北京教育学院学报,2008 (3):26-28.

② 陆家海. 全面实施教师资格制度的重要意义 [J]. 广西教育,2002 (21):9-10.

③ 孔晓东. 教师资格制度与教师教育制度衔接问题的思考 [J]. 职业时空,2007 (17):13-14.

④ 毛才盛. 职教师资资格认定的政策研究 [J]. 职业技术教育(理论版),2007 (7):56-58.

⑤ 高山艳,刘红云. 对建立职业学校教师职业资格制度的思考 [J]. 职业教育研究,2008 (9):60-61.

格有效性的反思。有学者提出现行教师资格制度在职教教师队伍建设方面总体表现低效，其中包括职教教师资格认证低效、职教教师资格制度执行低效以及制度整体缺乏有效性，未能有效满足利益相关者的利益需要三方面。① 四是对教师资格融通性的反思。如俞启定质疑现行教师资格制度中允许教师资格证书向下融通的规定，认为"教师资格的简单向下融通只顾及学科专业水平能够'高就低'，却忽视了各类教师的教育教学能力要求是各有专长的。不同年龄阶段的学生有不同的身心发育特征和学习特点，不同级别的学校有不同的培养目标和教学要求，不同类别的教师有不同的教学方式和教学艺术，它们之间并不是简单递增或递减的层次关系"。② 职业学校教师与高中教师无论在来源上还是任职条件要求上都有明显区别，显然不能一概通用。③ 李子江、张斌贤则就学科融通性问题，对现行制度提出了批评，认为："教师资格适用范围规定模糊，对于不同种类、不同学科的教师资格之间是否可以融通、如何融通等问题都没有明确规定，导致教师漠视资格证书使用范围，随意跨学科授课现象屡见不鲜。"④ 五是对教师资格分类的反思。不少学者认为，现行教师资格分类过于笼统，等级太单一，难以适应学校对不同水平层次教师的需求，也不利于教师的专业发展。如李子江、张斌贤认为，教师资格类别划分简单，没有按学校或学科类型进行细分，也没有根据教师任教年限或年级进行分级设置。教师资格认证中，采用的是较为单一的合格制，教师资格认证的重点放在了初任教师的资格认证上，只为教师从业确定了最基础的准入要求，主要解决教师队伍的录用"入口"问题，缺乏从专业发展和知识更新的角度考虑，教师资格的认定没有与继续教育以及从业人员专业水平的不断提高结合起

---

① 查吉德. 职业教育教师资格制度研究——制度有效性的视角［M］. 广州：暨南大学出版社，2011：134-139.

② 全国教育科学"十五"规划教育部重点课题组. "中国教师资格制度研究"主报告［R］. 2008：36.

③ 《教师资格条例》第五条："高级中学教师资格与中等职业学校教师资格相互通用。"

④ 李子江，张斌贤. 我国教师资格制度建设：问题与对策［J］. 教育研究，2008（10）：43-46，62.

来，缺乏对教师职业发展的有效激励，不能适应学校对不同水平层次教师的需求，难以保证行业质量。[①] 卢万合、蔡文香认为，现有教师资格分类使得教学管理人员、生活辅导人员、心理咨询人员、学校服务人员没有应得的教师资格证书。[②] 六是对教师资格认定对象的反思。有学者质疑现行制度将教师资格认定对象限定于中国公民，认为："目前教师资格制度实施对象就是中国公民，在实际操作中基本上仅限于中国内地公民，这显然是有局限性的。港澳台公民以及华侨，从法理上应属中国公民，有权申请教师资格，但由于其身份上的特殊性，不见得完全能适合现行标准，在认定程序操作上也有明显的困难，从而限制了他们申请教师资格。另外，为数不少的外籍教师已在我国各级各类教育机构中任教，这是教师队伍必要的和有益的补充，也是符合日益全球化的世界教育发展潮流的。但在现行法规框架内外籍教师无法获取教师资格，对他们来说是不合理的，而且事实上允许外籍教师无证上岗，也削弱了我国教师资格制度的严谨性。"[③] 另有学者则对现行教师资格制度将教师资格认定对象限定为专门从事教学工作的人员的规定提出了批评，认为此规定使得大量兼职教师无法认定教师资格，大量无证上岗的兼职教师的存在，影响了教师资格制度的权威性。

针对现行教师资格制度在实践中的诸多问题，研究者们从不同角度提出了许多针对性的措施，其中比较有代表性的观点有以下三点：一是建议建立多级别、多类型的教师资格证书体系。如李国庆、李雯提出分级教师资格认定制度，认为应该根据地区差异，将教师资格分为省级教师资格和国家级教师资格，省级教师资格证书只能在省内通用，国家级教师资格证书可以在全国通用。另外，根据教师成长规律将省级教师资格分为初任教师、中级教师、高级教师和终身教师；将国家级教师资格分为专业教师和

---

① 李子江，张斌贤. 我国教师资格制度建设：问题与对策 [J]. 教育研究，2008 (10)：43-46，62.

② 卢万合，蔡文香. 教师资格认证制度存在的问题及其完善策略 [J]. 成人教育，2008 (2)：60-61.

③ 全国教育科学"十五"规划教育部重点课题组. "中国教师资格制度研究"主报告 [R]. 2008：37.

终身教师。[①] 任学印建议："扩充教师资格种类，在采取由点到面、循序渐进，滚动发展完善教师资格制度的过程中，要逐步建立适应于社会上优秀专家、学者承担学校特别课程和讲座的'特别教师资格'，解决临时代课等需要的'临时教师资格'和适应外国专家来华任教的'外籍教师资格'等教师资格制度。同时可以设立鼓励骨干教师终身从教的'功勋教师'等终身证书。"另外，"取得教师资格证书，要规定持证人可担任的教学科目，原则上不能跨学科任教。欲取得另一学科的任教资格，必须经过有关考试和认定程序"。[②] 二是建议实施教师资格再认证制度。为了解决现有教师资格"一次认定，终身有效"带来的弊端，除了有学者旗帜鲜明地提出多级别的教师资格外，也有些学者提出了较为温和的改良建议，即提出通过建立教师资格再认证制度以解决这方面的问题。在具体认定时段划分方面，俞启定认为既可采取"渐疏"式的划分方法，例如第 2 年、第 5 年、第 10 年、第 20 年各为一个时段，也可采取"均衡"式的划分方法，即每 3 年、4 年或 5 年为一个认证时段，[③] 如此保证在一定年限内得到更新或维护。关于再认证条件，杨瑾、余艳认为："教师资格定期认证的条件不应是申请教师资格过程中相关条件的简单重复。定期认证的核心应是检测教师资格获得者在获得教师资格后的一定时间内，是否还具备作为一名教师应有的职业道德修养和教育教学基本素质及能力，如是否有足够的教育教学经历，是否接受了相应的继续教育，任教期间业绩考核情况如何，身心健康状况和师德修养是否适宜继续任教等。"[④] 三是建立并继续推进"双师型"教师资格认证制度。由李梦卿主持的 2017 年度教育部人文社会科学研究规划基金项目"中等职业学校'双师型'教师资格认证标准研究"更是对"双师型"教师资格认证标准进行专门的研究与探讨，其中提出"'双

[①] 李国庆，李雯. 构建我国教师资格分级别认定制度的探析 [J]. 教师教育研究，2006（4）：40-43.

[②] 任学印. 关于我国教师资格证书制度的思考 [J]. 中小学教师培训，2000（1）：61.

[③] 俞启定. 教师资格再认证问题研究 [J]. 教师教育研究，2006（6）：16-20.

[④] 杨瑾，余艳. 教师资格定期认证制度研究 [J]. 人民教育，2006（20）：13-16.

师型'教师资格认证标准的设计需要有理性的思考,使之更加符合职业教育的特色,以引导'双师型'教师专业化发展"①,"'双师型'教师资格认证标准应具有区域特征,贴近地方实际,符合区域职业教育发展需要"②,在标准制定过程中,"需要加强认证标准内容的综合性和科学性建设,突出认证标准的实践性与开放性特征,将工作经验作为认证的重要内容以及确保标准制定与实施的多主体化"③ 等等。

关于职教教师资格制度的国际比较研究。国内关于国际教师资格制度的比较研究,主要是对发达国家(如美国、德国、日本、法国、加拿大、澳大利亚等)以及一些新兴的发展中国家(如韩国、新加坡等)的教师资格制度的经验介绍,尤其以研究美国、日本的文献居多。这些国际比较研究的基本内容一般包括各国教师资格制度的演变历史、现状、问题及对我国教师资格制度的启示。透过已有研究,目前国际教师资格制度呈现出的几个共同的特点和趋势,值得我们思考和研究。

一是教师资格证书的种类比较丰富。如美国教师资格证书最复杂,根据证书获得途径的不同可以把教师资格证书分为传统教师资格证书和选择性教师资格证书两种;按照工作岗位划分,一般分为教学、管理两大类的教师资格证书;按照证书水平,将教师资格证书划分为初始教师资格证书、标准教师资格证书和专家/熟练教师资格证书、临时教师资格证书;按照证书有效范围可分为州教师资格证书和国家教师资格证书。④ 又如日本的教师资格证书分为普通资格证书、特别资格证书和临时资格证书,其中普通资格证书又分为三个等级,即专修资格证、一种(级)资格证、二

---

① 李梦卿,刘晶晶. "双师型"教师资格认证标准设计的理性思考与现实选择[J]. 教育发展研究,2017(21):75-84.
② 李梦卿,刘俏楚. "双师型"教师资格认证标准的制度性统一与区域性特征[J]. 职教论坛,2017(25):33-39.
③ 李梦卿,姜维. "双师型"教师资格认证标准的宏观性要求与专业性表达[J]. 教育与职业,2018(8):38-44.
④ 朱旭东,等. 美国教师资格证书制度研究[R]. 2007:8-9.

种（级）资格证。① 当然，教师资格证书的种类并非越多越好，关键是要构建适合本国教育发展需要的证书体系。因此，也有些发达国家只采取一种教师资格证书，如英国就只有一种"合格教师资格证书"。事实上，美国教师资格证书的多样性带来了很大的混乱，由此导致了美国减少教师资格证书种类的趋势。另外，对于有些国家设置的临时证书或选择性证书，也有不同的看法。一种观点认为在教师短缺的情况下，实施临时证书制度是可行的应急措施；另一种观点认为，这只是一个权宜之计，但往往被滥用了，教学专业这样降低标准，势必削弱作为一个真正的专业人员所应有的素养。② 可见，关于如何构建教师资格证书体系，设置哪些教师资格证书比较合理等问题仍需要进一步研究。

二是教师资格的终身性正在受到挑战。教师资格终身制是各国比较普遍的做法。如德国的教师资格证书一旦获得便终身有效；美国也设有终身教师资格；日本教师资格也是终身有效。但这一传统正在受到挑战，反对者认为："由于教师工作的非竞争性特点，以及大多数教师是在几年的成功的教学实践后才被提供一定的聘用期，而家长和儿童（除了最浅显的方面）没有机会对教师的效能作出判断，所以有责任强化教师的进修规定。"另外，"教学过程就像生活中其他事情一样变化着，没有什么东西静止不变。教师的培养与培训必须是一个不断的过程。……（但）许多教师在取得终身证书后并不做什么努力去跟上时代要求"。这显然不利于教师的专业发展要求。因此，美国开始减少终身证书的发放，并向长期证书转变。③ 如美国佛罗里达州已取消了永久性教师资格证书，规定每年重新接受教师能力测试；已经有32个州要求教师通过在职学习规定的大学课程或参加在

---

① 龚兴英. 日本教师资格制度的特点及其启示 [J]. 比较教育研究，2004（5）：13-17.

② 陈振华. 国外教师资格证书制度的若干问题 [J]. 华东师范大学学报（教育科学版），1996（3）：85-90.

③ 陈振华. 国外教师资格证书制度的若干问题 [J]. 华东师范大学学报（教育科学版），1996（3）：85-90.

职培训，定期更新证书。① 日本也于 2007 年 6 月通过了《教育职员资格法修正案》，依据该修正案，从 2009 年 4 月 1 日开始引入教师资格证书更新制度，原来终身有效的教师资格证书需要每隔 10 年更新一次，未及时更新者和未通过更新者，其资格证书失效。②

三是教师资格制度与教师教育制度的关系密切。纵观世界各国教师资格制度的演变历史，从中可以发现，教师资格制度与教师教育制度的关系十分密切。任何一项教师资格制度的制定或修订都是伴随着教师教育制度的改革而完成的。朱旭东的研究认为，美国教师资格证书制度的发展过程与美国教师教育制度的变革是相一致的。③ 王宪平、唐玉光的研究认为，综观世界各国教师教育发展的历史与现状，教师资格证书制度与教师教育制度之间的关系可粗略地概括为替代关系、分离关系和混合关系三种形式。④ 陈恕平的研究认为，教师资格制度与师范教育制度都经历了协同发展的三个阶段：17 世纪末至 18 世纪末，教师资格制度的不规范阶段和师范教育的萌芽阶段；19 世纪初至 20 世纪第二次世界大战前，教师资格确定以学历证书为主阶段和师范教育以普及基础教育为目标，以师范院校为主体阶段；二战后，教师资格制度发展到学历证书与教师资格证书并行的阶段和高等师范教育普遍实施并向高层次多样化发展的阶段。⑤ 就职业教育教师资格制度而言，大致也是如此。从已有研究来看，各国职业教育教师资格制度主要有两种模式：一种是将教师资格制度与教师教育制度紧密结合。这类国家往往实行定向型的职业教育教师教育制度，如在德国，要获得职业教育教师资格，必须接受严格的职教教师教育，接受职教教师教

---

① 高葵芬. 发达国家教师资格证书制度之比较 [J]. 安庆师范学院学报（社会科学版），2003（5）：101-102.

② 沈鸿敏，卢慕稚，刘求实. 日本教师资格证制度改革的最新进展及其对我国的借鉴意义 [J]. 外国教育研究，2008（9）：19-24.

③ 朱旭东，等. 美国教师资格证书制度研究报告 [R]. 2007：6.

④ 王宪平，唐玉光. 教师资格制度与教师教育制度关系研究 [J]. 教师教育研究，2004（5）：22-26.

⑤ 陈恕平. 论教师资格制度与师范教育制度的协同发展 [J]. 湛江师范学院学报（哲学社会科学版），1997（3）：97-102.

育的学生必须是文理中学毕业生且有 12 个月的企业实习或工作经历,大学毕业通过第一次国家考试后,再经过 2 年的实习,并通过第二次国家考试才能被聘为职业教育教师。[①] 一种是教师资格制度与教师教育制度分离。这类国家往往是采取非定向型的教师教育制度,但对职业教育教师有一定的学历和课程学习要求。如美国要求职业教育教师应在他们所教范围取得学士学位,并对所教技术课程有 1 年以上实际工作经验,但在合适的技术领域有 5 年以上经验的可以代替学士学位要求。[②] 因此,要研究教师资格制度就不能忽视教师教育制度问题。

四是普遍采取教师资格学历、考试、试用制度。各国教师资格制度普遍包括三个方面:一是学历制度,即获得教师资格有一定的学历要求,而且目前学历标准有不断提高的趋势。二是考试制度,即要获得教师资格需要参加教师资格考试。如美国为了教师资格认定专门开发了普瑞克西斯(Praxis)系列测试、德国教师申请人要获得教师资格必须通过两次国家考试。三是试用制度,即要获得教师资格必须要经过一定的试用期或实习期。如德国教师申请人在通过了第一次国家考试后必须参加 18—24 个月的教学实习,并通过第二次国家考试后才能获得正式的教师资格;英国新教师要经过 1—2 年的试用期,若试用合格,指导者写出鉴定意见,才能发给教师许可证书,然后再委托为正式教师。[③] 但关于考试制度存在一定争议,主张考试的人认为:"尽管考试的作用有限,但考总比不考好。考试可以减少不合格的人走进教师行业的可能性。而且政府有必要向国民证明公立学校的教师是合格者。"反对者认为:"尽管各地使用的考试内容的效度都是经过专家审定的,但对于一个教师起码应该具备的知识和能力目前尚无一个统一的意见,对考试内容是否有效的判断因而缺乏一个客观的标准。

[①] 陈幼德. 德国职业教育教师资格及其培养模式的启迪 [J]. 教育发展研究, 2000 (2): 80-83.

[②] 汪秉权,屠群锋. 美、德、法、日等国职业教育的教师资格 [J]. 机械职业教育, 2001 (9): 43.

[③] 高葵芬. 发达国家教师资格证书制度之比较 [J]. 安庆师范学院学报(社会科学版), 2003 (5): 101-102.

……许多考试形式只能考查一些肤浅、表层的问题,无法深入检查学生对于复杂问题的理解和应变能力。更重要的是,与成功教学有关的许多品质和能力,如责任心、课堂组织能力、实际教学能力、对学生的关怀等,是无法用一张纸和一支笔进行的考试考查出来的。"[1] 可见,如何制定科学的教师资格考试标准、提高教师资格考试的效度,仍然是一个颇具挑战的课题。

第三节 对改革开放以来我国职教教师资格研究的分析与思考

改革开放以后,随着社会主义市场经济体制的建立,与之相适应的教育体制机制改革不断深化,过往"在行动中进行改变""摸着石头过河"的经验模式逐步被基于理论、标准的理性改革模式所取代。与此同时,20世纪60年代以来,教师专业化在国际上逐步得到认同,相关理论不断丰富起来。受国内教育改革发展与国际教师专业化思潮的双重影响,职教教师资格逐步成为重要的政策议题和研究热点。对职教教师资格问题的研究从一个侧面反映了我国职业教育研究的进程与特点。

一、中国职教教师资格研究的特点

1. 研究主题多样

上文中已经对改革开放以来职教教师资格的研究热点进行了梳理与分类,主要聚焦于职教教师资格标准的研究与职教教师资格制度的研究。除此之外,学者们还对相关主题作了一些研究。如关于职业教育教师准入制

---

[1] 陈振华. 国外教师资格证书制度的若干问题 [J]. 华东师范大学学报(教育科学版),1996 (3):85-90.

度研究与体系构建[①]、职业教育与职业资格证书制度有效沟通的研究[②]、职业教育兼职教师聘任制度研究[③]等。

2. 研究方法多元

关于中国职教教师资格研究，学者采用了多元研究方法，其中包括：基于文献的政策分析；基于经验的职教教师能力的判断；基于活动的职教教师职业任务分析；基于数据的职教教师资格制度实证调查；基于国际比较的职教师资队伍建设研究；跨学科视角下的职教教师资格制度研究，如《职业教育教师资格制度研究——制度有效性的视角》采用了新制度经济学分析框架，《职教教师标准中的技术取向研究》以技术哲学、技术史、技术社会学等与技术相关的学科为分析工具等。

3. 研究群体广泛

笔者以中国知网（CNKI）中的核心期刊为数据来源，以 SU＝职业教育＋教师资格（模糊匹配）或 SU＝职业教育＋教师标准（模糊匹配）为检索表达式，获得检索文献数量 306 条。由于中国知网（CNKI）的计量可视化分析功能仅能分析 200 篇文献，因此需对所检索文献进行严格筛选，剔除研究综述及与主题相距较远的论文后，最终得到论文 133 篇。之后，对 133 篇论文进行计量可视化分析，得到作者分布图（如图 4-3 所示）与

---

① 相关研究主要有：邵敏，王杜春. 德日职业教育教师准入制度比较及对我国的启示［J］. 黑龙江教育（高教研究与评估），2018（2）：27-30；郑思. 中德高职院校教师准入制度比较研究［D］. 桂林：广西师范大学，2017；朱彤. 基于人力资源管理的职业教育体系中的教师准入、评价与退出机制研究［J］. 商，2016（27）：45-46，25；罗汝珍，谢露静. 高职院校教师职业准入体系构建［J］. 当代职业教育，2014（11）：90-93；等等。

② 相关研究主要有：黄曹华. 高等职业教育与职业资格证书制度衔接对策综述［J］. 职业技术教育，2006（14）：5-7；王朝霞. 职业教育与职业资格证书制度有效沟通研究［D］. 武汉：湖北工业大学，2011；刘珍兰. 职业资格证书制度的新变化及对职业教育的启示［J］. 职教通讯，2017（17）：61-63；等等。

③ 相关研究主要有：蔡玲玲. 高职院校兼职教师聘任制度的研究［D］. 金华：浙江师范大学，2011；查吉德. 职业院校兼职教师队伍建设的四个问题［J］. 中国职业技术教育，2012（15）：64-68；巢新冬，刘桂林，陈海忠. 群体动力理论视阈下高职兼职教师队伍建设研究［J］. 高等职业教育（天津职业大学学报），2013（3）：17-21；等等。

机构分布图（如图 4-4 所示）。从图 4-3、图 4-4 中我们可以看到，关于职教教师资格的研究群体是相对分散的，除李梦卿、查吉德、曹晔、俞启定、涂三广 5 位作者发表 2 篇以上核心期刊论文外，其余 119 篇都按照每人一篇分布在作者群当中。从研究机构上看，北京师范大学、湖北工业大学、江西科技师范大学、河北科技师范学院以及教育部职业技术教育中心研究所都发表 6 篇以上期刊，由此也可推断职教师资制度的研究不乏团队合作。

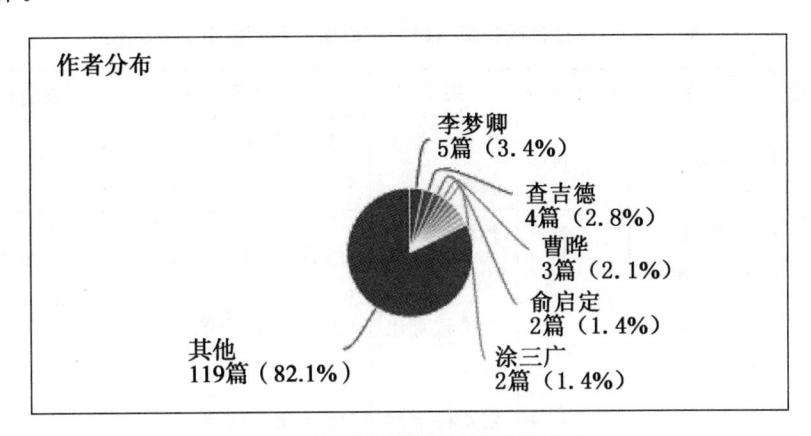

图 4-3　职教教师资格研究作者分布

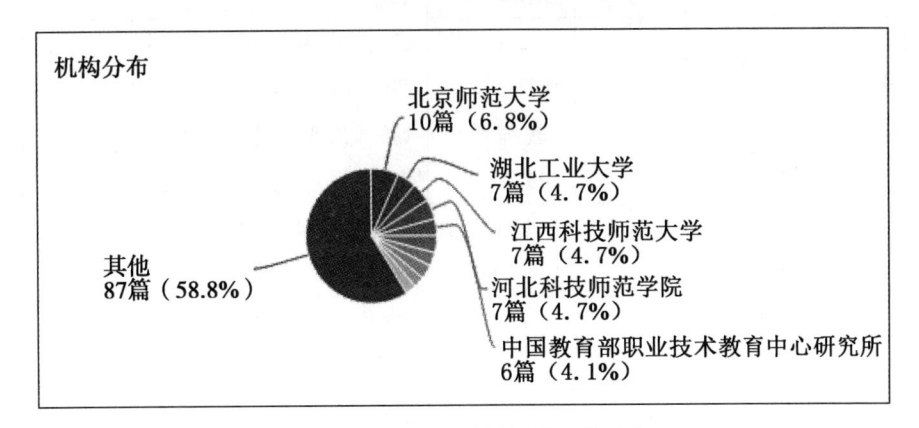

图 4-4　职教教师资格研究机构分布

二、中国职教教师资格研究脉络的内在理路

通过对职教教师资格研究的文献梳理发现，在实践和制度层面，对中国职教教师资格的研究是随着国家有关职业教育政策文件的出台以及教师资格制度的实施而不断丰富的；在思想和观念层面，这方面的研究还遵循着一定的内在逻辑与规律，即致力于对职教教师专业身份的建构。

为更深入了解职教教师资格研究的知识基础与学术思想的内在理路，笔者继续利用计量可视化分析方法对上文中所检索出的133篇核心期刊论文进行文献互引分析。另外，将其中排名前十的高频共引文献进行汇总（见表4-1）。

表 4-1　职业教育教师资格研究核心期刊高频共引文献列表

序列	作者	出版年份	来源	共引文献	被引频次
1	叶澜等	2011	教育科学出版社	《教师角色与教师发展新探》	10893
2	联合国教科文组织	1996	教育科学出版社	《教育——财富蕴藏其中》	7699
3	教育部师范教育司	2003	人民教育出版社	《教师专业化的理论与实践》	3774
4	刘捷	2002	教育科学出版社	《专业化：挑战21世纪的教师》	3149
5	姜大源	2012	电子工业出版社	《当代世界职业教育发展趋势研究》	435
6	顾明远	2004	《教师教育研究》	《教师的职业特点与教师专业化》	433
7	姚贵平	2002	《中国职业技术教育》	《解读职业教育"双师型"教师》	265
8	姜大源	2011	《教育研究》	《现代职业教育体系构建的理性追问》	246
9	卢双盈	2002	《职业技术教育》	《职业教育"双师型"教师解析及其师资队伍建设》	225

续表

序列	作者	出版年份	来源	共引文献	被引频次
10	陈祝林、徐朔、王建初	2004	同济大学出版社	《职教师资培养的国际比较》	204

从表4-1所列文献中可以发现，共有4篇文献是专门探讨教师专业化发展理论的，其中3篇在引用频数文献中排名前四，另外一篇排名前四的是联合国教科文组织编写的讨论全球教育未来发展问题的文献，在其中也有一个章节是对教师发展前景的展望。剩余的文献主要是关于职业教育体系构建、职教师资的专业性解读以及职教师资培养与队伍建设问题。也就是说，除有关于职业教育"双师型"教师解读外，在高频引文中并没有出现关于职教教师资格标准或是职教教师资格制度的专门探讨。由此，一方面说明职教教师资格的研究仍然属于一个相对小众的研究领域，大家的研究还比较分散，具有权威性的系统研究成果尚较缺乏；另一方面也说明职教教师资格研究的意义并非限于"资格"本身，更重要的是探讨职教教师专业化，教师资格研究多是在教师专业化框架下进行的。

教师专业身份及其建构是教师专业化的重要出发点，一般说来，教师专业身份是由个体和教育内外的社会、结构关系共同塑造的，[①] 它不仅是社会对教师职业的理解与角色期待，同时也是教师本人对专业工作与生活重点的基本认知。回溯改革开放以来我国职教教师资格研究历程，我们发现职教教师资格的研究与制度实施不仅为职教教师身份的建构提供外在的制度环境、专业知识基础，并且激发了教师对职业生涯不同阶段的生命体验与价值追求的能动性。因此，从某种程度上而言，我国职教教师资格的学术研究史即可看作职教教师专业身份的建构史。

首先，在制度层面，职教教师资格相关政策的制定直接规定并合理化教师的专业身份。我国自1995年以来建立、实施并不断完善的教师资格制度实质上就是国家在现代社会生产体系和社会分工情境下，从宏观制度层

---

① 卢乃桂, 王夫艳. 教育变革中的教师专业身份及其建构[J]. 比较教育研究, 2009 (12): 20-23.

面对教师职业的专业认可及对教师专业身份的建构，但由于此时并没有对职教教师标准与普通中小学教师标准进行专业性区分，因此对职教教师资格的认定也仅凭借《中华人民共和国教师法》《教师资格条例》及《〈教师资格条例〉实施办法》对职教教师的思想品德、学历、教育教学能力等方面的基本要求进行判断。2013年，《中等职业学校教师专业标准（试行）》公布，其中规定"中等职业学校教师是履行中等职业学校教育教学工作职责的专业人员，要经过系统的培养与培训，具有良好的职业道德，掌握系统的专业知识和专业技能，专业课教师和实习指导教师要具有企事业单位工作经历或实践经验并达到一定的职业技能水平"。该标准的公布为中等职业学校教师的培养、准入、培训、考核等工作提供了基本依据。随后，各地根据本区域特征，纷纷出台地方性职教教师标准。中央和地方关于职教教师资格制度实施与职教教师标准的出台，为职教教师专业身份的建构提供了法理依据。

其次，在专业知识层面，不同专业的教师遵循着不同的专业规范，在不同的教育实践中塑造着不同的专业身份。围绕职教教师资格标准的研究明确了职教教师所应具备的专业知识范围，为职教教师的教学工作提供了专业知识基础。职业教育"以促进就业为导向、以服务为宗旨"的目标和"校企合作、工学结合"的人才培养模式决定着职业院校教育理念、教育方式、教育内容等与普通教育有着很大的不同，因此职教教师所应具备的知识领域、能力结构等与普通教育教师也有着很大的区分。基于此，学者们纷纷从不同视角研究职教教师资格标准，包括基于职业教育教师培养培训的职教教师资格框架研究、基于职教教师工作任务的职教教师标准研究、基于职教教师专业性的职教教师标准研究、基于职教教师专业发展周期的职教教师标准研究以及对职业教育"双师型"教师的内涵探讨与标准建构等。多层面多视角的职教教师资格标准研究，立体化展现了职教教师专业内涵的丰富性和复杂性，为职教教师专业身份的建构提供了学理依据。

最后，在教师个体层面，内化的职业素养和价值追求是教师专业身份建构的内在动力。职教教师资格的研究不仅要为职教教师从事教育活动提供外在的职业规范，同时也旨在调动教师寻求专业发展的主观能动性，从而不断强化自身的职业角色定位。通过对职教教师资格研究的梳理发现，职教教师资格的研究往往是与职教教师队伍建设分不开的，而如何促进教师的专业发展又是职业学校师资队伍建设的关键。随着我国职业教育由规模扩张向内涵式发展转型，职教教师队伍建设开始由规范管理向质量发展转变，职教教师资格的研究也开始注重将教师资格准入与教师专业发展相关联。尤其是在近十年关于职教教师资格的研究中，单纯以职教教师资格标准或职教教师资格制度研究为标题的研究越来越少，更多的研究是将资格与培养视为一个整体。如有学者直接提出"职业教育教师教育一体化"，即将职教教师的职前培养、资格认定、素质提高和专业发展相联系，将职教教师资格完全置于连续性的教师专业发展当中，强化了职教教师的自我职业意识与身份认同。

三、对未来中国职教教师资格研究的展望

改革开放40年来，中国职教教师资格研究取得了丰富成果。在理论上，丰富了我国职业教育教师专业化理论，为确立职教教师的专业身份奠定了理论基础；在实践上，对我国职教教师队伍建设提供了重要的指导，有效地推动了我国职教教师队伍的素质提升和教师制度的改革。然而，进入新时代，该领域的研究也存在很大的开拓与提升空间。一是研究的系统性仍需加强，职教教师资格理论体系有待建构；二是研究视角仍需拓展，需跳出职教研究职教，借用其他学科最新的理论成果，提升职教教师资格研究的深度；三是研究成果的运用方面仍需要加强。基于此，笔者对未来中国职教教师资格研究提出以下建议。

1. 加强系统性研究，致力于构建职教教师资格理论体系

虽然改革开放以来职教教师资格研究成果日益丰富，但整体研究水平仍有待提升，尤其是研究的系统性有待加强。截至2017年底，关于职教教

师资格的学术专著仅有 2 本,① 且都是制度层面的研究。期刊论文虽然数量可观,但在高水平期刊上发表的论文较少,与主题模糊相关的核心期刊论文大约 300 篇,CSSCI 来源期刊不及 50 篇。另外,在目前的研究成果中经验性研究占大多数,基于职教教师培养、职业任务、专业发展等的专业标准框架的研究普遍立足于研究者的主观经验判断,缺乏对于职业教育教师专业的本质属性、发展逻辑的理性思考。建议加深对职教教师资格的理论探究,将职教教师资格置于职业教育本质属性、教师专业属性、职业教育体系中去研究,致力于构建既能体现职业教育教师专业属性又兼具教师职业一般属性的初级职业学校教师资格、中等职业学校教师资格、高职院校教师资格、应用本科教师资格相互衔接的职教教师资格体系。

2. 开阔研究视野,借鉴多学科的研究方法

现有职教教师资格研究视野比较局限,多数研究仅局限于教育学框架,缺乏多学科、跨学科的研究。另外,在研究方法上,经验性的思辨研究、文献研究居多,实证研究、跨学科的理论研究偏少。对于职教教师资格制度的研究多采用对国外教师资格制度的"经验—借鉴"的研究范式,缺乏对中国职业教育教师问题的深入分析与本土化思考;即便是针对中国职教教师资格问题的研究,也多囿于"现状—问题—对策"的"三段论式"研究思路,缺乏严谨的科学的理论框架。事实上,近年来,社会学、经济学、管理学、心理学、政策学、组织行为学等各学科理论迅速发展,有许多好的成果值得借鉴。另外,职业教育本身具有跨界属性,其教师资格必须反映这一特点。因此,应拓展研究视野,充分借鉴多学科的理论与实践成果,从多学科视野去研究职教教师资格问题,不断拓展研究的广度和深度。

3. 突出问题导向,与政策需求和职业院校实践需求精准对接

改革开放 40 年来,职教教师资格研究对完善我国职业教育教师制度、指导职教教师队伍建设有重要的指导作用,有些成果被转化为职教教师政

---

① 俞启定,查吉德,张宇. 中等职业学校教师资格制度研究 [M]. 北京:北京师范大学出版社,2013;查吉德. 职业教育教师资格制度研究——制度有效性的视角 [M]. 广州:暨南大学出版社,2011.

策文件或教师队伍建设的实施方案。但总体而言，成果的转化运用不足，研究的有效性有待提高。究其原因，主要是研究对现实问题关照不够或针对性不强，与实践脱节。对于决策而言，有些研究过于理想化，难以在现有政策环境下实施，有些研究成果的表达过于"学术化"，与行政决策的话语体系不能有效对接；对于职业院校实践而言，有些研究书斋气息过重，对现实问题研究不深，有些研究成果表达过于抽象，缺乏操作性。事实上，"职教教师资格"是一个问题研究领域，其研究的主要价值在于解决职教教师队伍建设问题，旨在提高职教教师队伍质量。因此，此类研究应突出问题导向，以解决问题为出发点和落脚点，与政策需求和职业院校实践需求精准对接，提高研究的针对性和有效性。

第五章 职业教育教师专业发展研究

教师专业发展的质量是教育质量的关键。随着我国职业教育的不断发展，职教教师专业发展问题渐渐进入学者的视野，并逐步从学术研究的边缘走向中心。20世纪七八十年代以来，围绕教师专业发展的研究成为国际教育研究的重要内容。职业教育教师专业发展研究是职业教育学术研究中不可或缺的一部分，是关涉职教教师自身专业成长的一种基础性研究。回顾得越远，展望得越远。系统整理有关职教教师专业发展的思想与理念，梳理职业教育教师专业发展的内涵，总结职业教育教师专业发展阶段界定，概括职业教育教师专业发展模式，借鉴国内外职教教师专业发展研究方面的经验，不断反思职教教师专业发展研究的问题与不足，对指导我国职教教师专业发展研究、健全职教教师专业发展制度具有积极意义。

第一节 职业教育教师专业发展研究的历史阶段

通过对我国职业教育教师专业发展相关学术成果的搜集、研读与整理，分别从主题、内容、问题等方面进行梳理与检视，职业教育教师专业发展研究的历史基本上可以分为三个阶段，即研究的萌芽期（20世纪90年代）、探索期（21世纪初至2010年）、深入期（2011年至今）。依据上述划分办法，本研究尝试对我国职教教师专业发展研究进行一个阶段性省察与审视，旨在总结该领域学术研究的成果与经验，探究当前研究存在的不足与疏漏，为更深入、更系统的后续研究提供引玉之砖。

一、职教教师专业发展研究的萌芽期：20 世纪 90 年代

1. 历史背景分析

学术研究的动力源于实践探索的需求。我国有关职教教师专业发展研究的肇始与国家相关政策的推动，以及教师地位的提升密切相关。

首先，相关政策的颁布是促使职教教师专业发展研究的重要动力。教师专业发展（Teacher's Professional Development）是一个舶来概念。随着国际上有关教师专业发展理论与实践的研究逐渐深入及影响的不断扩大，相关的理论成果与实践经验被译介到国内，并以研究普通教育的教师专业发展为发端，逐步拓展到对职业教育教师专业发展（下文简称"职教教师专业发展"）的探究。

教师专业发展的概念源于社会学领域中的"教师专业化"。在 20 世纪五六十年代，英美师范教育界首次提出"教师专业化"概念，自此在欧美迅速传播并得到普遍关注。1966 年，国际劳工组织（The International Labour Organization）和联合国教科文组织（United Nations Educational, Scientific and Cultural Organization）在《关于教师地位的建议》中明确指出"应把教育工作视为专门的职业，这种职业要求教师经过严格的、持续的学习，获得并保持专门的知识和特别的技术"，即开始把教育工作者视为一种专门的职业。到 20 世纪 80 年代，随着各国越来越重视教育在国家发展中的重要作用，人们意识到必须不断提高教师专业化水平，促进教师专业发展才能提高教师质量和教育质量。改革开放之初我国教师专业化程度较低，教师整体素质亟待提高，难以满足时代发展与教育改革对教师专业素养的要求，为此，中共中央、国务院于 1993 年颁发《中国教育改革和发展纲要》，明确指出："振兴民族的希望在教育，振兴教育的希望在教师。建设一支具有良好政治业务素质、结构合理、相对稳定的教师队伍，是教育改革和发展的根本大计。"1995 年，《中华人民共和国教育法》明确要求我国"实行教师资格制度"。同年 12 月，《教师资格条例》出台，将教师资格区分为从幼儿园到高等学校等 7 个不同的类型。教师资格制度是教师职业准入制度的核心，是教师专业化的重要标志，该条例的颁布标志着

我国正式以制度的形式确立教师专业发展的基本方向。同一时期，为了发展职业教育，提高劳动者素质，1996年9月颁布的《中华人民共和国职业教育法》第36条指出，"县级以上各级人民政府和有关部门应当将职业教育教师的培养和培训工作纳入教师队伍建设规划"，以法律的形式提出对职业教育教师专业发展的基本要求，表明我国职教教师专业发展研究的必要性、紧迫性与合法性。

其次，教师地位的提升是推动职教教师专业发展研究的重要支撑。随着改革开放的不断深入，经济社会发展对教师质量提出更高期许，推进教师专业发展成为我国提升教师质量的重要策略。教师是一个国家和民族文化传承与赓续发展的重要载体，是民族振兴、国家昌盛的希望。我国自古即有尊师重教的优良传统，荀子曾说："国将兴，必贵师而重傅；国将衰，必贱师而轻傅。"我们已经深刻意识到通过教育可以将沉重的人口负担变成宝贵的人力资本，形成智力资源优势。①改革开放以来，党和国家采取诸多措施来提高教师的社会地位和待遇，并以此推进教师专业发展的质量。1993年颁布的《中华人民共和国教师法》明确规定："全社会都应当尊重教师""教师的平均工资水平不低于或者高于国家公务员的平均工资水平，并逐步提高……教师的医疗同当地国家公务员享受同等的待遇"。1995年科教兴国战略的提出，确立了教育在社会主义现代化建设中的重要战略地位，教师的经济、政治、职业地位和社会声望得到了较大提高。②《中华人民共和国教育法》指出："国家保护教师的合法权益，改善教师的工作条件和生活条件，提高教师的社会地位。教师的工资报酬、福利待遇，依照法律、法规的规定办理。"由上可知，在我国教师地位逐步提高的同时，社会经济发展对教师质量提出更高要求。

2. 学界对该问题的研究

职教教师专业发展研究发轫于对普通教育教师专业发展的研究。据中

---

① 王新光. 努力提高教师社会地位和待遇是振兴中国教育的根本大计 [J]. 黑河教育，1994 (Z1)：6-8.

② 苏玉彩. 我国教师社会地位的困境及其解决途径探析 [C] //新教育时代（总第3辑）. 天津：天津电子出版社有限公司，2015：1.

国期刊网数据统计,1993—1999年期间,与"教师专业发展"主题相关的核心期刊论文(该研究统计的核心论文包括 SCI 来源期刊、核心期刊、CSSCI 等,下文简称"核心期刊论文")共 18 篇,其中主要是对国外教师专业化的借鉴以及国内教师专业化及教师专业发展的初步探讨,如《美国教师专业化运动述评》[1]《教育风格与教师的专业发展》[2]《新世纪教师专业素养初探》[3]《教师成为研究者"教师专业化"问题探讨》[4]《教师专业发展的研究》[5]。在国内有关教师专业发展的研究方面,叶澜 1998 年发表的《新世纪教师专业素养初探》具有代表性,是该方面较早、影响力较大的学术论文。

该时期逐渐出现关于职业教育教师的师资培养方式、双证书、教师标准、师资队伍建设等方面的研究,如,《谈谈职教专业教师的培养与提高》[6]《实行"双证书"制,培养"一体化"职教师资》[7]《论职业教育教师标准》[8]《欧盟职教师资培养方式的比较研究》[9]等。该阶段有关职教师资队伍建设、培养、教师标准等方面的主要研究有吕小华的《职教师资建设要纳入法律的轨道》[10],王春丽的《加强职业教育师资队伍建设的对策研

---

[1] 兰英. 美国教师专业化运动述评[J]. 外国教育研究,1996(4):42-46.

[2] 汪凌. 教育风格与教师的专业发展[J]. 外国教育资料,1997(2):29-34.

[3] 叶澜. 新世纪教师专业素养初探[J]. 教育研究与实验,1998(1):41-46,72.

[4] 高慎英. 教师成为研究者"教师专业化"问题探讨[J]. 教育理论与实践,1998(3):32-35.

[5] 唐玉光. 教师专业发展的研究[J]. 外国教育资料,1999(6):39-43.

[6] 张帮良. 谈谈职教专业教师的培养与提高[J]. 华中师范大学学报(哲学社会科学版),1994(3):33-34.

[7] 王宪成. 实行"双证书"制,培养"一体化"职教师资[J]. 中国培训,1997(9):21-26.

[8] 刘育锋. 论职业教育教师标准[J]. 职业技术教育,1998(9):20-23.

[9] 刘育锋. 欧盟职教师资培养方式的比较研究[J]. 职业技术教育,1999(11):42-43.

[10] 吕小华. 职教师资建设要纳入法律的轨道[J]. 职教论坛,1996(Z1):43.

究》[1]，刘育锋的《论职业教育教师标准》[2]，王继平的《加强师资基地建设建立健全中职师资培养培训网络》[3] 等。重要文件有1997年国家教委印发的《关于加强中等职业学校教师队伍建设的意见》等。鉴于上述研究和文件主要是探讨如何建设一支专兼结合、数量足够、素质优良、结构合理、相对稳定的职业教育教师队伍，尚未真正涉及职业教育教师专业发展的实质与核心问题，因此该阶段可视为有关职教教师专业发展研究的发端。

二、职教教师专业发展研究的探索期：21世纪初至2010年

1. 历史背景分析

迈入21世纪，中国进入全面建设小康社会、加快推进社会主义现代化建设时期，职业教育面临新的挑战与机遇。我国于2001年正式加入世贸组织（WTO），并逐步承接世界产业链中的制造业环节，产业迅猛发展对技能技术型人才提出强劲需求，拉动了学校职业教育的快速发展。

一方面，我国职业教育蓬勃发展，特别是高等职业教育规模迅速扩张，到2010年前后占据我国高等教育学校数量的半壁江山，并且职业教育办学条件发生了深刻变化，培养能力不断提升。2002年，国务院召开全国职业教育工作会议，并颁布《国务院关于大力推进职业教育改革与发展的决定》，其中提出："要以中等职业教育为重点，扩大高等职业教育的规模。""'十五'期间，职业教育要为社会输送2200多万名中等职业学校毕业生，800多万名高等职业学校毕业生。"据统计，2000—2005年间，我国高职院校共培养毕业生近1400万名，为经济社会的发展提供了大批的高素质劳动者和高技能专门人才。截至2007年底，全国共有独立设置的高职院校1168所，在校生近861万人。2007年招生近284万人，占普通高校

---

[1] 王春丽. 加强职业教育师资队伍建设的对策研究 [J]. 河北师范大学学报（教育科学版），1998（1）：126-130.
[2] 刘育锋. 论职业教育教师标准 [J]. 职业技术教育，1998（9）：20-23.
[3] 王继平. 加强师资基地建设建立健全中职师资培养培训网络 [J]. 中国职业技术教育，1999（5）：5-6，10.

招生数的 50.2%，我国独立院校已达到 318 所，在校学生总数已接近 200 万。① 2010 年，中职在校生达到 2238.5 万人，高职在校生达 966.18 万人，② 职业教育在校生总量达到历史最高水平。另外，随着职业教育规模的扩大，为更好提高培养能力，国家逐步重视职业教育办学条件的提高。如"十一五"期间，中央财政安排 100 亿元用于加强职业教育基础能力建设，在中央财政的支持下，各级地方财政计划用于职业教育基础能力建设的资金达 200 多亿元。可见，我国职业教育步入了大规模扩张阶段，因此急需大量专业化的职教教师支撑，但实际情况却是专业教师总量不足，而且由于职教教师准入制度不健全，多数教师源于普通高校应届毕业生，出现职教教师的专业实践能力普遍不高的问题，直接增加职教教师专业发展的难度。

另一方面，职业教育内涵发展迫切需要进一步提升职教教师质量，因此，关于职教教师专业发展的研究也日益受到重视。2004 年，经国务院批准，教育部等七部门建立职业教育工作部际联席会议制度；嗣后，全国职业教育工作会议提出以就业为导向、以服务为宗旨，逐步建立与经济社会相适应的现代职业教育体系。在 2005 年召开的第六次全国职教工作会议上，职业教育的战略地位被提到了空前的高度，并首次提出要逐步增加公共财政对职业教育的投入。之后，上百所国家示范、国家骨干示范院校建设拉开了序幕，标志着我国职业教育逐步从外延式发展向内涵式发展的转向。但在实践层面，职教师资队伍仍不能较好满足职业教育内涵式发展的急切需求，无法适应职校学生的多样化诉求。2005 年出台的《国务院关于大力发展职业教育的决定》（国发〔2005〕35 号）进一步强调职教教师专业发展的重要性，并提出"实施职业院校教师素质提高计划，地方各级财政要继续支持职业教育师资培养培训基地建设和师资培训工作"。2006 年，《国民经济和社会发展第十一个五年规划纲要》要求，在"十一五"期间

---

① 谢湘. 职业教育：正在崛起的"半壁江山"[N]. 中国青年报，2008-06-23.
② 白汉刚. "十一五"期间我国职业教育发展情况分析[J]. 中国职业技术教育，2011（31）：63-67.

国家计划拿出5个亿用于实施中职学校教师素质的提升计划。可以说，国家对职业教育教师质量的反复强调与高度重视，在很大程度上提升了学术界对于职教教师的关注度，进一步推动了职教教师专业发展方面的研究。

2. 学界对该问题的研究

2000—2010年是我国职业教育教师专业发展研究的探索期。该阶段，伴随着有关教师专业发展方面的专著相继问世，如叶澜的《教师角色与教师发展新探》[1]，教育部师范教育司编写的《教师专业化的理论与实践》[2]，刘捷的《专业化：挑战21世纪的教师》[3]，王少非的《新课程背景下的教师专业发展》[4]，余文森、连榕的《教师专业发展》[5]等，有关职教教师专业发展的论文数量逐渐增多。

从中国知网检索，源于SCI来源期刊、核心期刊、CSSCI上的与职教教师专业发展相关主题的论文共48篇，其中2010年发文量达到23篇。研究职教教师专业发展较早的论文是2004年李聪莉的《21世纪美国职业学校教师专业发展初探》[6]，该文通过探索国外职教教师专业发展概况，为我国职业教育教师专业发展提供一定借鉴。在此期间，我国学者首次对国内职业教育教师专业发展问题进行专门探讨，例如贺文瑾、石伟平在2005年发表的《我国职教师资队伍专业化建设的问题与对策》[7]通过剖析我国职业教育在师资队伍建设目标、师资来源、师资职前培养及职后培训等方面存在的问题，提出坚持专业发展方向、建立三元职教师资培养模式、加强职教师资在职培训等建议。随后，其他学者对该领域问题也进行了研究，

---

[1] 叶澜, 等. 教师角色与教师发展新探 [M]. 北京：教育科学出版社，2001.

[2] 教育部师范教育司. 教师专业化的理论与实践 [M]. 北京：人民教育出版社，2001.

[3] 刘捷. 专业化：挑战21世纪的教师 [M]. 北京：教育科学出版社，2002.

[4] 王少非. 新课程背景下的教师专业发展 [M]. 上海：华东师范大学出版社. 2005.

[5] 余文森, 连榕. 教师专业发展 [M]. 福州：福建教育出版社，2007.

[6] 李聪莉. 21世纪美国职业学校教师专业发展初探 [J]. 外国中小学教育，2004（9）：39-42.

[7] 贺文瑾, 石伟平. 我国职教师资队伍专业化建设的问题与对策 [J]. 教育发展研究，2005（10）：73-78.

如王玉苗、刘冬的《缄默知识能够促进职业教育教师的专业发展》[①]，提出教师专业发展应从个人、社会、学校三个层面生成教师缄默知识；李娟华的《我国职业教育教师专业化探析》[②]，通过分析职教教师专业发展的现状及要素，指出我国职教教师专业发展急需解决的主要问题。可以说，上述研究均立足于服务我国职教教师专业发展的现实需求，不仅具有较强的针对性，而且提出一些颇有建设性的政策建议，正式开启了我国职教教师专业发展的研究。

该阶段的相关研究有以下特点：①发文数量逐年增加，增幅较大，由2004年的1篇逐年增加至2010年的23篇。②研究主题逐步拓展，愈加丰富。主要包括教师专业发展的定位、模式、标准、目标，以及专业发展的制度化建设、国外发达国家的借鉴等方面。如，徐涵的《从制度层面看我国职业教育教师的专业化发展》[③]认为教师专业发展的各个阶段需要相关的政策和制度保障，指出制约我国职教教师专业发展的主要原因在于相关制度机制建设的滞后；杨延的《天津市职业教育工学结合模式探索》[④]介绍天津市职业教育工学结合模式改革的实践与经验，是较早对职教教师专业发展模式进行探讨的研究；唐智彬、石伟平的《职业教育教师专业发展的校企联合支持模式初探》[⑤]认为构建校企联合支持模式能为职教教师专业发展提供更好的平台；王立科的《我国职教教师专业发展及其专业标准的制定》[⑥]认为随着对职教教师的素质的要求日益提高，有必要制定教师

---

① 王玉苗，刘冬. 缄默知识能够促进职业教育教师的专业发展[J]. 教育与职业，2006（12）：72-74.

② 李娟华. 我国职业教育教师专业化探析[J]. 教育探索，2006（11）：108-109.

③ 徐涵. 从制度层面看我国职业教育教师的专业化发展[J]. 教育与职业，2007（21）：10-12.

④ 杨延. 天津市职业教育工学结合模式探索[J]. 教育研究，2008（11）：101-105.

⑤ 唐智彬，石伟平. 职业教育教师专业发展的校企联合支持模式初探[J]. 教育与职业，2009（2）：13-15.

⑥ 王立科. 我国职教教师专业发展及其专业标准的制定[J]. 中国职业技术教育，2009（15）：41-45.

专业标准；贺文瑾的《"双师型"职教师资的资格认定研究》[①]通过对"双师型"教师资格认定的意义解读及问题分析，提出"双师型"教师资格认定的构建策略；郑秀英、周志刚的《"双师型"教师：职教教师专业化的发展目标》[②]认为培养高素质的"双师型"教师，是职教教师专业化的发展目标；付雪凌、石伟平的《美、澳、欧盟职业教育教师专业能力标准比较研究》[③]通过对美、澳、欧盟职业教育教师专业能力标准的分析与比较，提出对我国职教教师专业能力标准开发的建议。③更加关注本土问题的研究。李娟华、崔晓静的《试论我国中等职业教育师资培训机制的创新》[④]主要论述我国中等职业教育师资培训在观念、制度、组织、内容、形式等方面的具体创新。杨春芳的《我国职业教育教师资格制度的反思与重构》[⑤]认为我国职业教育教师资格制度未充分体现职教教师的职业内涵与特色，有待完善。郑秀英等的《论高职教育教师专业发展中存在的问题及对策》[⑥]认为我国高职教师专业发展存在师资培训渠道单一、教师专业发展水平不均衡等问题。简言之，对职业教育教师专业发展的研究呈现数量迅速增多、主题不断丰富、问题日趋具体、研究日渐深入等趋势。

三、职教教师专业发展研究的深入期：2011年至今

1. 历史背景分析

从国际范围来看，2008年全球金融危机引爆第四次世界性的产业结构

---

① 贺文瑾. "双师型"职教师资的资格认定研究［J］. 职教论坛，2010（4）：58-60.

② 郑秀英，周志刚. "双师型"教师：职教教师专业化的发展目标［J］. 中国职业技术教育，2010（27）：75-78.

③ 付雪凌，石伟平. 美、澳、欧盟职业教育教师专业能力标准比较研究［J］. 比较教育研究，2010（12）：81-85.

④ 李娟华，崔晓静. 试论我国中等职业教育师资培训机制的创新［J］. 教育与职业，2009（20）：52-53.

⑤ 杨春芳. 我国职业教育教师资格制度的反思与重构［J］. 职教论坛，2009（25）：49-52.

⑥ 郑秀英，郑秀春，姜广坤，周志刚. 论高职教育教师专业发展中存在的问题及对策［J］. 中国高教研究，2010（6）：71-72.

调整与升级浪潮,世界各国为适应产业结构调整,不断推进产业技术升级。为此,2013 年德国正式提出"工业 4.0"概念,之后美国提出"再工业化"和"制造业回归本土"战略,中国提出"中国制造 2025""中国智造"和"一带一路"等对策,积极应对当时的挑战与危机。[①] 随着社会产业经济结构不断调整与升级,现代产业发展对职教教师的专业发展水平提出更高要求,因此不断促进职教教师的专业发展成为时代使然。在该阶段,为提升教师质量,国家陆续出台了一系列政策文本,我国进入职教教师专业发展的政策密集期,职教教师专业发展步入快车道。

2010 年,《国家中长期教育改革和发展规划纲要(2010—2020 年)》提出要大力发展职业教育,"到 2020 年,形成适应经济发展方式转变和产业结构调整要求……的现代职业教育体系,……满足经济社会对高素质劳动者和技能型人才的需要","把提高质量作为重点……加强'双师型'教师队伍建设"。该政策从国家顶层设计层面指出职业教育发展的整体要求,并指明今后职教教师专业发展的基本方向。2011 年,《中华人民共和国国民经济和社会发展第十二个五年规划纲要》重申要大力发展职业教育,特别强调加强"双师型"教师队伍建设。同年出台的《教育部财政部关于实施职业院校教师素质提高计划的意见》(教职成〔2011〕14 号)提出"以建设高素质专业化'双师型'教师队伍为目标,完善适应教师专业化要求的培养培训体系"。可见,为进一步促使职教教师专业发展,国家开始启动职业院校教师素质提高计划,大力推进职教师资队伍建设。

2012 年 8 月,《国务院关于加强教师队伍建设的意见》(国发〔2012〕41 号)提出,"到 2020 年,要形成一支师德高尚、业务精湛、结构合理、充满活力的高素质专业化教师队伍"。同年,教育部师范教育司更名为教育部教师工作司,专门负责教师专业化发展的相关工作,并将人事司、职成司有关教师工作的职责划归教师工作司。这种管理机制的调整体现了政府对教师队伍专业化建设的重视,使职教教师管理更加规范有序。2013 年

[①] 闫智勇,吴全全. 职业教育教师专业素质评价的困境表征与原因探析 [J]. 中国职业技术教育,2017(3):68-75.

颁布的《中等职业学校教师专业标准（试行）》（教师〔2013〕12号）提出，"要制定中等职业学校教师专业发展规划，开展校本研修，促进教师专业发展"，这标志着我国职业学校教师专业发展开始从理念层面迈向规范化、制度化阶段。[①]

2014年，习近平总书记对职业教育工作作出重要指示，为进一步明确职业教育在新时期的战略地位与任务，各级党委和政府要把加快发展现代职业教育摆在更加突出的位置，须大力支持职业教育发展，为实现"两个一百年"奋斗目标和中华民族伟大复兴的中国梦提供坚实人才保障。与此同时，《国务院关于加快发展现代职业教育的决定》（国发〔2014〕19号）提出，要推动职业教育与经济社会同步发展，使人才培养的质量、规模更加适应经济社会发展的需要，特别强调通过完善教师资格标准，颁布并实施教师专业标准，落实五年一周期的教师全员培训制度，不断推进教师企业实践制度，完善企业工程技术人员等到职业院校担任兼职教师的相关政策，以及推进高水平学校与大中型企业共建"双师型"教师培养培训基地，加快建设"双师型"教师队伍。2016年，《教育部财政部关于实施职业院校教师素质提高计划（2017—2020年）的意见》（教师〔2016〕10号）从培训、协同合作等视角，提出"要加快建成一支师德高尚、素质优良、技艺精湛、结构合理、专兼结合的高素质专业化的'双师型'教师队伍"的长远目标。2019年1月颁布的《国家职业教育改革实施方案》更加重视职教教师专业发展，一方面重新解读"双师型"的内涵，明确要求"双师型"教师占专业课教师总数超过一半；另一方面，通过实施职业院校教师素质提高计划，分专业建设一批国家级职业教育教师教学创新团队，以此促进职业教育的内涵发展。同年2月出台的《中国教育现代化2035》，在"建设高素质专业化创新型教师队伍"战略任务中，特别强调"夯实教师专业发展体系，推动教师终身学习和专业自主发展"。上述不同阶段的政策体现了提高职教教师素质的急迫性与必然性，为促进职教教师

[①] 曹晔. 职业教育教师队伍建设的新思路、新机制、新举措［J］. 职业技术教育，2017（1）：37-42.

专业发展提供了重要支持与保障。

2. 学界对该问题的研究

该时期有关职教教师专业发展的研究呈现以下主要特点。

(1) 发文量显著提升

随着一系列有关职业教育相关政策的出台及产业结构的不断调整与升级，学术界对于职业教育教师专业发展方面的研究成果显著增多，相关的发文量显著增加。据中国知网（CNKI）期刊检索统计，2011年至今，与职业教育教师专业发展相关的发表在 SCI 来源期刊、核心期刊、CSSCI 的文献共 120 篇。其中，国际比较研究有 25 篇，国内的相关研究 95 篇。

(2) 比较研究的视域更加开阔

如，唐智彬、石伟平的《国际视野下我国职教师资队伍建设的问题与思路》[1] 从国际比较的角度分析我国职教师资队伍存在的问题；张桂春的《发达国家职业教育教师专业发展的规制及经验》[2] 认为要全面学习发达国家的经验，遵循职教教师专业成长规律，完善我国职教教师专业发展规章制度。

(3) 对不同国别的研究逐步形成一些较为完整的成果

主要是在职教教师师资队伍建设、专业标准构建、师资培养、师资培训、教师专业发展的制度建设等方面形成一些较为系统的研究成果。较有代表性的是：孙翠香的《美国 CTE 教师专业标准述评》[3]、李一的《澳大利亚卓越的职业教育专业化师资培养路径探析》[4]、靳敏的《欧盟职教师资培训问题及持续专业化发展的对策研究》[5]、马立红、王文杰的《欧盟职教

---

[1] 唐智彬，石伟平. 国际视野下我国职教师资队伍建设的问题与思路 [J]. 教师教育研究，2012（2）：57-62.

[2] 张桂春. 发达国家职业教育教师专业发展的规制及经验 [J]. 教育科学，2013（5）：91-96.

[3] 孙翠香. 美国 CTE 教师专业标准述评 [J]. 职业技术教育，2012（28）：83-88.

[4] 李一. 澳大利亚卓越的职业教育专业化师资培养路径探析 [J]. 职业技术教育，2014（4）：83-88.

[5] 靳敏. 欧盟职教师资培训问题及持续专业化发展的对策研究 [J]. 职教论坛，2014（6）：88-91.

教师专业发展的制度保障研究》[①]，商霄杰、屈书杰的《澳大利亚职业教育教师制度的基本框架、问题及发展建议》[②]，马延伟的《澳大利亚职业教育与培训师资队伍建设的挑战与应对》[③] 等。

（4）研究的问题更加具体深入

第一，更加聚焦于教师专业发展的内涵、本质与核心，譬如涉及职教教师专业标准、专业素质、职业能力、"双师型"教师等方面。和震、郭赫男的《职业教育教师专业标准：美国经验与启示》[④] 提出建立能反映职教教师专业性特点、分层级、操作性强的职教教师专业标准。孙翠香的《职业教育教师专业标准的内涵及内容架构》[⑤] 认为职教教师专业标准存在缺失，影响教师专业发展，并提出"三维一体"的教师专业标准内容架构。贺文瑾的《专业标准视角下的职教教师专业发展解读》[⑥] 认为职教教师专业发展应超越现有专业标准，构建个性化的职教教师专业发展模式。周志刚等的《教师专业能力结构研究范式的源流与融合》[⑦] 认为，采用单一维度的能力框架分析教师专业能力结构并不十分有效，提出建立四面体五维度的能力结构分析模型。李锋、闫智勇的《职业教育教师专业素质的模型建构及提升策略》[⑧] 提出建立素质的三维分析模型，更好提高职教教师的专业素质。徐英俊的《专

[①] 马立红，王文杰. 欧盟职教教师专业发展的制度保障研究 [J]. 职教论坛，2015（25）：85-90.

[②] 商霄杰，屈书杰. 澳大利亚职业教育教师制度的基本框架、问题及发展建议 [J]. 成人教育，2016（9）：83-89.

[③] 马延伟. 澳大利亚职业教育与培训师资队伍建设的挑战与应对 [J]. 外国教育研究，2018（10）：117-128.

[④] 和震，郭赫男. 职业教育教师专业标准：美国经验与启示 [J]. 天津大学学报（社会科学版），2013（3）：241-246.

[⑤] 孙翠香. 职业教育教师专业标准的内涵及内容架构 [J]. 中国职业技术教育，2013（3）：51-55.

[⑥] 贺文瑾. 专业标准视角下的职教教师专业发展解读 [J]. 江苏教育，2015（32）：21-24.

[⑦] 周志刚，闫智勇，朱丽佳. 教师专业能力结构研究范式的源流与融合 [J]. 天津大学学报（社会科学版），2013（2）：166-172.

[⑧] 李锋，闫智勇. 职业教育教师专业素质的模型建构及提升策略 [J]. 教育与职业，2016（15）：23-27.

业化发展视域下的职教教师职业核心能力培养路径》[1]认为职前培养和职后培训是职教教师职业核心能力形成的两条路径，职业核心能力的提升是获得专业发展的必由之路。卢建平、钟显东的《中职"双师型"教师认定与管理制度探析》[2]认为"双师型"教师是职教教师专业发展的主要目标，是评价职业学校改革发展的重要指标。高峰、卢立涛的《职业教育信息化背景下"双师型"教师专业发展策略研究》[3]认为信息化为职业教育"双师型"教师专业发展提供了新天地，同时也是一种挑战。

第二，更加注重相关制度建设方面的研究，如教师资格制度建设、教师职称制度建设、企业实践制度建设等。查吉德的《职业教育教师资格制度建构与思考》[4]认为十分有必要建构专门的职教教师资格制度。李梦卿、刘俏楚的《"双师型"教师资格认证标准的制度性统一与区域性特征》[5]认为在强化"双师型"教师认证标准制度性统一的同时，也应适当兼顾体现区域特征。宫雪的《中等职业学校教师职称制度建设的回顾、分析与展望》[6]认为现行中职教师职称制度建设不合理，难以适应职教师资队伍建设的需要。聂伟进的《基于三种理念下我国职教教师资格制度问题分析》[7]认为现有职教教师资格制度由于理念上的偏差，存在着横向上无区别，纵向上无区分，整体上低效性等问题。王为民的《走出"制度陷阱"：高职

---

[1] 徐英俊. 专业化发展视域下的职教教师职业核心能力培养路径 [J]. 职教论坛，2013（21）：25-27.

[2] 卢建平，钟显东. 中职"双师型"教师认定与管理制度探析 [J]. 职教论坛，2012（25）：63-65.

[3] 高峰，卢立涛. 职业教育信息化背景下"双师型"教师专业发展策略研究 [J]. 职教论坛，2015（23）：14-16，38.

[4] 查吉德. 职业教育教师资格制度建构与思考 [J]. 职教论坛，2011（34）：50-53.

[5] 李梦卿，刘俏楚. "双师型"教师资格认证标准的制度性统一与区域性特征 [J]. 职教论坛，2017（25）：33-39.

[6] 宫雪. 中等职业学校教师职称制度建设的回顾、分析与展望 [J]. 中国职业技术教育，2013（33）：74-80.

[7] 聂伟进. 基于三种理念下我国职教教师资格制度问题分析 [J]. 职教论坛，2014（19）：23-27.

教师专业发展制度的供给困境反思》① 认为当前高职教师专业发展制度落入"制度陷阱",并提出突破"制度陷阱"的具体策略。

第三,更加重视相关保障措施机制的研究。如,马立红、王文杰的《欧盟职教教师专业发展的制度保障研究》② 通过分析欧盟职教教师专业发展的政策、组织平台、资金项目等保障的经验,提出系统的借鉴措施。胡梅荣的《高职教育教师专业发展研究》③ 提出要在制度层面做好职教教师专业发展的保障,做好基于校企合作的教师培训工作等。

(5) 逐步出现更加系统的专题研究

研究从不同视角切入全面分析职教教师专业发展的现状及发展新路径。郑国富在《"双师型"教师的专业发展阶段与成长策略》④ 中提出高职"双师型"教师专业发展四阶段及成长策略。唐金花的《校企利益共同体的高职教师专业发展路径探究》⑤ 深入全面分析职教教师专业发展的瓶颈问题,并提出教师专业发展的新路径。刘光然等的《职教师资专业化发展有效途径研究》⑥ 通过构建职教师资能力体系模型,探讨职教教师专业发展的新路径。杨善江的《校企合作背景下高职院校教师专业发展的内涵、特征及路径》⑦ 通过对高职教师专业发展的现状分析,基于校企利益共同体视角分别从宏观、中观、微观层面提出教师专业发展的路径。李云梅、

---

① 王为民. 走出"制度陷阱":高职教师专业发展制度的供给困境反思 [J]. 河南大学学报(社会科学版), 2018 (1):137-142.

② 马立红,王文杰. 欧盟职教教师专业发展的制度保障研究 [J]. 职教论坛,2015 (25):85-90.

③ 胡梅荣. 高职教育教师专业发展研究 [J]. 教育与职业,2015 (35):67-68.

④ 郑国富. "双师型"教师的专业发展阶段与成长策略 [J]. 中国人力资源开发,2012 (4):40-42,87.

⑤ 唐金花. 校企利益共同体的高职教师专业发展路径探究 [J]. 黑龙江高教研究,2012 (5):87-89.

⑥ 刘光然,郭桂英,张召霞. 职教师资专业化发展有效途径研究 [J]. 电化教育研究,2013 (1):109-113.

⑦ 杨善江. 校企合作背景下高职院校教师专业发展的内涵、特征及路径 [J]. 中国成人教育,2013 (17):116-119.

闫智勇的《高职院校教师专业发展现状及专业标准建设构想》[①] 认为职教教师专业标准对于教师专业发展意义重大，并通过分析高职教师专业标准的现状，提出构建高职教师专业标准的构想。

（6）研究方法更加丰富多样

基于文献法的代表性研究有宫雪的《中等职业学校教师职称制度建设的回顾、分析与展望》[②]，王琪、张菊霞的《我国高职教育专任教师队伍建设：政策演进、成就与问题》[③] 等。基于比较研究法的成果有谢明荣、赵思怡的《中美中等职业教育教师专业标准比较》[④]，靳敏的《欧盟职教师资培训问题及持续专业化发展的对策研究》[⑤] 等。基于调查研究法的主要成果有田宏忠、栗鸿亮的《职业院校教师专业能力的调查与分析》[⑥]，李玉萍的《影响高职教师专业发展活动的内外部动因研究》[⑦] 等。基于跨学科研究法的成果有张洪华、马学梅的《地方高校转型中的教师专业发展框架构建——基于"五行说"的视角》[⑧]，周如俊的《"互联网+教育"环境下中职教师"实践共同体"研修新模式——以江苏省第十二批特级教师（中

[①] 李云梅，闫智勇. 高职院校教师专业发展现状及专业标准建设构想 [J]. 职教论坛，2017（27）：17-22.

[②] 宫雪. 中等职业学校教师职称制度建设的回顾、分析与展望 [J]. 中国职业技术教育，2013（33）：74-80.

[③] 王琪，张菊霞. 我国高职教育专任教师队伍建设：政策演进、成就与问题 [J]. 职教论坛，2016（35）：5-9.

[④] 谢明荣，赵思怡. 中美中等职业教育教师专业标准比较 [J]. 职业技术教育，2015（25）：58-62.

[⑤] 靳敏. 欧盟职教师资培训问题及持续专业化发展的对策研究 [J]. 职教论坛，2014（6）：88-91.

[⑥] 田宏忠，栗鸿亮. 职业院校教师专业能力的调查与分析 [J]. 国家教育行政学院学报，2014（9）：27-30.

[⑦] 李玉萍. 影响高职教师专业发展活动的内外部动因研究 [J]. 职教论坛，2017（12）：17-25.

[⑧] 张洪华，马学梅. 地方高校转型中的教师专业发展框架构建——基于"五行说"的视角 [J]. 职教论坛，2015（20）：10-14.

职）群体为例》[①] 等。

审视该阶段的研究，在以下方面有一定突破：相关主题的代表性学术成果显著增多，研究主题不断丰富并更加关注中国本土研究，对问题的探究更加具体深入。

第二节 职业教育教师专业发展研究的主题与热点

为了较全面深入了解20世纪末至今，我国职业教育教师专业发展的研究状况及特点，本研究使用中国知网（CNKI）数据库，在高级检索中输入主题"职业教育教师"并含"专业发展"，来源类别为"SCI来源期刊＋核心期刊＋CSSCI"，检索到文献的数量为168篇。利用中国知网（CNKI）的计量可视化分析，对检索到的168篇文献进行可视化处理，得到"关键词共现网络"图（图5-1所示）。

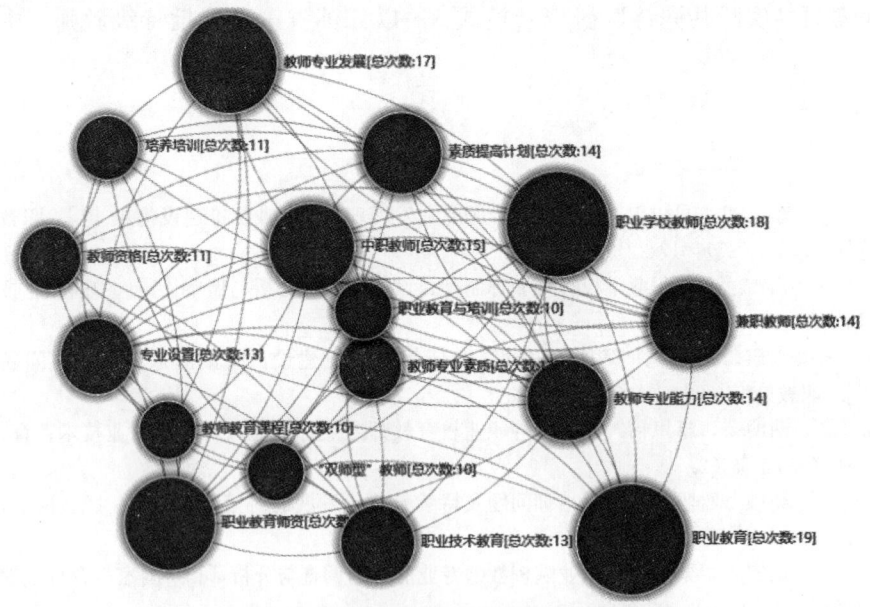

图 5-1 有关职教教师研究的关键词共现网络

---

① 周如俊."互联网＋教育"环境下中职教师"实践共同体"研修新模式——以江苏省第十二批特级教师（中职）群体为例［J］.中国职业技术教育，2018（9）：67-72.

如图 5-1 所示，每个节点代表一个关键词，节点大小表示该词出现的频次多少，连接线的粗细表示两个节点词的共现频次。由此可以看出学者们关于职教教师专业发展的研究与职教教师专业标准、教师专业能力、"双师型"教师队伍、师资培养、在职培训、中高职院校教师、教师专业化、教师资格标准、教师资格制度等方面联系密切。经梳理、分析和总结，笔者认为学者们关于职教教师专业发展的研究主要涉及以下主题，并以此作为本研究的基本框架：职教教师专业发展的基本内涵研究、职教教师专业发展的阶段界定研究、职教教师专业发展的相关理论研究、职教教师专业发展的模式研究、对国外职教教师专业发展的比较研究、职教教师专业发展的现状与问题研究，以及促进职教教师专业发展的制度建设研究等。

一、职教教师专业发展的基本内涵研究

1. 有关职教教师专业发展内涵的研究

从已有研究中可以发现，有关职教教师专业化和教师专业发展内涵的界定主要涉及知识、能力、态度、人格等方面。如，赵志群从职业能力的角度提出职教教师专业发展内涵应包括知识（包含职业经验知识）、技能和行为态度三部分。[1] 唐智彬、石伟平认为职业教育教师专业发展主要是教师自身的成长，其内容主要涵盖教师专业知识（理论知识与实践知识）的累积、专业技能（执教专业所要求的操作技能、教育教学水平）的提升、专业认同程度的提高、专业发展意识的不断加强等。[2] 和震从职教教师素质层面，将职教教师专业发展的内涵细化为知识结构、能力结构和人格结构三个维度。[3] 白光泽等认为教师专业发展可以理解为教师的专业成长或教师内在专业结构、专业素养（包括专业心理）不断更新、完善的一

---

[1] 赵志群. 职业教育与培训学习新概念 [M]. 北京：科学出版社，2003：20.
[2] 唐智彬，石伟平. 职业教育教师专业发展的校企联合支持模式初探 [J]. 教育与职业，2009 (2)：13-15.
[3] 和震. 中等职业学校教师素质状况与提高策略 [J]. 教育研究，2010 (2)：84-88，94.

个动态发展过程。[1] 朱新生等认为职教教师专业发展必须要有专门的职教体系作支撑,职教教师应具备扎实的专业基础及专业知识、丰富的实践经验、先进的教育理念等。[2]

由上可知,学界在职教教师专业发展内涵结构的研究方面,普遍认为职教教师专业发展是一个持续的动态过程。虽然在其内容表述和研究视角上有所不同,但可发现学者们关于职教教师专业发展内涵的界定存在共性,即职教教师专业发展内涵大致都包括知识、能力和态度三个方面,只是不同的学者基于不同视角对三方面的侧重不同,或是每一方面所涵盖的范围、广度有一定差异,比如,对于知识和能力这两方面的界定差异不是很大,而在态度方面的表述上有较大差异。

2. 有关职教教师专业素质的研究

职教教师专业发展水平与其所具备的教师专业素质相关,如果缺乏或者是没有统一的职教教师专业素质基本要求,就很难评价、衡量职教教师专业发展程度,也致使职教教师专业发展缺乏明确的目标。学术界关于职教教师专业素质的研究,主要有三种说法。其一是"模型说"。周志刚等通过构建"整体性能力模型",认为职教教师专业能力应由认知能力、职责能力、元能力、社会能力、迁移能力共同构成。[3] 李锋、闫智勇在借鉴"冰山模型"和"洋葱模型"的基础上,提出"三维分析模型",将专业素质划分为生理-心理素质、规范-道德素质、知识-文化素质和能力-技能素质四个层面。[4] 其二是"系统说"。左彦鹏认为高职院校教师的专业素质应由先进的教育理念、高尚的专业道德、丰富的专业知识、娴熟的专业能力和

---

[1] 白光泽,邢燕. 职业教育教师专业化发展内涵嬗变研究 [J]. 职教论坛,2010 (25):60-62.

[2] 朱新生,施步洲,庄西真,等. 职教教师专业化内涵及培养体系构建 [J]. 职业技术教育,2011 (4):50-54.

[3] 周志刚,闫智勇,朱丽佳. 教师专业能力结构研究范式的源流与融合 [J]. 天津大学学报(社会科学版),2013 (2):166-172.

[4] 李锋,闫智勇. 职业教育教师专业素质的模型建构及提升策略 [J]. 教育与职业,2016 (15):23-27.

高质量的专业服务等子系统构成,每个子系统又由若干因素构成。[①] 其三是"双师素质观"。如,吴全全等学者从职教教学改革视角,认为职教教师必须具备专业理论、专业理论的职业实践、教育理论及教育理论的教育实践四方面能力要素。[②]

基于对职教教师专业素质研究的梳理,发现学者们对于职教教师专业发展的研究范围更加聚焦,研究问题更加具体,这使得职教教师专业发展的目标更明确。与普通学校教师相比,职教教师具有专业素质的特殊性,他们不仅应具备普教教师的专业素质,而且应具备并不断提升其专业实践能力、实践教学能力以及在具体情境中解决问题的能力。另外,因为职教教师专业发展是一个动态、持续的教师个体及教师群体发展过程,所以学者们对于职教教师专业素质构成的研究重点聚焦在一些具有发展性的素质上,如职业实践、教育实践、社会能力、迁移能力、道德素质、专业道德和专业知识等方面。

3. 有关"双师型"教师队伍的研究

1995年,"双师型"第一次出现在官方文件上,自此职教界对其开始高度关注,学者们对其进行了较为持久而深入的研究。"双师型"教师队伍建设是促进职业教育内涵式发展的必备条件,"双师型"教师队伍建设有助于提高职教教师专业化程度,促进教师专业发展。

从当前研究可知,学者们普遍认为在"双师型"教师队伍建设中,应该重视教师职前培养与职后培训,加强教师资格制度与教师管理制度方面的建设,为"双师型"教师队伍建设提供政策保障。唐智彬、石伟平从国际比较的角度来观照我国职教师资队伍建设存在的问题,认为应以培养"双师型"教师为基础,以建设"双师结构"师资队伍为目标,通过加强专业培养机构建设,规范准入机制,构建在职培训体系,完善相关机制,

---

[①] 左彦鹏. 高职院校教师专业素质结构论 [J]. 职教论坛,2018(3):83-88.

[②] 吴全全,王泽荣. 职教教学改革新要求视角下的职教教师的专业素质 [J]. 中国职业技术教育,2008(26):5-6,12.

提高我国职教师资队伍建设水平。① 贺文瑾认为职业教育"双师型"教师队伍的专业化建设必须坚持"以人为本""专业化"和"一体化"三个理念，重视职教教师资格标准、职教教师培养制度、职教教师继续教育制度建设，促进职教教师管理制度的健全与完善。② 俞启定认为，应对"双师型"教师进行连贯性的通盘培养与培训，通过改进教师资格和聘用制度，加强引进有实践技能的人才，尝试建立既是学校教师又是企业技师的"双元制"的用人机制，推进职教师资队伍整体化建设。③ 王碗、马建富从政府经费支持与政策保障的视角，提出完善培养体系、健全资格认定制度、完善职称评审制度等建议。④ 李梦卿、杨妍旻基于对我国"双师型"职教师资培养工作的回顾与梳理，认为应在培养制度、培养机构、培养模式和经费投入等方面进行改革。⑤

4. 有关职教教师专业标准的研究

2013年9月20日，教育部颁布《中等职业学校教师专业标准（试行）》，使我国中等职业学校教师专业发展有了重要依据，教师自身专业发展有了更加明确的参考与评判标准。"教师专业能力标准是一种目标，同时又是一种模式，一个样本，是作出判断或决定的依据，是测量通向目标进展的测量仪。"⑥ 合理完善的职教教师专业标准能够引领职教教师专业发展的方向，提高教师专业化水平，促进职教教师质量提升。

---

① 唐智彬，石伟平. 国际视野下我国职教师资队伍建设的问题与思路 [J]. 教师教育研究，2012（2）：57-62.
② 贺文瑾. 职业教育"双师型"教师队伍专业化建设的新部署 [J]. 中国职业技术教育，2014（21）：216-220.
③ 俞启定. "双师型"教师的定位与培养问题辨析 [J]. 教师教育研究，2018（4）：30-36.
④ 王碗，马建富. 职教"双师型"教师队伍建设现状调查与思考 [J]. 职教论坛，2015（23）：9-13.
⑤ 李梦卿，杨妍旻. 基于"双师型"教师队伍建设的职教师资培养工作的回顾与思考 [J]. 职教论坛，2013（7）：61-66.
⑥ BULLOUGH R, et al. Long-term PDS Development in Research Universities and the Clinicalization of Teacher Education [J]. Journal of Teacher Education，1997，48（2）：85-95.

关于职教教师专业标准的研究大体可归为两类：

一是关于职教教师专业标准内容框架方面的研究。总体而言，目前专门针对我国职教教师专业标准研究的成果较少，有关内容结果方面的研究成果更少。王立科认为，职业教育通用专业标准框架主要包括专业价值与实践、知识与理解、发展与技能三个方面，并认为每个维度都有具体专业要求、行业指标和指标标准。① 孙翠香提出"三维一体"的动态开放内容体系，具体包括专业伦理与专业理念（一维）、专业知识（二维）、专业能力（三维）及专业实践（一体）。②

二是关于如何制定职教教师专业标准的研究。由于目前我国还没有建立起职教教师专业发展的标准，所以学者们主要是在借鉴国外经验基础上得出启示与建议。和震、郭赫男在借鉴美国经验的基础上，提出要重视职业教育教师专业发展的专门性及制度化建设，建立合理的职业教育教师专业发展的层级体系，制定操作性较强的、分专业群的职业教育教师专业标准。③ 孙健在借鉴美国经验的基础上提出设立职教教师专业标准的制定机构，建立具有层级性、操作性较强的基于教师发展的职教教师专业标准。④ 贺文瑾也认为应通过制定分层分类的教师标准体系，为教师提供成长路径，提升职教教师专业发展的品质。⑤ 概言之，学者们普遍认为应基于我国职教教师及专业发展的特点，建立分层分类、操作性强的职教教师专业标准。

5. 有关职教教师职业能力的研究

职教教师职业能力即胜任职教教师职位应具备的知识、技能与态度。

---

① 王立科. 我国职教教师专业发展及其专业标准的制定［J］. 中国职业技术教育，2009（15）：41-45.

② 孙翠香. 职业教育教师专业标准的内涵及内容架构［J］. 中国职业技术教育，2013（3）：51-55.

③ 和震，郭赫男. 职业教育教师专业标准：美国经验与启示［J］. 天津大学学报（社会科学版），2013（3）：241-246.

④ 孙健. 从美国职教教师专业标准学什么？［J］. 职教论坛，2014（19）：28-31.

⑤ 贺文瑾. 专业标准视角下的职教教师专业发展解读［J］. 江苏教育，2015（32）：21-24.

该能力的高低直接关乎其教学行为及教学效果，且在一定程度上会影响职教教师专业发展的速度及水平。

关于职教教师职业能力的专门研究相对较少，主要集中在核心能力和专业能力两个方面。

(1) 有关职教教师核心能力方面的研究

梁卿等人从职教教师教学活动的角度将职教教师分为一般教师、双师型教师、骨干型教师和专家型教师等四个层级，每个层级职教教师的核心能力都不同，并以此提出职教教师核心能力评价的四个原则，包括发展性、开放性、过程评价与结果评价相结合、定性与定量相结合等。[1] 徐英俊认为在职教教师专业化发展进程中，应以提升职教教师的职业核心能力为抓手，该核心能力包括专业教学能力、实践教学能力和教育教学能力三个方面。[2] 李树峰认为职教教师应具备三种能力，即教师都具备的通用能力、所在领域优势的专业能力、可持续发展的拓展能力。其中，"通用能力赋予教师入门资格；专业能力赋予教师核心竞争力；拓展能力赋予教师工作生命力"。[3]

(2) 有关职教教师专业能力方面的研究

闫智勇等认为教师专业能力发展和学生职业能力塑造在时间维度上具有不可分割的同一性，师生之间专业能力的发展具有互利共生关系，并提出用时空统一的共生发展观，将教师专业能力的发展过程与学生职业能力的塑造过程紧密联系起来。[4] 田宏忠、栗鸿亮通过对职业院校教师专业能力的问卷调查和分析发现，专业实践能力应包括技术操作能力、实践课程开发能力和实训指导能力，这既是职业院校教师的核心能力，也是目前最

---

[1] 梁卿，蓝欣，马金强，袁焕伟. 我国职教教师核心能力及其评价 [J]. 河北师范大学学报（教育科学版），2009 (9)：79-82.

[2] 徐英俊. 专业化发展视域下的职教教师职业核心能力培养路径 [J]. 职教论坛，2013 (21)：25-27.

[3] 李树峰. 职业·行业·事业——兼论职教教师能力的三重境界 [J]. 中国职业技术教育，2014 (31)：45-49.

[4] 闫智勇，周志刚，朱丽佳. 职业教育领域师生间专业能力共生发展机制研究 [J]. 教育发展研究，2013 (17)：48-54.

欠缺的能力,还是职业院校教师真正实现企业工作岗位与学校教育教学"对接"的基础与关键。①

二、职教教师专业发展的阶段界定研究

职教教师专业发展应贯穿整个职业生涯,同时又具有阶段性,是阶段性与持续性的统一。明确职教教师专业发展阶段及其规律,有助于对职教教师专业发展进行有效的支持、引导与管理。

目前学术界专门针对职教教师专业发展阶段的研究较少,较有代表性的是"从新手到专家"的教师成长阶段论。对此的主要观点有:①五阶段论。德耶夫斯(Deryfus)将专家型教师成长阶段划分为新手阶段、优秀新手阶段、胜任阶段、熟练阶段及专家阶段,并对各个阶段的特征进行了分析。②伯林纳将教师职业发展分为新手、熟练新手、胜任型、业务精干型和专家型五个阶段,并对各个阶段所表现出来的特征逐一进行了阐述。③ ②三阶段论。连榕在德耶夫斯研究的基础上,提出了"新手—熟手—专家"三阶段理论,通过研究分析不同阶段教师的特征,对专家型教师教学专业发展作了较深入研究。④

此外,有学者认为职教教师专业发展主要包括职前培养和职后培训两大阶段。徐涵从制度视角进行探索,认为教师专业化是一个不断发展的过程,包括专业适应期、稳定期和成熟期三个阶段,指出教师专业发展的各个阶段都需要相关的政策和措施作保障,才能更好促进教师专业发展。⑤ 唐智彬、石伟平将职教教师专业发展分为职前的初次发展阶段和职后的实

---

① 田宏忠,栗鸿亮. 职业院校教师专业能力的调查与分析 [J]. 国家教育行政学院学报,2014 (9):27-30.

② 宋广文,苗洪霞. 教师的发展——一种关于专家教师形成的认知心理学分析 [J]. 外国教育资料,2000 (5):41-43.

③ 袁梦. 专家型教师的成长之路 [M]. 长春:吉林大学出版社,2008:2-3.

④ 连榕. 新手—熟手—专家型教师心理特征的比较 [J]. 心理学报,2004 (1):44-52.

⑤ 徐涵. 从制度层面看我国职业教育教师的专业化发展 [J]. 教育与职业,2007 (21):10-12.

现更高层次的专业发展阶段，并论述了如何通过相应途径来达到不同的发展阶段。① 王立科依据教师专业发展初级标准和高级标准，把职教教师专业发展阶段视作职前与职后两阶段。② 此外，郑国富提出"双师型"教师专业发展四阶段："双师"素养发展阶段，"双师"资格发展阶段，"双师"熟练发展阶段，专家型"双师"发展阶段。③ 陈鸣鸣认为高职"双师型"教师专业发展分为"关注生存阶段""关注发展阶段"和"关注幸福阶段"三阶段。④

三、职教教师专业发展的相关理论研究

关于职教教师专业发展的相关理论研究主要包括缄默性知识研究与教学反思方面的研究。职教教师专业发展本身意味着其缄默性知识的积累与发展，这种缄默性知识不同于理论性知识，而是在专业实践学习与专业实践教学中生成的实践性知识。同理，职教教师专业发展过程也是一种进行持续教学反思的过程。

1. 有关缄默知识的理论研究

缄默知识又被称为隐性知识、默会知识或实践性知识。近年来，尤其是随着职业教育的改革与发展，在职教教师专业发展及相关培训中，人们越来越意识到实践性知识的重要性。

学术界有关职教教师专业发展的缄默知识的探讨主要聚焦于以下两方面：

一是缄默知识对职教教师专业发展具有重要意义。陈向明提出实践性知识是教师专业发展的主要知识基础，在教师的工作中发挥着不可替代的

---

① 唐智彬，石伟平．职业教育教师专业发展的校企联合支持模式初探［J］．教育与职业，2009（2）：13-15．

② 王立科．我国职教教师专业发展及其专业标准的制定［J］．中国职业技术教育，2009（15）：41-45．

③ 郑国富．"双师型"教师的专业发展阶段与成长策略［J］．中国人力资源开发，2012（4）：40-42，87．

④ 陈鸣鸣．高职教师的专业发展阶段特点研究［J］．教育学术月刊，2009（5）：32-37．

作用。[1] 王玉苗、刘冬认为职教教师的实践性知识是一种情境性知识，它属于教师自己的知识，在教师专业发展中重视这种知识会唤醒教师的创造性，是教师自主发展的重要途径。[2] 谢志平等指出缄默知识是人类非常重要的一种知识类型，它在职业能力形成过程中具有显性知识无法替代的作用，是职业教育教师专业发展的基石。[3] 谢俊华、陆素菊认为默会知识在高职教师专业发展中不可或缺，它是教师获得显性知识的基础，是促进教师专业成长的关键，教师默会知识的丰富有助于加快教师专业成长的步伐，使其能顺利地从一个新手教师成长为专家教师。[4] 荼文琼、徐国庆在其"职业教育现代学徒制理论研究与实践探索"中也充分肯定实践性知识对于职教教师发展的重大意义。[5]

二是职教教师可以通过不同的途径获得缄默知识。对此，王玉苗、刘冬建议应从三个方面构建教师的缄默知识：在个人层面，要唤醒职教教师学习缄默知识的意识；在社会层面，要求培训者引导教师明晰自己所需的缄默知识，引导职教教师积极参与、主动构建和优化个人实践理论；在学校层面的校本培训中可通过构建学习型组织和师徒制等方式挖掘、形成、传递并积累缄默知识。[6] 谢俊华、陆素菊提出通过注重教学实践反思、构建学习共同体来促进职教教师获得默会知识。[7] 另外，王为民认为高职教

---

[1] 陈向明. 实践性知识：教师专业发展的知识基础 [J]. 北京大学教育评论，2003（1）：104-112.

[2] 王玉苗，刘冬. 缄默知识能够促进职业教育教师的专业发展 [J]. 教育与职业，2006（12）：72-74.

[3] 谢志平，周德义. 缄默知识视角下职业教育教师专业化发展 [J]. 职教论坛，2010（30）：14-18.

[4] 谢俊华，陆素菊. 默会知识视野下高职教师专业发展策略 [J]. 职教论坛，2013（19）：64-66，77.

[5] 荼文琼，徐国庆. 职业教育教师教学能力的构建——基于实践性知识的视角 [J]. 职教论坛，2016（21）：23-27.

[6] 王玉苗，刘冬. 缄默知识能够促进职业教育教师的专业发展 [J]. 教育与职业，2006（12）：72-74.

[7] 谢俊华，陆素菊. 默会知识视野下高职教师专业发展策略 [J]. 职教论坛，2013（19）：64-66，77.

师实践性知识的生成需要一定的条件或过程：一是需要一定的"跨界"环境，即企业环境和职校环境；二是需要经过"二次合成过程"，第一次合成是进入企业环境，在该环境中教师边进行操作性实践边反思，第二次合成是进入职校环境，在该环境中教师边进行教学实践边行动反思，最终形成综合实践性知识。① 可见，当前对于缄默知识与职教教师专业发展的关系研究较深入，且提出的一些建议有助于职教教师更有效地获得缄默知识。

2. 有关教学反思的理论研究

职教教师专业发展不仅需要外部环境的支持，同样也需要教师自身主动积极参与，特别是要不断地进行教学反思，教学反思在职教教师专业发展中具有重要意义，可以说，教学反思的过程就是教师专业成长的过程。②

从已有研究中发现，有关教学反思的理论研究主要有以下三方面：

一是教学反思能力与教师专业发展的内在联系研究。于淑云认为现代教师反思能力与教师专业化发展的内在关联性表现为两方面：其一，现代教师反思能力是教师专业发展的前提条件；其二，反思能力使现代教师专业化发展具有可持续性，具有反思能力的教师其专业发展才能走上可持续发展的健康轨道。③

二是教学反思之于职教教师专业发展的意义。张翔认为教学反思是引领高职院校教师专业成长的核心要素，它是促进教师专业发展、引领教师专业成长、提高教师素质的重要途径。④ 全守杰、李红惠等认为教学反思

---

① 王为民. 高职教师专业发展制度有效性研究［M］. 北京：科学出版社，2017：56.

② 丁远，吕承文. 高职教师专业化发展的教学反思模型分析［J］. 中国职业技术教育，2018（29）：33-38.

③ 于淑云. 论现代教师的反思能力与教师专业发展的内在关联性［J］. 教育理论与实践，2005（4）：29-31.

④ 张翔. 教学反思：引领高职院校教师专业成长的核心因素［J］. 教育与职业，2008（29）：23-25.

是教师专业发展，特别是教师走向专业自主、确立其主体地位的重要标志。①

三是增强职教教师反思能力的策略。郭丽、张桂春通过论述反思能力之于职教教师专业发展的作用与意义，提出相应的策略，包括：以"教育叙事研究"为载体，培养教学反思习惯；以"网络博客"为媒介，构建反思新平台；以"专家引领"为依托，提升教学反思水平；创建良好的学习共同体，促进合作式反思。②谢明荣、赵思怡认为反思能力能够有效促进中职教师的成长，应通过培养反思意识、加强反思实践、总结反思经验等方面提升职教教师的反思能力。③此外，有学者提出应通过定期开展教学反思会议和引入第三方评估等策略帮助职教教师更科学、有效地完成教学反思。④

四、职教教师专业发展的模式研究

探究职教教师专业发展模式，对支持和引领教师专业发展具有积极意义，也是学界比较关注的一个问题。通过文献梳理发现，当前有关职教教师专业发展的模式可以归结为以下四类。

1. "校企联合支持"的发展模式

校企联合支持即需要学校和企业共同参与、协作育人的培养模式。职教教师专业发展不仅需要教师自身的努力、政策的支持、制度的保障，同时也需要一个好的平台，实现其更好更有效的发展。基于此，有学者提出通过校企联合支持模式来促进职教教师专业发展。譬如，唐智彬、石伟平建构了一个较为完整的"校企联合支持"模式，其理念是"学校与企业形

---

① 全守杰，李红惠. 教学反思与教师专业发展探析［J］. 当代教育科学，2014（18）：41-44.

② 郭丽，张桂春. 增强中职实训教师教学反思能力的策略［J］. 职教论坛，2010（18）：71-74.

③ 谢明荣，赵思怡. 中美中等职业教育教师专业标准比较［J］. 职业技术教育，2015（25）：58-62.

④ 丁远，吕承文. 高职教师专业化发展的教学反思模型分析［J］. 中国职业技术教育，2018（29）：33-38.

成一定的合作机制";其主要环节包括:在学校完成初次发展,在职业教育教学事业中进行第二次专业发展;并提出推进该模式的策略,诸如制度保障、引导教师积极参与等。①

2."实践共同体"的发展模式

教师实践共同体是指教师基于教学实践活动或问题解决的需要聚集在一起,通过相互的介入、合作、协商和对实践活动的积极参与,在不断的反思、对话和再实践中实现自身专业水平的提升。②

对此,学者从不同视角切入,并根据具体情况提出多种可行性策略。如,李兴洲、王丽认为职教教师实践共同体的构建能够为职教教师提供有利的结构性学习资源、职业认同的情感支持、实践反思的真实参照以及专业身份转变的合理契机,从而能有效促进职业教育教师的专业发展;并据此提出继承共同的文化历史遗产、增强教师实践工作的反映性等构建职教教师实践共同体的策略。③周如俊在课题"网络环境下中等职业学校教师'实践共同体'的构建研究——以江苏省第十二批特级教师(中职)群体为例"中设计了教师"实践共同体"的研修模型与"SECAP"研修流程,构建了教师发展的结构模式与实施机制。④

3."产教融合"的发展模式

在2014年6月召开的全国职教工作会议上,习近平总书记就加快职业教育发展作出重要指示,指出应加强"产教融合、校企合作","引导社会各界特别是行业企业积极支持职业教育,努力建设中国特色职业教育体系"。2017年10月在北京召开的中共第十九次全国代表大会上,习近平总书记指出"完善职业教育和培训体系,深化产教融合、校企合作"。可见

---

① 唐智彬,石伟平. 职业教育教师专业发展的校企联合支持模式初探 [J]. 教育与职业,2009(2):13-15.

② 傅钦志. 构建实践共同体 促进教师专业成长 [J]. 教育科学论坛,2011(2):59-60.

③ 李兴洲,王丽. 职业教育教师实践共同体建设研究 [J]. 教师教育研究,2016(1):16-20,25.

④ 周如俊."互联网+教育"环境下中职教师"实践共同体"研修新模式——以江苏省第十二批特级教师(中职)群体为例 [J]. 中国职业技术教育,2018(9):67-72.

加强"产教融合、校企合作"不仅是新时代我国职业教育发展的必由之路，也是促进教师专业发展的重要路径。基于产教融合的理念，潘玲珍认为可以通过建立研发平台、行业企业、高职院校三结合的机制，提升高职院校教师的教学能力、科研能力和社会服务能力；通过建立高职教师在学校和行业企业之间的自由流转机制，发挥教师在沟通协调机制中的"润滑剂"作用，不断促进职教教师专业发展。[①]

4. "工作场学习"的发展模式

"工作场学习"即在参与真实任务的环境中获得知识与技能的学习方式，职业教育中的工作场学习是一个持续把知识转化为行为的过程，是一个从"新手"成长为"专家"的过程。[②] 林克松在实证研究的基础上，认为有效的职业学校教师工作场学习应具有统整型、持续性、互动性、创新性等特征，强调教师根植于学校工作情境，在日常工作实践中学习，主张工作学习化、学习工作化，因为其中蕴含的鲜明情境性、实践性和日常性韵味，能够有效提升教师专业水平。[③]

五、职教教师专业发展的制度建设研究

对有关促进职教教师专业发展的制度建设研究，主要包括职教教师资格制度、职教教师职称评审制度和职教教师企业实践制度三个方面的探究。

1. 关于职教教师资格制度的研究

从文献梳理中发现，目前学者们关于职教教师资格制度的研究主要分为两部分，一是就职教教师资格制度相关方面存在的问题进行探究，二是针对现存问题提出制度建设的建议。

---

① 潘玲珍. 基于产教融合的高职教师专业发展研究 [J]. 高等工程教育研究，2015（2）：159-163.

② 赵蒙成. 美国的工作场学习与中等教育改革 [J]. 教育发展研究，2009（3）：69-72；胡航，詹青龙. 教与学的创新：职业教育中的工作场学习 [J]. 职业技术教育，2009（16）：5-9.

③ 林克松. 工作场学习：职业学校教师专业发展的有效路径 [J]. 江苏教育，2015（8）：35-38.

学者们对于职教教师资格制度存在的问题或弊端主要从两方面论述，分别是职教教师资格认证标准和职教教师资格管理。

对职教教师资格认证标准的反思。有学者认为职教教师资格认证标准不合理，背离职教教师的职业特点与工作需要。杨春芳认为当前教师资格认定条件缺少对专业技术技能及相关职业经验的规定。[1] 李梦卿等认为，我国部分省级"双师型"教师资格认证标准主要针对职业院校内的专任教师，对兼职教师的"双师型"教师资格认证标准缺乏规定。[2] 有学者认为目前缺乏全国统一的职教教师资格认证标准。如，查吉德认为我国现行教师资格制度为了照顾地区差异性，并未制定全国统一的教育教学能力测试标准，导致各地标准参差不齐，进而影响了证书的信度和效度。[3] 贺文瑾认为静态性的职教教师资格标准不能为不同发展阶段的教师提供标准与要求，不利于教师成长，建议设定动态调适的职教教师资格认证标准。[4]

对职教教师资格制度建设的反思。有学者提出我国职教教师资格证书制度的供给错配。如王为民认为高职教师资格证书制度设计理念中存在一定的认识偏差，没有充分考虑高职教师与普通本科高校教师在专业素质方面的差异性和高职教育教学工作的特殊性，在制度选择中出现简单"套用"的现象。[5] 有学者认为职教教师资格证书的融通性存在弊端，例如《教师资格条例》规定，"高级中学教师资格与中等职业学校教师资格相互通用"。杨春芳认为，事实上能教好大学的不一定能教好高职，好的高中教师不一定是好的中等职业学校教师，这种资格的融通性没有充分考虑到

---

[1] 杨春芳. 我国职业教育教师资格制度的反思与重构 [J]. 职教论坛，2009 (25)：49-52.

[2] 李梦卿，刘博. 我国省级"双师型"教师资格认证标准建设的实证研究 [J]. 现代教育管理，2018 (5)：80-87.

[3] 查吉德. 职业教育教师资格制度建构与思考 [J]. 职教论坛，2011 (34)：50-53.

[4] 贺文瑾. "双师型"职教师资的资格认定研究 [J]. 职教论坛，2010 (4)：58-60.

[5] 王为民. 走出"制度陷阱"：高职教师专业发展制度的供给困境反思 [J]. 河南大学学报（社会科学版），2018 (1)：137-142.

职业教育教师专业素养的特殊性。[1] 查吉德认为，现行的教师资格可以向下融通，而且高级中学教师资格与中等职业学校教师资格也可以平级融通，这种制度安排忽视了各级各类教师工作的专业性与特殊性，且对跨专业的外行教学行为缺乏明确约束力，影响了职业教育教学质量。[2] 他还认为职教教师资格制度低效的重要原因是教师资格制度实施机制缺失，对于违反制度的行为没有相应的处罚措施，而且层层交互委托代理的执行模式，造成制度执行不力和执行失真问题。[3] 具体到高职教师资格制度，王为民从制度设计的角度，认为高职教师资格证书制度虽有一定的积极意义，如比较重视教师的专业知识及基本教学能力等，但总体而言，该制度并不符合高职教师专业发展的特点和需要，未能充分发挥其激励高职教师专业发展的作用，因此，高职教师资格证书制度的价值有效性和功能有效性都较弱，可以说，"套用"而来的高职教师资格证书制度对高职教师专业发展而言是一种有效性较低的制度。[4]

对于职教教师资格制度建设，学者从不同的角度提出多种建议，比较有代表性的主要集中在以下两方面。

一是关于职教教师资格认证标准的建议。邱丽春提出，在制定职教教师资格认证条件时，一方面要体现职教特色，既要考虑职教教师资格认定与普通教育教师资格认定的共性要求，又要充分突显出职教教师的实践能力等素质特点；另一方面，要有利于职教教师的发展，通过设定条件使广大职教教师的专业知识与实践技能及时更新，紧跟时代发展和科技进步的

---

[1] 杨春芳. 我国职业教育教师资格制度的反思与重构 [J]. 职教论坛，2009 (25)：49-52.

[2] 查吉德. 职业教育教师资格制度建构与思考 [J]. 职教论坛，2011 (34)：50-53.

[3] 查吉德. 我国职教教师资格制度有效性的制度分析——制度质量的视角 [J]. 职教论坛，2011 (31)：57-61.

[4] 王为民. 高职教师专业发展制度有效性研究 [M]. 北京：科学出版社，2017：101.

步伐。① 聂伟进认为应独立设置符合职教教师自身特点的职教教师资格制度。② 而查吉德提出应制定全国统一的教师资格认证标准，包括教师资格认定标准与考试标准。③

此外，为更好满足不同阶段教师专业发展的需求，有学者提出应对职教教师资格进行定期再认定。杨春芳认为，教师专业发展是教师不断接受新知识、增长专业能力的过程，因此，应废除教师资格终身制，明确教师资格有效期、实行定期认证制度，不同级别的教师资格证书的有效期可分别以任教 3—10 年为一个周期，有效期期满，教师如要继续执教须重新参加考试，考试合格后方可获得更高一级的教师资格证书，形成"初级—中级—高级"的逐级递进式的教师资格证制度。④ 贺文瑾提出实施多样化的教师资格证书，即依据资格证书的时效性，设立临时的、短期的、长期的和终身的教师资格证书；依据资格证书的层次，可分为初级、中级和高级证书。⑤

二是关于职教教师制度建设的建议。有学者就融通性方面提出建议，如，查吉德提出考虑到职教教师职业的专业性，不允许职教教师资格与其他教师资格相融通，但可以在专业大类内融通。此外，就兼职教师来说，有学者提出应将兼职教师纳入职教教师资格认证范围。⑥ 关于认证机构的组成问题，邱丽春认为，职教教师的资格认定机构建设应由教育行政部门牵头，会同高等职业院校、职业资格认证部门或行业协会代表等多方共同

---

① 邱丽春. 职教教师资格制度存在的问题与对策 [J]. 教育与职业，2011（17）：56-57.

② 聂伟进. 基于三种理念下我国职教教师资格制度问题分析 [J]. 职教论坛，2014（19）：23-27.

③ 查吉德. 职业教育教师资格制度建构与思考 [J]. 职教论坛，2011（34）：50-53.

④ 杨春芳. 我国职业教育教师资格制度的反思与重构 [J]. 职教论坛，2009（25）：49-52.

⑤ 贺文瑾. "双师型"职教师资的资格认定研究 [J]. 职教论坛，2010（4）：58-60.

⑥ 查吉德. 职业教育教师资格制度建构与思考 [J]. 职教论坛，2011（34）：50-53.

组成。[1] 为了提升教师资格制度的有效性，王为民提出通过构建政府主导的多元化管理模式，提高证书管理的科学性以及证书制度设计的质量，特别是增加对实践教学能力的考核等，进而提高高职教师资格证书制度的有效性。[2]

2. 关于职教教师职称评审制度的研究

关于职教教师职称评审制度的研究主要聚焦于以下两个方面。一是现行职称评审标准大多效仿普通高校的标准，致使职教教师专业发展方向产生偏移，如片面追求获得证书、科研成果、发文数量等一些量化评价标准，而忽视作为职业教育教师自身的特色。李梦卿等认为，职业院校教师与普通学校执行同一职称评定标准对职业院校教师有失公允，既不利于"双师型"教师队伍的职业发展，也不利于技能型人才培养目标的充分实现，更不利于职业院校切实提高教学质量。[3] 王为民认为，高职教师职称评审制度设计导向偏离了对高职教师专业发展的定位——"双师素质"，在很大程度上误导教师向学术型或研究型教师方向发展，导致高职教师专业发展出现与普通本科院校教师"同质化"的现象。[4] 二是应适当下放职称评审权。谭正航、尹珊珊认为长期以来，高校教师职称评审启动、运行及管理都是政府行为，而职称评审权是我国高校办学自主权的法定内容之一，高校又是教师职称聘任者与评价者，理应拥有教师职称评审权，以实现评审与使用的统一，提高职称评审的公平性和效益度。[5] 李梦卿等也认为应适当下放职称评审权，因为只有用人单位最清楚本单位的人才状况和

---

[1] 邱丽春. 职教教师资格制度存在的问题与对策 [J]. 教育与职业，2011 (17)：56-57.

[2] 王为民. 高职教师专业发展制度有效性研究 [M]. 北京：科学出版社，2017：101.

[3] 李梦卿，罗莉. "双师型"教师职称：职教教师专业发展的保证 [J]. 职教论坛，2011 (22)：59-61.

[4] 王为民. 走出"制度陷阱"：高职教师专业发展制度的供给困境反思 [J]. 河南大学学报（社会科学版），2018 (1)：137-142.

[5] 谭正航，尹珊珊. 高校教师职称评审权下放良性运行的困境与对策 [J]. 现代教育科学，2018 (7)：66-70.

岗位需求；同时为了保证职称评审的公平性和权威性，避免因放权后带来的负面影响，必须改革职称评审机制和管理机构，建立职业教育职称评审评委制。①

3. 关于职教教师到企业实践制度的研究

学者们普遍认为现行职教教师到企业实践制度不完善，已严重制约职校教师到企业实践的效果，也挫伤了教师在该平台获得专业发展的积极性。许黎英提出现行职业院校教师企业实践制度存在若干缺失，主要包括促进企业支持教师实践的政策法规不健全，规范教师企业实践行为的管理制度不完善，激励教师参加企业实践的政策规定未落实，推行职业院校教师企业实践制度的相关政策不配套等，导致职业院校教师企业实践流于形式、实效性较差。②王为民认为职校教师企业实践制度设计主体不完整，缺乏企业界的充分参与，进而造成制度设计内容不健全，企业的外部性难以内部化，严重制约着企业参与的积极性。③

基于上述问题，学者们从政府、学校、企业等角度提出一些改进措施。王子原提出地方政府要依据国家有关文件精神，制定并下达具有一定指导性的教师企业实践的地方性法规；学校要制定教师个性化企业实践方案，提高培训的目的性和有效性，并应对教师企业实践的实施情况进行定期总结，及时反馈和解决实施过程中出现的问题，从而确保计划顺利实施并取得成效。④王为民从"企业外部性如何内部化"的视角提出了更为具体的建设性意见，包括构建教师企业实践的信息平台，建立教师企业实践的定点单位，延长教师企业实践的每次时长，让渡教师在企业实践的劳动

---

① 李梦卿，罗莉."双师型"教师职称：职教教师专业发展的保证[J].职教论坛，2011 (22)：59-61.

② 许黎英.职业院校教师企业实践制度改革探析[J].职业技术教育，2012 (34)：55-59.

③ 王为民.职校教师企业实践制度发展十年回顾[J].河北师范大学学报（教育科学版），2016 (4)：47-53.

④ 王子原.中高职教师在职进修和企业实践制度研究[J].职教论坛，2014 (23)：90-96.

力支配权,实现企业实践与企业服务的辩证统一。[①]

六、对国外职教教师专业发展的借鉴研究

我国有关职教教师专业发展方面的研究起初主要源于对国外经验的译介与借鉴,特别以对美国、德国、澳大利亚三国的研究居多。这些研究主要聚焦在一些与职教教师专业发展相关性较大的方面,如职教师资培养培训、教师资格、教师专业发展制度、职教教师专业能力标准及职教师资队伍建设等。

1. 关于职教师资培养培训方面的研究

我国学者在对发达国家职教师资培养方面的研究中发现,发达国家在职教师资培养方面的体系比较健全,并且十分重视对职教教师的培训。

(1) 师资培养培训体系比较健全

第一,师资培养渠道多元化。澳大利亚职业教育的主要形式是 TAFE 学院(技术与继续教育学院),其教师主要来源于两个渠道:一是通过高等院校培养高学历、高素质的职业教育专任教师;二是面向社会选聘具有丰富实践经验的专业技术人员,然后让他们接受一定的师范教育,考核合格后才能成为兼职教师。[②] 美国职教师资职前培养主要有两种方式:一种是传统的学科模式,主要在学校开展教师培养工作,加上一个或半个学期的教学实习;另一种则是专业发展学校(PDS),是师范院校与职业学校合作培养师资的机构。第二,校企联合培养,注重理论与实践结合。譬如,德国在职教师资培养过程中,强调积极发挥企业、职业学校的优势,学生在入学前要求有相应的实践经历,且在整个培养过程中都强调理论知识与实践能力并重。英国的职教师资则是大学、企业及职业学校三方联合培养,其培养主要包括三个环节:第一环节是学生在大学接受学历教育,第二环节是学生到职业学校实习,第三环节是学生到企业进行实践锻炼。第

[①] 王为民. 职校教师企业实践制度发展十年回顾 [J]. 河北师范大学学报(教育科学版),2016 (4):47-53.

[②] 赵玉. 澳大利亚职业教育教师专业发展探析 [J]. 职教论坛,2010 (27):91-96.

三，严格控制培养质量。例如，德国等发达国家对职业教育教师的培养在"进"与"出"上有明确的标准。其对入学者的最低标准是有为期不少于一年的职业培训或多年的企业实习经历，同时，学生进入大学学习后，需参加两次全国统一考试，通过后方能获得职业教师资格，这一过程长达6—7年，周期长且难度大。美国的职业教育教师比普通教师要求更高，更加突出教师的职业能力，注重培养教师的跨界意识与跨界能力。[①]

(2) 重视对职教教师的培训

德国通过立法来促进职教教师入职后的专业发展，规定职教教师需参加职后培训，每4年由各教育局督学对教师进行一次严格的考核，考核成绩与教师的晋升密切相关，并且成立专门管理小组，对教师参加职后培训的学习效果进行实时监控。德国政府还规定，每位教师每年都有5个工作日可脱产带薪参加职后培训。澳大利亚非常重视教师的在职专业发展，并针对教师专业发展的不同阶段予以不同的侧重。在第一阶段即初始阶段，主要采取在职学习和脱产学习相结合的方式，对新入职的教师提供入门级课程培训；第二阶段即中间阶段，新教师经过该阶段的学习实践后能够胜任工作，并逐渐成为教育教学的骨干；第三阶段是高级阶段，其主要目标是将具有丰富教学实践经验的教学能手培养成专家型教师。另外，澳大利亚对高层次职业教育专家型教师的培养非常重视，设置首席教师的头衔，为教师的专业发展提供宽广的职业发展空间和很高的待遇。[②]

2. 关于职教教师资格制度方面的研究

国内学者对发达国家的职教教师资格制度比较关注，发现发达国家为促进职教教师专业发展，建立了一系列比较完整的职教教师资格规定，其主要特点有：

一是具有独立的职教教师资格认证制度。例如，德国规定理论课教师必须是高等教育和教育学院的毕业生，并须通过两次国家考试，才能获得

---

① 江军. 发达国家职教师资职前培养特点的聚焦及启示 [J]. 教育与职业，2016 (4)：17-20.

② 赵欢，李晓波. 职教教师的应然角色及专业发展 [J]. 职教论坛，2016 (5)：10-14.

职教教师资格，公立职业学校要求理论课教师须具有硕士以上学位。实践课教师任职要求主要包括三个方面：①受过普通中小学教育和职业教育；②参加过一年制师傅学校或两年制技术员学校培训，并通过考核；③参加过系统的职业教育学课程培训。德国《职业教育法》和《实训教师资格条例》对实训教师职业资格进行了明确规定，在业务资格方面的具体要求是：须接受过与其任教专业方向相同的职业教育，通过相应专业的国家考试或专业考试，并且具有该职业的实践工作经验。①

二是制定分层分类的职教教师资格专业标准。英国职教教师资格标准分为多个层级，包括合格教师专业标准、新教师入职标准、资深教师标准、高级技能教师标准、教研组长标准以及校长标准。在美国，有4家全国性的教师资格认证机构，即美国全国教师教育认证委员会（NCATE）、美国州际教师评估与支持联合会（INTASC）、美国国家专业教学标准委员会（NBPTS）、美国优质教师证书委员会（ABCTE），它们根据教师专业发展阶段的不同，制定面向各种候选教师（Candidate Teacher）的基本标准、新教师（New Teacher）入职标准、优秀教师（Accomplished Teacher）的在职标准和杰出教师（Distinguished Teacher）在职标准。可见，建立职教教师资格制度，以及设定分层、分类的教师专业标准是职教教师专业发展高度专业化与制度化的重要标志。②

三是部分国家已形成职业教育教师标准的特有范式。美国形成教育认证、资格认证和专业认证三位一体范式；欧盟形成专业认证、教学认证与认证趋同三重保障范式，其中认证趋同是指建立统一的欧盟职业教育教师标准体系；日本逐步建立条线分开、理实结合、多样途径三元结合范式；澳大利亚基本属于企业实践、职业资格、教师资格三者兼备范式。这些范式都具备依法制定标准、理实双重保障、要素衔接紧密、注重后续培养的

---

① 吴广顺，李潇. 美德两国职业教育教师资格制度及其对我国的启示［J］. 职教论坛，2015（8）：10-13.
② 和震，郭赫男. 职业教育教师专业标准：美国经验与启示［J］. 天津大学学报（社会科学版），2013（3）：241-246.

特征。[①]

3. 关于职教教师专业标准方面的研究

对国外职教教师专业标准方面的研究基本分为两个方面，一是关于标准制定主体的分析，二是标准制定过程与方法的探究。

首先，职教教师专业标准的制定由专门机构负责。美国有一个非营利性的第三方组织，即美国国家专业教学标准委员会（NBPTS），它是一个由63人组成的委员会，委员会成员大多数为具有丰富教学经验的教师。这个委员会负责制定职教教师专业标准，以此保证标准的客观科学性。[②] 澳大利亚职教教师专业能力标准的制定是由多个利益相关者共同完成的，其中，联邦政府国家质量委员会（NQC）负责统筹监管，行业技能委员会（ISC）为开发主体，相关企业代表以及国家培训局和相关注册培训机构参与标准制定全过程。[③] 其次，职教教师专业标准开发的程序与方法比较科学、规范。在美国、澳大利亚和欧盟国家，标准的制定都是基于访谈、现场观察来获取第一手信息，再由专家们集体讨论，最后达成一致意见。譬如，欧盟标准的形成就是基于一份专门的研究报告，该研究对17个国家的专业人员，包括教师、培训师、培训经理、校长、网络学习导师和培训顾问进行深度访谈，经过多次整理分析，最后才形成利益相关者都比较认可的能力标准框架。此外，各国职教教师专业标准能力要素既有共识，又各有特点。如，美国、澳大利亚和欧盟国家的专业标准涉及的专业能力要素包括：了解学生情况、职业领域的知识与能力、设计学习活动、教学实施与评价及教师个体专业发展。美国标准特别强调学生发展，因而重视教师在帮助学生向工作和成人角色过渡中的指导作用与职业规划能力；澳大利亚和欧盟标准强调教师工作业绩，因而质量保障、管理方面的能力要求在

[①] 韩冬梅. 职业教育教师标准的国际范式及现实启示［J］. 教育与职业，2016（21）：25-29.

[②] 孙健. 从美国职教教师专业标准学什么？［J］. 职教论坛，2014（19）：28-31.

[③] 李丽. 澳大利亚职业教育教师专业能力标准开发与认证研究［J］. 职教论坛，2013（30）：89-92.

标准中占有较大的比重。[①]

4. 关于职教师资队伍建设方面的研究

在职教师资队伍建设方面，相关的研究主要聚焦于三个方面，即教师的来源及要求、教师队伍的基本结构，以及促进教师专业发展的方法等。

（1）职教教师的来源比较规范严格

德国有专门的职教师资培养机构，主要是技术教育学校，此外有一些综合性大学与一些专业学院也承担部分任务。[②] 德国有严格的教师入职标准，德国职业学校的教师分为公职教师和聘用教师。公职教师属于国家公务员系列，公职教师的入职基本条件比较严格，首先必须是学士3年、硕士2年主修职业专业课程的毕业生，然后须通过两次国家考试。聘用教师一般也需具有硕士以上学历和相关工作经历，职业学校聘请的教师包括高校中教育经验非常丰富的教师、大型企业中的专业技术人员或者资历较深的公务员。企业的培训教师必须毕业于专业的技术学校，须拥有200多个学时的教育学专业培训经历，并具有5年以上的相关行业的实践经验。[③]

（2）职教师资队伍基本上由专任教师与兼职教师共同组成

美国中等职业学校在教师管理方面大多采用短期合同制或终身制，中等职业学校对教师的管理考核非常严格，每年都要对在职教师进行评审鉴定。如果某位教师教学不负责任或教学质量差，不能继续胜任教学工作，该教师就会被解除聘约。学校会从社会和企业部门中聘请技术高超、经验丰富的工程人员和管理人员作为兼职教师。相对而言，聘请兼职教师的成本较低。就社区学院看，1995年兼职教师所占比例为61%，到1997年已达66%。同样，英国职业教育师资分专职和兼职两种，专职教师都系统接受过正规教育的专业训练，兼职教师是直接从工商业和专业岗位上招聘而

[①] 付雪凌，石伟平. 美、澳、欧盟职业教育教师专业能力标准比较研究[J]. 比较教育研究，2010（12）：81-85.

[②] 唐智彬，石伟平. 国际视野下我国职教师资队伍建设的问题与思路[J]. 教师教育研究，2012（2）：57-62.

[③] 吕虹. 浅谈德国职教师资的培养与启示[J]. 教育与职业，2014（15）：81-82.

来，比例大约为63%，他们都是具有丰富实践经验的技术人才，如技术人员、工程师，一般都有相应的专业技术资格。①

（3）普遍重视职教教师专业发展

在澳大利亚TAFE学院，每年都要制订面向全体教师的教学培训计划，这类培训的方式灵活多样，包括教学研讨会、论坛或者到专门机构进行培训。在日本，文部省和地方教委负责统筹和组织职业院校在职教师的进修事宜，这种在职进修几乎从未间断。丹麦职业教育教师专业发展路径一般有两种，即选择内部培训和外部培训，内部培训是参加教育部的职业教育研究和开发项目，而外部培训即教师参加教育培训中心的教学文凭课程或中心下属各部的教育指导咨询培训课程，部分大企业也开始为职业教育与培训教师提供某些培训课程。②

七、职教教师专业发展的现状与问题研究

职教教师专业发展中存在诸多问题，对此学者们从多个角度进行分析和探究，主要包括师资来源、职后培训以及相关政策等三个方面。

1. 职教教师来源方面的问题

（1）职教教师来源普教化

我国独立设置、专门培养职教教师的师范院校数量有限，难以满足中等职业教育发展对教师数量与质量的需求；同时，当前大部分高职院校和应用型本科院校的教师大多数是从普通高校应届研究生中招聘，大学毕业后直接入职任教，而对于职教教师必备的企业实践经验与专业技能缺乏明确的标准与严格的要求。因此，郑秀英等认为高职教育教师的来源渠道单一，且缺乏科学、合理、严格的准入标准。当前高职院校教师队伍的来源结构主要包括：一部分来自职业技术师范院校或综合大学职业技术教育学院的毕业生，这部分教师在职教师资队伍中所占比例较小；大部分是综合

---

① 李力，董琪. 欧美职业学校教师培训与管理机制比较研究 [J]. 成人教育，2009（2）：95-96.

② 唐智彬，石伟平. 国际视野下我国职教师资队伍建设的问题与思路 [J]. 教师教育研究，2012（2）：57-62.

性大学的工科毕业生，他们基本上是按照传统的工程师模式培养出来的，没有接受过系统的职业教育教师教育课程学习与专门训练，无论是专业实践能力或企业一线实践经验与职业教育的要求都有较大差距。① 对此，李云梅、闫智勇认为高职院校专职教师普教化的现象较为严重，难以满足高职院校教育教学的根本需求。②

(2) 兼职教师来源的困境

目前，由于聘用兼职教师的相关政策与经费支持不到位，一些具有丰富企业实践经验的专业技术人员或技师在职业院校兼职过程中的渠道不通畅、薪酬不高或缺乏有效保障，职业院校难以聘请到技术水平较高、数量充足的兼职人员，致使专兼职教师结构不合理。唐智彬、石伟平认为我国职业学校兼职教师队伍面临的重要困境是，职业院校很难聘请到真正所需的较为稳定而数量充足的高水平兼职教师。由于职业院校教学与企业生产往往存在时间、内容、利益等方面的冲突，尽管国家出台了有关兼职教师聘用的规定与补助标准，但是由于缺乏具体的聘用标准和管理标准，导致兼职教师队伍在工作能力、工作时间、工作责任心方面缺乏保证，工作质量常常存在问题，因此兼职教师队伍建设存在一定困难。③ 劳晓芸、马骏等认为由于目前缺乏行业企业的支持，学校难以聘请到合适的兼职教师，再加上一些兼职教师教育教学能力不足、缺乏教师"身份认同"、难以融入专业教学团队等原因，导致兼职教师聘用陷入困境。④

2. 职教教师在职培训方面的问题

(1) 多数在职培训对教师专业发展的实效较低

适切、有效的培训是教师专业发展的内在诉求与重要保障。随着职业

---

① 郑秀英，郑秀春，姜广坤，等. 论高职教育教师专业发展中存在的问题及对策 [J]. 中国高教研究，2010 (6)：71-72.

② 李云梅，闫智勇. 高职院校教师专业发展现状及专业标准建设构想 [J]. 职教论坛，2017 (27)：17-22.

③ 唐智彬，石伟平. 国际视野下我国职教师资队伍建设的问题与思路 [J]. 教师教育研究，2012 (2)：57-62.

④ 劳晓芸，马骏，周齐佩，等. 职业院校特聘兼职教师聘任：困境与出路——基于上海的分析 [J]. 职教论坛，2017 (20)：5-9.

教育的发展及提升教师素质政策的相继出台，职业院校普遍重视师资队伍建设，不断鼓励并组织教师参加各种培训，这些培训整体上为教师成长提供了有利条件和资源，发挥了重要作用。但是，教师当前参加的多是国家和学校安排的一些普及性、理论性较强的培训，缺乏个性化、有针对性的培训，且向教师提供企业实践的机会很少，组织教师到企业实践的时间也不足，致使教师专业实践能力并无较大提升。王为民认为当前支持职教教师专业发展的时间保障、学习平台与优惠政策不充分，教师对提供的进修内容与方式满意度低，阻滞专业发展的进程，致使教师专业发展实效较低。① 张骞、魏晓露调研发现当前很多教师对国家和学校安排的各类培训参与积极性不高，对这些培训教师抱着走过场或休假心态。另外，教师培训方式比较单一，主要的培训方式为专家讲座及授课，偏重理论学习，缺少进企业挂职锻炼等较长时段的脱产培训。可见，培训内容针对性不强，在一定程度上导致培训内容与实际需要脱节。②

(2) 学校对教师专业发展缺乏系统规划

凡事预则立，不预则废。当前，很多学校对教师专业发展缺乏明确定位与系统规划，造成学校相关政策与资源支持不系统、不到位、不充分、不合理，导致教师专业发展方向、标准和路径不清晰，部分教师专业发展意识不强，存在较为被动的问题。贺文瑾、石伟平发现，很多学校在教师学历达标之后，对职教教师的在职培训就不够重视，认为在职培训是可有可无的事，因此缺少促进教师职业成长的可持续发展的培训规划。③ 段峻、黎炜认为，目前的在职培训多数是依托本科高校师资培训基地开展，即使不少国家示范高职院校承担部分培训，也往往是基于某一门课程的培训，

---

① 王为民. 高职教师专业发展制度有效性研究 [M]. 北京：科学出版社，2017：76-79.

② 张骞，魏晓露. 我国职业教育教师专业发展的制度建设探讨 [J]. 继续教育研究，2016 (10)：91-93.

③ 贺文瑾，石伟平. 我国职教师资队伍专业化建设的问题与对策 [J]. 教育发展研究，2005 (19)：73-78.

既无长远计划也无标准化规范,影响了培训的效果。[1]

(3) 职教教师专业发展缺乏相应的专门培训机构

目前承担职教教师培训的机构主要是一些高校教育学院和进修学校,它们的优势在于能够提供一些理论性较强的或以提升学历、获得证书为目的的培训,且多数属于寒、暑假内的集中学习,并非针对职业学校教师需求而设计的专门培训机构。这些培训机构难以承担教师专业实践能力方面的系统培训。陈庆勤认为职教教师培训缺乏灵活多样的培训机构,目前的"以高校为主体"的培养已不能满足职业院校教师专业发展的高层次需求,职教教师除了必要的理论学习外,更需到"以企业为主体"的培训机构去提升实践能力。[2]

(4) 缺乏教师专业发展的有效培训评价

我国教师培训,无论是普教还是职教,普遍缺乏培训评价。现实情况是,只要相关政府部门组织培训,学校为了完成该任务就会让教师参加,至于培训效果如何则关注不够,相关的培训评价制度、评价主体、评价标准尚未建立。有学者认为,长期以来对职教教师的培训评价主要是从管理与考核的角度出发,而对培训内容、培训效果重视不够,结果导致教师对培训产生消极态度甚至抵触情绪。当前,培训评价主体主要有教育行政部门、培训机构、受训教师以及培训派送单位,[3] 缺乏社会第三方评价机构参与,此外,事实上,学员本人的评价权利没有受到足够重视。而且,现有的一些评价由于涉及培训主体利益,以及评价理念、指标、方法等方面存在一定的不合理性,导致评价结果难以反映教师培训的实效。[4]

3. 职教教师专业发展政策的问题

---

[1] 段峻,黎炜. 高等职业院校教师专业化发展论析[J]. 中国职业技术教育,2018(31):59-62.

[2] 陈庆勤. 职业类院校教师专业化发展问题研究[J]. 中国成人教育,2016(2):145-147.

[3] 李斌,何应森. 针对中职教师培训质量的跟踪评价研究——以中职教师"国培计划"和"省培计划"培训为例[J]. 成都师范学院学报,2017(1):1-5.

[4] 贺文瑾,石伟平. 我国职教师资队伍专业化建设的问题与对策[J]. 教育发展研究,2005(19):73-78.

目前，我国职教教师专业发展政策方面主要存在以下问题：一是缺乏具体可行的职教教师培训制度。杨善江认为，国家职业教育教师能力标准缺乏，职业教师资格认证体系尚未建立，相关的职业教师培训制度不完善，校企合作法规不健全，教育主管部门职业教育教师的职务评审条例不科学等。[1] 二是缺乏促进职教教师专业发展的教师管理制度。张骞、魏晓露认为虽然我国教育法、职业教育法对职业教育教师资格、聘任、考核、奖励、培养和培训都作出规定，但是当前的管理机制体制仍存在较多问题，诸如教师评价制度不科学、教师职称评审与聘任制度建设滞后等，都制约了教师专业发展。[2] 三是缺乏促进职教教师专业发展的长效机制。孙翠香认为目前职教教师培训过多地关注即时性的培训结果或暂时的过程，忽视培训机制建设，因此一些有助于教师可持续发展的能力得不到有效提升。[3]

基于以上问题，学者们提出了诸多建议，其中较具代表性的有：

其一，建立职教教师专业化标准，实施校企协同育人。段峻、黎炜提出有必要制定适应我国现代职业教育发展需求的高等职业教育教师资格条例，以及高职院校"双师型"教师专业标准。具体来讲，一是建立高等职业学校教师准入制度，实施专门的高等职业学校教师录用考试办法、教师业绩考核制度和证书体系，把专业实践能力、实践教学能力等内容纳入考试范围；二是完善教师聘用制度，打通从企业引进高级技术人才的制度壁垒。[4] 唐智彬、石伟平提出规范准入机制，建立职业教育职业资格证书和"双师型"教师认定体系，逐步改变我国现行的"先进入再考证"的职教师资准入机制，代之以"先考证，再入职"方式。与此相适应，着手建立

---

[1] 杨善江. 校企合作背景下高职院校教师专业发展的内涵、特征及路径 [J]. 中国成人教育，2013 (17)：116-119.

[2] 张骞，魏晓露. 我国职业教育教师专业发展的制度建设探讨 [J]. 继续教育研究，2016 (10)：91-93.

[3] 孙翠香. 我国职教教师培训：现状、问题及改进策略 [J]. 职教论坛，2013 (35)：4-9.

[4] 段峻，黎炜. 高等职业院校教师专业化发展论析 [J]. 中国职业技术教育，2018 (31)：59-62.

全国统一的职业教育教师标准体系,标准体系既要充分考虑职业教育课程与教学的特征,又要考虑与职业教育教师教育的对接,对其学历、实践能力、相关知识以及一定时间的教学实习与具体能力有明确的要求与考核标准。[1] 针对目前我国职教师资培养的现状,有研究认为,应采取高校、职业学校、企业三元合作的培养模式,并通过多方面的保障制度来推动三元共生职教师资培养模式的顺利实施。[2]

其二,进一步完善职教教师培训制度。孙国良等认为要关注教师个性需求,引导教师树立终身学习理念,将职教教师职业生涯发展的长期目标与阶段性目标通盘规划,保证培训内容阶段性与连续性的统一;另外,以深化校企合作为突破口,通过构建校企联盟,联合开发职教教师培训项目,破解师资培训理论与实践脱节问题。[3] 张骞、魏晓露提出健全反映现实需要、与时俱进的培训制度,包括:首先,完善职业教育教师到企业实践锻炼制度,完善配套制度,确保教师到企业实践有实效;其次,健全职业教育教师以在职进修为核心的个体发展制度,通过把经济待遇与学校发展、个人工作绩效挂钩等机制,打破当前由"岗位限制职称名额"产生的职称"天花板",为教师专业发展提供保障。[4]

其三,提高职教教师专业发展意识,构建教师学习共同体。杨善江、胡梅荣认为,教师的自我专业发展意识是专业成长的起点和原动力,应提高教师专业发展的意识;职业教育教师要以提升"双师型"素质为目标,将专业发展与个人成长结合起来,主动寻求个人专业成长与学校发展目标之间的契合点;同时,教师要加强自我学习,做终身学习者和实践反思

---

[1] 唐智彬,石伟平. 国际视野下我国职教师资队伍建设的问题与思路 [J]. 教师教育研究,2012 (2): 57-62.

[2] 徐晶,贺文瑾. 三元共生职教师资培养模式的保障制度评析 [J]. 职教论坛,2010 (34): 63-65.

[3] 孙国良,徐珍珍,刘晓. 我国职教师资培训:历史、现状与体系构建 [J]. 中国职业技术教育,2015 (15): 51-55.

[4] 张骞,魏晓露. 我国职业教育教师专业发展的制度建设探讨 [J]. 继续教育研究,2016 (10): 91-93.

者，为发展奠定知识的基础。[①] 另外，在构建学习共同体方面，徐涵认为，随着职业教育课程跨界性越来越强，教师的工作方式逐步从个体为主走向合作为主，构建教师学习共同体对教师专业发展的作用愈加明显，因此，要建立各种体现职业教育特色的教师学习共同体。[②] 郑秀英等建议，通过在专业学习共同体中教师们共同实践，一起学习，一起探讨知识、技能的策略，使教师专业发展变成一种持续不断的活动，并渗透在各种各样的教育活动之中。[③]

第三节 对职业教育教师专业发展研究的分析与反思

不畏浮云遮望眼，自缘身在最高层。为了更深入、更全面、更系统地检视和剖析职教教师专业发展研究的情况，在本章的最后部分，通过对相关研究的人员与机构、研究内容与成果、研究路径与方法等进行分析、反思，希冀能对该问题研究提供一个多视角的概貌。

一、研究人员与机构

相关研究者身份来源比较广泛。在中国知网（CNKI）高级检索中，以"主题：'职业教育教师'并含'专业发展'"为检索条件，以"SCI来源期刊＋核心期刊＋CSSCI"为期刊来源类别，共检索到与"职业教育教师专业发展"相关主题的文献168篇；然后，对检索到的168篇文献进行计量可视化分析，分别得到"作者分布图"和"机构分布图"。如图5-2所示，从研究人员来看，石伟平、孙翠香、周志刚、闫智勇、曹晔五位作者

[①] 杨善江. 校企合作背景下高职院校教师专业发展的内涵、特征及路径 [J]. 中国成人教育，2013（17）：116-119；胡梅荣. 高职教育教师专业发展研究 [J]. 教育与职业，2015（35）：67-68.

[②] 徐涵. 从制度层面看我国职业教育教师的专业化发展 [J]. 教育与职业，2007（21）：10-12.

[③] 郑秀英，郑秀春，姜广坤，等. 论高职教育教师专业发展中存在的问题及对策 [J]. 中国高教研究，2010（6）：71-72.

的发文量较多,分别发表 4 篇以上核心期刊论文。从研究机构来看,如图 5-3 所示,中国教育部职业技术教育研究中心、北京师范大学、华东师范大学、天津大学、天津职业技术师范大学五所研究机构分别发表在核心期刊上的相关主题论文均在 5 篇以上。从研究者的身份来看,既有教师、研究员、(高校)领导,也有研究生;就发文机构来说,有普通高校、职业院校、研究中心等。

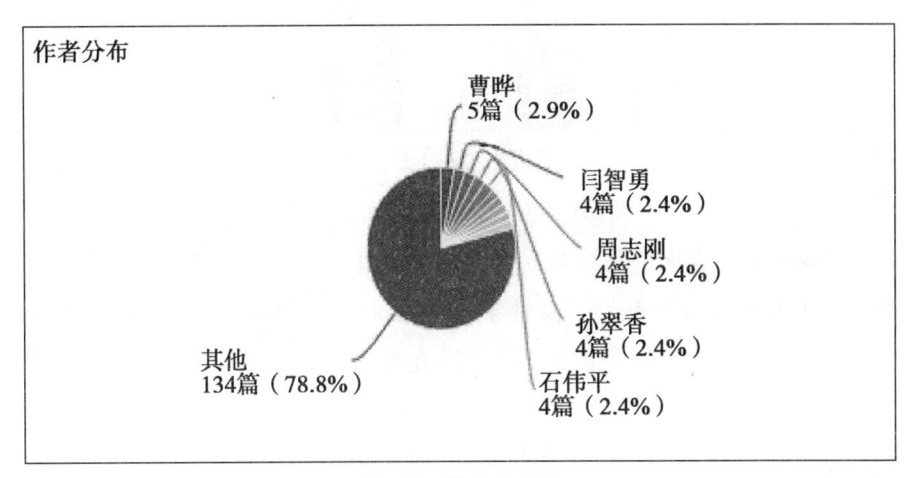

作者分布

曹晔
5篇(2.9%)

闫智勇
4篇(2.4%)

周志刚
4篇(2.4%)

孙翠香
4篇(2.4%)

石伟平
4篇(2.4%)

其他
134篇(78.8%)

图 5-2　作者分布图

机构分布

天津职业技术师范大学
15篇(8.7%)

天津大学
11篇(6.4%)

华东师范大学
9篇(5.2%)

北京师范大学
6篇(3.5%)

中国教育部职业技术教育研究中心
5篇(2.9%)

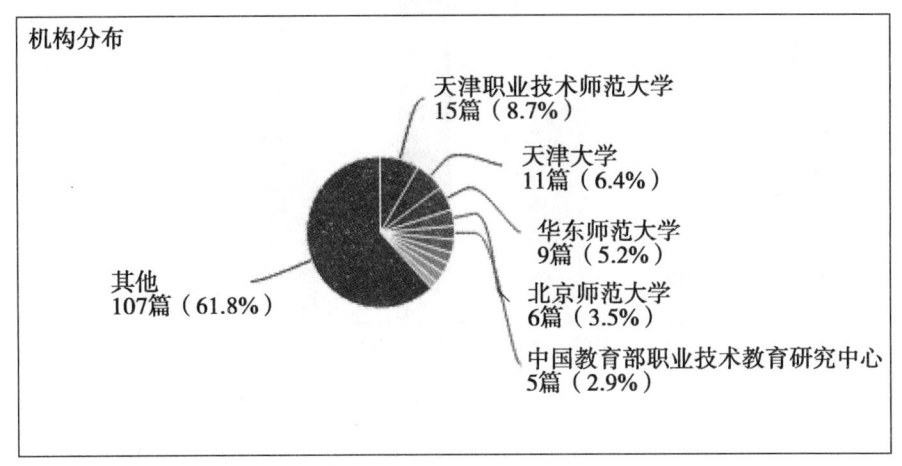

其他
107篇(61.8%)

图 5-3　机构分布图

为更好地了解当前关于职教教师专业发展的研究人员基本情况,从更深层面审视相关研究中的问题,本研究对相关主题文献的作者进行了统计，研究人员的具体特点如下：

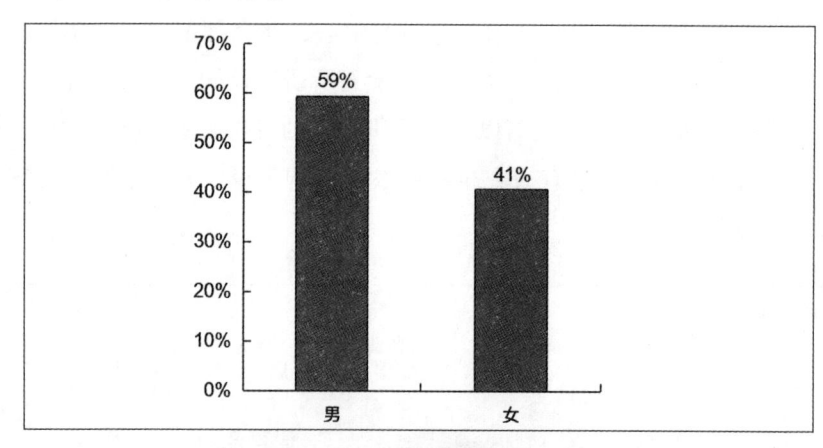

图 5-4 不同性别的学者所占比例

研究人员性别比例是男多女少，但两者相差不大。由图 5-4 可知，男性学者所占比例约为 59%，女性学者约为 41%，两者相差 18 个百分点。可见，在有关职教教师专业发展的研究方面，男性多于女性。文献梳理发现，以女性单独署名的文献不多，多为合著。

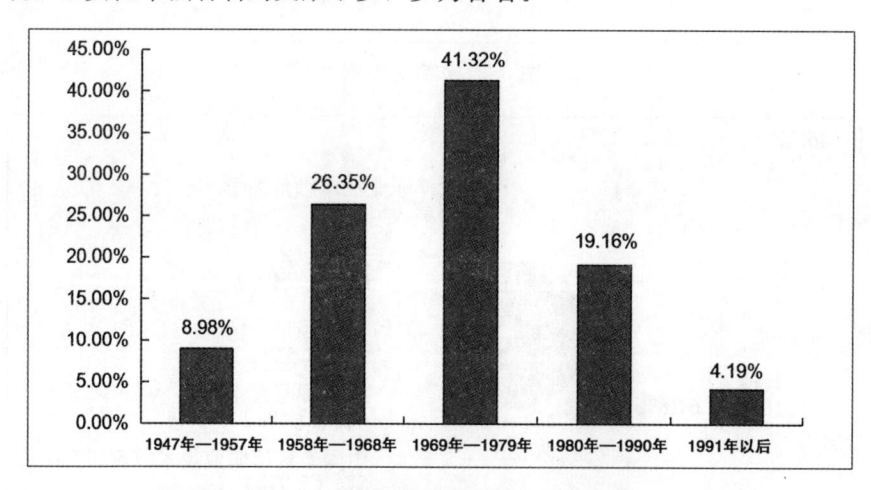

图 5-5 不同出生年份的学者所占比例

研究人员在年龄结构分布上有明显差异。本研究对学者的出生年份作了统计和归类，由图 5-5 可知，其中 1969—1979 年出生的学者占比最大，为 41.32%；1991 年以后出生的学者占比最小，为 4.19%；1947—1957 年出生的学者占比相对也较小,为 8.98%;1958—1968 年出生的占 26.35%,1980—1990 年出生的占 19.16%,两者相差无几。经梳理发现,1980—1990 年及 1991 年后出生的学者多为在读研究生,他们在这方面的研究成果大多为合著,其中与导师合作较多,或属于一个科研团队的成果。不难发现,这些研究生积极参与导师课题,已成为这方面研究的新生力量。

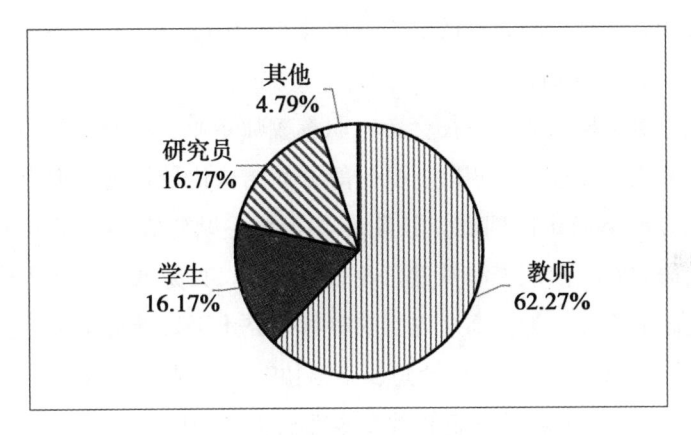

图 5-6 不同身份的研究人员所占比例

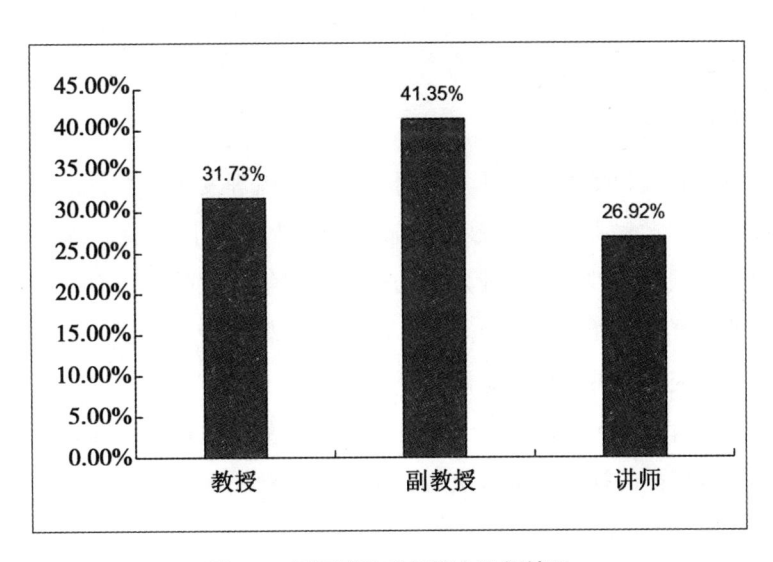

图 5-7 不同职称教师所占比例情况

不同身份的研究人员所占比例相差较大。研究人员的身份大体归为四类，即教师、学生、研究员和其他。其中教师基本为高校教授或副教授等；学生多为在读研究生、在读博士生；其他研究人员主要包括期刊编辑等。由图5-6可知，"教师身份"的学者所占比例最大，超过60%，研究员、学生所占比例大体相当，均为16%左右，其他身份所占比例不足5%，可见教师是研究职教教师专业发展问题的主体。此外，由图5-7可知，在教师身份中，职称为副教授的学者占比最大，超过40%；教授与讲师所占比例分别在30%左右。

研究人员结构与质量往往会影响职教教师专业发展研究的质量。总体来看，研究人员在性别、年龄、身份等方面结构比较均衡，但存在部分研究者研究方向不稳定的问题，长期专注于该主题研究的人员并不多。例如，有的研究者之前从未涉及过职业教育研究，只是偶尔与他人合著了一篇相关主题的论文。为提高这方面的整体研究水平，部分学者首先应克服"浮躁"情绪，纠正过度追求"短、平、快"研究成果的倾向，扎扎实实做研究。[①] 此外，应加强对职业教育专业研究生、博士生学术能力及学术意识的培养，为职教教师专业发展研究注入新生力量。

二、研究内容与成果

1. 研究内容

通过对有关职教教师专业发展研究成果的梳理发现，相关的研究内容主要聚焦于职教教师专业发展的内涵研究、制度建设研究、现存问题研究，以及对国外职教教师专业发展的比较研究等。此外，还有一些与职教教师专业发展密切相关的内容，如，职业教育教师专业发展的相关理论研究、模式研究、发展阶段界定研究等。

总体而言，有关职教教师专业发展研究的范围与视域不断拓展，既有理论与实践层面的探究，也有宏观、中观与微观层面的分析。同时，应认

---

① 郑确辉. 加强科学方法建设 提高成人教育研究水平 [J]. 陕西师范大学继续教育学报，2005 (1)：5-8.

识到，由于我国对职教教师专业发展研究起步较晚，目前尚存在一些美中不足与亟待加强之处。例如，当前宏观层面的思辨性研究较多，而微观层面实证性的研究相对较少；多是个人经验的简单堆砌与判断，缺少一定的理论指导及充分的调研与分析，研究问题不够明晰，研究设计不够合理，研究方法不够严谨，研究内容流于空泛，导致研究结论不接地气，缺乏可信度与解释力。又如，相关理论研究仍处于译介、解读和套用西方理论阶段，大多是照着西方话语体系去解释中国问题，缺乏本土化的理论创新。

2. 研究成果

基于发表在核心期刊上的文献总量、核心期刊上的文献被引用情况、被人民大学复印报刊资料转载的文献数量，以及关于职教教师专业发展的论著等，对有关职教教师专业发展的研究成果作如下分析。

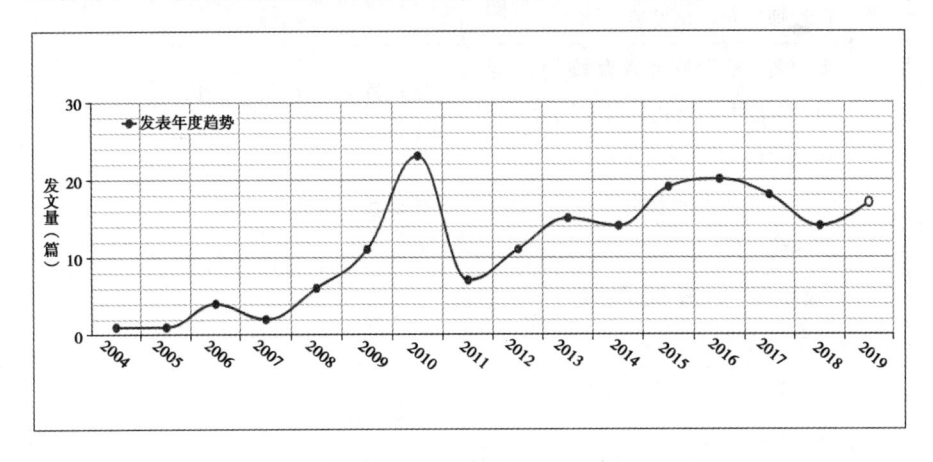

图 5-8　有关职教教师专业发展的发文量年度分布图

以中国知网（CNKI）数据库来源为依据，对相关文献总体进行计量可视化分析，得出发文量年度分布图，如图 5-8 所示。可见，这些研究成果总体上呈现增长态势，2010 年达最高值，并以 2010 年为界，2010 年之前每年发表在核心期刊上的发文量较少，大多数年份不足 10 篇，2010 年之后，发文量明显增加，每年发表在核心期刊上的论文在 10—20 篇之间。可见学者们对职教教师专业发展的关注度不断提高，相关的成果数量在增加。

表 5-1 发表在核心期刊上的文献被引用情况

序号	文献名称	作者	期刊名	发表年份	被引频次
1	我国职教师资队伍专业化建设的问题与对策	贺文瑾、石伟平	教育发展研究	2005	232
2	"双师型"与职业教育教师专业化	王继平	职业技术教育	2008	99
3	"双师型"教师：职教教师专业化的发展目标	郑秀英、周志刚	中国职业技术教育	2010	98
4	国际视野下我国职教师资队伍建设的问题与思路	唐智彬、石伟平	教师教育研究	2012	74
5	从制度层面看我国职业教育教师的专业化发展	徐涵	教育与职业	2007	62
6	美、澳、欧盟职业教育教师专业能力标准比较研究	付雪凌、石伟平	比较教育研究	2010	55
7	从"双师型"教师政策的演进看职业教育教师专业发展的定位	李树峰	教师教育研究	2014	48
8	"双师型"职教师资的资格认定研究	贺文瑾	职教论坛	2010	36
9	职业院校教师到企业实践：问题与对策	涂三广	职教论坛	2014	31
10	我国职业教育教师专业化探析	李娟华	教育探索	2006	31

截至2019年3月，有关职教教师专业发展的核心期刊论文被引频次较高的10篇论文，如表5-1所示。上述论文多是被职业教育领域中的相关论文引用，可见，在业内产生了较大影响。

对以上检索到的文献进行梳理发现，被人大复印资料转载的有7篇，包括徐涵的《从制度层面看我国职业教育教师的专业化发展》，陈鸣鸣的《高职教师的专业发展阶段特点研究》，易森林、程宜康的《高职院校教师专业化发展研究综述》，张桂春的《发达国家职业教育教师专业发展的规划及经验》，胡艳、郝国强的《中职教师专业发展及其影响因素研究》，李树峰的《从"双师型"教师政策的演进看职业教育教师专业发展的定位》，曹晔、盛子强的《我国中等职业学校教师专业发展标准体系建构》。

另外，关于职教教师专业发展的专著逐渐出版，其中较有代表性的有：向才毅的《中等职业学校教师能力构建与专业发展》（2008年），高峻的《中职教师专业发展的探索与实践》（2011年），梁成艾的《职业学校"双师型"教师专业化发展论》（2014年），徐华的《高职教师专业发展：困境与出路》（2017年），王为民的《高职教师专业发展制度有效性研究》（2017年），王继平、冯晓、[德]约瑟夫·吕策尔（Josef Rützel）的《教师专业化、能力发展与挑战——关于职教教师教育的中德跨国比较研究》（2017年）。

客观而论，学术界有关职教教师专业发展的系统、专题研究尚少。其中部分研究对某个问题进行相关理论层面的探讨，但对问题分析有待进一步深入；有些研究所提出的政策建议比较笼统，缺乏可行性。不可否认，相关论文中不乏有学者仅仅是为晋升职称等功利性因素而发表的"职称论文"，因此论题缺乏问题针对性，结论缺乏创新性，对职教教师专业发展的理论建设与实践推进的实际贡献甚微。当前，在一定程度上依然存在理论研究与实践需求"两张皮"的现象：一方面，有的理论研究远离实践需求，研究成果缺乏说服力与解释力，难以有效指导教师专业发展的实践诉求；另一方面，教师专业发展实践中存在的问题尚未得到学界足够的关注和重视，导致学界的一些研究缺乏对现实问题的观照。

三、研究路径与方法

1. 研究路径

纵观学者们关于职教教师专业发展研究的路径，可归为以下两种：①经验借鉴式的研究路径。为探索出适合我国职教教师专业发展的方法与模式，很多学者往往先分析、介绍国外教师专业发展的相关情况，然后再根据我国情况提出相应的建议。毋庸置疑，这些研究为借鉴国外经验发挥了

221

重要而积极的作用，但是由于一些主客观因素限制，很多"拿来"的经验缺乏系统性、整体性和深刻性，很多研究流于表面化、盲目化或极端化。②问题导向式的研究路径，即遵循"问题（What）—原因（Why）—对策（How）"式的研究范式，通过分析当前某研究领域的现状，发现其中存在的主要问题，然后对该问题进行剖析，最后提出相应的对策。学者们今后应多关注职教教师专业发展的实际问题，并不断探索适合职教教师专业发展研究的新路径，为该领域研究发展提供新视角、新窗口。

2. 研究方法

适切的研究方法是科学研究不可或缺的工具，有助于将有关职教教师专业发展的研究推向纵深。在有关职教教师专业发展的相关研究中，学者使用了多元化的研究方法，主要有文献法、比较分析法、调查法等几种。①文献分析法。该类方法应用得较为普遍，学者们一般通过搜集、整理职教教师专业发展的相关文献，对文献进行分析、总结，了解其研究状态及发展状况，并以此作为研究的依据和基础。②比较分析法。该研究方法的运用较多，如很多学者通过对美国、澳大利亚、德国、日本等国家在职教教师专业能力标准、职教教师专业发展制度、职教师资队伍建设等方面的分析与比较，总结出它们的共性与不足，并结合我国现状提出相应的政策建议。③调查法。例如，有些学者在问卷、访谈的基础上，对高职教师专业发展存在的问题进行概括和剖析，对职教教师专业能力进行分析，最后提出促进教师专业发展的对策等。

对有关职教教师专业发展的研究方法的反思发现，首先，有关职教教师专业发展的研究方法比较偏重思辨与经验，而轻实证分析。当前，多数研究是在文献法的基础上融入个体经验与判断，而缺乏充分的调研及实证数据支撑。其次，跨学科视域的研究较少。众所周知，职业教育具有较强的跨界性，因此不能囿于单一的学科背景，否则狭窄的学科视野会限制研究的创新与突破。从多维视角出发，利用多学科交叉研究的优势，汲取经济学、社会学、管理学、政治学等学科的营养，才能"跳出职教看职教"，突破职业教育研究的"围城"。

最后，关于我国职教教师专业发展研究成果的国际影响力问题。据目前所搜集到的英文文献看，相关主题的论文在国际期刊上的发表量较少。比较有代表性的有赵志群与卢连伟发表在 Springer 上的两篇合著论文：China's VTE Teachers and Their Professionalization[①] 和 TVET Teachers and Their Professionalization in China：A Problem Analysis[②]。

学术研究与实践探索犹如鸟之两翼，既相辅相成，又相互制约。具体到职教教师专业发展研究而论，一方面，该研究源于对职教教师专业发展实践探索的关注、探究、概括与抽象，以便能从中发掘出一些规律性的原理、理论或方法；另一方面，该研究成果中暗含的原理、理论或方法又能用来指导、服务和引领职教教师专业发展的实践探索，进而形成理论研究与实践探索的循环往复与螺旋式上升。就目前我国职教教师专业发展研究而言，其尚处于发展期，这是由我国职业教育发展的基本阶段所决定的，也是由我国职教教师专业发展的整体程度所制约的。鉴于新时代供给侧结构性改革的不断深入，以及市场机制在社会资源配置中决定性作用的发挥，伴随着我国产业结构的逐步升级与优化，我国职业教育发展必将迎来更好的历史发展机遇，职教教师专业发展也必将为该方面的研究提供更加广阔的空间与平台，同时，也对职教教师专业发展研究提出更高的要求。

回顾历史，立足当下，展望未来，是学术史研究的旨归。学术研究者应秉承"不忘初心，方得始终"的历史使命，坚守"如切如磋，如琢如磨"的治学精神，进一步提高职教教师专业发展的研究质量，为职教教师专业发展提供有效的理论引领与方法指导，使得相关研究成果更具创新力、解释力和贡献力。

[①] ZHIQUN Z, LIANWEI L. China's VTE Teachers and Their Professionalization [C] //GROLLMANN P, RAUNER F (eds.). International Perspectives on Teacher and Lecturers in Technical and Vocational Education. Dordrecht：Springer，2007：55-75.

[②] ZHIQUN Z, LIANWEI L. TVET Teachers and Their Professionalization in China：A Problem Analysis [C] //MACLEAN R, WILSON D (eds.). International Handbook of the Changing World of Work. Dordrecht：Springer，2009：1229-1242.

第六章　职业教育课程研究

课程是教育活动的核心，教育思想、教育观念的变革，人才培养模式、教学内容体系的改革，都要通过课程来具体落实。无论在哪个历史阶段，课程都是教育研究不可忽视的重要部分，课程变革的历史背景，历史人物的课程主张，课程如何承载教育思想，课程的设置、内容、实施以及评价等都是课程学术史的研究范畴。课程的学术史研究是针对特定的课程含义而进行的一种教育史学研究，其突显的时空性与个体性构成其研究特色或者说是困难，也为其提供了不同的研究维度和丰富有趣的内容题材。[①]

中国职业教育课程的研究伴随职业教育的产生而不断深入，特别是改革开放以来，职业教育课程研究取得了令人瞩目的成就，研究成果的种类和数量逐渐丰富，且研究主题日益多元，问题覆盖面逐渐拓宽，研究学术平台和学术组织日益增多。本章欲采用史学的研究方法，依据中国职业教育发展的时间脉络，对职业教育课程的相关研究文献进行综述，来厘清和审视过往的或当下的相关课程，以此明晰课程变革的历史脉络，并对课程研究进行分析和思考，为未来职业教育课程的改革发展提供参考和借鉴。

---

① 任平. 晚清民国时期职业教育课程史论［D］. 长沙：湖南师范大学，2010：1，34.

第一节　职业教育课程研究的历史回顾

中国近代职业教育的起源，学界一致认为是从晚清时期兴办洋务学堂开始。两次鸦片战争击碎了清王朝唯我独尊的梦幻，面对"数千年来未有之变局"和"数千年来未有之强敌"，[①]一些学者如魏源、龚自珍以及包括李鸿章、左宗棠、张之洞等一批汉族官僚，力主发扬经世致用的传统，求教于西方异质文化，开始了一场持续30年之久的改革。经世学派也由清初的"通经致用"过渡到鸦片战争后的"中体西用"，成为中国近代教育思想的主流，也成为刚刚兴起的实业教育课程思想的主流。[②]

一、晚清时期，职业教育课程的产生

肇始于晚清洋务运动时期的中国职业教育，在救国图存和资本主义农工商实业发展的背景下，职业教育课程结合了当时的时代特点，顺应了资本主义经济发展的要求，体现了职业教育的目标和思想，具有一定的合理性。[③]但此时的职业教育学制不统一，体系不完整，更没有共同的教学计划与教学大纲，各学堂课程的设置极不一致，呈现着各自为政的局面。随着近代工业的发展，外国机器设备和先进技术的引进，那种只注重技能训练的做法已经不适应新形势的需要，因此，许多学校开始了近代职业教育课程设置的尝试。例如：福州工艺局的半口学堂，学徒上午到学堂学文化，下午在生产现场学手艺；甘肃劝工局的夜学堂，学徒白天学工艺，晚间到夜学堂学书算；北洋工艺局、农工商部工艺局、北京工艺局和热河驻防工艺厂等，则每天为学徒安排一到两个小时讲授修身、汉文、历史、地理、算学、体操、工艺理论等课程。[④]任平在其博士论文《晚清民国时期

[①] 李鸿章. 筹议海防折 [M] //李文忠公全集·奏稿二十四. 南京：金陵出版社，1908：23.
[②] 任平. 晚清民国时期职业教育课程史论 [D]. 长沙：湖南师范大学，2010：41.
[③] 任平. 晚清民国时期职业教育课程史论 [D]. 长沙：湖南师范大学，2010：1.
[④] 任平. 晚清民国时期职业教育课程史论 [D]. 长沙：湖南师范大学，2010：87.

职业教育课程史论》中，依照时间顺序，对这一时期职业教育课程的发展进行了细致梳理。

1904年，清政府颁行《奏定学堂章程》，在学制中对各级学堂的课程设置都作了明确的规定，如中学堂学习科目有修身、读经讲经、中国文学、外国语（英语或德语、法语、俄语）、历史、地理、算学、博物、物理及化学、法制及理财、图画、体操。从其课程设置上看，由于受到当时盛行的实用主义、军国民主义思潮的影响，该章程偏重对自然科学知识的传授及实用技术的培训，而对于音乐、体育等科不予重视，未将其列入正式课程之中。但是，该章程对各学科教育的目的、内容和教学方法作了具体论述，强调科学素养的培养和人的素质发展，在教学方法上，重视实验以便使学生更好地将所学的知识运用于日用生计及实业中，这无疑是近代教育的巨大进步。[1]

1909年5月，清政府开始借鉴德国中等教育发展经验，学部奏请变通中学堂课程，实行文、实分科，规定文科以经学、国文、外国语、历史、地理为主科，以修身、博物、理化、法制、理财、图画、体操为通习，实科以外国语、数学、博物、物理、化学为主科，以修身、经学、国文、历史、地理、图画、手工、法制、理财、体操为通习。在教学时数的分配上，主科授课时数多，通习科目少。当时实行文、实分科，主要是受清末兴起的"实业救国"思潮的影响，通过实科的设置，来增加学生对实用科目的学习，同时分科教学也有利于纠正普通中学僵化单一的课程及培养模式，以实科的科目学习来发展学生个性。

然而，实科设置后，由于进行实科教学的师资缺乏，设备简陋，"上之则艰于得师，下之则难资升学"，使实科内容有名无实；加之分科过早，学生因年幼而志趣难定，且文、实科"之科目悬殊过甚，中途转学，困难尤多"。璩鑫圭的《中国近代教育史资料汇编：学制演变》，对中学堂课程文、实分科有更详细的记载。文献表明由于文、实分科在实际教学中难以推行，以致实施未及一年，学部再次奏请修改文、实两科的中学堂课程，

---

[1] 任平. 晚清民国时期职业教育课程史论 [D]. 长沙：湖南师范大学，2010：87.

将文、实科目的开课秩序、教学时数、程度的深浅重新改订,"所有原奏中学课程,除主课,通习各科目无庸增损外,其余教授之次第、钟点之多寡,程度之浅深,均经臣等督率司局各员,悉心筹划,分配适宜"。①

二、民国时期,职业教育课程的发展

中国近代职业教育经过了鸦片战争后五六十年的发展,特别是清末新政的推动,至辛亥革命前已初具规模。据不完全统计,1909 年全国共有实业学堂 254 所,学生 16 649 人。尽管实业教育早有职业教育之实,但是近代职业教育思想的产生则肇始于民国初期,民国时期形成的职业教育思想在中国近现代教育思想史上占有极其重要的地位。1917 年,黄炎培联合教育界、实业界著名人士蔡元培、张睿、宋汉章等 48 人在上海创建的中华职业教育社,成为中国职业教育由近代进入现代的一个重要标志,是中国职业教育划时代的进步,体现了科学与民主精神对教育的要求,渗透了要求教育紧密联系中国经济和生产发展、人民生活和生计的精神。此后,中国职业教育形成了实利主义、实用主义、生利主义、平民主义等职业教育思想。②

1923 年 10 月,全国教育联合会议定新学制师范及职业科课程标准,组织委员会公布袁希涛、段育华、金曾澄、王希禹、黄炎培为委员,而职业教育课程由中华职业教育社起草,该社推举朱经农、邹秉文、王舜成、黄异、赵师复、杨鄂联为委员,组成职业课程标准委员会,分任起草拟定职业学校课程标准。他们将职业教育的教学科目分为三类:其一,职业学科,所以培养各该职业之知能,如农、工、商、家事等之各专科是;其二,职业基本学科,所以培养各该职业知识之基本,如农科之须习生物和化学,工科之须习数学、物理,商科之须习算学,家事之须习理科等是。唯国文、算学为基本必须之学科;其三,非职业学科,此为人生不可缺之修习,与职业有间接相关之影响者,各级各科性质情形互有不同,设置此等科目,当然不能一致,然至少有下列之三种:关于公民者、体育者、音

---

① 琚鑫圭. 中国近代教育史资料汇编:学制演变 [M]. 上海:上海教育出版社, 1994:568-569.

② 任平. 晚清民国时期职业教育课程史论 [D]. 长沙:湖南师范大学,2010:56.

乐与艺术者。其总课时至少应占百分之二十。①

  1938年4月，国民政府在《抗战建国纲领》中明确提出，要"训练各种专门技术人才，以应抗战需要"。同年7月，教育部颁布了《创设县市初级实用职业学校实施办法》，制订了川、康、陕、甘、宁、青、黔、滇、桂几省农工职业教育计划，设有造纸、印刷、纺织机器和手工、印染、铁工、木工、土工、制糖、酿造、制茶、麻纺、农产制造、园艺等科目。在课程实施上，"学校除切实训练学生知识技能外，还应充分培养其自力经营能力，毕业后可在社会独立发展"，因此，应学理讲解与实习实训并重，且实习至少占各科修业年限为1—3年。这一时期的课程有显著的实用性和基础性。②

  国民政府除了通过在职业学校实施职业教育课程外，还通过在普通教育系统中增设职业教育科目，开设职业教育课程来实施职业教育。1938年12月26日，教育部颁发了《国立中学增设职业科办法》，要求各国立中学均应设置"以不需多量及特殊设备而切合于地方或抗战建国之需要"的职业科。如农业科目设置的有作物、养殖、蚕桑、酿造；工业科目中的手工艺、简易金工、棉织、竹木用具制造；商科中的簿记、会计、打字、文书等。抗战胜利初期，在教育部的重视和社会各界的共同努力下，职业教育获得平稳快速的发展。③

三、新中国成立初期，职业教育课程的改革

  新中国成立后，我国学习苏联的教育科学，课程被替换为"教学内容"，在较长一段时间内没有把课程论作为教育学的一个分支学科来研究，课程史研究进展缓慢，④对职业教育的研究也产生了影响。因此，关于建

---

  ① 任平. 晚清民国时期职业教育课程史论［D］. 长沙：湖南师范大学，2010：112-113.

  ② 任平. 晚清民国时期职业教育课程史论［D］. 长沙：湖南师范大学，2010：117-118.

  ③ 任平. 晚清民国时期职业教育课程史论［D］. 长沙：湖南师范大学，2010：118.

  ④ 夏英. 在挣扎中前行：中国近代职业教育课程史［D］. 南京：南京师范大学，2015：9.

国初期职业教育课程方面的相关研究甚少，只有部分研究涉及课程模式、课程政策，以及教材等相关内容。

关于新中国成立初期课程模式的研究，陈鹏在《职业教育课程整合：嬗变、经验与反思——学术性与职业性融合的视角》中，有相关论述："从新中国成立到改革开放初期，我国职业教育的课程模式基本嫁接了普通教育的分段式课程模式，体现为文化基础课、专业基础课和专业课三段式的课程结构。这种课程模式是苏联教育模式影响下的产物，留下了特定历史时代的烙印，为建国后我国经济社会的发展培养了大批合格的劳动者，在职业教育发展史上曾经扮演了重要的角色。它基于斯宾塞'科学知识最有价值'的教育理念，以学科为本位，以系统理论知识的传授为宗旨，强调学科知识的理论性、系统性与完整性。"[①]

教材是课程的载体，相关研究有代表性的是盛子强的《新中国中等职业教育教材开发的政策与路径研究》，文章指出："新中国成立后，在全面学习苏联办学经验的基础上，采取借鉴、翻译、自编等形式开始探索新中国中等技术教育的教材。1960年中苏关系恶化，我国完全开始探索本土化教材，经过几年建设基本上有了自己的教材。例如：1962年为了适应招收初中毕业生、学制三年的教学需要，又重新编写了车、钳、铣、磨、铸、锻、木模工等工种的技术理论课和数学、物理等教材，进一步提高了教材质量。"[②]

而新中国成立初期有关职业教育课程政策的研究，以王坤《新中国中等职业教育课程政策研究》[③]为代表。其梳理了新中国成立以来国家颁布的关于中等职业教育课程的政策文件，尝试探寻课程政策演变的历史轨迹、价值取向、动力机制及内在规律，指出了我国职业教育课程政策变迁路径为：课程环境由封闭性向开放性转变；课程政策制定主体、课程目标由单一性向多样性转变；课程模式由简单性向复杂性转变；课程实施由急

---

① 陈鹏. 职业教育课程整合：嬗变、经验与反思——学术性与职业性融合的视角 [J]. 江苏高教，2014（5）：142-145.

② 国家教委职业技术教育司组织编写. 中国职业技术教育简史 [M]. 北京：北京师范大学出版社，1994：76.

③ 王坤. 新中国中等职业教育课程政策研究 [D]. 重庆：西南大学，2014.

进性向渐进性转变。课程政策的领导权在集中和分散之间呈现一种特殊的钟摆运动，这表明中等职业教育课程改革的道路不是一帆风顺的，而是曲折性与复杂性并存。[①]

第二节 改革开放以来我国职业教育课程研究发展历程与研究热点

一、改革开放以来我国职业教育课程研究的发展历程

1. 职业教育课程研究的数量与领域分布

在 CNKI 中搜索"职业教育课程"，从 1982 年到 2019 年，共有相关研究 12 204 项。为了清晰描述职业教育课程研究的发展趋势，本章选取了 2000 年至 2018 年作为阶段性代表，相关数据如图 6-1 所示。

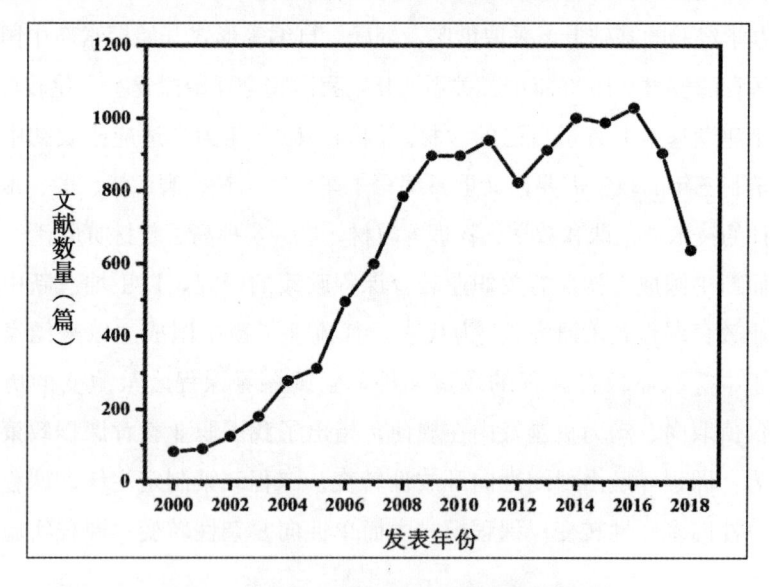

图 6-1 中国职业教育课程研究数量的点线图

[①] 夏英. 在挣扎中前行：中国近代职业教育课程史 [D]. 南京：南京师范大学，2015：5.

由图 6-1 可见，关于"职业教育课程"的相关研究，总体呈上升趋势。2000—2005 年，属于平稳增长，文献量未超过 400 篇；2006—2011 年，相关研究急剧增长，总量超过之前的 2 倍；2012 年稍有回落，但仍在 800 篇左右；2016 年达到此阶段研究的顶峰，突破 1000 篇，继而研究数量有所回落，2018 年仅有 600 篇左右。

关于职业教育课程研究的相关领域，主要集中在以下几个方面。

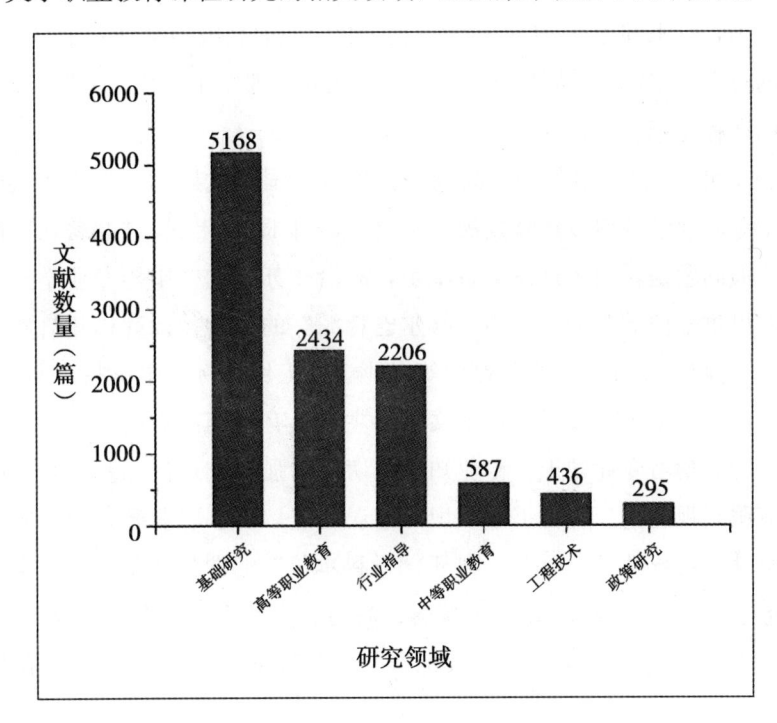

图 6-2 中国职业教育课程研究领域的柱状图

2. 职业教育课程研究的发展阶段

改革开放 40 年间，当课程变革渐次成为引领职业教育全面变革的重要推力及其深度变革的核心标识时，一场危机在悄然积聚，即陆续引介的 CBE、MES 与学习领域课程等诸多"舶来"课程模式，业已"覆盖"并"主导"了中国职业院校的课程变革。[1] 路宝利的《改革开放 40 年职业教

---

[1] 路宝利. 改革开放 40 年职业教育课程变革中"乡土话语"诠解 [J]. 职业技术教育，2018（16）：14-22.

育课程变革中"乡土话语"诠解》一文，依据课程基本样态，将中国职业教育课程的变革作了"学科本位""能力本位"和"理实一体化"三个阶段的划分。

第一阶段，职业教育课程改革的基本样态为"学科本位"。该阶段自20世纪70年代末至90年代初，跨度约15年。起点是1979年教育部出台的《全日制中等专业学校工作条例》，终点为1991年北美CBE课程正式引介到中国，标志即1990年颁布的《关于制定职业高级中学（三年制）教学计划的意见》。其间，为中职学校培养师资的"职技高师"尤其引领了该阶段的课程变革。[①]

1978年12月，改革开放的基本方略在中国正式启动。与经济跃升相伴，中等职业学校得以迅猛发展。事实上，自1985年起，"职普比"已达1∶1。但问题是，由于理论储备不足，故沿袭苏联的"中等专业学校"成为唯一可供效仿的范例。作为"赫尔巴特派"的产物，课程构建自然秉持"学科"逻辑，诚如在《全日制中等专业学校工作条例》中所指出的："中等专业学校的学生要以学习科学文化为主，具有相当高中的文化水平，并在此基础上学习专业知识。专业知识要切实加强基础理论和基础知识的教学，克服轻视理论、轻视书本知识的错误观点，要求职业教育课程内容具有科学性与系统性。"[②] 当然，基于"学科本位"的课程变革，不可全然归因于苏联模式的影响。历来"尚德、尚道、尚智"而"轻技、轻巧、轻器"等观念构成了中等职业学校课程变革的文化根脉，且至今尚在发生作用。

问题是，彼时"中职"已有别于"中专"，故当与生产脱离之弊日益凸显时，"中职"课程改革旋即被提至议事日程。但因当时研究机构或综合性大学尚未将职业教育纳入重点研究视域，遂当"遭遇"课程困境时，自然将目光转向为其培养师资的"母机"，即"职技高师"。该类院校诞生于20世纪70年代末至80年代中期，先后有吉林技工师范学院、天津技工

---

① 路宝利. 改革开放40年职业教育课程变革中"乡土话语"诠解 [J]. 职业技术教育，2018（16）：14-22.

② 教育部. 全日制中等专业学校工作条例 [Z]. 1979-06-08.

师范学院、河北农业技术师范学院等独立建制的 8 所本科，以及湖北职业技术专科学校、浙江农业技术专科学校等 5 所专科相继落成。①"中职"与"职技高师"之间"命运共同体"就此形成，在其自身的办学探索中，引领了改革开放之初"中职"的课程改革，可谓"独特"的历史贡献。

事实上，该引领作用主要包括两个层面：其一，直接将自身的办学实践"投射"至中职学校；其二，通过承担课题，研发专业目录、课程方案等，"统领"中职课程变革。这里以河北农业技术师范学院为例作一典型阐论。该院建立于 1985 年 1 月，作为一新生事物，办学与研究兼顾，尤其在主持国家"八五"期间"职技高师（农科类）课程体系优化方案研究"课题过程中，催生出张国祥、付兴国等较早的研究者。1987 年和 1995 年，张国祥相继发表《农业技术师范院校首先要有师范性——兼论农技师院的课程体系》《关于职技高师教育类课程的改革构思》等论文，在揭示"职技高师"基本属性过程中，重点提出师范模块"增扩"与"优化"的课改思路。再有，受原国家教委委托，该院主持开发《职技高师农科类专业目录》以及"农艺教育、园艺教育、畜禽生产教育、农产品储运与加工教育"四个专业教学方案，且以该院为"主任委员"成立"全国农技高师教育教材建设指导委员会"，协同安徽农业技术师范学院、东北农业大学、吉林农业大学等先后组织编撰出版与专业契合的 71 种教材。② 1986 年，该院指导建立"青龙职教中心"，且与"迁安职教中心"同设为该院附属中学；之后，逐步辐射、推进唐山、秦皇岛乃至整个河北的"中职"课程变革。

与之比较，其他 12 所院校亦如是。譬如，吉林职业师范学院与南昌职业技术师范学院分别组织同类院校起草二、三产业专业目录，工科教材则由天津职业技术师范学院主持编撰等。其间，诞生了一批卓有成效的研究成果。如 1989 年刘春生的《职业技术教育学导论》、1995 年尚元明的《职

---

① 孟庆国，曹晔，等. 中国职业技术师范教育史［M］. 北京：教育科学出版社，2016：86-88.
② 孟庆国，曹晔，等. 中国职业技术师范教育史［M］. 北京：教育科学出版社，2016：131.

业中学课程体系研究》等在对当时课程问题作深刻分析的基础上，较早提出颇具价值的思路。再有，在课程变革的实践中，针对基础课，"职技高师"提出管用、够用与实用"三用"原则，专业课则凸显职业性、技术性与应用性"三性"取向，尤其是，针对专业课采用了"综合化课程开发"方略。譬如，畜禽生产教育专业中将以往"组织胚胎学"之"胚胎内容"转移至"畜禽繁殖学"中，兼顾系统性并避免重复。同时，基于市场适应性，诸专业设置了专业方向课程，且选修课增扩至25%。[①] 这些皆为"中职"课程变革提供了样板与思路。

但是，尽管该阶段业已意识到"与生产脱节"之弊，且在根源上试图揭示其"本质"属性，亦在结合中国实际，只是，由于传统课程"惯性"之故，终使该阶段课程改革依然拘囿于"学科本位"的藩篱。如在1986年试行、1990年正式颁布的原国家教委《关于制订职业高级中学（三年制）教学计划的意见》（1986教职字008号）文件中，将中职学校政治课与文化基础课、专业课、实习课比例厘定为3∶3∶4（工农医类）、4∶3∶3（文科类）等，[②] 即受此影响。其间，实践教学虽得以"增扩"与"优化"，但对于知识系统性、知识优先性以及传统"三段论"课程模式的秉持，标志其尚未从"学科本位"中"蜕变"出来。之后，基于"能力本位"课程模式的引介成为真正逼近职业教育"本质"的"破冰之旅"。

第二阶段，职业教育课程改革的基本样态是"能力本位"。该阶段贯穿整个20世纪90年代，跨度10余年。起点即1991年北美CBE课程"登陆"中国，终点即21世纪初德国学习领域课程在中国尝试推介。"借鉴西方"成为该阶段的重要特征。其间，蒋乃平、黄克孝提出的"宽基础、活模块""多元整合"等课程模式研究使得职业教育课程变革的"乡土话语"

---

① 李文光. 职技高师课程的综合与分化 [J]. 河北农业技术师范学院学报，1996(1)：1-5.
② 国家教育委员会. 关于制订职业高级中学（三年制）教学计划的意见 [Z]. 1986-06-05.

出现"实质性"推进,影响可谓显著。①

课程变革由"学科本位"转向"能力本位"归因有三,理论前瞻即先期铺垫、教育国际化背景与西方模式影响。改革开放之后,尤其历经20世纪70年代、80年代近15年的探索、尝试,于实践界或理论界,在课程模式、课程意识等方面皆有一定的积淀。再有,与开放同步的即教育的国际化进程。其间,在强势国家主导世界的法则下,西方自然成为职业教育课程模式的"输出者",故20世纪90年代先后有北美的CBE、国际劳工组织的MES等课程引入中国,其中,尤以CBE课程影响最深。

1991年10月于成都召开的第一次DACUM课程开发技术培训班,可谓CBE课程的正式引介。该班即1989年由加拿大国际开发署(CIDA)资助设立的"中加高中后职业技术教育项目"(CCCLP)的结果。② 事实上,CBE课程模式脱胎于美国1917年"工长会议计划"的培训理念,基本轮廓凸显于20世纪60年代美国师范教育改革,之后成熟于加拿大,盛行于北美且渐次在全球职业教育与培训领域传播。CBE课程即基于"能力本位"课程,该课程颠覆了"学科本位"课程范式,着眼于岗位需求,通过实践专家解析出满足工作岗位的能力领域和专项能力,并由此开发出与"学科本位"迥然有别的学习包。

1993年中国CBE专家考察组编撰出版《CBE理论与实践》,1994年邓泽民的《CBE理论与在中国职教中的实践》等研究颇具经典价值。而2000年刘登高的《现代职业技术教育教学模式》与2001年黄克孝的《职业和技术教育课程概论》等专著起到推介扩大的作用。"能力本位"理念逐渐深植人心,遂引发20世纪90年代CBE课程在全国范围内的研究与实践热潮。如上海1996年启动的"10181"工程、江苏1997年实施的"小企业创业技能课程开发项目"及浙江的"核心技能本位"等课程改革皆以该

---

① 路宝利. 改革开放40年职业教育课程变革中"乡土话语"诠解[J]. 职业技术教育,2018(16):14-22.

② 徐国庆. 改革开放40年以来我国职业教育课程建设的过程与逻辑[J]. 机械职业教育,2017(10):1-18.

理念为依据。① 问题是，该课程模式对于岗位工作任务的肢解，尤其是对于文化课程的"忽视"，使其在"乡土化"过程中招致批评与改造。其中，蒋乃平、黄克孝等人的研究堪为典范。

作为基层教研者的表率，蒋乃平创制的"宽基础、活模块"课程颇具影响。其 1995 年发表的《MES、CBE 中西方现代教育思想印痕》一文，集中揭示出其在该阶段对于能力本位课程的思考，而事实上 1994 年发表的《集群式模块化课程理论探索》即"宽基础、活模块"的开篇之作；之后，近 20 余年，先后以数十篇论文从不同视角阐释该课程模式的内在蕴意。基于"综合借鉴"的立场，该课程模式以普通教育与职业培训为"参照"，一方面，借鉴"学科本位"之长，吸收其核心课程的诸多特征，以及"三段论"的课程安排；另一方面，扬弃了 CBE "窄义"能力本位之理念，实施了基于社会与经济需求导向的课程设计，强调职业群的"通性"分析，着眼于综合职业能力培养与岗位适应性能力提升。该课程可谓相对完善的基于"乡土化"改造的能力本位课程体系，且借助于原国家教委和北京市"八五"重点科研课题立项，该课程模式在全国 20 多个城市的 60 余所职业学校试验中获得很好的推广。②

若蒋乃平的课程思想起源于北京的职教土壤，黄克孝的"多元整合"课程则缘起于上海的职教变革。1993 年，《论职业和技术教育的课程改革》就是黄克孝关于课程改革的早期论述；1998 年，他在《优化职教课程改革的目标与原则》中，基于现代化、中国化、最优化原则，在深度分析 CBE、"宽基础、活模块"等课程模式基础上，提出"多元整合课程"思路；2001 年代表其主要理念的《论职教课程改革的"多元整合"策略思想》系统阐述了基于综合职业能力导向的"课程观整合"，深度诠解了基于知识、技能、态度立体规格的"课程内容整合"，以及基于模块化、综合化、阶段化、柔性化、个性化等的"课程结构整合"。能力本位"乡土

---

① 方展画. 知识与技能——中国职业教育 60 年 [M]. 杭州：浙江大学出版社，2009：187-188.

② 英子. 教学改革呼唤有中国特色的职教课程模式——访职业教育课程专家、北京朝阳区职教中心副主任蒋乃平 [J]. 职教通讯，1998（3）：3-5.

化"改造由此从"本位"阶段转向"整合"阶段。两位学者的研究可谓较好承接了"理实一体化"课程模式的到来。

第三阶段，职业教育课程改革的基本样态为"理实一体化"。该阶段约略自 21 世纪初期始，至今尚未结束。21 世纪初期德国学习领域课程引介到中国即该阶段标志性事件。其间，赵志群、徐涵等人的研究堪称代表。但该期尤其凸显"乡土"意蕴的改革当属姜大源提出的"工作过程系统化"课程与徐国庆提出的"项目课程"。其中，"理实一体化"成为该阶段课程变革的关键词。[①]

之所以在中国推广，除课程模式本身价值以外，与赵志群、徐涵等息息相关。两位皆为该课程模式创制者、德国著名职业教育课程专家劳耐尔教授的学生，而二者对于该课程模式"深度解读"本身即是很好的推介。除论文之外，赵志群在 2007 年出版的《职业教育与培训：学习领域课程开发手册》、2009 年出版的《职业教育工学一体化课程开发指南》，以及徐涵在 2013 年出版的《工作过程为导向的职业教育理论与实证研究》、2015 年出版的《中德中等职业教育课程改革比较研究》等专著成为德国学习领域课程颇具权威的阐释。概而言之，该课程模式规避了 CBE 课程将完整工作任务"碎片化"之弊，基于对"典型工作任务"的分析，构建了由主体、工具、对象、法则等要素融合的工作"情境"，凸显设计导向，体现工作过程知识，着眼于专业能力、方法能力与社会能力整合，尤其契合从"新手"到"专家"的课程逻辑。

如果说赵志群、徐涵使学习领域课程于中国落地生根，并将职业教育课程变革从"能力本位"推向"理实一体化"阶段，那么姜大源、徐国庆则在各自的领域使"理实一体化"课程更具"乡土"味道。

姜大源因留学德国，故受其课程论影响颇深，但其并未停留于此。从 2007 年《职业教育学新论》至 2017 年《职业教育要义》等著述，其主要阐述了富有"乡土"特色的职教理念，尤其在《论高等职业教育课程的系

---

① 路宝利. 改革开放 40 年职业教育课程变革中"乡土话语"诠解[J]. 职业技术教育，2018（16）：14-22.

统化设计——关于工作过程系统化课程开发的解读》《工作过程系统化：中国特色的现代职业教育课程开发》等论文中集中阐释了"工作过程系统化"课程。概而言之，即基于职业场与教学场的跨界理解，吸收了"工作过程导向"课程的"工作过程"元素，但规避其"典型性"不足之弊；吸收了"学科导向"课程之系统性优势，但规避其"去情境化"之缺憾，遂而构建出课程内容序化且可有效迁移的课程范式。与之比较，徐国庆于"项目课程"贡献颇大。尽管该课程模式缘起于克伯屈的"设计教学法"，但将其"再造"并引至中国职业教育课程领域，当归功于徐国庆。在理论层面，徐国庆有效破解了从"理实断裂"到"理实一体"的基本困境，且在实践领域开发出诸多可供参照的范例，可谓"项目课程"系统化改造的典范。论文以外，其对于"项目课程"的阐释集中于2005年出版的《实践导向职业教育课程研究：技术学范式》、2009年出版的《职业教育项目课程开发指南》等专著中，至今仍具引领价值。

问题是，"理实一体化"课程并非职业教育课程变革的终点，且其着实不能"覆盖"课程变革的全部视域。尤其是面对越来越多独特的、个性化、区域化课题诉求，构建更多"乡土话语"成为未来职业教育课程改革的主要趋向，但"回归乡土"困境重重。

二、改革开放以来我国职业教育课程的研究热点

随着职业教育改革的推进和深化，职业教育课程问题被学界广泛关注。改革开放以来，职业教育课程研究走过了40年的发展历程，也取得了丰硕的成果。在当前加快建设现代职业教育体系的大背景下，梳理改革开放以来我国职业教育课程的研究热点，可以为未来的职业教育课程研究和改革提供方向指引。[①] 通过对高频词汇的检索以及相关文献的分类整理，发现职业教育课程的研究热点主要集中在以下几个方面，如图6-3所示：

[①] 赵文平. 新世纪以来我国职业教育课程研究进展与反思 [J]. 职业技术教育，2016（4）：35-41.

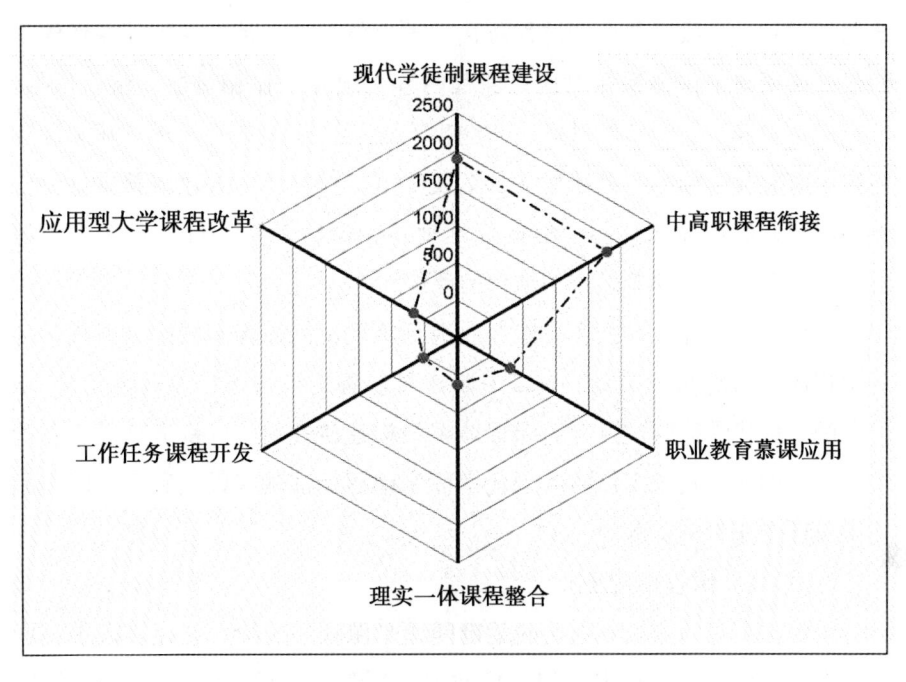

图 6-3 中国职业教育课程研究热点分布图

1. 现代学徒制课程建设研究

现代学徒制是一种旨在深化产教融合、校企合作，构建和完善校企合作育人机制，创新高技能人才培养的成熟模式。课程是实现教育目标的手段，也是决定教育质量的重要环节，要将过去具有基于"经验型"与"知识型"人才培养特点设计的课程及课程体系向现在及未来具有基于"智能型""综合性"与"和谐型"人才培养目标特点的课程及课程体系转变。[1]这就要求高职院校与企业合作采取"现代学徒制模式"人才培养时，设立科学的课程及课程体系，以培养符合现代经济发展和企业需求的高素质技术技能型人才。[2]

有研究提出创新学徒课程体系要坚持课程内容与"双标准"对接、生

---

[1] 单文周,李忠,刘玉红. 现代学徒制课程体系设置与实践——以云南 Y 校汽车运用与维修专业为例 [J]. 职教论坛, 2018（6）：50-56.

[2] 赵永胜. 我国现代学徒制课程及课程体系的构建 [J]. 教育探索, 2019（1）：43-48.

产与学习对接、教学与生产过程对接、学生与学徒对接等原则。课程体系的设计必须与工作体系相对应，课程内容必须与工作相贯通。路径包括：分析岗位素养、明晰培养目标、归纳生产技能、掌握核心需求、筛选课程内容、对应教学标准、设计教学方案及确定实施方法。人才培养质量评价上则应建立职业标准评价、学徒标准评价、课程教案评价、教学过程评价、课程效果评价等单独或相结合的评价体系。[①]

其他相关研究大都结合具体专业进行论述，例如杨忠娅的《现代学徒制课程体系的研究与实践——以中职建材装备运行与维护专业为例》、于伯良的《现代学徒制试点专业课程体系的构建研究——以铁道交通运营管理专业为例》以及朱吉顶的《现代学徒制课程标准的建设实践——以产品艺术设计专业为例》等等。

2. 中高职课程衔接研究

中等与高等职业教育衔接的关键问题是课程的衔接，它在实现中高职有效衔接中发挥核心纽带作用，是推进中高职教育贯通培养的必要条件。中高职课程作为职业教育活动的载体，以培养学生知识、能力和素养为目标，通过课程学习实现职业能力的提升，满足终身发展的职业需求。只有推进中高等职业教育课程的系统衔接才能贯通技能人才的成长通道，搭建多元教育立交桥，构建科学合理的现代职业教育体系。[②] 但当前，中高等职业教育在专业、课程与教材体系、教学与考试评价等方面仍然存在脱节、断层或重复的现象[③]，课程培养目标、课程标准建设、课程内容选择缺乏衔接性。因此，在现代职业教育体系下，进行中高职课程有效衔接的研究，对提高创新技能人才的培养质量具有重要意义。

中高职课程的衔接，主要分为"3＋3"和"3＋2"两种模式，相关研

---

① 曾元源，胡海祥，白燕. 现代学徒制教学过程的理论逻辑与设计 [J]. 教育评论，2018（3）：19-23.

② 宗成倩. 基于现代职教体系下的中高职课程衔接的探究 [J]. 中国现代教育装备，2018（11）：80-81，84.

③ 教育部. 关于推进中等和高等职业教育协调发展的指导意见（教职成〔2011〕9号）[Z]. 2011-08-30.

究也主要集中于这两种模式,例如巴佳慧的《基于现代学徒制的"3+3"中高职衔接课程体系构建》、奥丽汗娜的《中高职衔接会计专业"3+3"人才培养模式的探索与实践》、辛彦的《中高职"3+2"分段课程衔接:现状、问题与对策》、余俊帅的《浙江省"3+2"五年制学前教育专业中高职课程衔接探究》等。

其他研究多在现代职业教育体系下探索中高职课程的衔接,有代表性的是宗成倩的《基于现代职教体系下的中高职课程衔接的探究》,文章提出:根据行业企业职业岗位要求和国家职业资格标准明确中高职不同职业岗位、不同层次技术技能人才的知识、能力和素养要求,按照内容的连续性和顺序性科学合理地编排课程内容;要根据中高职不同层次之间课程的梯度,对课程教学内容进行细分、整合和选取,按照由浅到深、由简单到复杂的逻辑思路设计教学内容、教学单元,形成中高职衔接的课程结构和学生职业生涯可持续发展的人才培养格局;按照不同培养目标选择相应的等级,制订中高职课程衔接的分类标准,体现职业资格的层次性与递进性;中高职学校应联合行业企业共同制订中高职衔接的课程标准,在课程目标、课程内容、教材选用、课程评价上统筹规划,形成连贯有序、层次分明的有机整体。①

3. 职业教育慕课应用研究

2008年,"慕课"这个名词开始出现在教育界,名称来自于英语MOOC(Massive Open Online Course)的中文翻译,即大规模开放的在线课程。最早提出这个概念的是加拿大爱德华王子岛大学的网络传播与创新主任戴夫·科米尔(Dave Cormier)与国家人文教育技术应用研究院高级研究员布莱恩·亚历山大(Bryan Alexander)。② 直到2011年,具有真正意义的慕课才出现,为美国斯坦福大学的塞巴斯蒂安·特伦(Sebastian Thrun)与彼得·诺维格(Peter Norvig)教授联合开设的一门名为"人工

---

① 宗成倩. 基于现代职教体系下的中高职课程衔接的探究[J]. 中国现代教育装备,2018(11):81.

② 袁莉,斯蒂芬·鲍威尔,等. 大规模开放在线课程的国际现状分析[J]. 开放教育研究,2013(3):56-62.

智能导论"的免费课程。该课程吸引了世界各地十几万人注册学习,引起全美高等教育界人士注意。自此以后,一些著名高校,如麻省理工学院、普林斯顿大学、哈佛大学开始尝试开设慕课。2012 年,慕课的兴起也引起了商业公司的极大兴趣,多家公司纷纷与著名高校合作,分别搭建了 Edx、Coursera、Udacity 等面向全球学生学习需要的慕课学习平台。因此,有国外媒体定义 2012 年为"慕课元年"。[1]

国内开始出现有关慕课的研究文献是 2012 年,而与职业教育相关的研究则始于 2014 年,集中于 2016、2017 年。杨伟鑫在《信息化背景下高等职业教育慕课的开发与应用》中提出,信息化背景下,慕课建设的目的在于促进教育教学观念转变,推动翻转课堂、混合式教学的开展,同时探索在线课程与传统课堂的结合模式,提升教师教学水平,培养学生自主学习能力,进而改进学生学习效率和效果,不断提高高校人才培养质量。高等职业教育作为高等教育的重要组成部分,通过慕课进行教学改革是高职教育的必经之路。[2]

刘琴等的《"互联网+"视域下职业教育慕课建设模式研究》,则从"互联网+教育"的角度出发,以职业教育为导向,通过网络平台,改革数字化课程资源建设方式,将现代信息技术融入职业教育课程建设应用全过程,创设以学习者为中心、以职业岗位能力培养为主线、以学习者个性发展为特色的新型慕课建设模式,并制定以职教慕课资源为中心的课堂教学方案与教学评价方法,探索一种可实现、可模仿的网络课程资源建设模式,为保证职业教育学习质量、提升学习者学习效率从而进一步加强学习者职业能力培养,提供一定的理论指导意义与实践借鉴经验。[3]

4. 应用型大学课程改革研究

---

[1] 李斐,黄明东. "慕课"带给高校的机遇与挑战 [J]. 中国高等教育,2014 (7):22-26.

[2] 杨伟鑫. 信息化背景下高等职业教育慕课的开发与应用 [J]. 科技风,2018 (5):62.

[3] 刘琴,张平华. "互联网+"视域下职业教育慕课建设模式研究 [J]. 湖南工业职业技术学院学报,2018 (10):94-97.

应用型大学是我国高等教育的重要类型，其群体数量庞大、地位举足轻重。

应用型大学是地方经济社会发展重要的人才和智力支撑，与其所在地方，特别是城市的关系非常紧密。应用型大学要主动立足本地经济社会发展需求，真诚热情地融入地方，以比较优势服务地方，以实干奉献赢得地方认可，以满足其所在地方人民对美好生活的向往。线联平认为，推进一流应用型大学建设，要更新办学理念，坚定办"地方性、应用型"大学，服务地方经济社会发展。北京教育科学研究院副院长桑锦龙认为，推进一流应用型大学建设，可以更好地解决我国高等教育发展中不平衡、不充分的问题；可以更好构建更加公平、更具活力、更有竞争力的中国特色现代高等教育体系；可以更好地满足人民群众日益增长的对优质、公平、多样、便捷的高等教育的需求。[①]

随着应用型大学的建设，关于课程改革方面的研究日益成为学术热点。相关研究多结合具体专业进行探索，例如陈晗的《应用型大学微生物学课程教学改革与实践》、王璐的《应用型大学分析化学课程改革初探》及王晓刚的《应用型大学日语专业人才培养模式与课程体系改革与实践》等。其中，陈晗的研究是以荆楚理工学院生物工程专业本科学生为研究对象，通过对教学内容的重新编排、微课制作、案例教学、翻转课堂等多种教学手段的综合应用，对微生物学教学模式进行创新与改革。实验组与对照组教学成果和问卷调查的结果显示，新的教学模式较传统方法更利于学生对知识的掌握与应用。

而樊慧君的研究则侧重于课程考评的改革，其在《应用型大学课程考核方式与成绩评定方法改革研究》一文中提出，当前应用型大学课程考核方式与成绩评定方法仍旧是以学生的理论知识为主，没有从技能及知识运用两方面进行改革，与现在的应用型大学发展定位相违背，不利于人才培养模式的完善。在"以人为本""创新改革"的教育理念及应用型发展定

---

① 丁兆明，周月朋，李娜. 深化内涵式发展　建设一流应用型大学——第二届全国城市型、应用型大学建设论坛综述[J]. 北京教育（高教版），2018（10）：16-18.

位来看，大学课程考核方式应该更加注重教学过程及能力应用，不应该仅从教学结果考核，成绩评定也是一样，要更加注重学生的应用能力。[①]

5. 理实一体课程整合研究

关于职业教育理实一体课程的整合研究，虽表述略有差异，但内核实为相通。陈鹏的著作《共轭与融通：职业教育学术课程与职业课程的整合研究》，是将整体主义课程观的代表人物约翰·米勒的"不同知识领域的联结"理论应用在学术课程与职业课程整合上的研究成果。学术课程与职业课程作为驱动职业教育运行的一对"车轮"，助推着技术技能型人才"做人要义"和"做事技艺"素质的养成，然而从整合性人才培养的视角，二者必须在共轨中走向融通。这种职业教育课程发展的新思维恰恰迎合了新时代中国"构建人类命运共同体""产业结构转型升级"和"美好职业生活向往"对完满人培养的现实诉求。[②] 路宝利的《完整课程：职业教育课程方向》，基于对教育"二元论"的批判，在揭示知识"不完整"、组织"不完整"与取向"不完整"问题基础上，以现象学、哲学一元论等为依据，通过比较，并通过诠释概念、特征与条件，提出"完整课程"方向；之后，其《"现象学"课程：职业教育课程方向》，以"现象学"视角，重新诠释范例、行动、情境与叙事之课程意义；而其《范例：职业教育"现象学"课程研究》与《"叙事"：职业教育"现象学"课程研究》等文章即是对于"完整课程"的具体表达，同时是对于职业教育"现象学"课程理路的观照与贯彻。

刘延翠、路宝利在《"整合点"：应用型本科课程组织研究——基于专业基础课与核心课整合视角》中提出，由于"知识碎片化"，应用型本科专业基础课与核心课的课程组织存在较低的关联度，直接导致其教学效率低下，难以满足高新产业对应用型人才的需求。文章通过借鉴课程组织原理，从课程框架、课程内容、知识点和技能点等三个层面进行课程的整

[①] 樊慧君. 应用型大学课程考核方式与成绩评定方法改革研究［J］. 产业与科技论坛，2018（22）：251-252.

[②] 朱德全. 在共轨中融通：中国职业教育课程发展新思维追寻［J］. 江苏理工学院学报，2018（2）：127-128.

合。"一体化"的课程组织整合形式,以"整合点"为核心,参照传统学科整合批判,为应用型本科专业基础课与核心课的课程组织整合提供了新范式。①

陈鹏的《职业教育课程整合：嬗变、经验与反思——学术性与职业性融合的视角》,以独特视角,分析了课程建设的重要作用——是职业教育内涵建设的关键环节与核心内容,因此,必须以课程改革作为职业教育内涵建设的突破口。全面发展的"职业人"所具有的学术品质和职业品质不是彼此割裂的,而是以综合职业能力的形式一体化建构于完满的职业人格中。因此,必须通过课程的整合化建设,尤其需要通过学术课程与职业课程的相互融合来实现完满职业人格的培养。纵观新中国成立以来职业教育课程改革的发展史,学术课程与职业课程整合的印迹始终存在着,并且有不断增强的趋势,但在新时期面对人才培养的新需求,仍存在亟须解决的新问题。

6. 工作过程系统化课程开发研究

工作过程系统化课程的理论与模式在中国职业教育界产生了很大的影响。关于职业教育工作过程系统化课程开发的研究,代表性学者姜大源有一系列的研究成果。其中一个标志性成果《学科体系的解构与行动体系的重构——职业教育课程内容序化的教育学解读》系统阐述了工作过程系统化课程的理论基础：职业教育课程内容,应以从业中实际应用的经验和策略的习得为主,以适度够用的概念和原理的理解为辅。课程内容序化的哲学思考在于：作为一种知识序列,课程内容序化的最重要的目标指向,在于如何使学习的主体——学生容易地接受这一序列。因此,课程序化的教育学思考强调的是学生对知识的构建过程,应以工作过程为参照系整合陈述性知识与过程性知识。课程不再片面强调建筑在静态学科体系之上的显性理论知识的复制与再现,而是着眼于蕴含在动态行动体系之中的隐性实践知识的生成与构建。实际上,"工作过程导向课程"的开发过程,是一

---

① 刘延翠,路宝利."整合点"：应用型本科课程组织研究——基于专业基础课与核心课整合视角［J］. 职业技术教育,2016（31）：27-32.

个伴随学科体系的解构而凸显行动体系的重构的过程。[1] 姜大源的另一篇论文《工作过程系统化：中国特色的现代职业教育课程开发》指出：跨界的职业教育，必然要有跨界的课程。基于工作过程系统化，开发跨越职业场和教学场的课程，是课程内容组织，亦即课程内容序化的另一种课程范式。相对于学科知识系统化的课程内容序化方式，工作过程系统化课程更有利于培养学生"做事"的能力；相对于工作过程导向的课程，工作过程系统化课程则强调通过系统化的工作过程设计，让学生通过比较、迁移和内化，培养发现问题、分析问题和解决问题的思维，掌握资讯、决策、计划、实施、检查、评价的完整行动策略，从而促进学生的可持续发展。[2]

再有，路宝利《高职工作任务课程开发中"知识析出"理路的切问》一文，指出高职在以"工作任务"课程替代"学科本位"课程的变革中，由于受到普通教育课程关于知识"选择与组织"逻辑的深度影响，对于两种课程范式的标志性差异——"知识析出"理路的解读一直被忽略，进而影响了高职课程在知识论与知能关系等多个维度的理论拓展，如此，势必导致高职课程改革的"表层性"与"局部性"；对于"知识析出"之意、之理、之困、之解的切问是高职"工作任务"课程开发本身的理论需要。[3]

三、改革开放以来我国职业教育课程研究的重点文献

1. 课程原理研究重点文献

姜大源的《职业教育学研究新论》（2007 年）共四章，主要谈职业教育微观层面的教学问题。其中第三章为课程论，指向实现专业建设培养目标的职业教育方案——职业教育课程的特征及其开发问题，其关键词是工作过程系统化、学科体系的解构与行动体系的重构。具体内容分为五个部

---

[1] 姜大源. 学科体系的解构与行动体系的重构——职业教育课程内容序化的教育学解读[J]. 教育研究，2005（8）：53-57.

[2] 姜大源. 工作过程系统化：中国特色的现代职业教育课程开发[J]. 顺德职业技术学院学报，2014（7）：1-11，27.

[3] 路宝利. 高职工作任务课程开发中"知识析出"理路的切问[J]. 江苏高教，2013（4）：133-136，155.

分：其一，阐述了职业教育课程的基本概念。职业教育课程是连接职业工作岗位的职业资格结构与职业教育机构的培养目标结构，及学生所获得的相应职业能力结构之间的桥梁。① 其二，分析了职业教育课程的本质特征。主要有三个：一是定向性与能力观，职业导向与专业能力、方法能力和社会能力；二是应用性与基础观，适度够用与职业基础学力和职业专业学力；三是整体性与过程观，整体评价与职业分析、职业活动和职业能力。② 其三，剖析了职业教育课程的结构类型。职业教育的课程整体结构，即课程的宏观编排、组织，主要有三种结构：纵向板块、横向板块和纵横板块。职业教育课程的微观结构即教学科目或教学活动的种类和方式，或者说课程教学内容的选择与组织的种类和方式，主要包括五种类型：学科课程、活动课程、综合课程、核心课程和模块课程。③ 其四，介绍了职业教育课程的开发途径。职业教育机构的课程开发方法包括调查社会需求、分析工作任务、进行教学分析、确定课程门数、编写课程标准和制定课程方案六个阶段，地区或行业的课程开发方法包括问题剖析、案例研究、作业分析和课程编制四阶段，提供了两种可供选择或可供借鉴的方案。④ 其五，关于职业教育课程的理论创新。作者提出课程不再片面强调建立在静态学科体系之上的显性知识的复制与再现，而是着眼于蕴涵在动态行动体系之中的隐性实践知识的生成与构建。实际上，"工作过程导向课程"的开发过程，是一个伴随学科体系的解构而凸显行动体系的重构的过程。这为职业教育课程改革与发展，推进符合职业教育特色的课程开发提供了理论基础。⑤

徐国庆的《实践导向职业教育课程研究：技术学范式》（2005年）力求突破职业教育的传统研究范式，以问题为中心进行研究，所研究问题均

---

① 姜大源．职业教育学研究新论［M］．北京：教育科学出版社，2007：117．
② 姜大源．职业教育学研究新论［M］．北京：教育科学出版社，2007：123-124．
③ 姜大源．职业教育学研究新论［M］．北京：教育科学出版社，2007：136-137．
④ 姜大源．职业教育学研究新论［M］．北京：教育科学出版社，2007：147．
⑤ 姜大源．职业教育学研究新论［M］．北京：教育科学出版社，2007：165．

来源于实践，但又不是直接的实践问题，反映了职业教育学术发展的前沿问题，覆盖了职业教育的主要问题域。其内容大致分为三个层面：第一层面，首先展现职业教育课程的学问化倾向，继而追溯职业教育课程学问化的思想之源，即技术独立性的丧失，然后对职业教育课程学问化的形成机制进行分析；第二层面，详细论述了技术知识的结构与性质，针对传统职业知识理论的局限，提出技术实践知识与技术理论知识整合的观点；第三层面，首先阐述关于实践导向职业教育课程的开发，涉及课程的目标、门类及结构开发，课程内容及组织模式的开发，然后分析实践导向职业教育课程的实施，最后剖析能力本位评价的利弊，提出走向真实性评价的实践导向职业教育课程评价方式。[①]

徐国庆的《职业教育课程论》（2015年）以工作体系与学术体系的相互独立性为论证出发点，基于职业教育课程的内在演进机制，围绕职业教育课程实践的问题结构展开职业教育课程理论的基本逻辑体系。该著作将理论与实践相结合，旁征博引，清晰地梳理出了我国职业教育课程中错综复杂的理论观点，形成了富有启发性的学术观点，继而借助这些理论论述，系统地探讨了当前职业教育课程中的主要热点问题，从而形成了完整的职业教育课程理论体系。尽管此著作把写作内容定位在职业教育课程理论，主要在概念与原理层面探索职业教育课程，但它对这些理论的探讨完全是基于现实中的重大问题，而对这些问题的回答也在很大程度上是基于实践，因而其形成的许多观点对实践具有很强的启发性，可以很好地指导实践。

徐国庆的《职业教育课程、教学与教师》（2016年）分析了我国职业教育课程、教学与教师三大领域中的突出问题与解决思路。课程、教学与教师作为教育学研究中较为重要的三大领域是密切相关的。课程是教育活动的基础；教学则是通过教师的活动使课程为学生所掌握的过程，有了扎实的教学活动，课程对学生来说才有意义；而无论是课程开发还是教学实

---

① 徐国庆. 实践导向职业教育课程研究：技术学范式 [M]. 上海：上海教育出版社，2005：1-5.

施，都需要由教师来完成，教师的能力水平对二者来说极为关键，而教师能力的提升又需要通过课程开发与教学实施活动来进行。该著作将我国职业教育改革与发展的三大关键领域——课程、教学与教师综合起来研究，在其相互作用的视野中寻求对这三大领域的系统理解，所涉内容包括：国家层面职业教育课程建设的意义；职业教育课程改革的心理学基础、知识论基础和方法论基础；职业教育教学组织设计、课程衔接体系设计、教材设计、教学资源开发、项目教学设计模型；职业教育教师培养的国际经验；我国职业教育教师培养体系设计和模式改革等。

2. 课程模式研究重点文献

蒋乃平主编的《"宽基础、活模块"的理论与实践》（1999年）主要有四大部分：第一部分，KH（宽基础、活模块）模式总论，分为课程目标、课程结构与开发、课程观念、课程实施和评价等章节，由蒋乃平执笔。第二部分，学者对KH模式的评价或有关论述，收集了马庆发等10位学者和专家的文章。第三部分，有关KH模式的研究论文或实验报告。第四部分，15大类、数十个专业的实验性教学计划。此著作的重点是对国内外职教课程模式进行比较研究，找出国外职教课程模式可资借鉴的精华，研究我国市场经济体制和科技进步对一线劳动者智能结构的需要，分析我国现行课程模式的长处和弊病，开发出符合我国新时期需要的职业学校课程模式，既有理论高度，又有操作指南，在全面推进素质教育、以职教课程改革为突破口的教学改革中有重要的参考价值。[①]

邓泽民等在《借鉴CBE理论，构建适合中国国情的职教模式》（2002年）中提出，我国传统职教模式以学校为主体，课程教学以学科为中心，理论与实践严重脱节，毕业生的职业素质和职业能力普遍较差。为此，我们要借鉴CBE理论及其模式进行改革。但再好的教育理论和教育模式也要符合本国实际，要本着洋为中用的宗旨全面开展教学改革工作。在实践中注意把握CBE理论及其模式的精神实质，即能力本位教育，在课程开发

---

① 朱桂英. 我国第一本有关职教课程模式的专著——评介《"宽基础、活模块"的理论与实践》一书 [J]. 北京教育（普教版），2000（2）：27.

和教学实施中不搞教条主义、不搞本本主义。通过学习其理论，吸收其有益的经验和合理的内涵，改革我国传统职业教育中的不合理部分和阻碍职业教育深化发展的主、客观因素，并在此基础上探索适合中国国情的职业技术教育教学模式，完善和发展我国的职业技术教育理论。[①]

黄克孝的《职业和技术教育课程概论》（2001年）主要内容分为四个部分，共计十八章。第一至五章为"原理篇"，阐述职技教育课程的部分原理；第六至十一章为"探索篇"，是国内外一些课程模式的理论和实践的研究；第十二至十六章为"改革篇"，是部分单位对于职技教育课程改革实践的探讨。新中国成立以来对职技教育课程发展的误解，上述各章均有所涉及，中国近代职技教育课程的发展和中国台湾地区有关状况作为"附篇"的第十七、十八章，以补前文在中国职技教育课程发展史方面的不足。此著作试图从理论的认识水平和实践的实际状况两个方面，概括当时我国部分地区和单位的职技教育课程改革的大致情况以及编者课题组的主要认识和实践成果。

3. 课程开发研究重点文献

徐国庆的《职业教育项目课程：原理与开发》（2016年）上一版名为《职业教育项目课程开发指南》，此次修订即调整了对项目课程的理论定位。相比前版把项目课程的提出仅仅定位于项目教学实施的需要，修订版则认为项目课程更应立足于社会职业和工作世界的根本性变革，从更高层面上判断项目课程的意义。另外，此次修订对项目课程开发的许多技术环节进行了细化。比如，更为详细地说明了职业能力的开发方法；在项目教学设计环节系统归纳了项目教学过程中学与教活动的基本框架。为了让读者更好地领悟项目课程各环节开发的技术要领，第二版同样注重案例的遴选与呈现。随着对项目课程开发方法的调整和细化，项目课程开发实践中也出现了大量更为优质的案例，第二版根据解释的需要对这些案例进行了精选，对前版中的案例进行补充和撤换，以体现案例的现时性。此著作聚

[①] 邓泽民，陈庆合，郭化林. 借鉴CBE理论，构建适合中国国情的职教模式[J]. 河北职业技术师范学院学报（社会科学版），2002（1）：31-36，108.

焦项目课程的理论与实践，梳理项目课程的内涵，详细地解析了整个开发的全过程，并以丰富的第一手案例支撑每一步工作流程，有助于教师加深对于新课程理念的理解。

赵志群的《职业教育工学结合一体化课程开发指南》（2009年）为一本职业教育课程开发的指导性手册，其主要内容是开发职业教育"工学结合的、基于工作过程的、理论与实践一体化"课程的方法。作者对国内外职业教育课程理论与课程开发实践的最新进展进行梳理和总结，提出了一套系统、简便、操作性较强的课程开发指南。阅读此著作，有助于读者把握职业教育工学结合一体化课程的内涵，认识职业资格研究对就业导向职业教育课程开发的重要性，厘清现代职业教育课程的重要概念，明确工学结合一体化课程开发的指导思想和基本流程，实施基于工作过程的职业资格研究，描述学习领域，设计学习情境与课业，选择学习方式方法并设计学习环境，建立课程质量的监控与评价体系。它可以指导职业院校教师开发以综合职业能力发展为目标、将完成典型工作任务作为基本教学内容、强调理论实践一体化和工作过程系统化的教学为特征的现代职业教育课程。

严中华的《职业教育课程开发与实施——基于工作过程系统化的职教课程开发与实施》（2009年）基于工作过程系统化的理念，对职业教育课程开发的思路与步骤进行了梳理和阐述，为广大职业院校教师进行课程开发提供了良好的指导。具体内容包括：国外课程体系开发最先进的理念和最佳的实践模式，中国课程改革现状，行动领域设计与开发的要素、标准、方法和步骤，学习领域设计与开发的要素、标准和方法，学习情境设计与开发的要素、标准和方法，行动导向教学模式实施的基本条件与方法，国家示范性高职院校建设标准与国家精品课程的建设标准解读，新课程体系下高职教师开展教学所必需的基本职业素质和胜任能力等。该著作旨在传播高职教育的最新理念，推广介绍相关院校课程体系改革的方法和经验，创新高职经济管理类课程设置体系。

4. 课程比较研究重点文献

徐涵的《中德中等职业教育课程改革比较研究》（2015年）以中德两

国中等职业教育课程改革为研究对象，运用理论与实证相结合的研究方法，比较分析了20世纪70年代以来中德中等职业教育的课程改革政策、典型模式和改革效果，系统地揭示了中德中等职业教育课程改革的全貌及基本特征，提出了我国中等职业教育课程改革的基本策略。其主要内容包括：我国中等职业教育课程改革概述、我国中等职业教育课程政策、我国中等职业教育课程改革的典型模式、我国中等职业教育课程开发、我国中等职业学校课程改革实施现状分析与评价、德国中等职业教育课程政策、德国职业学校典型课程模式学习领域课程、德国学习领域课程方案的应用等。

吕红的《澳大利亚职业教育课程质量保障研究》（2011年）从梳理澳大利亚职业教育改革的经典框架与经验之路入手，对澳大利亚职业教育的"需求导向型"课程模式、课程质量保障体系的价值取向，以及标准建设和投入体系、管理和评价体系进行了深入剖析。作者最后在借鉴澳大利亚先进经验的基础上，结合我国职业教育现状，对我国职业教育课程质量保障体系的建构方式进行了探索，提出了有益的基本思路和框架设想。

5. 课程设计研究重点文献

中德唐山农村职业教育项目组编，L. Gräf，赵志群主编的《以实践为导向的职业教育：中德农村职业教育合作课程方案》（2004年）介绍了中、德开展的农村职业教育合作项目情况，对唐山市引进德国职业教育经验、探索提高我国农村地区职业教育质量的新思路等进行介绍。中德唐山农村职业教育合作项目所取得的成果，有三项内容最为突出：首先，形成了以实践为导向的教学模式；其次，培养了一批适应先进教育教学模式的教师及管理人员；最后，毕业生的实践能力得到用人单位的认可。此项目的中方负责人赵志群在讲话中说："中德合作项目的实施过程，是国外先进职业教育经验本土化的过程，即在深入研究国外先进经验的基础上，探索符合我国国情、省情和校情的现代职业教育体制，充分体现了德国双元制职业教育的特点就是企业参与职业教育。"[1]

邓泽民的《职业教育课程设计》（2017年）通过对职业教育课程的心理学、社会学和哲学基础进行有针对性的研究，明确了素质与职业素质、能力与职业能力，知识经济社会对人才培养的要求，知识、能力与素质的来源，发展过程和价值取向等与职业教育课程设计密切相关的理论问题。在此基础上，该著作摒弃了只见知识不见人的学科课程观和只见工作不见人的工作过程课程观，提出了基于职业成长的课程观；制定职业教育课程设计的专业设置原则、课程目标确定、课程内容筛选、课程组织、课程实施和课程评价原则；形成了以职业特质为主线，基于职业成长的职业教育课程设计模式；运用这种新的课程设计模式设计出了技术、服务和艺术三大类专业的课程方案，以及职业教育课程设计评价的指标体系。

6. 课程改革研究重点文献

鲍洁主编的《中国高等职业教育课程改革状况研究》（2012年）是联合国教科文组织资助项目"中国高等职业教育课程改革状况调研"的研究成果。项目组在我国《国家中长期教育改革和发展规划纲要（2010—2020年）》颁布后，中国高等职业教育进入了新的历史发展时期之时，针对高等职业教育发展中的核心问题——课程改革进行了现状调研。经过对数据的分析，形成研究结论，对促进新时期中国高等职业教育课程改革健康深入发展，清楚地了解和把握高等职业教育课程改革现状具有重要意义。此著作可为教育主管部门制定政策提供参考，为高职院校管理者、教师及高等职业教育研究人员提供课程改革的基础数据和相关建议。

第三节　对职业教育课程研究的分析与思考

一、对中国职业教育课程研究的分析

回顾我国近现代职业教育课程的发展历史，不同时期的课程价值取

---

[1] 杨春霞. 德国"双元制"在中国的本土化过程——中德唐山农村职业教育合作项目经验交流会综述[J]. 教育与职业，2004（11）：4-5.

向、课程设置结构，以及不同课程知识选择与分等，表现为社会统治阶级对职业教育的规约，相关研究从宏观课程体系逐步深入到微观课程内容。为了对近现代中国职业教育课程研究进行更加细致的梳理分析，这里回归课程本身，结合职业教育课程系统内部要素进行分析。

1. 关于职业教育课程本质观研究的分析

随着课程研究的深入，人们对职业教育课程本质的认识发生了转变，从学科知识本质观走向了基于工作、职业和实践等角度的多元化认识。例如以下代表性观点："职业活动成为我国职业教育课程本身所固有的，决定其课程性质、面貌和发展的根本属性，所以我国职业教育课程的本质是职业活动。"[1] "职业教育课程就是通过在实践活动中，让学生获取一系列职业社会所需经验的有机系统。"[2] "通过课程内容、活动、目标等要素承载现代职业伦理价值对工作世界、职业定向、岗位能力的具体规定性。"[3] 特别是超越了工作、生产的物质的角度审视职业教育课程，而确立从人的生存意义、生命意义的角度认识职业教育课程。如"在生存论看来，职业教育课程即体验，课程即过程，课程即交往——职业教育课程即意义生成"[4]。本质观问题是一个根本性问题，对本质的认识将直接制约和影响课程的行为实践，认识到实践、职业、生存的本质属性，最终确立起关注个体全面职业人格发展的职业教育课程本质观。

2. 关于职业教育课程目标研究的分析

研究涉及目标取向、目标内容和目标开发几个方面。如有研究者提出，"我国职业教育'面向人人，人人都可以成才'的课程价值观需要其课程目标取向的种群超越和精神发展，但也需要发挥'普遍性目标''行

---

[1] 邓泽民，吴学敏. 我国职业教育课程本质观与价值观的转变 [J]. 中国职业技术教育，2009（36）：56-58.

[2] 门燕丽，周志刚. 职业教育课程本质的多元论思考 [J]. 职教论坛，2011（18）：4-7.

[3] 肖凤翔，蓝洁. 现代职业教育课程本质探析 [J]. 职业技术教育，2013（28）：29-33.

[4] 卢洁莹，许锋华. 职业教育课程即意义生成——基于生存论的职业教育课程价值观探讨 [J]. 西南民族大学学报（人文社会科学版），2010（8）：261-264.

为目标'的作用,形成一种新的课程目标混合取向,作为我国职业教育的课程目标取向"①。职业教育课程目标的内容问题,依据职业教育人才培养目标定位,形成了综合职业能力目标内容的观点。目前,虽缺乏可操作化的职业教育课程开发技术方法的研究,但有研究者已提出要考虑从技术发展水平、职业教育理念、职业教育模式、企业规模、生产组织方式等方面的因素分析来开发职业教育课程目标的思路。②当前,关于目标问题研究的关键点是职业教育课程目标如何与职业标准相对接,换句话说就是职业教育课程的目标定位能够符合职业工作岗位的资格要求。

3. 关于职业教育课程内容研究的分析

研究包含内容选择、组织与设计等方面。从知识的角度审视职业教育课程内容选择与开发,如从工作知识、技术知识、实践性知识、默会知识等视角探讨如何选择的问题。关于课程内容组织方面,姜大源教授提出课程内容序化的行动体系观,并且不少研究者引入德国学习领域的课程内容组织策略。"职业教育课程内容设计要处理好学术性与职业性、实践与理论、基本职业能力和关键能力三大关系。"③同时学界关注到一个课程内容组织表现形式方面的问题,即课程结构体系的问题,特别是从专业层面课程门类关系的角度探讨如何构建专业课程结构,如有研究者归纳出四种模式:基于完整职业能力的课程结构、基于课程功能优化的课程结构、基于职业发展阶段的课程结构、基于生产流程环节的课程结构。④

4. 关于职业教育课程实施研究的分析

代表性研究成果有《中等职业技术学校实训课程实施现状及对策研究》《项目课程实施中的高职教师适应研究》《基于创生取向课程实施中的高职教师角色转变的研究》《工作过程导向的中职教师课程实施能力研究》

---

① 邓泽民,刘京文. 面向人人的职业教育诉求职业教育课程目标取向的转变 [J]. 中国职业技术教育,2009 (21):41-43.

② 徐国庆. 职业教育课程目标开发的多因素分析 [J]. 职教论坛,2004 (8s):15-20.

③ 龚雯. 职业教育课程内容设计中的三大关系 [J]. 现代教育管理,2010 (7):94-96.

④ 赵文平. 职业院校专业结构设计模式评析 [J]. 职教论坛,2015 (6):21-24.

等。通过文献梳理发现，对职业教育课程实施中的教师问题关注较多，如某类课程实施中教师角色、教师能力、教师适应性等方面的问题，认识到了教师在课程实施中角色和地位的重要性。其实，职业教育课程实施问题具有复杂性，但从实施中所涉及的影响因素来看，有观念因素、制度因素、环境因素、物质因素、人的因素等，所以，诸如校企合作机制、实践体系环境、相关实训设备等均是课程实施问题研究的范畴。

5. 关于职业教育课程评价研究的分析

在当前对职业教育质量价值诉求的大背景下，学界开始关注职业教育课程质量保障的问题，"各职业院校都在搞新课程开发，但对课程如何评价没有通盘考虑和安排，更没有对课程评价进行专门组织和规划。整个课程开发过程缺乏一个对课程整体反思的环节"[①]。"如何通过适切的课程评价随时诊断课程设计和实施中的问题，及时修正课程，从而保证职教课程改革顺利进行是当前职业教育的一项重要课题。"[②] 其实，在保障问题之中的一个基础性难题，是职业教育课程的评价标准问题，即合理的、科学的职业教育课程的标准是什么？这是质量保障的依据，这一问题有待于进一步研究。

二、对当前中国职业教育课程研究的思考

1. 职业教育课程的基础理论研究仍较缺乏

现有研究成果多为以解决实际问题为重点的应用研究，指引实践改革的职业教育课程基础性理论问题并没有得到很好解决。例如，职业院校学生的内在学习规律，实质上是职业教育课程开发的一个重要基础性课题，但是学生的学习规律，特别是技术技能成长的规律问题没有得到解决，也就未能为课程开发提供科学依据。再如，知识问题作为课程研究的一个核心领域，职业教育课程开发中所涉及的知识究竟是什么样的？以技能性和实践性知识来说，这些知识的表现形态是什么？学生如何获得这些知识？

---

① 袁丽英. 课程评价：职教课改中的重要环节 [J]. 职教论坛，2010（12）：47-50.

② 袁丽英. 职业教育课程评价要抓住三个关键 [N]. 中国教育报，2009-10-12.

这些基础理论问题是课程内容选择组织的依据。现有相当一部分研究成果处于实践探索的经验层面，尚未上升到问题背后的实质性基础理论难题的解答层面。[1]

2. 职业教育课程的学术组织有待建设

与普通教育的课程论专业委员会相比，职业教育课程研究还没有形成规模和制度化氛围。这在某种程度上给研究者带来研究方向归属感缺乏的感觉，通过专门学术组织的学术活动可以凝聚研究领域的方向感和一致性行为。中国职教学会作为一级学会下设有围绕教学、管理、科研、德育、学生等方面的30个分支机构，只是将课程研究会作为教学工作委员会下设的一个学术机构，没有独立出来与教学工作委员会、师资专业委员会平级，高层次的职业教育课程研究学术组织尚未建立。[2]

3. 职业教育教师课程开发有待加强

目前在理论和实践中人们均认识到了教师在课程开发中的主体作用，但是教师课程开发的主体作用却发挥不够，对于职业教育教师课程开发的相关问题有待于加强研究。课程开发中教师所扮演的角色和发挥的作用，教师课程实践中如何进行二次课程开发，职教教师应具备什么样的课程能力，职教教师课程开发能力现状如何，如何对其进行培养等相关问题还未得到解答。专门的职业教育教师课程开发能力研究仍是一个重要课题。

4. 职业教育课程研究的学术话语规范不足

近些年，关于职业教育课程方面的新的概念术语层出不穷，一方面反映出职业教育课程研究的学术繁荣；另一方面也折射出一些问题——学术话语的规范性不足，各派理论话语各自为政，其背后实质性的出发点是完全一致的，但话语的混乱给实践带来了方向指引的抉择难题。如"基于学生职业素质的高职课程体系模式建构""以培养职业素质为核心的中职课程结构的构想""技工院校学生职业素养课程体系的研究""高职生基本职

---

[1] 赵文平. 新世纪以来我国职业教育课程研究进展与反思[J]. 职业技术教育，2016（4）：35-41.

[2] 赵文平. 新世纪以来我国职业教育课程研究进展与反思[J]. 职业技术教育，2016（4）：35-41.

业素养课程体系构建的研究",在"职业素养"与"职业素质"之间的课程研究,严格意义上说二者是有区别的。从此类文献中不难看出,研究者对于基本学术概念的使用存在不规范的问题,存在课程研究话语混乱现象。①

三、对未来中国职业教育课程研究的展望

1. 探究基于实践的职业教育课程理论研究范式

正如靳玉乐所揭示:"我国的教育研究向来存在诸多悖论现象,注重理论探讨,但不能致力于提炼高度概括力的学科范畴;热衷开展教育实验,但疏于对实验现象作深度理性的思考和提升,不由之归结出新的理论问题和结论,不能将之自觉融入先前积累的理论知识之中,没有沿着问题—实验—反思—推演—理论—新的实验这一人类探究活动的基本脚本进行下去;注重教育实践考察,但却为实践而实践。"② 职业教育课程研究大抵也如此,始终不能在实践中形成普适性理论,不能将现有生成的理论付诸实践。

当前我国的职业教育课程,是中国社会现代化推进过程中对技术技能人才新需求背景下的职业教育课程,是我国职业教育发展本土背景下的职业教育课程,"我们不能老依赖别人,靠知识输血过日子,而要有自己的文化精神生长点"③。所以,面向我国当前的职业教育课程实践,一定要研究我国本土的职业教育课程问题,在吸收借鉴与本土生成之间,发现、研究和解决自身的实践问题,构建本土理论。

2. 开发职业教育课程新的研究问题域

开发新的研究问题域可以从四方面着手:一是从领域或学科交叉的角度发现新的研究问题域;二是从问题本身所涉及层面剖析问题,每一问题

---

① 赵文平. 新世纪以来我国职业教育课程研究进展与反思 [J]. 职业技术教育,2016(4):35-41.

② 许露,庄亚明. 澳大利亚职业教育课程质量标准体系及启示 [J]. 职教论坛,2011(12):94-96.

③ 李向阳,李清华. 理论自觉是一种责任担当 [N]. 光明日报,2012-10-04.

的研究均可以从本质、价值、事实和行为四个层面去研究；三是从实践中遇到的难题或矛盾去升华问题域；四是学术研究与政策需求互动，拓展政策研究视域。

第一种思路，如职业教育课程的技术哲学、职业教育课程的伦理学、职业教育课程的文化学等研究域。第二种思路，如职业教育课程评价的本质要素、职业教育课程评价的价值、职业教育课程评价的现状、职业教育课程评价的方法等问题域。第三种思路，以职业教育课程实施问题域为例，该问题域中仍有很多值得深入研究的问题：职教课程实施中的教师适应性、职教教师课程意识、职教教师课程实施能力、职教教师课程开发能力、工作过程课程实施、项目课程实施、行业企业参与课程实施、"双师型"教师的课程角色等。第四种思路，如《国家中长期教育改革和发展规划纲要（2010—2020年）》明确指出，"积极推进学历证书和职业资格证书'双证书'制度，推进职业学校专业课程内容和职业标准相衔接"。那么，课程内容与职业标准相衔接的问题就是一个新的问题域。[①]

3. 建立职业教育课程研究的学术共同体

当前我国职业教育课程研究还处于起步阶段，也可以说中国职业教育课程研究目前处于体系构建阶段，尚未达到流派纷呈、百家争鸣的成熟发展阶段，因为诸多问题还未形成基本体系，需要的是学术研究合力和学术研究共识，中国职业教育课程研究迫切需要形成学术共同体。这里所说的研究学术共同体应在学科体系、研究方法、思维方式、话语体系等方面形成一致性的表现。可以有争论和不同的观点，但是基本问题应达成共识，如对于职业教育课程开发的基本依据问题和逻辑起点问题，这是开展职业教育课程开发的立足点。

4. 拓展职业教育课程的跨学科研究视角

受西方课程史研究影响，我国学界对职业教育课程史研究不再局限于分析社会、经济、政治、科技等个别因素对课程发展的影响，开始尝试借

---

① 赵文平. 新世纪以来我国职业教育课程研究进展与反思 [J]. 职业技术教育，2016（4）：35-41.

鉴跨学科视角来解释课程发展动力机制。夏英在《中国职业教育课程体系百年演进的社会学分析》[1]中运用社会学理论工具，分析我国近现代职业教育课程价值与地位、课程设置与组织以及课程知识选择与分等，揭示课程背后隐藏着的某些价值观念和意识形态的控制，以及不同权利主体之间的利益争夺与力量抗衡，具体表现为社会统治阶级对职业教育的规约从宏观课程体系逐步深入到微观课程内容，实用性、技术性的价值取向将职业教育培养人才指向劳工阶层，相对稳定的课程结构及课程形态也进一步迎合并维护了社会权力结构。[2]

职业教育研究呼唤多学科背景构成的科研群体，加强团队合作，群体攻关。研究问题的复杂性，涉及知识的多样性，决定了其研究主体的群体合作性。如技能教学问题既涉及技能心理问题，也涉及教学论知识，还涉及具体某一专业的技能问题，这就需要研究技能教学问题的主体应该由心理学、教育学、工学等多学科背景人员构成。[3]帕森斯（T. Parsons）指出，"人类行为领域中优秀的一般理论不管它怎样坚定地扎根于一门学科之中，但它必然是跨学科的理论"[4]，意即我们既要利用好本学科成熟的理论成果，也要汲取相关学科理论成果的营养。因此，我们呼吁未来的职业教育课程研究，要融合其他学科知识，上升至跨学科的视角进行研究。

5. 构建职业教育课程研究的"乡土话语"

改革开放40年来，职业教育课程研究的基本态势仍是西方模式主导，而真正以完整"乡土话语"命名的课程模式尚未出现，且该态势目前并未有改善的迹象。其中，"基因""依附"与"范式"等构成职业教育课程研究发展困境的主要向度。困境的厘清，即走向自觉的开端。事实上，"世界上并无两片完全相同的树叶"，任何形式的职业教育都有其存在的合理

---

[1] 夏英. 中国职业教育课程体系百年演进的社会学分析［J］. 中国职业技术教育，2013（30）：8-13.

[2] 夏英. 在挣扎中前行：中国近代职业教育课程史［D］. 南京：南京师范大学，2015：5.

[3] 王岳川. 发现东方［M］. 北京：北京图书馆出版社，2003.

[4] 赵文平. 我国职业教育研究的方法论思考［J］. 职业技术教育，2013（16）：17-20.

性，职业教育课程研究的发展，要遵循职业教育本身固有的"民族性""复杂性"与"局域通约性"的属征逻辑。故职业教育的理想状态是：于世界，"美国模式""中国模式""非洲模式"等彼此缤纷；于中国，"邢台模式""宝安模式"与"太仓模式"等异彩纷呈。

新中国成立70年来，中国职业教育课程研究在理念、制度、模式等诸多层面皆有深厚积淀，尤其是，改革开放业已进入一个新时代，故而职业教育课程"乡土话语"构建，一方面在传习优秀的文化根脉，另一方面则正逢其时。秉持"乡土"理念，坚守"原创"学术，着眼"协同"创新，期冀与CBE、MES、项目课程、学习领域课程等共同创建职业教育课程的"百花园"。

第七章　职业教育教学研究

　　教学论是教育科学的一个分支，围绕着教与学活动的各要素展开，它"既要研究教学的一般规律，也要研究这些规律在实际中的运用"①。"教学"可以理解为"教的人指导学的人进行学习的活动"，是"教和学相结合或相统一的活动"。② 教学论主要涉及教学目的与目标、教师与学生、教学过程及原则、教学方法与手段、教学环境、教学设计、教学评价、教学管理等与教学直接有关的问题。③ 随着我国职业教育教学实践的发展，人们也从理论和实践层面展开相关研究，如1997年马庆发教授在《外国教育资料》上先后发表了3篇关于职业教育教学论研究的文章。职业教育教学论主要涉及与职业教育教学有关的理论与实践，包括职业教育的教学目标与价值取向、职业教育的教学设计与实施、职业教育的教学过程与评价以及职业教育专业教学、职业教育的行动导向教学等问题。如何实现职业教育的教学要求，这正是职业教育教学论要研究和解决的问题。④ 教育教学改革是职业教育改革的核心，且"课程改革是教育教学改革的核心任务"⑤，但由于本书已有章节对职业教育课程研究展开论述，因此本章重点

---

　　① 吴也显. 教学论新编[M]. 北京：教育科学出版，1991：14.

　　② 李秉德. 教学论[M]. 北京：人民教育出版社，2001.

　　③ 田慧生，李如密. 教学论[M]. 石家庄：河北教育出版社，1996.

　　④ 付欢欢. 职业教育课程与教学论的历史沿革[D]. 石家庄：河北师范大学，2015.

　　⑤ 教育部. 教育部关于印发《关于全面推进素质教育、深化中等职业教育教学改革的意见》的通知[Z]. 2000-03-21.

以教学为核心展开。

新中国成立后,我国政府很重视职业教育教学的开展,重视理论与实践的结合。《中央人民政府政务院关于改进中等专业教育的决定》[①]指出,要"努力学习苏联先进经验,积极改进教学,以提高教学的质量",提出要加强教学中理论与实际的联系,在制订教学计划与教学大纲时要把理论学习与生产教学联系成为一个整体的教学过程,并使生产实习的每一个阶段服从于理论课程有关部分的学习。对生产实践的重视、对理论联系实践的强调贯穿于我国职业教育教学改革的全过程。以下重点对我国改革开放以来职业教育教学相关研究文献进行梳理和分析。

第一节 数据来源和研究方法

为梳理改革开放以来我国职业教育教学研究的发展,本文以中国学术期刊网络出版总库(CNKI)作为文献来源数据库,以篇名含"职业教育教学"为检索条件,将检索年限设定为 1979 年至 2018 年进行精确检索,共检索到 1693 条记录,剔除会议信息、人物访谈等无效文献后,获得 1588 篇文献,其中期刊论文 1506 篇,硕博士论文 28 篇,会议文章 43 篇,新闻报道 11 篇。

将这 1588 篇文献的题录信息导入 Bicomb 软件可以获得关键词、作者、单位等分布信息;将这些题录信息导入知识可视化分析工具 CiteSpace[②],通过作者信息分析、关键词词频、关键词共现、热点词突现分析等,对我国改革开放以来职业教育教学研究的演进路径、主要内容和研究前沿等进行分析。

---

① 中央人民政府政务院关于改进中等专业教育的决定[Z]. 1954-09-26.
② 陈超美, 等. CiteSpace Ⅱ: 科学文献中新趋势与新动态的识别与可视化[J]. 情报学报, 2009 (3): 401-421.

第二节 职业教育教学研究的整体分析

一、年度文献数量统计

文献的年度分布情况如图 7-1 所示。

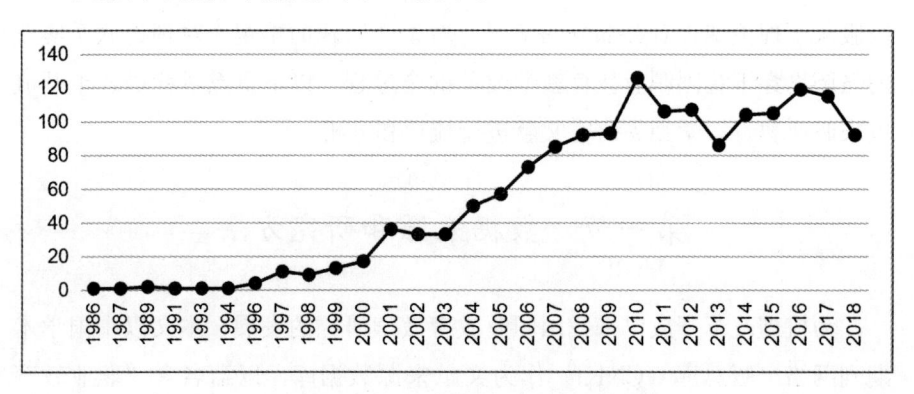

图 7-1 职业教育教学研究文献发表年度统计图

从图 7-1 中可以看出，1995 年前的文献数量相对较少，1996 年后，特别是 2000 年后文献增长较快，整体呈持续增长，且 2010 年达到一个小峰值。这也与职业教育教学改革政策的发展相对应，如 1996 年《中共中央、国务院关于深化教育改革，全面推进素质教育的决定》不仅推动了基础教育教学改革，也促进了职教教育教学的发展；1998 年至 2000 年间密集出台了多个促进中高职教育教学改革的文件（如 1998 年的《面向二十一世纪深化职业教育教学改革的原则意见》，2000 年的《关于制定中等职业学校教学计划的原则意见》《教育部关于加强高职高专教育人才培养工作的意见》《关于全面推进素质教育深化中等职业教育教学改革的意见》，等等）；1999 年开始的"面向二十一世纪职业教育课程改革和教材建设规划"工程，也全面推进职业教育教学领域的改革。2000 年后，深化职业教育教学改革，提高人才培养质量，成为我国职业教育发展的重中之重。也有学者将改革开放后职业教育教学研究大致分为"缓慢—迅速—平稳"三个阶段。①

二、研究者和研究机构分布

从职业教育教学核心作者分布来看,表 7-1 职业教育教学主要研究者分布表中出现的许多学者在职业教育教学研究领域具有一定影响,发文相对较多的是姜大源、吴晓义、马磊、杨进和贾剑方等。但研究者分布的网络密度比较低,职业教育教学的研究力量还处于比较分散的状态,研究团队的规模还较小,研究的学术联系还相对较弱。

职业教育教学研究的发文机构包括各级行政机构、综合性大学、师范院校和各类职业院校等,这说明随着职业教育的发展以及职业教育教学实践的丰富,我国已形成了多元主体共同推动职业教育教学改革与研究的局面,"不仅有越来越多的理论工作者在努力,更包括政府层面的主动推动、一线教师对于教学方法重要性的觉醒及学校领导的重视"②。从发文的机构来看,发文量相对较多的是华东师范大学(18 篇)和教育部职业技术教育中心研究所(14 篇)等(见表 7-2),但机构的分布较为分散,机构间联系也较弱。此外,各师范院校还可以进一步加强职业教育教学相关研究。

表 7-1 职业教育教学主要研究者分布表

作者	出现频次	作者	出现频次	作者	出现频次
姜大源	11	蒋锦标	4	刘阳	3
吴晓义	9	郭耀邦	4	徐国庆	3
马磊	7	王琪	4	刘艳丽	3
杨进	6	李术蕊	4	赵志群	3
贾剑方	6	雷正光	4	杨静	3
吕鑫祥	4	黄才华	3	马庆发	3

---

① 朱德全,杨磊. 职业教育课程与教学研究四十年:现状与走向[J]. 职教论坛,2018(3):43-51.

② 张秋玲. 高职教育教学方法的历史研究[J]. 职业教育研究,2012(3):179-180.

续表

作者	出现频次	作者	出现频次	作者	出现频次
李继红	3	高素玲	3	张健	3
孙琳	3	秦虹	3	董奇	3
席东梅	3	盛姣	3	吕景泉	3
张俊	3	王珺	3	王仑	3
张静	3				

表 7-2 职业教育教学主要研究机构分布表

单位	频次	单位	频次	单位	频次
华东师范大学	18	高等教育出版社	6	北京联合大学	5
教育部职业技术教育中心研究所	14	重庆城市管理职业学院	6	吉林省教育学院	5
江苏联合职业技术学院	10	黑龙江建筑职业技术学院	6	湖南师范大学	5
湖南农业大学	9	长春职业技术学院	5	天津现代职业技术学院	4
教育部职业教育与成人教育司	8	天津中德职业技术学院	5	北京政法职业学院	4
北京信息职业技术学院	7	上海第二工业大学	5	威海职业学院	4
天津职业技术师范大学	7	河北科技师范学院	5	吉林铁道职业技术学院	4
黄冈职业技术学院	7	辽宁农业职业技术学院	5	广东农工商职业技术学院	4
天津大学	7	浙江师范大学	5	天津医学高等专科学校	4
西安铁路职业技术学院	6	广州番禺职业技术学院	5	南宁职业技术学院	4

三、高被引文献统计

表 7-3 列出了职业教育教学研究中前 50 篇高被引文献，这些文献或许可以看作是 1986—2018 年间职业教育教学研究的重要知识基础。其中，杨进的《中国职业教育教学改革与课程建设——挑战与对策》被引频次最高。这些高被引文献的研究类型非常广泛，既有综述性研究、发展脉络研究，也有主题性研究；既有理论上的探讨、政策文本的分析，也有实践问题的分析。研究主题既包括职业教育教学思想、教学理念、相关理论基础分析，也有职业教育教学论、教学质量、教学模式、教学目标、教学方法、教学资源等不同层面和不同角度的探讨。多层面和多角度的研究视角和研究内容拓展和充实了我国职业教育教学研究。

表 7-3　职业教育教学高被引文献信息表

题名	作者	来源	发表时间	数据库	被引频次
中国职业教育教学改革与课程建设——挑战与对策	杨进	职业技术教育	2004	期刊	172
行为导向德国职业教育教学改革的理论与实践	李晓玲	教育发展研究	2002	期刊	157
以就业为导向的中等职业教育教学改革理论探索	石伟平、徐国庆	中国职业技术教育	2008	期刊	134
中等职业教育教学方法与手段的探索	邢晖、杨文尧	职教论坛	2001	期刊	127
关于全面提高高等职业教育教学质量的若干意见	教育部	中国职业技术教育	2007	期刊	123
"行动导向"职业教育教学的沿革及内涵	陈曦萌	职业技术教育	2006	期刊	98
中国职业教育教学改革与课程建设——挑战与对策	杨进	中国职业技术教育	2004	期刊	90

续表

题名	作者	来源	发表时间	数据库	被引频次
中等职业教育教学方法现存的主要问题	秦虹	天津市教科院学报	2001	期刊	78
职业教育教学领域应当实现的十个转变	杨进	中国职业技术教育	2002	期刊	75
行为导向：职业教育教学的新取向——职业教育教学论研究之二	马庆发	外国教育资料	1997	期刊	66
高等职业教育教学方法发展与创新	卢红学	职业技术教育	2010	期刊	51
建构主义学习理论对职业教育教学改革的启示	谢文静、林峰	中国高教研究	2005	期刊	51
试论职业教育教学改革当代理念	金启东	职教论坛	2007	期刊	48
我国职业教育教学方法改革面临的问题与对策	白水泉	职业技术	2008	期刊	44
《中等职业教育教学的现状、问题及对策》研究报告之二：中等职业教育培养目标的时代调整	郭耀邦	教育与职业	2001	期刊	44
我国职业教育教学方法研究述评	何文明	职业技术教育	2011	期刊	42
中国高等职业教育教学——实训空间模式的探讨	张成	合肥工业大学	2009	硕士论文	38
中等职业教育教学质量评估体系的研究	孙志河、刁哲军	中国职业技术教育	2008	期刊	36
移动学习在职业教育教学中的应用研究	张翠荣	天津大学	2012	硕士论文	36

续表

题名	作者	来源	发表时间	数据库	被引频次
以就业为导向 全面推进职业教育教学改革	黄尧	中国职业技术教育	2006	期刊	35
隐性知识管理——职业教育教学论探索的新视野	吴全全、姜大源	中国职业技术教育	2004	期刊	35
浅谈国外几种职业教育教学模式及其给我们的启示	黄正明、王玉萍	天津电大学报	2003	期刊	34
当前职业教育教学方法发展趋势研究	于萍、徐国庆	职教论坛	2011	期刊	33
职业教育教学组织的范式说	姜大源	中国职业技术教育	2006	期刊	33
关于数控人才需求与数控职业教育教学改革的调研报告	机械工业教育发展中心	中国职业技术教育	2004	期刊	33
部分国家和地区近年来职业教育教学改革新动向	刘育锋	中国职业技术教育	2008	期刊	31
探析德国职业教育教学改革中的行动导向法	赵轶	山西财政税务专科学校学报	2007	期刊	31
高等职业教育教学模式研究综述	周勇	长沙民政职业技术学院学报	2007	期刊	31
在全国中等职业教育教学改革创新工作会议上的总结讲话	鲁昕	教育与职业	2011	期刊	30
运用信息化教学资源推进职业教育教学改革——以辽宁省职业教育信息化教学资源建设为例	罗丽萍	职业技术教育	2011	期刊	30
高等职业教育教学理念的比较研究	吕鑫祥	职教论坛	2003	期刊	30

续表

题名	作者	来源	发表时间	数据库	被引频次
慕课理念下的高等职业教育教学模式改革与思考	张国政、杨磊	安阳工学院学报	2015	期刊	30
职业教育教学方法改革面临的问题与对策	马建豹	中国冶金教育	2008	期刊	29
我国中等职业教育教学改革发展的脉络与变迁——基于教学政策文件的分析	孙琳、徐桂庭	职教论坛	2015	期刊	29
高等职业教育教学质量标准研究	曾庆柏	中国高教研究	2008	期刊	27
中等职业教育教学改革应解决的四个基本问题	赵志群	中国职业技术教育	2002	期刊	26
关于职业教育教学改革的几个问题	刘来泉	高等职业教育（天津职业大学学报）	2007	期刊	25
职业教育教学目标制定模式研究	吴晓义	职教通讯	2006	期刊	25
深化职业教育教学改革 全面推进素质教育 为培养21世纪现代化建设需要的高素质劳动者而奋斗	黄尧	职业技术教育	1999	期刊	25
对护理高等职业教育教学计划中关键问题的调查分析	李曼琼、孙维权、石海英、衡艳林	中华护理杂志	1999	期刊	25
"情境—达标"式职业教育教学模式研究	吴晓义、颜景信	教育与职业	2006	期刊	24

续表

题名	作者	来源	发表时间	数据库	被引频次
职业教育教学思想的整体说	姜大源	中国职业技术教育	2006	期刊	24
当代国外职业教育教学观的转型及启示	米靖	职教通讯	2005	期刊	24
关于全面推进素质教育 深化中等职业教育教学改革的意见	教育部	职业技术教育	2000	期刊	24
对德国能力本位职业教育教学观点的解读	魏新民	中国职业技术教育	2009	期刊	23
现代职业教育教学信息化的设计与实施	王钊	职教论坛	2014	期刊	23
项目教学法在职业教育教学改革中的应用分析	孟庆波、吉鹏霄	郑州铁路职业技术学院学报	2011	期刊	22
澳大利亚职业教育教学方法和教材开发	张科	职业技术教育	2006	期刊	22
"互联网+"视角下职业教育教学模式应用研究	张乐天	中国职业技术教育	2016	期刊	21
从技能竞赛看职业教育教学改革	侯小毛、马凌	价值工程	2011	期刊	21

注：被引截止时间为 2019 年 2 月 25 日。

第三节 职业教育教学研究的主题与热点

CiteSpace 的关键词共词图谱有助于分析研究热点的分布，结合突现词检测功能还能分析研究热点的演变情况。关键词共现结果还可以通过三种视图来表征。其中，关键词共现的聚类视图可以体现关键词聚类各类别间的结构特征；时间线视图可以勾画出各聚类之间的关系以及节点的历史跨度；时区视图则侧重从时间维度来表示知识的演进过程，展示关键词节点的更新和相互影响。[①] CiteSpace 中的突现词检测分析功能是通过词频变化趋势来分析研究的前沿和发展趋势，它主要通过考察关键词词频的时间分布情况，找出那些在短时间内"频次变化率高、增长速度快"的突现词。[②]这些突现词在一定程度上代表了某一时期的学术研究前沿。

为了梳理职业教育教学研究主题的分布和发展演变情况，将这 1588 篇文献导入 Bicomb 软件，提取 2497 个关键词，共出现 6601 次，平均词频为 2.64，这说明关键词的分布较为分散。将这 1986—2018 年间的 1588 篇文献题录导入 CiteSpace 软件，分析前对于一些词频过高且不是分析重点的关键词（如"职业教育""职业教育教学"等）进行排除，并针对过于分散的情况，对关键词进行了一定的标准化处理并记录处理过程，如将"教学做""教学做合一""教学做一体化"合并为"教学做一体化"；然后选取每三年中出现频次最高的前 10% 关键词（最多为 150 个关键词），构建关键词共现网络，并将各时间段的网络进行合并，为了便于观察和理解，运用寻径法简化网络并突出重要的结构特征[③]。合成后的网络共计含有 194 个关键词，有 260 条连线，网络密度为 0.0139。网络的模块度是 0.8026＞0.3，平均轮廓值的分值是 0.6221＞0.5，这说明聚类是可信的且划分出来的关键词结构是显著的，[④] 但总体上关键词共现网络结构仍比较松散、密度不高。以下基于关键词共现的聚类视图和时间线视图，从内容维度说明职业教育教学研究主题的分布情况；基于关键词聚类的时区视图和突现词视图，从时间维度说明职业教育教学研究主题的发展情况。

[①] 陈悦，陈超美，刘则渊，等. CiteSpace 知识图谱的方法论功能［J］. 科学学研究，2015（2）：242-253.

[②] 张士靖，杜建，周志超. 信息素养领域演进路径、研究热点与前沿的可视化分析［J］. 大学图书馆学报，2010（5）：101-106.

[③] Chaomei Chen. Science Mapping：A Systematic Review of the Literature［J］. Journal of Data and Information Science，2017（2）：1-40.

[④] 陈悦，陈超美，刘则渊，等. CiteSpace 知识图谱的方法论功能［J］. 科学学研究，2015（2）：242-253.

一、研究内容

从关键词共现的聚类视图可以看出，如选择 LLR 算法（对数似然比）从引文的关键词中提取聚类标识术语，则发现职业教育教学研究主要集中在职业学校整体改革、教学改革、教学质量、教材建设、人才培养质量、信息技术教育应用、教学方式、校企合作、教学模式、学科建设、教学方法、培养目标、教学理念等领域中。在已有的职业教育教学研究计量学分析中也发现教学质量、教学模式和教学方法是大家关注的重点。[①]

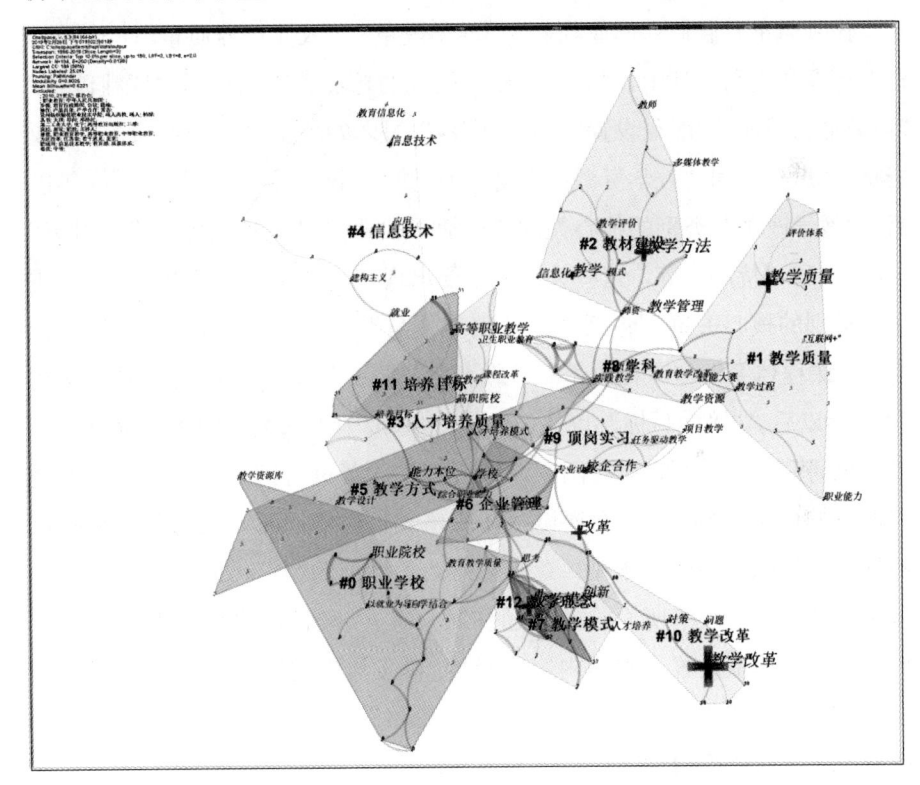

图 7-2　职业教育教学研究关键词共现的聚类视图

职业教育教学涉及内容较广。如 1998 年国家教委制定的《面向二十一

---

① 朱德全，杨磊. 职业教育课程与教学研究四十年：现状与走向 [J]. 职教论坛，2018（3）：43-51.

世纪深化职业教育教学改革的原则意见》中明确提出深化职业教育教学改革要注重培养目标、教学内容、教育观念、教育教学过程、教学方法、专业建设、课程改革和教材建设、教学研究和教改实验、教师队伍建设、教学管理、质量标准、督导评估等方面的工作。综合职业教育教学改革的内容与关键词共现聚类分析的结果，以下选择职业教育教学中的若干研究领域，结合各个聚类关键词出现的频次、中介中心性和 Sigma 值等，并以关键词为检索词再次进行文献查阅，对这些研究领域进行深入分析。

1. 职业院校教育教学改革

该领域主要涵盖"职业院校""教学改革""人才培养质量""培养目标"等聚类类别。其中，"职业院校"类别的核心关键词包括"职业院校""以就业为导向""课程设置""教学内容""职教特色""工学结合""职业资格""思考"和"教学资源库"等，且这些关键词主要出现在 1999 年以后。"教学改革"类别的核心关键词包括"教学类别""教学计划""对策""问题"和"特点"等，这些关键词主要出现在 1999 年以后。"人才培养质量"类别的核心关键词包括"人才培养质量""人才培养模式""教育教学""课程体系""课程改革""教育教学质量"等，关键词主要出现在 2001 年以后。"培养目标"也从 2000 年以来成为大家关注的一个重点。可见，该研究领域主要是对我国职业教育教学改革进行的整体性思考，围绕着职业教育质量的提高，在探讨中高职培养目标的同时，既涵盖宏观问题的思考（如职教特色的体现、专业整体教学计划的制订、人才培养模式的确定、教育教学改革所面临的问题和对策等），又包括教育教学的多个方面（如课程体系设置、教学内容选择等），又与不同阶段职教政策相呼应（如"教学计划""以就业为导向""职业资格""工学结合""教学资源库"等都与一定的政策相对应）。

该领域的研究也呈现出多角度的特征。许多学者对于职业教育教学改革的现状、问题和策略展开了理性思考。如余祖光对专业设置（教学目标）、教学内容、教学方法、参与者等多方面问题进行思考，指出专业设置应符合社会市场需求；为培养学生的综合职业能力，教学内容确定和更新要依据"真实客观的职业分析"而不是"理论的演绎"；教学方法应体现和适应科技进步；教、学、管理、科研等多方的教育主体应积极参与教学改革；等等。[1] 杨进在分析职业教育教学改革和课程建设领域面临的挑战的基础上，从目标、内容、教学过程与方法、评价和管理等方面提出若干思路和对策，包括培养目标具体化、文化教育功能化、专业教育实际化、教学过程行动化、质量评价社会化、管理重心基层化等。[2]

职业教育教学改革要与不同的社会历史发展阶段相适应，体现不同阶段社会经济结构特征，而对各时期职业教育教学政策进行分析，也是探究职业教育教学改革发展的一种重要途径。如孙琳和徐桂庭以我国中等职业教育教学发展历史为线索，以中职教学宏观管理与教学工作开展为视角，从专业建设与管理，教学计划、教学大纲的制订与管理，教学理念与教学原则，培养目标与学制，课程结构与课程体系，教材建设与发展等六个方面，梳理了我国职业教育教学发展的政策思路及变化。[3]

教学计划或专业教学标准是职业学校按照培养目标指导、组织和管理教学工作的依据，包括学制、培养目标和人才规格、课程设置和教学要求、教学时间安排、教学实施等内容。也有学者对我国不同时期职业教育教学计划或专业教学标准进行比较和反思。[4]

2. 教学质量

该领域的核心关键词包括"教学质量""教学过程""素质""能力""评价体系""职业能力""以学生为中心""教学有效性""教学质量评价""互联网＋"等，这些关键词主要出现在 2001 年以后。这说明该研究领域主要从教学过程和教学产出等角度探究职业教育教学的教学质量应体现在哪些方面以及如何提高等，该领域还特别关注"互联网＋"环境下职业教

---

[1] 英子. 当前职业教育教学领域若干问题与改革对策——访国家教委职业技术教育中心研究所副所长余祖光 [J]. 职教通讯，1997（8）：6-8.

[2] 杨进. 中国职业教育教学改革与课程建设——挑战与对策 [J]. 职业技术教育，2004（4）：36-39.

[3] 孙琳，徐桂庭. 我国中等职业教育教学改革发展的脉络与变迁——基于教学政策文件的分析 [J]. 职教论坛，2015（3）：4-15.

[4] 王希平，孙琳，韦晓阳，等. 中等职业学校专业教学标准的历史比较与解读——基于对机械类专业教学计划变革的分析 [J]. 中国职业技术教育，2014（3）：5-20.

育教学质量的内涵和改进措施。

教育质量被用以描述教育水平高低和效果优劣的程度，其衡量标准是教育目的和各级各类学校的培养目标[①]，而教学质量是对教学水平高低和效果优劣的评价[②]。为了提高职业教育教学质量，《中国教育改革和发展纲要》（中发〔1993〕3号）明确提出要"提高教育质量"，建立各级各类教育的质量标准和评估指标体系。2000年教育部《关于全面推进素质教育、深化中等职业教育教学改革的意见》（教职成〔2000〕1号）则再次强调"深化教育教学改革，提高教育教学质量和办学效益，是中等职业教育面临的紧迫任务"，并指出要"进一步明确培养目标"，为教学质量的评价提供了参考。《关于全面开展高职高专院校人才培养工作评估的通知》（教高厅〔2004〕16号）则标志着我国高职教育质量评价与保障工作的全面展开。2010年颁布的《国家中长期教育改革和发展规划纲要（2010—2020年）》强调职业教育要"把提高质量作为重点"。2012年7月，我国发布了第一个国家版的高等职业教育人才培养质量报告。[③]

学者们认为影响职业学校教学质量的因素有很多，除教学计划、教学内容、教学方法、教学组织形式和教学过程等[④]之外，还包括急需解决的教师、教材、设施设备和实习条件等，以及学生来源的水平问题等，且要重视用职业教育目的的达成情况来衡量职业教育质量。[⑤]

各校的人才培养目标也成为衡量学校教学质量的重要标准。学校人才培养目标相关研究主要集中在高职层面，既有从哲学、心理学和社会学等

[①] 顾明远. 教育大辞典（增订合编本）[M]. 上海：上海教育出版社. 1998：798.
[②] 李春生. 中国小学教学百科全书·教育卷 [M]. 沈阳：沈阳出版社. 1993：95.
[③] 上海市教育科学研究院，麦可思研究院. 2012中国高等职业教育人才培养质量年度报告 [N]. 中国教育报，2012-10-17.
[④] 顾明远. 教育大辞典（增订合编本）[M]. 上海：上海教育出版社. 1998：717-718.
[⑤] 高奇. 实现全面的职业教育 提高职业学校的教育和教学质量 [J]. 教育与职业，1985（4）：16-20.

角度进行目标定位的理论基础探讨[1];对高职院校和一般本科院校人才培养目标的定位进行区分[2];也有对人才培养目标进行分析,认为"培养全面发展和可持续发展的复合型技能人才应当是高等职业教育人才培养目的的基本定位"[3];也有结合教育研究成果,认为要将"发展学生职业核心素养作为职业院校人才培养目标的新定位"[4];还有一些研究结合我国政策文件要求,分析高职院校具体专业人才培养目标的定位问题[5]。

教学质量的评价、监控与保障体系等也是该领域研究关注的重点。不同主体参与教学质量评价已成为研究的共识[6],教学质量评价研究呈现出从课堂或实践向教学全过程发展的特点,且输入、过程和输出模型是较为公认的分析框架之一。早期的研究主要聚焦于课堂教学层面,重点关注学习结果的评价,比较典型的是从教师课堂教学过程所涉及的多个方面来评价教学质量,如教学内容、教学方法、教学态度和教学效果等维度[7],且多侧重于理论课的评价[8];一些研究则重点关注实践教学质量[9];也有人认为学校教学管理重心应从教学过程管理向质量管理转移,认为学校质量管理模型可以由教

---

[1] 查吉德,孙麒. 地方高职院校人才培养目标定位的理论基础——以番禺职业技术学院为例 [J]. 番禺职业技术学院学报,2007(4):1-4,13.

[2] 黄嘉. 一般本科院校、高职院校人才培养目标及其定位的研究 [J]. 辽宁行政学院学报,2007(7):192,195.

[3] 林强. 高职院校人才培养目标的定位审视 [J]. 中国成人教育,2007(11):76-77.

[4] 李璇. 职业核心素养:职业院校人才培养目标的新定位 [J]. 武汉职业技术学院学报,2018(3):19-22.

[5] 孙湧,蔡学军,孙宏伟. 高职院校人才培养目标定位研究与实践 [J]. 计算机教育,2006(10):24-26.

[6] 叶燕,娄桂琴,郭永生. 职业学校教学质量评价综述研究 [J]. 职业,2012(32):126-128.

[7] 王玉润,黄兴. 教学质量的模糊综合评价法 [J]. 职业技术教育,1995(5):20-21.

[8] 叶燕,娄桂琴,郭永生. 职业学校教学质量评价综述研究 [J]. 职业,2012(32):126-128.

[9] 黄华. 浙江高职院校实践教学质量评价指标体系构建 [D]. 金华:浙江师范大学,2006.

学控制系统、测验控制系统和质量评价系统等组成[①]。随着职业教育实践与理论研究的发展，人们重新审视了职业教育教学质量的内涵[②]，有学者认为"教学质量评价就是判断、检测职业教育所培养的人才发展水平与经济社会发展实际需求之间的符合程度"，要从学生的基本素质和社会声誉两方面来评价教学质量[③]。也有学者认为可以把教学看作是一个复杂的系统工程，教学质量的提高不仅要重视课堂教学，而且要重视整个职业院校教育教学的全过程，对教学质量的评价还应包括教育系统的外部评价和学校的内部评价。[④] 许多研究从输入、过程和结果的角度建立起评价指标体系[⑤]，如将教学基本条件、教学过程与管理、教学效果与业绩作为一级维度建立质量评价体系[⑥]；或由教学运行与监控、专业建设与特色、育人质量与成果、社会评价与声誉等维度组成[⑦]。除了教学质量评价外，质量监控机制也是研究的重点之一。"高职教育教学质量的监控机制就是要把影响其质量的诸因素有机地协调、统一、组织起来，按照一定的程序有机地运行，形成集约化的教学质量监控机制"，且质量督导机制是其重要组成部分。[⑧]

目前我国高职院校质量保障体系的发展已经历"规范建设阶段""内涵建设阶段"和"自主建设阶段"[⑨]，但关于职业教育质量保障内涵的理解还未统一。可以将高职院校质量保障看作是一个多层次的结构，包括理念

[①] 宦平. 控制—评价——中等职业技术学校教学质量管理模型初探 [J]. 职业教育研究，1993（4）：8-11.

[②] 曾庆柏. 高等职业教育教学质量标准研究 [J]. 中国高教研究，2008（3）：56-58.

[③] 孙志河，刁哲军. 中等职业教育教学质量评估体系的研究 [J]. 中国职业技术教育，2008（28）：5-9.

[④] 李平. 高职教育教学评价体系的构建 [J]. 职教论坛，2003（12）：26-27.

[⑤] 曾庆柏. 高等职业教育教学质量标准研究 [J]. 中国高教研究，2008（3）：56-58.

[⑥] 广州大学高职教育研究课题组. 高职教育教学质量评估体系的构建 [J]. 中国高教研究，2002（12）：53-54.

[⑦] 李钰，胡兰. 上海市职业院校构建教学质量评估体系的实践探索 [J]. 职业技术教育，2018（27）：64-68.

[⑧] 王前新，卢红学. 高职教育教学质量构建机制与保障体系 [J]. 职业技术教育，2003（1）：24-26.

[⑨] 冯润，唐林伟. 我国高职院校内部质量保障体系建设研究综述 [J]. 职教通讯，2017（28）：51-55.

层面、输入层面、过程层面、输出层面等,这四个层面相互作用,共同实现职业院校的质量保障[1];也可以从学校内外的角度来看,从教学过程内部和外部建立起教学质量保障体系,外部保障体系包括政策引导与管理、教学资源调配,内部保障体系则包括加大教学内容和专业设置的改革力度、走产学训相结合道路并强化实践教学、加强教学管理、建设师资和施训队伍[2]。尽管目前关于职业院校(特别是高职)质量保障的研究比较丰富,但已有研究仍存在主观性的思辨和应然性的畅想较多,实证研究较少的问题;存在概念界定不清的问题;以及研究广度不够,多"内部"少"外部"质量保障体系,多"教学"少"课程"视角,多"因素"少"过程视角"等问题。[3]

3. 信息技术教育应用

该领域主要包括"信息技术""教育信息化""应用""建构主义""研究""启示""情境"等关键词,这些关键词主要出现在2004年以后。该领域主要关注职业教育信息化、院校信息化建设、信息化教学、教学资源和资源库建设,以及信息技术在职业教育教学中的应用,而且注重把学习理论、信息技术与职业教育教学实践相结合。

我国也很重视职业教育信息化的发展。1998年12月24日,教育部颁布《面向21世纪教育振兴行动计划》,提出实施"现代远程教育工程"。1999年,《中共中央、国务院关于深化教育改革全面推进素质教育的决定》要求"大力提高教育技术手段的现代化水平和教育信息化程度"。2000年10月23日,教育部主持召开了全国中小学信息技术教育工作会议,决定从2001年开始用5—10年的时间,在中小学(包括中等职业技术学校)普

---

[1] 卢德生. 我国高职院校质量保障研究综述 [J]. 当代职业教育,2018(5):45-50.

[2] 王前新,卢红学. 高职教育教学质量构建机制与保障体系 [J]. 职业技术教育,2003(1):24-26.

[3] 卢德生. 我国高职院校质量保障研究综述 [J]. 当代职业教育,2018(5):45-50.

及信息技术教育[1],并把"开设信息技术必修课程,加快信息技术与其他课程的整合"作为在中小学普及信息技术教育的主要目标之一[2]。2010年颁布的《国家中长期教育改革和发展规划纲要（2010—2020年）》明确提出要"加快教育信息化进程",《教育信息化十年发展规划（2011—2020年）》(教技〔2012〕5号) 明确提出要"加快职业教育信息化建设,支撑高素质技能型人才培养",要加快建设职业教育信息化发展环境,有效提高职业教育实践教学水平,有力支撑高素质技能型人才培养。2012年和2017年,教育部又先后出台了《关于加快推进职业教育信息化发展的意见》(教职成〔2012〕5号) 和《关于进一步推进职业教育信息化发展的指导意见》(教职成〔2017〕4号),推动了职业教育信息化的发展,也促进了相关研究的开展。

自20世纪90年代以来,随着信息技术的发展,研究者不仅关注教育技术（电化教育）在职业教育中的应用[3],也很关注计算机教育[4]、信息技术教育的开展[5],并提出利用现代信息技术发展现代化职业教育[6],等等。21世纪以来,特别是2010年以来,职业教育信息化相关研究得到快速发

---

[1] 钟志贤,张琦. 我国教育信息化发展历程回眸[J]. 中国教育信息化,2007 (12):8-11;教育部. 教育部关于在中小学普及信息技术教育的通知(教基〔2000〕33号) [EB/OL]. (2001-08-29) [2018-09-23]. http://www.edu.cn/edu/yuan_cheng/jiao_yu_xin_xi_hua/ji_jiao/200603/t20060323_13752.shtml.

[2] 陈至立. 抓住机遇,加快发展,在中小学大力普及信息技术教育——在全国中小学信息技术教育工作会议上的报告[R/OL]. (2000-10-25) [2018-09-23]. http://old.moe.gov.cn//publicfiles/business/htmlfiles/moe/s3332/201001/82097.html.

[3] 刘兆卫. 谈职业技术学校的电化教学[J]. 呼兰师专学报,1997 (3):57-59;刘富凯,骆日桥,刘瑛,孙爽,熊越东,孙京萍. 建立面向21世纪的计算机辅助职业技术教育体系[J]. 天津职业技术师范学院学报,1998 (2):41-43.

[4] 霍晓丽. 职业高校计算机教育改革探讨[J]. 焦作大学学报,1998 (4):49-51;郑金玉. 中等职业学校计算机教育的实施与对策[J]. 中国职业技术教育,1998 (5):21-22.

[5] 李海丽. 开展具有高等职业教育特色的信息技术教育[J]. 海淀走读大学学报,1999 (1):32-37.

[6] 沈玉林. 利用现代信息技术 发展现代化职业教育——中国教育学会特教分会职业教育研讨会(长春会议)纪实[J]. 现代特殊教育,2000 (9):42-43.

展。从宏观、中观和微观的层面来看，我国职业教育信息化的研究可以划分为不同层次：宏观层面主要研究信息时代人才培养转型、教学改革、研究与发展的现状、问题与对策；中观层面的研究主要以教育要素为主，包括教学、管理、资源、专业设置等；微观层面则主要包括信息化教学设计与应用、教学与课程模式创新等。①

从教育信息化的发展来看，联合国教科文组织将信息技术在教育教学中的应用划分为四个阶段：起步阶段（Emerging Stage）、应用阶段（Applying Stage）、融合阶段（Infusing Stage）和创新阶段（Transforming Stage）。② 有研究者认为我国中等职业教育信息化的相关研究在 1998 年到 2010 年间处于起步期，研究主要聚焦宏观层面，对学科关注较少，尚未开始系统研究；2011 年至 2013 年间处于应用期，相关研究逐步多样化，结合具体学科的研究增多，并且出现了中职管理信息化研究；从 2014 年至今则处于融合期，研究数量增长迅速，研究主题主要包括管理信息化，专业教学信息化，公共基础课教学信息化，信息化教学新手段、新理念，教师与信息化五个方面，研究热点集中在信息化、信息化与教学、信息化与语数英、信息化与教师等方面。③ 也有研究者通过构建职业教育信息化政策年鉴表，发现我国职业教育信息化的发展轨迹基本表现出萌芽（1986—1993 年）、平稳上升（1994—2003 年）、快速增长（2004—2010 年）、创新发展（2011 至今）等四个阶段。④

"信息化教学""信息化资源""信息化管理"将会是职业教育信息化

---

① 张建华，张雯. 我国职业教育信息化发展分析［C］//劳动保障研究（2019 年第 1 辑）. 成都：四川劳动保障杂志出版有限公司，2018：3.

② MAJUMDAR S. Regional Guidelines on Teacher Development for Pedagogy-Technology Integration［Working Draft］［R］. Bangkok：UNESCO. 2005，28.

③ 吕智敏. 我国中等职业教育信息化研究的轨迹、热点及展望［J］. 当代职业教育，2019（1）：57-69.

④ 郭日发，顾小清. 我国职业教育信息化政策年鉴表的构建与反思［J］. 电化教育研究，2018（8）：44-49，77.

研究的热点。① 计算机互联网等信息技术的发展，为职业教育教学提供了技术丰富的学习环境，有助于支持学习者的自主学习和发展，也有助于各种信息化教学方法的展开，如微课、翻转课堂、慕课等，且互联网、云计算和大数据等已用于改变师生的教与学。② 信息化教学的开展离不开教师信息化教学能力的提高。自 2010 年起，教育部牵头举办了多届全国职业院校信息化教学大赛③，通过制度化赛事推动了职业院校教育教学改革创新，提高了教师信息素养、教育技术应用能力和信息化教学水平④。2017 年大赛的"信息化课堂教学"赛项已呈现出移动学习平台得到广泛应用，混合式教学得以实施，信息化教学资源、手段与方法应用常态化，教师信息化教学理论水平较高等特点，但同时存在教学资源应用"合理性"有待提高、教师教学实践能力有待加强等问题。⑤

信息化资源方面，研究者发现信息技术已应用于职业教育教学、管理、科研等领域，但资源平台和资源库的建设不足，且现有信息资源还缺乏与课程教学的深层次整合，还不能把优质课程资源、仿真教学软件等有效融入教学过程，资源利用率较低；职业院校网络课程也是一类重要的信息化资源，它的建设正处于初级阶段，多数院校还不能给学生提供有针对性的学习资源和个性化的指导。⑥ 职业教育专业教学资源库是职业教育信息化资源的重要组成部分，目前已经过初期的"建设中心"，进入"使用中心"，进而向"管理中心"发展，但在资源库建设过程中还存在投入比

---

① 张建华，张雯. 我国职业教育信息化发展分析［C］//劳动保障研究（2019 年第 1 辑）. 成都：四川劳动保障杂志出版有限公司，2018.
② 高菁. 我国职业教育信息化发展存在问题及对策文献综述［J］. 软件导刊（教育技术），2018（3）：92-93.
③ 谢传兵，侯小菊，张少刚. 全国职业院校信息化教学大赛发展报告［J］. 中国远程教育，2014（12）：84-89.
④ 扈文英，胡亚荣. 由全国职业院校信息化教学大赛引发的思考［J］. 职业技术教育，2018（24）：51-55.
⑤ 扈文英，胡亚荣. 由全国职业院校信息化教学大赛引发的思考［J］. 职业技术教育，2018（24）：51-55.
⑥ 高菁. 我国职业教育信息化发展存在问题及对策文献综述［J］. 软件导刊（教育技术），2018（3）：92-93.

例不均衡、评判指标需进一步优化等问题。[1]

总体来看，研究者认为我国职业教育信息化发展要重视信息技术与教育教学的深层有效融合，要改变理念上重硬轻软，规划上重技术轻教育，发展路径上重政府意志轻院校主体性，评价机制重政府外在评价轻师生内在体验，以及东西部信息化发展不均衡等问题，要实现职业教育信息化建设中制度、器物和观念的融合。[2] 在信息化资源的建设过程中各界应以生为本，关注学生的个性化和差异化发展，关注深度学习，以重构学习资源体系。[3]

4. 教学理念

该领域主要围绕"行动导向""产学结合"等教学理念展开研究。

教学理念和教学观念是比较相近的词。"教学观念是在教学活动中产生和发展的、对教学活动构成要素及要素间相互关系的观点、认识和信念。教学观念具有较为稳定的存在状态，它总是与一定的价值观联系在一起，与具体的教学问题联系在一起，并在解决具体教学问题的过程中体现出来。"[4] 而教学理念可以理解为"人们对教学和学习活动内在规律的认识的集中体现，同时也是人们对教学活动的看法和持有的基本的态度和观念，是人们从事教学活动的信念"[5]。这两个词的含义较为接近，都包括人才观与质量观、知识观、学生观、教师观、技术观等，[6] 决定了教师的教学行为。

---

[1] 韩晓丹，王晓虹. 职业教育信息化资源建设实践研究调查问卷分析与思考[J]. 牡丹江大学学报，2018（11）：154-156.

[2] 申丽丽. 我国职业教育信息化建设的偏差与纠正[J]. 继续教育研究，2018（9）：60-66.

[3] 韩晓丹，王晓虹. 职业教育信息化资源建设实践研究调查问卷分析与思考[J]. 牡丹江大学学报，2018（11）：154-156.

[4] 严新. 偏失与重构：高职教育教学观念的现状及对策[J]. 继续教育研究，2011（7）：27-28.

[5] 孙亚玲，傅淳. 教学理念辨析[J]. 云南师范大学学报（哲学社会科学版），2004（4）：133-136.

[6] 程美. 论职业教育教学观念变革与教学改革[J]. 科教文汇（下旬刊），2016（3）：64-65.

教学理念也是教育思想的反映。我国学者们重点讨论了杜威实用主义教育思想，以及受其影响的黄炎培和陶行知的职业教育思想等。其中，黄炎培认为"职业教育的目的乃在养成实际的、有效的生产能力，欲达此种境地，需要手脑并用。如果只用脑不用手，只注重书本知识，而不去实地参加工作，是知而不能行，不是真知"[1]。陶行知的生活教育思想也来源于杜威的教育思想，他强调"生活即教育，社会即学校及教学做合一"等三大教育理念。这些理论从不同角度强调了职业教育应重视学生的实践能力，[2] 这也是我国职业教育教学的重要理念基础。

对于教学理念体系的组成，有研究者认为可以从不同层面进行分析。其中，从人才培养过程设置的层面来看，可以分为培养方案的教学管理理念、教学内容的选择理念、教学方法的实施理念、教学结果的评价理念。从教学过程实施的层面出发，教学理念体系应包括院校教学管理者的理念体系、教师教学过程的教学理念体系、学生的学习理念体系、社会教学评价理念体系。其中，教师教学过程的理念体系包括教学原则、课程建设思路、对教学方法的价值判断等，学生成长为中心的理念和实践教学理念具有重要地位。[3]

对于教学理念的具体内容，已有研究主要从整体的人才观、课程观、教师观和学生观、技术观、教学观、评价观等展开。

在人才观方面，研究者们普遍认同职业教育要以学生为本，重视培养学生的综合职业能力。有研究者认为职业教育应为长期目标服务，且要重视受教育者的个性[4]，也有研究者认为应从"成器"教育转向"成人"教

---

[1] 黄炎培. 断肠集 [M]. 上海：生活书店：1936：54.

[2] 张晋. 高等职业教育实践教学体系构建研究 [D]. 上海：华东师范大学，2008.

[3] 刘根正. 高职院校五大教学观念刍议 [J]. 高等工程教育研究，2005（6）：101-103.

[4] 李家骥. 刍议高职教育教学水平提高与教学观念转变 [J]. 成才之路，2008（16）：103-104.

育[1],注重学生的全面发展,激发学生潜能[2],注重学生创新能力的发展[3]。

在课程观方面,有研究者提出课程要从"传统课程"转向"未来课程",要帮助学生面向和适应他们的未来;要从注重"技术理性"转向注重"实践理性";相对于教材编写来说,更重要的应是课程开发,要把师生、教材和环境等要素进行多元化整合。[4]

在教师观方面,研究者普遍认同教师应从"传授者""管理者"转变为学生学习的"促进者""培养者""鼓励者"和"欣赏者";在终身学习的理念下,教师也应是终身学习者;且教师不应是单纯的"教书匠",还应成为反思型和学者型的教师。[5]

在教学过程和教学方法方面,有研究者指出职业教育要更新传统的以理论教学为重的教学观念,建立以应用能力为基础的教学体系。[6]研究者们也认同职业教育教学应由以教师为中心转变为以学生为中心,教学应从"灌输教学"向"协同教学""自主学习"转变,教学应是教师和学生交往和互动的过程,要采用一体化的现代教学方法和现代教学媒体。[7]此外,"高素质技能型人才"的培养目标决定了高职教育教学理念应从重视"认知"转为重视"情境",且"双师型"师资队伍建设、实训基地建设和学

---

[1] 刘晓. 质量的提升在于教学观念的转变 [J]. 江苏教育,2016 (8):10-11.

[2] 李庆云. 发展职业教育应更新教育教学观念 [J]. 黑河学刊,2004 (4):94-96.

[3] 林善珍,张小光. 职业教育应树立的几个教学观念 [J]. 机械职业教育,2002 (8):13.

[4] 刘晓. 质量的提升在于教学观念的转变 [J]. 江苏教育,2016 (8):10-11;李家骥. 刍议高职教育教学水平提高与教学观念转变 [J]. 成才之路,2008 (16):103-104.

[5] 张少丕. 怎样转变职业教育教师的教学观念 [J]. 中国校外教育,2010 (13):37.

[6] 丁向荣. 更新教学观念 提高高职学生的"应用技术"素质 [J]. 中国西部科技(学术),2007 (4):99-101;张少丕. 怎样转变职业教育教师的教学观念 [J]. 中国校外教育,2010 (13):37.

[7] 牛艳莉. 试论当代职业教育教学改革新理念 [J]. 农村农业农民(A版),2008 (6):50-51;李家骥. 刍议高职教育教学水平提高与教学观念转变 [J]. 成才之路,2008 (16):103-104.

生学习方式的转变应与情境教学的实施方式相协调。①

在评价观方面，发展性评价、表现性评价、真实性评价和多元评价的理念已成为共识。如有研究者提出应从"分数评价"转向"立体评价"。②有研究者提出职业教育教学中要实施多元化教学评价体系，把诊断性评价、形成性评价与终结性评价有机结合，校内评价与校外评价相结合，评价要体现能力的生成性特点，培养学生自主学习能力，增强其自信力和职业能力。③又如有研究者提出职业教育课堂教学系统性评价要以真实为基础，综合运用多种评价方法，对课堂教学中的教学动力、教学目标、教学愿景、教学投入、教学组织和教学质量等六个方面进行全息式评价。④

在我国职业教育研究中有较大影响的教学理念包括行动导向教学理念、"一体化"教学理念和能力本位思想等。⑤

随着职业教育教学改革的深入发展，"行动导向教学"自20世纪90年代末开始在我国职业院校进行探索与推广⑥，教育部等部委在"职业院校技能型紧缺人才培养培训工程"中也提出了"教学要实现行动化"的要求，进一步推动了行动导向教学的推广和应用⑦，目前行动导向教学已得到职业教育界的认可与广泛接受。从CNKI中"行动导向教学"或"行为导向教学"等相关文献的分布来看，1997年马庆发发表的《行为导向：职

---

① 卢锋. 从认知到情境：高等职业教育教学理念的转变 [J]. 广州番禺职业技术学院学报，2011（1）：28-31，54.

② 刘晓. 质量的提升在于教学观念的转变 [J]. 江苏教育，2016（8）：10-11.

③ 严新. 偏失与重构：高职教育教学观念的现状及对策 [J]. 继续教育研究，2011（7）：27-28；周萍. 基于职业教育理念的高职公共英语教学评价体系研究 [J]. 咸宁学院学报，2011（5）：156-157.

④ 白虹雨，朱德全. 职业教育课堂教学系统性评价：理念、设计与实施 [J]. 职教论坛，2016（15）：81-86.

⑤ 李向东. 职业教育教学研究现状及趋势 [C] //天津市社会科学界联合会. 新规划·新视野·新发展——天津市社会科学界第七届学术年会优秀论文集《天津学术文库》（中），2011：8.

⑥ 兰雪霞. 行动导向教学国内外研究综述 [J]. 人才资源开发，2015（10）：150-151.

⑦ 赵志群. 关于行动导向的教学 [J]. 职教论坛，2008（20）：1.

业教育教学的新取向——职业教育教学论研究之二》[1] 一文首次引入了行动导向教学。行动导向教学的研究成果涉及众多学科，遍布教育和企业等多个领域；行动导向教学的研究群体以职业教育领域的学者和教师为主；目前行动导向教学研究已从以基础研究为主发展为以应用研究为主，描述性和解释性研究正在逐渐增多；研究方法逐渐趋向于质性研究和量化研究相结合的方式。[2] 自行动导向教学引入以来，学者和职业院校教师们从理论和实践层面推进了行动导向教学研究的本土化进程，主要研究方向包括：德国职业教育模式对我国职业教育改革的启示；德国职业教育与我国职业教育理论的比较研究；行动导向教学理论研究或综述；我国职业院校行动导向教学实践研究；等等。但研究者也认为相关研究存在重引进轻吸收、重理论轻方法等问题。[3]

行动导向教学的基本内涵是"通过行动产品引导教学过程，学生通过主动与全面的学习达到脑力劳动和体力劳动的统一"，其中，"行动"是"为达到学习目标进行的有意识的行为"。[4] 尽管研究者们对行动导向教学的理解存在较大差异，但总体上认同它不是指某种具体的教学方法，而是一种教学理念。[5] 如研究者指出可以从不同层面来理解行动导向教学，行动导向教学在较为宏观的层面上是一种教育思想和教育理念，在中观层面上是一种教学模式，而在微观层面上则体现为一整套教学方法[6]，这一理解具有一定的代表性。

作为一种教学理念，研究者们不仅引入并介绍了国外学者们所提出的

---

[1] 马庆发. 行为导向：职业教育教学的新取向——职业教育教学论研究之二 [J]. 外国教育资料，1997（2）：66-71.
[2] 杨素娟，王洪雨. 国内职业教育行动导向教学研究发展综述 [J]. 广州广播电视大学学报，2015（2）：69-79，111.
[3] 兰雪霞. 行动导向教学国内外研究综述 [J]. 人才资源开发，2015（10）：150-151.
[4] 赵志群. 关于行动导向的教学 [J]. 职教论坛，2008（20）：1.
[5] 兰雪霞. 行动导向教学国内外研究综述 [J]. 人才资源开发，2015（10）：150-151.
[6] 徐朔. 论"行动导向教学"的内涵和原则 [J]. 职教论坛，2007（20）：4-7.

行动导向教学的教学原则（如希尔顿[①]、杨克和迈耶[②]等），还进行了自己的思考。在人才观方面，研究者们普遍认同行动导向教学重点要培养学生的综合职业能力。[③] 此外，希尔顿指出行动导向教学在教学观方面强调要以学生为中心，将学习与其兴趣和经验相联系，强调合作与交流；在教师观方面，强调教师是学习过程的组织者和学生的专业对话伙伴；在课程观方面，强调教学内容为综合性问题，具有工作过程系统性的特征，且与学生的职业时间或日常生活相关联，并能促进学生的综合性学习；在教学过程和教学方法方面，强调教学方法应综合采用多种教学方式方法交替使用；而教学组织形式则多以小组形式进行。[④] 姜大源提出职业教育行动导向的教学应在"建构优先原则"为主、"指导优先原则"为辅的教学思想的指导下，实现"建构优先原则"与"指导优先原则"的教学融合。[⑤] 还有研究者将行动导向教学中教与学过程的原则和特征概括为十个方面：学习理解过程中的行动优先、教学过程中的学生中心、行动和学习与兴趣相关、学习中的目标指向、完整性学习、社会和合作式教学组织、经验和情境相关、发现式解决问题、反思性的学习、产品指向。[⑥]

5. 教学模式

该领域包括"教学模式""改革""创新""人才培养""教学目标""教学情境"等关键词，出现时间在1998年以后。

有研究者认为我国关于教学模式的定义主要有"理论说""结构说"

[①] 赵志群. 关于行动导向的教学[J]. 职教论坛，2008（20）：1.

[②] 刘邦祥，吴全全. 德国职业教育行动导向的教学组织研究[J]. 中国职业技术教育，2007（5）：51-53，55.

[③] 兰雪霞. 行动导向教学国内外研究综述[J]. 人才资源开发，2015（10）：150-151.

[④] 赵志群. 关于行动导向的教学[J]. 职教论坛，2008（20）：1.

[⑤] 姜大源. 指导优先原则与建构优先原则的特征及其融合——关于职业教育行动导向的教学原则思辨[J]. 职教通讯，2005（2）：6-9.

[⑥] 徐朔. 论"行动导向教学"的内涵和原则[J]. 职教论坛，2007（20）：4-7.

"程序说"或"方法说"。[①] 一般认为教学模式可以定义为"一定的教学思想或教学理论指导下建立起来的，较为稳定的教学活动结构框架和活动程序"[②]。总体上看，职业教育教学模式也包括五个要素之间的联系：理论基础、教学目标、活动程序（某一模式的操作程序或逻辑步骤）、实现条件（如教师、学生、教学内容、教学手段等）和教学评价。[③]

国内外学者对教学模式的内涵尚未达成一致，我国学者对教学模式内涵的理解总体上可以分为宏观和微观两个层面。[④] 在宏观层面上，教学模式被理解为整体性教学管理模式或教学活动组织模式，它涉及整体性课程安排、教学管理、活动组织和评价标准等，与教育模式相近。如有研究者提出的"1+0.5+1+0.5"工学交替教学模式[⑤]就是一个宏观的专业层面教学组织和管理模式；再如有研究者将 MES、CBE、双元制、"五阶段职教模式"等归为教学模式；[⑥] 还有研究者指出传统的"三段式"教学模式、"五阶段周期循环教学模式""产学研结合模式""工学交替"等是我国高等职业教育教学模式。[⑦] 这些描述可能混淆了教学模式、教育模式或人才培养模式。在微观层面上，教学模式主要集中在课堂教学模式或课堂师生相互作用模式，包括教学目标、教学活动程序、教学条件、教学评价、师

[①] 余文森，刘家访，洪明. 现代教学论基础教程 [M]. 长春：东北师范大学出版社，2007：173.

[②] 马建才. 探究教学在高中思想政治新课程中的运用研究 [D]. 重庆：西南大学，2006.

[③] 谢新观. 远距离开放教育词典 [M]. 北京：中央广播电视大学出版社. 1999：196；邓泽民. 职业教育教学论 [M]. 北京：中国铁道出版社，2011.

[④] 李向东. 职业教育教学研究现状及趋势 [C] //天津市社会科学界联合会. 新规划·新视野·新发展——天津市社会科学界第七届学术年会优秀论文集《天津学术文库》（中）. 2011：8.

[⑤] 余波. 基于"1+0.5+1+0.5"工学交替教学模式的高职物流管理专业教学改革研究与实践 [J]. 河南科技学院学报，2010（10）：105-107.

[⑥] 周勇. 高等职业教育教学模式研究综述 [J]. 长沙民政职业技术学院学报，2007（1）：77-80.

[⑦] 陕春玲，李玉清. 职业教育教学模式文献综述 [J]. 才智，2013（34）：37；周勇. 高等职业教育教学模式研究综述 [J]. 长沙民政职业技术学院学报，2007（1）：77-80.

生作用方式和教学结构等。相对来说，人们更多地从微观领域，从教学过程、教学方法、教学结构或学习者的学习等维度对教学模式进行阐释，如认为教学模式就是教学结构，教学模式就是教学过程的模式，教学模式是教学方法或是多种教学方法的综合①，或教学模式就是学习模式②，等等。

我国职业教育教学模式研究的发展有不同的分析视角。如有研究者指出职业教育教学模式的演进经历了移植普通本科教育教学模式（即以理论教学为主线、以原理性教学为主体的教育模式，并适当降低理论深度③）、移植国外职业教育教学模式，以及结合国情自主创新探索我国工学结合条件下的教学模式④。还有研究者认为职业教育教学模式研究经历了对教学模式内涵与分类的宏观理论研究、对教学模式课堂教学应用的多学科多视角微观实践探索两个阶段。⑤ 其中的理论研究方面，大家对职业教育教学模式的解读比较一致，总体是沿用普教中教学模式的概念，但对于教学模式的分类还存在较大差异；实践探索方面，从教学基本模式中衍生出的子模式主要集中在项目化教学模式、工学结合教学模式和校企合作等教学模式上，研究者们还开发出众多具有专业特色的教学模式。随着教学模式研究的不断细化，有研究者认为"从专业到具体课程都在探讨建立教学模式，在很大程度上模糊了教学模式和教学案例之间的界限"⑥。这其实还是反映出大家对教学模式理解的不一致，但工学结合、一体化教学等已成为职业教育教学模式的总体特征。研究者们述及较多的教学模式有行动导向教学模式、实践教学模式、一体化教学模式、工作室制教学模式等。

---

① 汪静. 德国职业教育行动导向教学模式研究［J］. 职业教育研究，2017（3）：88-91.
② 王文静. 基于情境认知与学习的教学模式研究［D］. 上海：华东师范大学，2002：46-47.
③ 丁向荣. 更新教学观念 提高高职学生的"应用技术"素质［J］. 中国西部科技（学术），2007（4）：99-101.
④ 陕春玲，李玉清. 职业教育教学模式文献综述［J］. 才智，2013（34）：37.
⑤ 朱德全，杨磊. 职业教育课程与教学研究四十年：现状与走向［J］. 职教论坛，2018（3）：43-51.
⑥ 朱德全，杨磊. 职业教育课程与教学研究四十年：现状与走向［J］. 职教论坛，2018（3）：43-51.

行动导向教学模式是以行动导向教学理念为基础，连接着理论与具体的行动导向教学方法，但学者们对其内涵还未形成一致理解。如有研究者认为行动导向教学模式是具备行动导向教学特征的多种方法的统称[1]；也有研究者认为行动导向教学模式"是以就业为导向（以能力为本位），以国家职业技能鉴定标准为依据，以职业活动的学习领域为内容，运用行动导向的教学方法组织教学，培养具有综合职业素质的技能型人才的教学形式"[2]；也有研究者在借鉴国外学者研究的基础上，认为它是一种"强调以学生自身行动为中心、按完整行动模型展开的教学组织方案"[3]。尽管理解角度各异，但研究者们普遍强调行动导向教学模式中的行动导向特征：促进学生职业行动能力的全面发展；强调学生手脑心相结合；以学生兴趣与经验为出发点；以行动产品或结果为引导；以工作过程为教学与学习组织逻辑；强调学生自主工作与管理；等等。[4] 研究者们普遍认同行动导向教学模式强调用"完整的行动模式"替代"（按照外部规定完成任务的）部分行动模式"来培养学生的综合职业能力[5]，并关注工作过程要素（即工作对象、内容、手段、组织、产品和环境等）的动态变化[6]。但关于"完整的行动模式"目前有不同的表述，如有研究者认为其包括"明确任务、计划、决策、实施、控制和反馈整个行动过程"[7]，也有研究者认为完整的行

---

[1] 汪静. 德国职业教育行动导向教学模式研究 [J]. 职业教育研究，2017（3）：88-91.

[2] 张皓明. 职业技术教育中行动导向教学模式的研究 [D]. 上海：华东师范大学硕士学位论文，2006.

[3] 易艳明，石婷. 德国行动导向教学理论基础、组织模式与设计原则再分析 [J]. 中国职业技术教育，2016（27）：57-65.

[4] 易艳明，石婷. 德国行动导向教学理论基础、组织模式与设计原则再分析 [J]. 中国职业技术教育，2016（27）：57-65；汪静. 德国职业教育行动导向教学模式研究 [J]. 职业教育研究，2017（3）：88-91；刘邦祥，吴全会. 德国职业教育行动导向的教学组织研究 [J]. 中国职业技术教育，2007（5）：51-53，55.

[5] 赵志群. 关于行动导向的教学 [J]. 职教论坛，2008（20）：1.

[6] 赵志群. 职业教育工学结合一体化课程开发指南 [M]. 北京：清华大学出版社，2009.

[7] 赵志群. 关于行动导向的教学 [J]. 职教论坛，2008（20）：1.

动过程包含"资讯、决策、计划、实施、检查、评价"六个步骤[①]。在这两种不同的表述中,"决策"和"计划"步骤分别被赋予了不同的含义,也由此形成了行动导向教学模式的不同教学过程。

我国职业教育课程实施的政策导向很强调加强实践性教学。[②] 院校的教学实践也形成了一些实践教学模式,如"三平台、三结合""五环节、五保障"的"三五式"实践教学模式[③]等。但目前国内文献大多从宏观层面对实践教学体系的建立等进行探讨,具体实践教学模式的相关研究相对较少且多针对具体专业展开说明,实践教学模式还需从教学模式的理论角度进行深入研究并加强实践探索。[④]

一体化教学模式也经常出现在研究者们对职业教育教学模式的讨论之中。目前关于"一体化教学模式"形成了多种具体表述,如"理论与实践一体化(或理实一体化)"[⑤] "教学做一体化"[⑥] 和"工学(结合)一体化"[⑦]。尽管表述不同,但研究者们对各种一体化教学模式的核心思想与功能目标基本达成了一致,即要改变传统的学科体系和课堂内的静态教学模式,将学生作为学习的主体,将理论与实践相结合,教与学和工作相对接,将教、学、做融于一体,实现学生的全面发展。[⑧] 2009年《教育部关

---

① 姜大源. 工作过程系统化:中国特色的现代职业教育课程开发 [J]. 顺德职业技术学院学报,2014 (3):1-11.

② 徐涵,周乐瑞. 新世纪以来我国职业教育课程政策的发展轨迹研究 [J]. 中国职业技术教育,2015 (15):25-29.

③ 姚芝楼,王建国. 高职高专实践教学模式的建构 [J]. 中国高教研究,2006 (6):63-65.

④ 高葵芬. 高职实践教学模式研究综述 [J]. 成都师范学院学报,2014 (10):13-15.

⑤ 于彦良. 职业教育理实一体化教学模式的相关研究 [J]. 科教导刊(下旬),2017 (11):7-8.

⑥ 罗蔓,莫薇,宁文珍. "教学做"一体化教学模式的实践研究 [J]. 中国电力教育,2009 (12):118-119.

⑦ 张勇斌. 职业院校工学一体化教学模式的运行 [J]. 教师教育论坛,2017 (3):67-70.

⑧ 张静. 我国职业教育领域一体化教学模式研究文献综述——基于2006—2015年研究文献的统计分析 [J]. 中国职业技术教育,2017 (7):44-48.

于制定中等职业学校教学计划的原则意见》也指出中等职业学校"要在加强专业实践课程教学、完善专业实践课程体系的同时,积极探索专业理论课程与专业实践课程的一体化教学"。① 有研究者对一体化教学模式相关文献进行分析后,发现已有研究主要集中在具体专业或课程的应用实践经验介绍上,理论研究相对薄弱;研究方法方面多采用的是个案研究,比较和总体归纳较少,且中观至宏观层面的研究多为论述性研究,探究式、因果式分析较少;研究内容还需创新拓展;一体化教学模式以及一体化教学的评价还需进一步关注;等等。②

"工作室制"教学模式自 20 世纪末被正式提出来后,在职业教育界得到了大量关注。"工作室制"教学模式既可以在课外运行,也可以与课程结合。③ 它具备四大特征,即"以工作室为单位组织教学,以企业场所为标准装饰环境添置设备,以项目实操为形式实施教学,以企业专家和专任教师为核心管理教学",其实施的三个关键要素是"教学内容项目化、学习情境职业化、学习成果社会化"。④ 随着职业院校各级各类技能大师工作室、非遗大师工作室的建立和应用,该教学模式的应用发展迅速,且呈现出从教学模式向人才培养模式发展的趋势。如有学校的双师工作室采用"教学与生产一体、教师与师傅一体、学生与员工一体、作业与产品一体"的教学组织形式,形成"学校有工、教师能工、教学融工、学生会工"的特色,实现了"学生实训、竞赛培育、项目研发及教师培训"的功能

---

① 教育部. 教育部关于制定中等职业学校教学计划的原则意见(教职成〔2009〕2 号)[EB/OL]. (2009-01-06) [2018-09-23]. http://www.moe.gov.cn/srcsite/A07/s7055/200901/t20090106_181873.html.

② 张静. 我国职业教育领域一体化教学模式研究文献综述——基于 2006—2015 年研究文献的统计分析 [J]. 中国职业技术教育,2017 (7):44-48;刘飞. 我国职业教育领域一体化教学研究综述 [J]. 中国集体经济,2010 (25):175-176.

③ 温振华. 高等职业教育教学模式改革的探索——论工作室制教学模式 [J]. 武汉职业技术学院学报,2007 (4):83-85.

④ 许爱军,蒋新革. "工作室制"教学模式的内涵分析与概念辨析 [J]. 中国职业技术教育,2016 (11):21-25.

定位。①

此外，随着职业教育和教学技术的发展，一些新的教学模式也正在形成或被引入到职业教育教学中。如"以赛代考"教学模式②、把课堂讲授教学模式和网络化教学相结合的混合式教学模式③、作为"能力模型＋课程大纲＋方法大纲三位一体的项目小组探究教学模式"的胡格教学模式④，等等。

6. 教学方法

该领域主要包括"校企合作""任务驱动教学""项目教学""行动导向教学""顶岗实习""案例教学""教学方法改革""理论实践一体化教学"等关键词，出现时间主要是2007年以后。该领域主要围绕教学方法改革（特别是行动导向教学法）展开研究。

教学方法可以理解为"师生为完成一定教学任务在共同活动中所采用的教学方式、途径和手段"⑤。它既包括教师教的活动方式，也包括学生在教师指导下的学习活动方式，是教与学的方法的统一。有研究者在此基础上结合职业教育的特点，指出中等职业教育教学方法是指"在中等职业教育中教师为了全面提高学生的职业素质，在教学中所采取的以现代教学思想和技术为基础的步骤和手段的综合"⑥。而教学方式可以理解为教学方法的活动细节。⑦

---

① "学·赛·研·培"开创双师工作室育人新模式［N］. 中国教育报，2016-12-17.

② 常洪伟. "以赛代考"教学模式研究的现状与分析［J］. 中国职业技术教育，2017（26）：85-87.

③ 梅美. 职业教育混合式教学模式改革的研究和思考［J］. 冶金管理，2017（10）：54-56.

④ 吴萍. "胡格教学模式"在职业教育教学中的实践研究［J］. 宿州教育学院学报，2018（6）：105-107.

⑤ 顾明远. 教育大辞典（增订合编本）［M］. 上海：上海教育出版社. 1998：714.

⑥ 秦虹. 中等职业教育教学方法的本质与特点［J］. 天津市教科院学报，2007（5）：52-53.

⑦ 顾明远. 教育大辞典（增订合编本）［M］. 上海：上海教育出版社. 1998：714.

职业教育教学方法离不开我国教育教学方法论的发展。新中国成立后，我国教学方法的发展历经了全面学习苏联、独立探索、受挫停滞、介绍与引进、理论研究与实验、理论生成与发展以及逐步深化七个阶段，初步构建了中国特色的教育教学方法论体系。[①] 与此相应，改革开放以来，我国职业教育相关政策和法规对职业教育教学方法的改革提出了明确要求。中等职业学校专业教学法的发展大致经历了三个阶段，并表现出"体系化""合作化""技术化"的发展趋势：改革开放初期以讲授法为主的"普教化"阶段；20世纪90年代强调以能力为本位的教学指导思想，并对不同专业实践课的比例提出具体要求的"职教化"阶段；20世纪90年代末以来强调学科体系教学向行动体系教学转变的"行动导向化"阶段。[②] 高职教育教学方法也经历了"从简单借用普通高等教育教学方法到引进西方发达国家的先进职业教育教学方法再到结合我国国情自我创新的艰难历程"，高职教育教学特色日益凸显，行动导向也成为高职教学方法的重要特点。[③]

从文献的发表情况来看，在中国期刊网（CNKI）全文数据库中以"职业教育""教学方法"作为检索项，在篇名中进行联合检索，以"行为引导型教学法"和"行动导向教学法"为检索项分别进行篇名检索，得到的相关文献发表年度趋势如图7-3所示。图中表明职业教育教学方法的研究从20世纪90年代后期开始引起关注，并从2005年起进入快速发展阶段；行动导向教学法（也称行为引导型教学法等）相关研究也自2005年起得以迅速发展。

[①] 王明娣，景艳. 我国教学方法研究七十年回顾与展望[J]. 当代教育与文化，2019（1）：42-48，62.

[②] 宁永红，马爱林，张小军. 近三十年中等职业学校专业教学法的发展历程及趋势[J]. 教育与职业，2015（31）：17-20.

[③] 张秋玲. 高职教育教学方法的历史研究[J]. 职业教育研究，2012（3）：179-180.

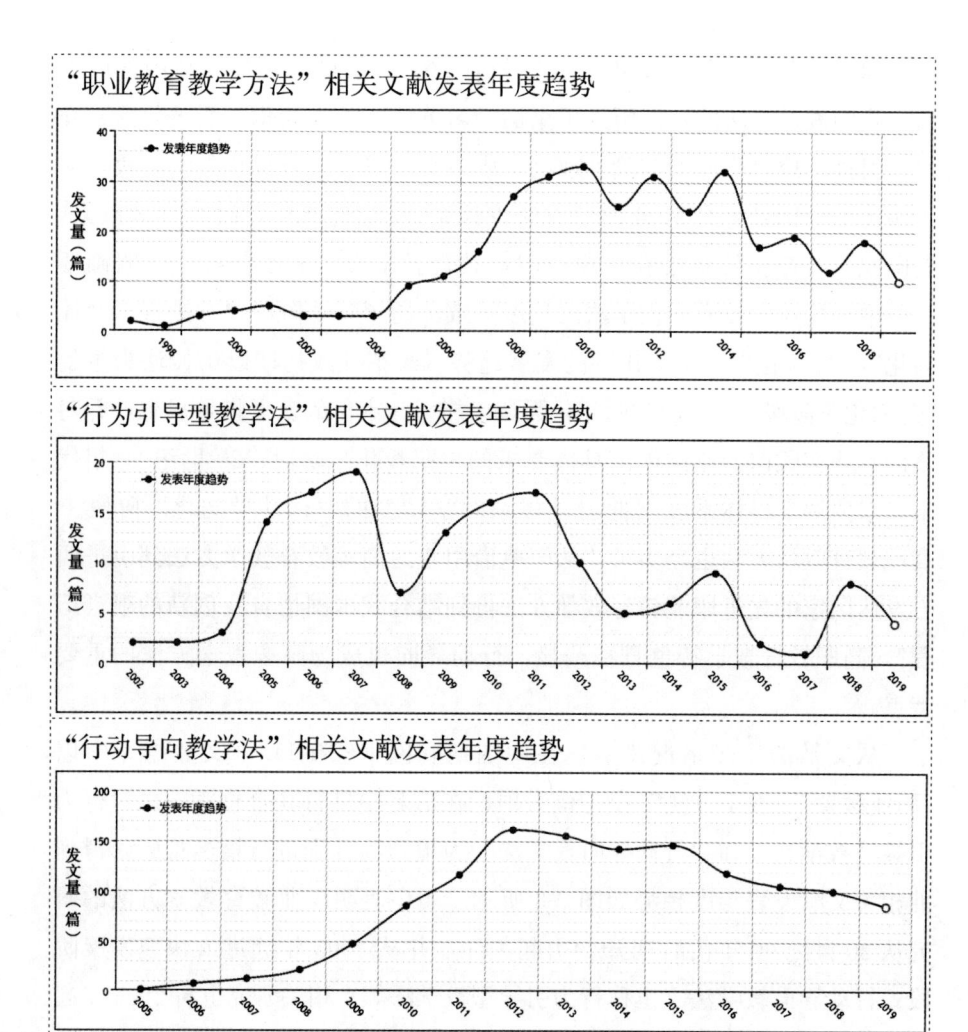

图 7-3 "职业教育教学方法"等相关文献的发表年度趋势

在职业教育教学方法改革的过程中形成了诸多具有职业教育特色的教学方法，其中常用方法已超百余种。[①] 如何建构教学方法体系以及如何选择教学法成为研究的重点。

构建教学方法体系的关键是要确认方法分类依据，但目前学者们依据各自理解从不同角度进行分类，尚未达成统一。教学活动作为一个系统要

---

① 朱德全，杨磊. 职业教育课程与教学研究四十年：现状与走向 [J]. 职教论坛, 2018（3）：43-51.

达到一定的教学目标,而该系统又包括相互作用着的教师、学生和内容等基本要素。这些教学系统要素以及要素间的动态关系就成为职业教育教学方法分类的重要标准。如有研究者依据布卢姆教育目标分类理论并结合国外研究成果,根据教学目标将职业教育教学方法分为认知、情感和技能三个维度,且各维度又分为低层次和高层次两个水平,形成了"3×2"的职业教育教学方法体系。学习者是教学活动的重要参与者,他们的人数和参与程度也会影响方法的选择和教学效果。当学习者规模在1人,2—20人,21—40人以及40人以上时有各自所适用的教学方法;根据学习者的教学活动参与程度由小到大也可以将多种教学方法排列为:讲授→程序学习→演示、辅导、模仿→车间实习、实验教学→角色扮演、小组讨论、研讨→案例研究→项目工作→自学。① 根据教学过程中师生的地位和作用,可以将职业教育教学方法分为以学生为中心的教学方法和以教师为中心的教学方法两大类。② 根据职业教育教学中教学内容的不同特点以及课型的差异,可以将职业教育教学方法的基本部分分为理论性教学方法和实践性教学方法两部分。③ 技能(包括动作技能和智力技能)教学是职业教育教学的重要内容,从技能获得与形成的过程来看,职业技能教学方法大致包含课堂教学法、技能训练法和实习训练法等三个部分。④ 还有研究者从职业教育教学系统的动态结构特点出发,认为职业教育现代教学方法体系大致包括适应课堂教学需要的方法、适应实践教学需要的方法、适应生产实习教学需要的方法以及适应综合职业能力培养需要的方法等四个方面。⑤

此外,部分研究者也对教学方法的划分采用了二分法,如常用教学方法

---

① 刘育锋. 论职业教育教学方法分类 [J]. 职业技术教育,1997 (11):18-20.
② 罗冰雁. 浅谈美国社区职业教育的教学方法 [J]. 科学咨询(决策管理),2009 (8):16.
③ 郭玉敏. 高等职业教育教学方法选择的思考 [J]. 职业技术,2007 (4):70-71.
④ 郑俊干. 中等职业学校职业技能教学方法的研究 [D]. 天津:天津大学,2004.
⑤ 吕永贵,高雨吉. 职业教育现代教学方法体系的构建 [J]. 职业技术教育,2000 (22):4-5.

和创新教学方法[1]，或传统教学方法和现代教学方法[2]等。其中，行动导向教学法是现代教学方法的重要组成部分，但它与知识导向教学并不是完全对立的。行动导向教学法也称为行为引导型教学法或行为导向教学法等，它是多种方法的综合运用。常用的行动导向教学方法包括项目教学法、案例教学法、模拟教学法、角色扮演法、引导文教学法和实验教学法等。对于行动导向教学方法的分类，可以从知识传授和职业能力培养的角度大致分为三大类：目标单一的知识传授与技能培训法、综合能力培养方法和现代工作岗位培训法。[3] 也可以按照行动的复杂程度，将行动导向教学分为三个层次：实验导向性教学、问题导向性教学和项目导向性教学。[4]

职业教育教学方法的分类也为教学方法的选择提供了依据。多数研究者认为要依据教学目标、教学内容、教学对象、教学资源、教学条件、教学环境、教师特征等来选择适当的职业教育教学方法[5]，同时还要考虑教学方法与学生学习方法、教育技术等的关系[6]。

随着职业教育教学改革的进行，职业教育教学方法也表现出"以学生为中心""以活动为中心""整合性""以团队为基础"等发展趋势，[7] 专业教学法得到重视，且行动导向教学正成为职业教育教学方法改革的重点。目前国内学者们对职业教育教学方法的分类和体系构建进行了多种尝试，但分类标准还难以统一，全面系统完整的职业教育教学方法体系尚未完全

---

[1] 纪芝信. 职业技术教育学 [M]. 福州：福建教育出版社，1995.

[2] 蔡小博，屈正良. 职业教育教学方法研究综述 [J]. 新课程研究（中旬刊），2009 (5)：41-42；杨黎明. 中等职业教育行为导向教学法的研究 [C] //教育部职成教司. 教育部职教中心所职业教育实施素质教育与教学方法研究分卷，北京：高等教育出版社，2003.

[3] 赵志群. 职业教育与培训学习新概念 [M]. 北京：科学出版社，2003.

[4] 赵志群. 关于行动导向的教学 [J]. 职教论坛，2008 (20)：1.

[5] 何文明. 我国职业教育教学方法研究述评 [J]. 职业技术教育，2011 (25)：41-46.

[6] 吕永贵，高雨吉. 职业教育现代教学方法体系的构建 [J]. 职业技术教育，2000 (22)：4-5.

[7] 于萍，徐国庆. 当前职业教育教学方法发展趋势研究 [J]. 职教论坛，2011 (33)：16-19.

构建并获广泛认同。[①]

二、发展脉络

通过突现词检测分析可以得到 22 个变化频次最高的突现词，它们能反映出职业教育教学研究前沿的发展演变情况，如图 7-4 所示。

Top 22 Keywords with the Strongest Citation Bursts

Keywords	Year	Strength	Begin	End
高等职业教学	1986	8.5938	1997	2004
专业课	1986	3.6442	1998	2002
专业设置	1986	6.045	1998	2006
学校	1986	5.3733	1998	2006
教学计划	1986	5.2808	1999	2003
能力本位	1986	3.5458	2000	2005
培养目标	1986	5.0497	2000	2004
以就业为导向	1986	4.4541	2004	2009
思考	1986	4.0465	2004	2009
职业资格	1986	4.0785	2004	2006
多媒体教学	1986	3.8113	2007	2012
任务驱动教学	1986	3.7851	2008	2012
教师	1986	4.0035	2009	2013
教学设计	1986	4.7642	2009	2011
信息化	1986	6.2995	2013	2018
教育信息化	1986	4.0948	2013	2018
教学资源	1986	4.4144	2014	2018
技能大赛	1986	5.2592	2014	2018
教学成果	1986	3.8214	2015	2018
信息技术	1986	7.0922	2015	2018
微课	1986	4.3789	2016	2018
"互联网+"	1986	4.8687	2016	2018

图 7-4 职业教育教学研究的关键词突现情况

从图 7-4 可以看出职业教育教学研究的大致发展脉络，而这一发展过程也与我国各时期职业教育教学相关政策文件的推动密切相关。

第一，1997—2006 年间，职业院校建设，特别是专业设置成为教育教

[①] 何文明. 我国职业教育教学方法研究述评 [J]. 职业技术教育，2011（25）：41-46.

学改革的重点，包括"高等职业教学""专业课""专业设置""学校"等突现词。

改革开放以后，随着社会经济技术飞速发展，新职业不断出现，职业院校也开设了大量的新兴专业。为了对专业建设和管理进行统一规范化管理，国家教委1993年颁布了《普通中等专业学校专业目录》[①]，劳动部办公厅也于1995年颁布了《技工学校专业（工种）目录》[②]。为了建立统一规范的中等职业教育专业管理建设标准，2000年，教育部兼顾原中专、技校、职业高中的专业设置需求，颁发了统一的《中等职业学校专业目录》和《中等职业学校专业设置管理的原则意见》[③]。这也使得这一时期职业院校的教育教学改革将侧重点放在了院校专业设置上。

第二，1999—2003年间，重视教学计划的制订和调整，重点包括"教学计划"突现词。

当职业学校的专业设置后，专业教学开展的主要依据是专业教学计划和课程教学大纲。教学计划是学校按照培养目标要求组织教学工作的实施方案，是指导和管理教学工作的主要依据。教学大纲是与教学计划相配套的专业文件。2000年教育部印发了《关于制定中等职业学校教学计划的原则意见》[④]，制订了统一的中等职业学校教学计划要求，并体现了教学管理的科学性与灵活性，改变了先前各类学校教学工作相对独立的情况，也为教育教学改革提供了指导。

各中职学校在设置好专业后，依据国家、地方或行业部门颁发的指导

[①] 国家教委.关于颁发《普通中等专业学校专业目录》的通知（教职〔1993〕8号）[EB/OL].（1993-03-23）[2018-09-23]. https://www.lawxp.com/statute/s1050164.html.

[②] 劳动部办公厅.关于印发首批《技工学校专业目录》的通知[EB/OL].（1995-07-11）[2018-09-23]. http://www.110.com/fagui/law_166721.html.

[③] 教育部.关于印发《中等职业学校专业目录》和关于《中等职业学校专业设置管理的原则意见》的通知（教职成〔2000〕8号）[Z]. 2000-09-25.

[④] 教育部.关于印发《关于制定中等职业学校教学计划的原则意见》的通知（教职成〔2000〕2号）[EB/OL].（2000-03-21）[2018-09-23]. http://old.moe.gov.cn/publicfiles/business/htmlfiles/moe/moe_958/200407/832.html.

性教学计划制订实施性教学计划；或在保证人才培养规格和质量的前提下，根据市场需求与变化情况适当对实施性教学计划进行调整。因此这一时期的教学改革也反映出教学计划的制定和调整工作。

第三，2000—2005 年左右，在职业教育教学改革中大家关注"能力本位"，明确"培养目标"，包括"能力本位""培养目标"等突现词。

21 世纪初，职业教育经过多年的实践探索和研究，形成了以能力为本位，培养职业综合能力的教学理念。1998 年，国家教委在《面向二十一世纪深化职业教育教学改革的原则意见》[①] 中提出，"推进教学改革，要更新教育观念。职业教育应确立以能力为本位的教学指导思想"，并强调教学内容要加强综合职业能力和全面素质的培养。这个教学理念在后续的职业教育教学改革中得以延续。2000 年，教育部在《关于全面推进素质教育、深化中等职业教育教学改革的意见》[②] 中首次明确提出中等职业教育要"树立以全面素质为基础、以能力为本位的新观念，培养与社会主义现代化建设要求相适应，德智体美等全面发展，具有综合职业能力，在生产、服务、技术和管理第一线工作的高素质劳动者和中初级专门人才"。《关于制定中等职业学校教学计划的原则意见》[③] 中明确规定制订中等职业学校教学计划要"明确、具体地规定本专业的培养目标和业务范围"，要"贯彻以全面素质为基础，以能力为本位的教学指导思想，根据学生提高全面素质和综合职业能力以及继续学习的实际需要设置课程，确定教学内容"。

这一时期，在制订与调整专业教学计划的过程中，以能力为本位的教学理念、产教结合的教学原则得到认同，以就业为导向的办学指导思想也

---

① 国家教委. 关于印发《面向二十一世纪深化职业教育教学改革的原则意见》的通知（教职〔1998〕1 号）[EB/OL].（1998-02-16）[2018-09-23]. http://old.moe.gov.cn//publicfiles/business/htmlfiles/moe/moe_958/200506/8944.html.

② 教育部. 关于印发《关于全面推进素质教育、深化中等职业教育教学改革的意见》的通知（教职成〔2000〕1 号））[EB/OL].（2000-03-21）[2018-09-23]. http://old.moe.gov.cn//publicfiles/business/htmlfiles/moe/moe_958/200506/8932.html.

③ 教育部. 关于印发《关于制定中等职业学校教学计划的原则意见》的通知（教职成〔2000〕2 号）[EB/OL].（2000-03-21）[2018-09-23]. http://www.moe.gov.cn/srcsite/A07/s7055/200003/t20000321_165172.html.

逐渐确立，这就形成了围绕就业需求的职业能力培养教学改革理念。[1]

第四，2004年始，对职业教育教学改革进行反思，逐渐形成"以就业为导向"的教育教学理念，并重视教育教学与职业资格的对接问题，包括"以就业为导向""思考""职业资格"等突现词。

自2002年《国务院关于大力推进职业教育改革与发展的决定》发布后，以就业为导向改革与发展职业教育逐步成为社会共识，职业教育主动服务经济社会的意识明显增强。2004年教育部发布的《关于以就业为导向深化高等职业教育改革的若干意见》[2]中明确了"高等职业教育应以服务为宗旨，以就业为导向，走产学研结合的发展道路"；要加强教学建设和教学改革，要运用现代教育理念，改进理论教学，改革教学方法，重视现场教学和案例教学。同年的《教育部等七部门关于进一步加强职业教育工作的若干意见》[3]则进一步提出要"完善就业准入制度和职业资格证书制度，积极推进职业院校学生职业资格认证工作"。这也促进了职业院校思考如何将院校专业设置与职业资格认证对接，如何将课程和教学内容与职业标准衔接等问题。

第五，2007年以来，对教师教学能力和教学方法等的重视，包括"多媒体教学""任务驱动教学""教师""教学设计"等突现词。

2006年，教育部、财政部开始实施"中等职业学校教师素质提高计划"[4]，着力提高中等职业学校教师队伍的整体素质特别是实践教学能力，对中等职业学校教师进行系统的职业教育教学理念和专业教学法培训。随着各种形式培训活动的开展，教师们学习各种教学方法并展开相应的教学设计工作，开展相关教学研究，如任务驱动教学、多种行动导向教学

---

[1] 孙琳，徐桂庭. 我国中等职业教育教学改革发展的脉络与变迁——基于教学政策文件的分析［J］. 职教论坛，2015（3）：4-15.

[2] 教育部. 关于以就业为导向深化高等职业教育改革的若干意见（教高〔2004〕1号）［Z］. 2004-04-02.

[3] 教育部等七部门. 关于进一步加强职业教育工作的若干意见（教职成〔2004〕12号）［Z］. 2004-09-14.

[4] 教育部，财政部. 关于实施中等职业学校教师素质提高计划的意见（教职成〔2006〕13号）［Z］. 2006-12-26.

法等。

第六，2013年以来，教育信息化和"互联网+"职业教育成为关注的重点，包括"信息化""教育信息化""教学资源""信息技术""微课""互联网+"等突现词。

为了推动职业教育信息化的发展，教育部先后于2012年和2017年发布了《教育部关于加快推进职业教育信息化发展的意见》[1]和《教育部关于进一步推进职业教育信息化发展的指导意见》[2]，强调要加强优质信息化教学资源的建设，要推进信息技术与教育教学的深度融合，促进教师提高信息素养，改进教学方法，提高信息技术应用水平，推动教育教学模式创新。这一时期教学资源建设、信息技术与教学整合、教育信息化等就成为职业教育教学研究关注的重点，各种信息技术支持的新教学方法也在职业教育领域中得以展开，如微课、翻转课堂和慕课等。

第七，2014年以来，技能大赛和教学成果得到关注。

我国自2008年以来每年举办全国职业院校技能大赛[3]，并于2010年加入世界技能组织，2011年开始组队参加世界技能大赛。随着各类技能大赛的深入发展，各界开始反思如何通过以赛促教，促进技能大赛成果向教学转化，进而促进职业院校的整体教育教学改革。

第四节　职业教育教学研究述评

综上所述，我国职业教育教学研究在职业教育相关政策的推动下，在我国教育教学改革的大背景下，伴随着职业教育课程改革的发展形成了广泛的研究领域和清晰的发展脉络。各级行政机构、研究机构和职业院校的

---

[1] 教育部. 教育部关于加快推进职业教育信息化发展的意见（教职成〔2012〕5号）[Z]. 2012-05-04.

[2] 教育部. 教育部关于进一步推进职业教育信息化发展的指导意见（教职成〔2017〕4号）[Z]. 2017-09-05.

[3] 教育部. 关于举办2008年全国职业院校技能大赛的通知（教职成函〔2008〕3号）[Z]. 2008-02-28.

共同参与，已形成了多元主体共同推动职业教育教学改革与研究的局面，研究内容主要涵盖整体教学改革、职业教育教学理念、教学模式、教学方法、教学质量以及信息技术教育应用等领域，研究成果丰富。教学理念上，以学生为中心，培养学生的综合职业能力已成为共识；教学做一体化、工作学习一体化已成为重要的教学原则；在重视一般教学法的基础上，职业教育教学法特别是专业教学法成为研究的重点。

但职业教育教学研究还有很大的改进空间。首先，要厘清一些概念，加强基本学术概念使用的规范性，减少研究话语混乱的现象；在引入吸收国外职业教育教学理论的基础上，加强教育教学基础研究，努力建构本土化的职业教育教学理论，加强职业教育课程论、教学论、学习理论的探索和研究，厘清职业教育一般教学论和专业教学论的关系并加强各专业的研究；要梳理分类原则，建构职业教育教学方法结构体系；为了提高教学质量，职业教育教学评价体系的建构以及评价方法等的探索也将是职业教育教学研究的重点之一；随着信息技术网络技术以及人工智能等的发展，应注重将教育技术、信息技术等与职业教育教学相结合，促进教学方法、教学模式等的改革。此外，随着研究方法的丰富和广泛应用，职业教育教学研究的科学性和规范性也日益得到重视。

总体来看，注重职业行动能力培养的行为导向教学正成为我国职业教育教学方法改革的重点。

第八章 职业教育专业建设研究

新中国成立70周年来，我国职业教育专业建设以培养满足社会生产发展需要的技术技能型人才为目标，经历了学习借鉴、调整改革、完善提高和特色发展的内涵式建设过程，积累了丰富的实践经验。尤其是新世纪以来，理论研究视域不断扩展，围绕职业教育专业的属性特点、设置依据、建设原则、专业结构优化调整、专业与产业互动发展等方面进行理论研究和政策探讨，出现了一批有代表性的阶段成果，为后续职业教育专业研究工作的持续深入和指导专业建设实践建立了基础。

第一节 职业教育专业建设实践与研究回顾

一、实践历程

中华人民共和国成立前，我国的高等教育和中等职业教育是不设专业的，中华人民共和国成立后，中等职业教育中的中专学校是学习苏联的结果，技工学校则长期不按专业设置，只按工种进行设置。[①] 清末实业教育依据1904年癸卯学制制定的实业学堂章程举办了各类农、工、商等类型学堂，培养社会所需的各行业专业人才。民国期间，中华职业教育社推动国民政府设立中等职业学校和高等专门学校。

---

① 刘春生，徐长发. 职业教育学 [M]. 北京：教育科学出版社，2002：113.

1. 新中国成立至改革开放前：移植探索期

新中国成立初期，我国职业教育以中专和技校为主要形式。1949年9月，中国人民政治协商会议第一届全体会议通过了《中国人民政治协商会议共同纲领》，要求"有计划有步骤地实行普及教育，加强中学教育和高等教育，注重技术教育"，而未提"职业教育"，而且，在1949年10月建立的中央人民政府教育部也并未设立职业教育司。为满足国家建设对高级职业技术人才的需要，1950年8月，新中国第一项专科教育法规《专科学校暂行规程》颁布，明确了专科学校的办学宗旨。随后在1951年10月，《关于改革学制的决定》规定了"专科学校的修业年限为二年至三年。招收高级中学及同等学校毕业生或具有同等学力者"。但这一学制基本是参照苏联模式，在专门人才的培养上，更加突出了中等专业学校和大学本科的地位，高等专科学校在当时原有的规模上并未得到普遍性的发展。1952年7月，《中等技术学校暂行实施办法》提出中等技术学校分为工业、交通、农业和林业等类，应根据国家各项建设的实际需要与科学技术分工的原则，专设一科或兼设数科，并附设各种技工学校、艺徒学校和短期技术培训班。

1952年，国家开始改变原高校只设院系，不设专业的结构，开始按专业培养人才。1952年11月，高等教育部从教育部分出，作为管理高等教育的国家行政机构，其中将中等技术教育也划归高等教育部管理，在高教部中才开始设置中等技术教育局，负责中等技术学校的发展。1953年，高等教育事业计划提出了培养工矿、交通等技术人才的需要，随后开始为相关学校部门制定统一的教学大纲和课程标准，并组织同类专业的学校负责编订专业教材。1954年至1955年间，高等教育部陆续颁发了关于加强中等专业学校教学工作和管理工作的有关规定，促进中等技术学校教学和管理工作制度化。其中，1954年11月，新中国第一个《高等学校专业目录分类设置（草案）》出台，该草案共设40个专业类，257个专业。40个专业类完全是以11个"行业部门"作为划分的依据，可以将11个"行业部门"转换为 11 个专业门类。① 1955 年 8 月，经国务院批准的《高教部1954 年的工作总结和 1955 年的工作要点》指出："根据国务院指示，专修科应及早停办。从今年起即减少专修科招生任务。大力加强中等专业教育的领导。"

1963 年，在"调整、巩固、充实、提高"的方针下，教育部颁布《关于制定全日制中等专业学校教学计划的规定（草案）》，明确了中等专业学校的培养目标，指出学生在学期间应掌握专业的基础理论、专业知识和实际技能，从而获得从事专业工作和解决实际问题的初步能力。同年 10 月，国务院批转教育部《关于中等专业学校专业的设置和调整问题的规定》，针对专业设置或分散或重复，专业名称缺乏统一、各类专业配套不够齐全等问题，要求以《中等专业学校专业目录》（1963 年）为准。一系列规章制度的出台，对稳定教育发展、提高教育质量起到了一定的作用。然而，在随后的"文革"中，大批中等专业学校被裁并，技术工人学校被改为工厂，不少地区和部门的中等专业学校几乎全部停办。

新中国成立后至改革开放之前，我国尚无独立设置的高等职业学校，在职业教育体系里仅仅包括中等和初等职业技术学校，中等职业技术学校是职业教育的主体。但在新中国成立初期开展的大规模院系和专业设置的调整中，我国建立和发展了一批高等工业学校，以培养应用型人才为办学目标，其专业建设和人才培养具有明显的职业定向性，相当于目前的高职教育。这些高等专科学校属于普通高等教育体系，在专业设置上，也是按照普通高等学校的模式来设置的。② 总体趋势上，有研究指出，我国高校的专业设置制度从 1949 年前的"无计划、大口径型"到新中国成立初期的"有计划、窄口径型"再向"有计划、宽口径型"过渡。③

---

① 郭雷振. 我国高校本科专业目录修订的演变——兼论目录对高校专业设置数量的调节 [J]. 现代教育科学，2013（3）：44-49，54.

② 中华人民共和国教育部高等教育司，全国高职高专校长联席会. 育才通道——高等职业教育专业建设 [M]. 北京：高等教育出版社，2005：2.

③ 邱雁. 三十年来我国高等学校专业设置的变化发展（上）[J]. 辽宁高等教育研究，1983（5）：151-161.

2. 改革开放后到 20 世纪末：规范发展期

改革开放后，为满足国家恢复发展对各类人才的需求，国家适度扩大高等教育的办学规模。1980 年，国家教委批准成立了 13 所短期职业大学，标志着我国高等职业教育的诞生，自此我国从中央到地方开始了积极探索高等职业教育发展之路。随后，全国各省也逐步建立了高等职业学校。据统计，到 1985 年，全国短期职业大学就达到了 118 所。[①] 职业大学在专业建设上，部分院校根据地方的职业岗位需求来设置专业，而且在 1990 年国家教委制定《普通高等学校工科专科专业目录》后，专业设置结合社会需求进行创新，开设目录外的专业或专业方向。例如，我国较早举办高职教育的深圳职业技术学院建校后，在专业设置上"以市场需求为导向、以职业岗位（群）为依据、以技术含量为参数"的建设理念，可以作为反映我国高等职业教育专业建设特色化发展较早的探索。

同期，1980 年开始，中等教育结构改革工作逐步在各地展开。教育部、国家劳动总局《关于中等教育结构改革的报告》指出，中等职业（技术）学校或职业中学可根据社会需要，设置比较通用的专业，厂矿企事业单位等自办的职业（技术）学校根据生产需要设置专业，教育部门和业务部门联办的学校则根据业务部门的生产发展需要设置专业。经过调整改革，各地创办的学校中，专业（工种）设置因地制宜，灵活多样。同时，这一时期的农村职业教育得到重视和发展，因为农村职业教育关联着农业和教育两大战略重点，为此有必要探讨研究农村职业教育的专业设置问题。[②] 1986 年，全国建有农业中学和职业中学达 8187 所，在校生 256 万人，开设专业 450 余种。[③] 1992 年 1 月，国家教委发出《关于修订普通中等专业学校专业目录的通知》，要求对 1963 年的专业目录进行修订。1993 年，国家教委颁布了《普通中等专业学校专业目录》并制定了专业设置管理办法，共设有 518 个专业；同时，劳动部也修订了技工学校专业目录，

[①] 陈英杰. 中国高等职业教育发展史研究 [M]. 郑州：中州古籍出版社，2007：48-55.

[②] 董操. 试论农村职业教育的专业设置 [J]. 职业教育研究，1983 (2)：23-24，48.

[③] 毛礼锐，沈灌群. 中国教育通史 [M]. 济南：山东教育出版社，1989：415.

并于 1995 年颁布《技工学校专业（工种）目录》，设有 450 个专业。这次修订以职业分析方法为理论基础，专业划分以职业群、岗位群来划分，体现了职业教育专业的特点。

3. 21 世纪以来：内涵提高期

1999 年，第三次全国教育工作会议强调"要大力发展职业教育"，之后职业教育发展迅猛，办学规模迅速扩大，专业建设与管理工作日益显现出其重要的地位。

首先，中等职业教育方面，着重加强专业目录的修订工作，切实发挥其指导性作用。2000 年，教育部制定并颁发了统一的《中等职业学校专业目录》和《中等职业学校专业设置管理的原则意见》，规范了各类中职学校专业设置。新世纪的最初 10 年间，国家经济发展方式的转变和产业结构转型发展的加速，引起社会职业结构和岗位的快速变化，更新原先的专业指导目录又成为迫切的需要。2010 年修订的专业目录以国民经济行业分类、职业分类和产业划分规定为依据，在内容体系上作了重大调整，设立了"专业名称""专业（技能）方向""对应职业（岗位）""职业资格证书举例""继续学习专业举例"等项内容，考虑到与普通高等学校本科专业与高职专业间的衔接，共设有 19 大类 321 个专业 927 个专业（技能）方向，列举对应的职业（岗位）1185 个。专业目录的及时更新和修订有力地促进了专业建设工作的发展。

其次，高等职业教育方面，新世纪以来，高等职业教育由外延发展转向更加重视内涵建设，教育部在全国高职高专进行了专业教学改革试点工作，为了规范高职高专专业建设，教育部还组织制定了"全国高职高专教育示范专业评价指标体系"。2004 年底，教育部颁布了《普通高等学校高职高专教育专业设置管理办法（试行）》和《普通高等学校高职高专教育指导性专业目录（试行）》等文件，使高等职业院校的专业建设工作更具规范。2006 年，教育部、财政部《关于实施国家示范性高等职业院校建设计划加快高等职业教育改革与发展的意见》提出要从专业带头人和教学骨干培养、实训基地或车间建设、工学结合特色的课程体系开发等入手，形成 500 个以重点建设专业为龙头、相关专业为支撑的重点建设专业群。

2011年，教育部、财政部《关于支持高等职业学校提升专业服务产业发展能力的通知》，突出强调要把专业建设作为职业院校的核心内容，全面提升专业服务产业发展的能力。2015年，《高等职业教育创新发展行动计划（2015—2018年）》提出深化高等职业教育人才培养模式改革、全面提升专业建设水平和人才培养质量。同年，教育部印发《普通高等学校高等职业教育（专科）专业设置管理办法》和《普通高等学校高等职业教育（专科）专业目录（2015年）》，提出要建立健全高职专业设置的预警和动态调整机制等。可见，经过多年的研究与实践的深入发展，我国职业教育专业建设的内涵得到了不断的丰富和深化。

二、研究概况

1. 研究态势

综合已有研究成果分析，在知网数据库中，以"职业教育专业"为主题进行搜索，共搜索到文献12 901条，但发现较早的几篇文献并非是有关职业教育专业的研究，甚至在新中国成立后到改革开放前这一时期并没有相关研究文献，直到20世纪80年代后才陆续出现，而真正研究数量较多则发生在2000年以来，并呈明显的年度增长趋势（见图8-1）。另外，分别以"职业教育专业建设""职业教育专业设置""职业教育专业结构"为主题词搜索，搜索到的文献分别为2918条、2846条、1530条，且研究文献均出现于改革开放以后。

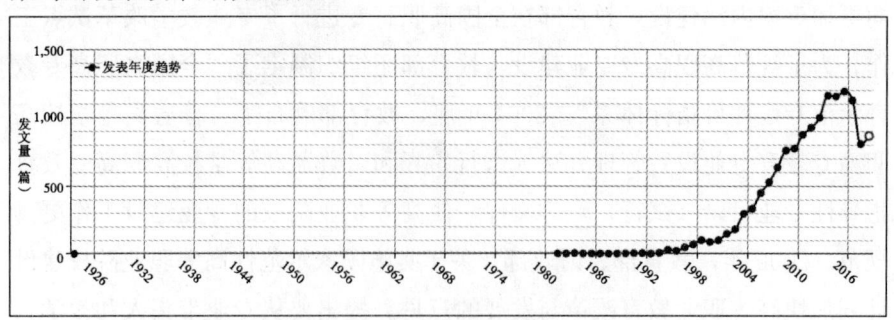

图8-1 "职业教育专业"研究的相关文献年度变化趋势

如前文所述，新中国成立初期我国中等职业教育以中专和技工教育为主，20世纪80年代开始恢复进行中等职业教育的探索发展和结构调整工作；高等职业教育方面，新中国成立初始主要包括部分高等工业院校，改革开放后各地出现了举办短期职业大学等形式，20世纪90年代才开始举办现行指称上的高等职业教育。笔者又分别以相关词汇进行文献搜索，在新中国成立后至改革开放初这一时期，也鲜有对不同主体和形式举办的职业教育机构进行专业建设研究的专门成果。因此，可以认为，职业教育专业建设的研究成果主要出现在改革开放以后，伴随专业建设实践经历了20世纪80年代初步零星的探索；发展于20世纪90年代，包括开始介绍国外专业建设的经验，开展实践调研以总结规律并发现实际问题；兴盛于新世纪以后，研究队伍、研究主题、研究论点、研究视角方法等不断丰富拓展，呈现百家争鸣的研究发展态势，也印证了上述搜索分析结果。

2. 主要成果

在知网数据库中，以职业教育专业建设为主题词进行搜索，对搜索出的文献进行关键词共现网络可视化分析（见图8-2），图中每个节点代表一个主题词，节点大小表示该主题词出现的频次高低，连接线的粗细表示两个节点之间的共现频次高低。结果显示，专业建设研究较多发生在高等职业教育领域，专业建设研究与人才培养、专业设置、专业结构、区域经济、产业结构、校企合作等密切相关。以下就改革开放后已有的代表性成果进行部分列举和综述。

改革开放后，伴随着专业调整实践工作的展开，我国较早出现了部分有关专业建设的研究文献，就职业教育的专业设置特点、设置依据和基础、农村职业教育发展等专题进行探讨，认为职业教育的专业建设应因地制宜，如《试论农村职业教育的专业设置》（董操，1983年）、《农村职业教育要按当地经济发展需要设置专业》（黄圣周，1989年）、《职业教育专业结构合理化评价标准新探》（张晓明，1991年）、《产业结构是高等职业教育专业设置的基准》（李和宇，1992年）、《从社会需求谈高等职业教育的专业设置》（鲍洁，1996年）、《论职业教育专业的考察、改造和发展》（吴祖新，1996年）、《高等职业教育的专业设置研究》（吕鑫祥，1997

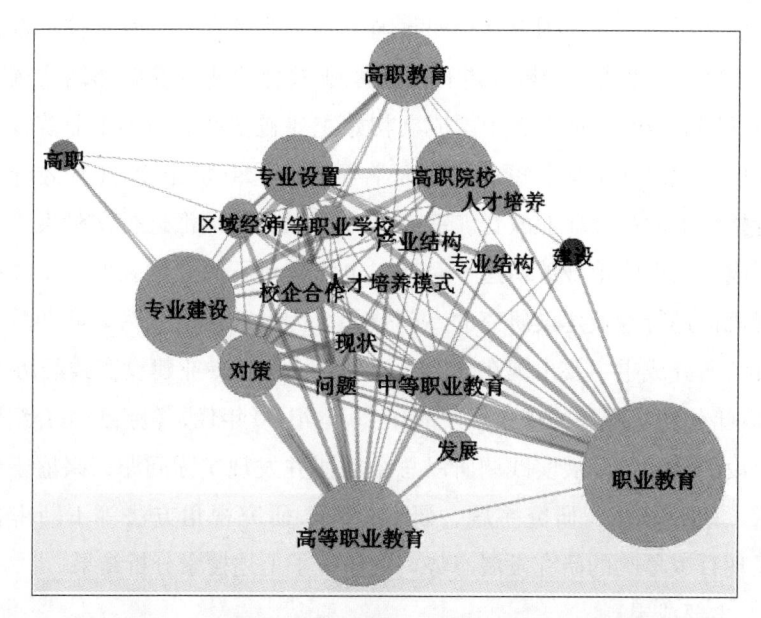

图 8-2 "职业教育专业建设"关键词共现网络分析图

年)、《市场变化与职业教育专业设置的调整》(李晓玲,1999 年)、《农村职业学校的专业划分刍议》(余祖光,1999 年)以及一些专门介绍国外职业教育专业建设的研究成果,如《德国职业教育的专业设置》(黄日强,1994 年)等。

新世纪以来,我国职业教育专业建设进入鼎盛时期,随着实践探索的深入,相关研究成果的数量快速增加,研究的主题和内容也更加广泛,研究论文更多集中在高职教育领域。其中既有探讨专业设置基础与原则等内容的理论分析,又有区域性的专业建设调查研究;既有专业建设研究与实践的本土化探索,又有国外经验的比较与借鉴。主要涉及:①专业建设的规划,如《高职院校专业建设规划问题略论》(马君、谢勇旗,2009 年);②专业管理体制改革,如《高职院校专业设置及管理机制改革的对策研究》(丁金昌、童卫军,2010 年);③专业布局与结构调整,如《基于区域产业结构调整优化高职专业结构的思考》(殷新红,2013 年)、《新时代职业教育专业结构优化策略——基于北京市"双需求"导向分析》(和震、祝成林,2018 年);④专业建设的内容与方法,如《基于专业建设的高职发展研究》(马庆发、董圣足，2008 年)、《高职院校专业建设的内容与方法》(陈寿根，2011 年)；⑤专业群建设，如《高职院校专业群建设探析》(袁洪志，2007 年)、《高职教育专业群建设：概念、内涵与机制》(沈建根、石伟平，2011 年)、《专业群与产业集群协同视角下的高职院校专业群设置研究》(孙峰，2014 年)；⑥专业认证与评估，如《职业教育专业设置的"二维四向评价模型"》(郭扬、胡秀锦，2003 年)、《高职专业设置评价体系的要素、模式及解释形式》(吴结，2005 年)、《高等职业院校专业建设评估的实践性尺度》(沈军、朱德全，2018 年)；⑦高水平（骨干、特色）专业建设，如《高职院校高水平专业建设政策演进、特征分析与路径选择》(周建松，2017 年)、《高职院校骨干专业建设有效推进机制研究》(覃文松，2018 年)。一些研究专著也相继出版，如《高等职业教育专业设置的理论与实践》(黄春麟，2003 年)、《高职院校专业建设的研究与实践》(梁建军，2012 年)、《职业教育专业建设新论》(黄宏伟，2014 年)等。

三、研究特点

回顾已有研究文献，职业教育在不同时期由于存在形式和发展层次等方面的不同，体现出阶段性的研究特点。

新中国成立初期技工教育并不发达，但由于生产发展的需要，大量的技术工人由企业承担培训工作，其中学徒制培训是新中国成立初期技工教育的主要形式，学校的专业教育尚显不足。为此，发展专业的教育，专业（工种）设置的数量规模，开展专业教学改革，提高专业教学质量等是当时关注的问题。在为数不多的文献探讨中，有研究者提出由于学徒制培训期限较短，缺乏全面的专业操作训练，尤其缺少学校教育的文化和技术理论知识学习，因此进一步壮大学校专业技工教育尤为重要。[①] 另有研究者提出专业学习是学校教育与工厂学徒制的最主要区别，但在学校的专业教学工作中存在片面追求训练，忽视基础知识和基本技能培养的情况。[②] 还

---

① 袁耀华. 新技工培训事业光辉的十年 [J]. 劳动，1959 (19)：22-26.
② 廉洁. 对技工学校教学工作的几点看法 [J]. 劳动，1962 (16)：10-13.

有研究者认为专业（工种）设置必须根据需要适当确定，并且要加强学校的专业教学管理工作，以规范专业教材和制度文件的编写和制定。[①]

20世纪80年代，随着改革开放大幕的拉开，经济社会在发生巨大变化的同时，各种教育改革也不断呈现出新的面貌。教育界开始对以往的办学实践进行反思，改革高等教育传统型的办学模式，扩大高等教育受众人群，密切结合地方需求设置专业的职业性新型高等教育[②]成为当时的现实需要，专业设置的针对性、应用性和适应性[③]的地方特点得到了较为明显的体现，也是当时研究者的理论表达和省思。同时，经过一定时期的探索，理论界的部分研究结合学校实践总结了专业建设的一些规律性特点，如专业设置长短结合、稳定性与灵活多样性相统一、专业口径要"宽窄并举，相对稳定"等。[④]

20世纪90年代，研究成果逐步增多，研究方法上以理论总结反思和实证调查分析并存发展，其中规模较大和有代表性的研究成果如朱兴德通过对我国140所重点职业高中专业设置情况的调查研究，总结认为我国重点职业高中经过若干年的发展，各校已建成了有一定发展规模的稳定骨干专业，但同时也开设了部分适应市场需求的短线专业；较多的专业集中设置于第三产业领域，其中较为热门的专业是财政金融类等。另外，研究发现，重点职业高中的专业命名存在不规范现象，有很大的随意性，为此，建议开展职业高中专业规范化建设。[⑤] 沈百福、董泽芳的系列调研文章《84所农村职业中学综合状况的调查与思考》《国民的职业教育专业选择意向分析》，就农村职业中学专业设置状况、学生对报考职业学校的专业的选择意向等问题进行了调查研究，丰富了相关研究成果，也对职业教育的

---

① 运用丰富经验改进技工学校工作[J]. 劳动，1963（2）：1-4.
② 王汝之，王泓，李守信. 一条发展高等教育的新路子[J]. 计划经济研究，1982（19）：20-23.
③ 张薇之. 谈职业技术学校的专业设置[J]. 教育与职业，1986（4）：24-26.
④ 毛涤生. 高等职业技术教育理论研究中的部分观点[J]. 教育与职业，1990（9）：12-13.
⑤ 朱兴德. 重点职业高中与我国职业教育的发展[M]. 上海：上海外语教育出版社，2001：56.

专业建设实践具有指导意义。

2000年以后，有关专业研究的成果数量迅速增加，专业研究的领域也大大扩展。从已有研究成果的搜索分析看，较多关注职业院校专业设置的现状与问题、专业建设规划、专业建设的内容与方法、专业结构与产业结构适应性问题、专业群建设、专业群课程、专业教学资源库建设等问题的研究。在新兴主题专业群的研究方面，随着职业教育办学规模的不断扩大，研究者提出集约型的发展路径，优化调整专业结构，开展专业群的研究，认为专业群的建设可以提升职业院校的核心竞争力，并就专业群的内涵、特点，专业群的功能和建设路径等作了探索。

2010年后至今，在持续专业群建设等问题研究的基础上，就专业质量评价、中高职专业衔接、专业服务产业能力、专业设置与区域经济协调发展、专业设置预警机制与动态调整机制、专业内涵发展的指标体系、师资队伍、核心课程和实训基地建设、专业建设标准和专业教学标准、专业建设的评价模式等问题展开研究。相较于新世纪初期的研究，研究的关键词汇并没有发生显著性的变化和创新，可以认为一方面表明专业研究的热点难点问题逐步得到研究者的集中关注并趋于稳定，另一方面部分研究成果在视角和方法上不断创新，呈纵深发展的趋势。

第二节 职业教育专业建设研究的主题领域与观点

一、职业教育专业的基本理论研究

1. 职业教育是一种职业性专业教育

英文文献中，专业"大体上相当于《国际教育标准分类》的课程计划或美国高等学校的主修"。[①] 主修（Major）这个词首先出现在1877—1878年约翰·霍普金斯大学的招生目录上，主修出现的原因是当时产业革命的

---

① 顾明远. 教育大辞典：第三卷 [M]. 上海：上海教育出版社，1991：26.

发展对接受过专业领域训练的专家的需要。[1] 主修或专修（Major or Concentration）是指在某一两个及以上领域中的一定数量的课程（Courses）组成，它试图为学生提供成体系的知识学习（A Body of Knowledge）或者研究的方法以及适合一门主科或者主科领域（A Subject or Subject Area）的实践。[2] 因而从某种意义上说，专业是课程的一种组织形式，课程内容主要是来自相关的学科。专业也是学科的综合，须以学科的分类和发展为基础，才能制定出科学合理的课程计划，因此学科对专业有着重要的影响。[3]

对于职业教育来说，专业的内涵与普通教育中专业的内涵有着本质上的区别。"专业系根据社会职业岗位对人才素质的需求和学校教育规律与可能所设置的培养人才的学业门类。""专业有按学科体系分类为原则设立的，如普通高等学校的专业。有按职业所需的各项专门能力为原则设立的，如职业学校教育的专业。"[4] 专业与职业的关系密切，广义上的专业就是指"某种职业不同于其他职业的一些特定的劳动特点"；而狭义的专业，更被认为"主要是指某些特定的社会职业"。[5] 从职业教育的发端来看，职业教育是近代教育制度的组成部分，是相对于普通教育的专业教育，但又区别于高等教育的专业教育，是培养社会所需要的特定劳动部门的专业人才，其目的在于"利用已掌握的规律，实现各种劳动所预期的成果"。[6] 美国的专业学院在发展初期往往被称为"职业学校"（Trade School）。[7] 一般

---

[1] PAYTON P W. Origins of the Terms "Major" and "Minor" in American Higher Education [J]. History of Education Quarterly，1961（2）：57-63.

[2] LEVINE. Handbook on Undergraduate Curriculum [M]. San Francisco：Jossey-Bass，1978：28-30.

[3] 朱新生. 中等职业学校专业设置研究 [M]. 苏州：苏州大学出版社，2001：69-71.

[4] 国家教委职业技术教育中心研究所. 职业技术教育原理 [M]. 北京：经济科学出版社，1998：107.

[5] 周川. "专业"散论 [J]. 高等教育研究，1992（1）：83-87.

[6] 高奇. 职业、职业观和职业教育 [J]. 职业教育研究，1983（6）：9-13.

[7] HOBERMAN S，MAILICK S，EBERT R H. Professional Education in the United States：Experiential Learning，Issues，and Prospects [M]. Praeger，1994.

认为，普通高等教育中的专业更侧重于学科分类的学术性，而职业教育的专业强调职业性。

从个体选择专业进行知识学习的角度，专业学习的三种可能性目的包括非准备性专业（Non-preparatory Specialization）、准备性专业（Preparatory Specialization）与职业性专业（Occupational Specialization）。准备性专业是职业前教育，是为了进入医学院、法学院等研究院；非准备性专业是只为学习和研究本身而进行的学习，而不是为职业（Career）作准备的；职业性专业则是直接与诸如教育、商业或者工程等职业相连的专业。[①] 因此，职业教育是一种职业性专业的教育，"无论哪一级职业技术学校的专业，其特点都是为社会各行各业培养直接从事生产实践活动或服务活动"[②]的劳动者。

2. 专业的职业性与专业建设的市场性

职业教育是针对"以职业形式存在的工作活动"的教育，"职业"是职业教育的重要逻辑起点，也是职业院校进行专业设置的基础。[③] 从现代职业教育的起源看，任何种类的劳动和培训，一般都是以职业的形式进行的。职业的内涵既规范了职业劳动的维度，又规范了职业教育（专业、课程和考核）的标准。为此，职业教育的专业就更多地具有了职业的属性，职业性成为职业教育专业的基本特征。有研究通过具体分析认为，职业教育专业与职业间的密切关系主要体现在以下几个方面：一是专业划分的基础是一组相关职业在职业能力方面的一致；二是专业培养目标的制定依据是一组相关职业在职业功能与职业资格方面一致；三是专业教学过程的实施与相关职业劳动过程、工作环境和活动空间一致；四是专业的社会认同，学生对专业的选择，与其对相关职业的社会地位和价值判断的结果一

---

① COWLEY W H. An Appraisal of American Higher Education [M]. Stanford, Calif：Stanford University，1956.
② 张家祥，钱景舫. 职业技术教育学 [M]. 上海：华东师范大学出版社，2005：5.
③ 赵志群，白滨. 对中美两国职业的比较研究 [J]. 比较教育研究，2013（12）：28-32.

致。① 职业性原则是对专业职业属性的高度概括，职业属性是职业教育专业的本质核心。但是，职业教育的专业又并不等同于社会职业，它与社会职业之间也不是一一对应的关系。② 专业与职业的关系辩证地体现为两个方面，一是如何将众多的社会职业转化为专业门类，二是专业的人才培养如何适应复杂多变的社会职业。③

专业的职业性属性拓展了职业教育专业的外部联系，使得职业教育的专业建设需要更多地考虑社会市场变化的需求。相较而言，"高职教育专业具有更大的可变性和开放性，更容易受到市场变化的影响"。④ 这主要是由于高职教育技术服务所面向的区域、行业与专业的特定指向，使得高职教育专业建设更多地具有了社会与市场的性质。所谓高职专业建设的市场性，"指高职教育专业建设受到市场规律、市场机制、市场原则影响和制约的特性"。⑤ 市场性是高职教育专业建设的本质属性，是建基于社会经济结构、产业结构以及教育结构之相互统一而形成的。为此，从市场性出发的角度进行高职教育专业建设，就需要坚持以适应社会经济和产业结构发展、满足职业岗位要求为依据，使学校的专业设置与社会进步及经济发展的需求同步。

3. 专业建设与地方产业发展密切相关

职业教育专业的属性特征决定了职业教育的专业建设与地方经济水平、产业发展变化密切相关，即职业教育中的专业设置与调整主要应根据当地经济发展、产业结构的转型调整以及劳动力市场变化等外部社会条件的变化而相应地作出变动。"产业结构的变化发展要求职业教育主要为其

---

① 姜大源. 论职业教育专业的职业属性 [J]. 职业技术教育（教科版），2002（22）：11-12.

② 姜大源. 职业学校专业设置的理论、策略与方法 [M]. 北京：高等教育出版社，2002：9.

③ 徐健. 专业设置和专业定向：职业教育专业建设的两个基本环节 [J]. 职教通讯，2002（11）：27-28，33.

④ 李建求. 论高职院校的专业建设 [J]. 高等教育研究，2003（4）：75-79.

⑤ 杨光. 高等职业技术教育专业建设市场性研究 [D]. 武汉：华中科技大学，2004：187.

主导产业服务，产业结构的变化发展是职业教育改革和发展的原动力；职业教育的改革发展，又反作用于产业结构，促使其技术上不断提高和结构上更加优化，布局上更加合理。"[1] 职业教育专业与产业间的关系表现在以下两个方面。首先，产业结构决定职业教育的结构，技术和职业教育发展对产业结构的优化升级具有能动作用。[2] 产业结构调整带来的产业结构的优化与升级，必然会引起劳动力结构和技术结构等一系列的变化，这就要求教育在类型结构、层次结构、布局结构和学科专业结构等方面及时作出调整，形成与之相适应的体系。其次，职业教育的专业建设管理部门和院校要积极主动并准确地把握地区产业结构调整变化的政策趋势，根据地区主导产业发展的需求实际来设置或调整专业；瞄准经济社会发展对人才缺口在类型、规格和数量等多方面的要求，以宽口径、多方向为重点设置专业。[3]

因此，职业教育的专业建设与地方产业发展关系密切，二者互为影响，相互促进。产业结构的调整会要求相应的教育结构随之作出变化，而优化了的教育结构又可以为产业结构的调整提供良好的条件，促进产业结构升级。总之，在产业结构演变、产业布局、产业转移、产业融合与职业教育的结构层次、专业建设、课程体系、人才培养上，通过二者在上述几个方面的互动达到共同促进、共同发展的目的。[4]

4. 社会职业分工变化要求专业综合化改革

在职业教育的专业建设中，无论是进行专业设置还是实施对专业结构的调整，首先都需要进行专业划分工作，专业划分是专业设置的前提与基础。在专业划分上通常有两种方法：一是根据学术门类划分，二是根据社

---

[1] 郭淑敏，马万昌. 产业结构与职业教育［M］. 北京：中国科学技术出版社，2004：15-17.

[2] 李光. 发展技术和职业教育 适应产业结构的调整［J］. 职教论坛，2004（34）：55-57.

[3] 袁旭. 高等职业教育专业立体结构调整的研究与实践［M］. 北京：高等教育出版社，2004：10.

[4] 袁旭，康元华. 产业结构与职业教育互动关系的研究（一）——互动模型及其实践意义［J］. 高教论坛，2006（4）：189-192.

会职业分类划分。但是职业教育专业划分的方法，从根本上离不开对劳动力市场的研究，实施职业分析，并找出相应的职业群。在具体的操作过程中，特别是针对现有专业的重新划分，对现有课程的内容、课程间相互关系及其整体结构进行分析，也是一条行之有效的辅助措施。① 因此，职业分析、课程分析和培训分析是专业划分的主要途径。德国、美国职业教育的专业划分采用的是职业分析的方法；在日本，职业高中和专修学校的专业划分工作是建立在课程设置的基础之上，而培训分析的方法是对职业分析法和课程分析法的综合运用，视从业资格对职业能力和培训内容要求的具体情况而定。② 依据职业分析方法进行专业划分，则要研究、关注社会职业的变化和职业分工的发展。而社会职业的变化又受到社会生产中科学技术应用等因素的影响，以及由此引发的生产、服务、经营方式和劳动组织形式的变化的影响。此外，专业划分还要考虑到能够满足学生对不同职业的适应和未来职业晋升发展的不同需要，也要有利于满足个人接受继续教育的要求。而且，最终专业划分的结果还要符合教育的规律，以便于学校设置安排课程和组织教学，不能脱离学校教育实现其培养目标的可能性。③

从专业划分的过程来看，始终存在专业划分的口径问题。我国学科专业划分所发挥的是一种教育管理上的规范功能，它规范着学校专门人才培养的口径和领域。④ 如果专业划分的口径过窄，可能就会出现学生就业渠道较窄，对社会和职业变化的适应能力不强，不利于个人职业生涯发展等问题；但是如果专业划分口径过宽，又会出现专业设置的市场针对性不强，社会吸引力不足等问题。目前，职业教育专业发展综合化既是现代社会职业分工综合化趋势的客观要求，也体现了满足人类自身不断学习发展

---

① 余祖光. 农村职业学校的专业划分刍议 [J]. 职教论坛，1999（6）：16-17.
② 姜大源. 职业学校专业设置的理论、策略与方法 [M]. 北京：高等教育出版社，2002：13-20.
③ 余祖光. 农村职业学校的专业划分刍议 [J]. 职教论坛，1999（6）：16-17.
④ 王伟廉. 高等学校学科、专业划分与授权问题探讨 [J]. 高等教育研究，2000（3）：39-43.

的需要，培养适应高技术社会和现代化管理条件下的新型技术人才，有效地提高现代企业的劳动生产率。[①] 总体上来说，面对社会职业分工的综合化趋势，拓宽专业口径，教育专业的综合化成为现实性需求。因此，也有研究人员提出改革当前专业划分与职业岗位对接的状况，按行业进行专业划分的思路。[②] 这既表明了原有职业教育专业划分理论的困境，也提示了在新的经济社会背景下进行专业理论研究与改革的现实要求。

二、职业教育专业（集）群的研究

专业群建设的研究和实践在 20 世纪 90 年代中期主要在高职院校自发展开，90 年代末专业群建设思想由原有课程体系入手逐步转到了专业建设角度。2006 年，教育部提出在 100 个示范性高职院校建设 500 个左右的专业群后，理论界对专业群的研究日益关注。专业群概念的出现即是对原有"专业"概念的一种突破和创新，体现了专业建设的优化资源配置的思想，通过打破内部院系之间的隔阂，更好地对接区域产业的发展，提高职业院校为区域经济发展服务的能力。

1. 专业（集）群概念内涵及其演化

2006 年，《教育部、财政部关于实施国家示范性高等职业院校建设计划加快高等职业教育改革与发展的意见》提出"重点建成 500 个左右产业覆盖广、办学条件好、产学结合紧密、人才培养质量高的特色专业群""形成 500 个以重点建设专业为龙头、相关专业为支撑的重点建设专业群，提高示范院校对经济社会发展的服务能力"。职业院校专业群建设第一次正式出现在国家政策文件中。什么是专业群？其内涵是什么？在已有的研究成果中，许多学者均对此进行了阐述（见表 8-1）。综合来看，对专业群概念内涵的理解可以概括为两种主要的观点：一是"相近论"，即相近或相关专业的集合。如专业群是指"由若干个专业技术基础相同或紧密相关……

---

① 郭扬. 论职业教育专业设置的综合化趋势［J］. 职业技术教育（教科版），2001（4）：12-15.

② 李彦. 按行业划分中职教育专业的现实性分析［J］. 职教论坛，2012（7）：75-77.

表 8-1　专业群与专业集群的典型定义

	专业群	专业集群
相近论，即相近或相关专业的集合	工程对象相同、技术领域相近或专业学科基础相近的专业集合。（袁洪志，2007）	校际专业集群。（郑哲，2012）
		区域内中等和高等职业院校的相关专业与专业群在空间上的集聚。（赵昕，2013）
合力论，即核心专业带动的合力群体	专业之间不仅有共享还有耦合，专业之间的相互依赖和相互促进才是主要特征。（易新河，2007）	校际专业集群，是对经济发展要求的主动适应与战略创新。（温辉，2014）

专业（方向）组成的一个集合"。[①] 类似的还有，专业群就是指在工程对象、技术领域或学科基础等方面相同或相近的专业组成的集合体。[②] 抑或表述为："所谓专业群，是指与行业中的职业群相对应，有共同资源基础、技术基础和社会关联基础的相近专业。"[③] 而对于相近或相关专业的具体解释是："专业群所涵盖的可以是同一学科体系的专业，也可以是不同学科体系的专业，其范围可以用是否能在同一个实训体系中完成实践性教学加以界定。"[④] 二是"合力论"，即通过核心专业带动其他专业共同发展的合力群体。有研究人员在"相近论"的基础上，认为"专业之间不仅有共享还有耦合"，来自不同学科或院系的专业通过核心专业的带动和专业之间彼此的相互促进，以形成合力；并且强调"共享不是专业群内专业的必然要求，专业之间的相互依赖和相互促进才是主要特征"。[⑤] 与第一种观点相

[①] 姚寿广. 对高职教育人才培养方案基本框架的思考与设计 [J]. 中国高教研究，2006（12）：62-63.

[②] 袁洪志. 高职院校专业群建设探析 [J]. 中国高教研究，2007（4）：52-54.

[③] 闵建杰. 关于高等职业教育专业群建设的思考 [J]. 湖北职业技术学院学报，2006（3）：3-6.

[④] 应智国. 论专业群建设与高职院校的核心竞争力 [J]. 教育与职业，2006（14）：33-35.

[⑤] 易新河. 高等职业院校专业群建设探讨 [J]. 长沙民政职业技术学院学报，2007（2）：66-68.

比较，在专业横向联系的基础上又向纵向联系进行了拓展，拓宽了针对专业群研究与实践的思路。可见，专业群概念的出现及研究的深入，明确了与专业概念的区分，"专业群的内涵，并不是简单地等同于专业目录、课程设置，而是一个包含教学资源、师资配备、实训体系在内的系统"。[1]

2014年，《现代职业教育体系建设规划（2014—2020年）》提出"推动区域内职业院校科学定位，使每一所职业院校集中力量办好当地经济社会需要的特色优势专业（集群）"。与专业群研究相比，专业集群研究较少，对专业集群概念作出明确界定的更少。有些研究虽然以专业集群为题名，其实还是院校内部的专业群建设概念，如"专业集群是对应区域中某一个支柱产业的产业链，由一个或多个重点建设专业作为核心专业，由若干相关专业共同组成"[2]，类似的还有专业集群"是指由若干个相近、相关的专业或专业方向共同组成的专业群"[3]，没有体现出专业集群的真正内涵。随着研究的发展，为进一步扩大职业教育专业建设与产业的对接范围，推动地区产业发展与人才培养目标的转型升级，研究提出"校际专业集群"概念，通过搭建高职校际专业集群教产合作平台，使高职校际专业集群与产业行业协会组织对接。[4] 高职校际专业集群的建设"是高职教育对经济发展要求的主动适应与战略创新"[5]，这既是对专业群概念的拓展，又引出了职业教育专业集群建设思想，但没有给出明确的专业集群定义。在以上研究的基础上，有研究者总结指出，基于产业集群的职业教育专业集群是"以区域内一所或若干所重点建设的中等和高等职业院校的品牌特

---

[1] 陈林杰. 高职院校专业群构建的路径研究与实践案例 [J]. 中国职业技术教育，2007（26）：34-35.

[2] 李宏，徐淮涓，孙铁波. 基于区域产业升级的高职院校专业集群构建——以江苏食品职业技术学院为例 [J]. 职业技术教育，2012（2）：9-11.

[3] 杜安杰. 浅论高职"专业集群"建设思想 [J]. 四川工程职业技术学院学报，2007（2）：30-31.

[4] 郑哲. 关于高职校际专业集群的思考 [J]. 河南教育学院学报（哲学社会科学版），2012（4）：75-78.

[5] 温辉. 高等职业教育校际专业集群发展研究 [J]. 教育与职业，2014（17）：48-49.

色专业和专业群为核心，形成相关专业与专业群在空间上的集聚"①，着重就专业集群的建设内容和基本特征进行了分析，并对专业群与专业集群进行了比较，充分吸收整合了产业集群的思想内涵，提出了跨组织、跨层次组建专业的思想，可以认为是对专业集群概念的一个较为全面合理的总结与表述。

2. "职业联系"是专业群建设的现实依据

专业群的建设主要还是在学校内部进行，目的在于整合或优化配置现有的专业资源，其建设思想旨在通过专业群的发展，围绕师资、课程、基地建设等方面，从整体上带动并提升院校的整体实力和办学水平。关于专业群的对接点是什么，主要有对接产业链、职业岗位群、学科群几种不同的提法。第一，"专业群对应的是经济发展的产业链"②，是通过对某产业链上各环节的人才需求状况进行分析，构建相一致的专业群体系。第二，专业群中的专业设置方向是"面向企业中的岗位群"，从满足教学要求的角度来说，需要"能在同一个实训体系中完成"③，应通过专业的课程设置情况或者对应岗位的技术技能要求来划分组合形成专业群。第三，对于以学科为基础构建专业群，"有可能无法脱离学科教育的窠臼"④，因而可以面向不同行业领域的行业业态构建专业群，按照行业领域出现的新的业态变化来构建专业群，以适应行业发展的需要。在对上述问题的讨论中，有研究者总结提出首先应区分专业群的内在联系是"学科基础上设置专业"的"学科联系"，还是"与产业、职业岗位对接"的"职业联系"，以避免专业群建设中的争议；进而提出"与产业、职业岗位群对接"的"职业联系"，是高职教育专业群建设的现实依据，并认为以区域产业相近职业岗

---

① 赵昕，张峰. 基于产业集群的职业教育专业集群基本内涵与特征[J]. 职业技术教育，2013（4）：36-40.

② 刘家枢. 专业群建设：高职院校战略管理的重要创新[J]. 辽宁高职学报，2008（7）：22-24.

③ 陈林杰. 高职院校专业群构建的路径研究与实践案例[J]. 中国职业技术教育，2007（26）：34-35.

④ 徐恒亮，杨志刚. 高职院校专业群建设的创新价值和战略定位[J]. 中国职业技术教育，2010（7）：62-65.

位群组建专业群，符合专业群"职业联系"的内在要求。① 综合来看，大部分学者都认为职业教育的专业群建设并不适合依据学科分类来划分组建，倾向于支持对接产业进行建设的占据多数，这也符合并体现了职业教育产教融合的本质特点。

3. 专业组织形式与集聚空间不断扩展

在国家示范性高职院校建设的推动下，各地教育行政部门和各高职院校纷纷开展专业群建设的实践探索。但由于专业群在概念界定、建设依据方面尚不统一，因此从不同的角度理解也就会出现各异的建设路径、方法和原则。首先，专业群的构建必须从产业、行业和企业的特性出发，专业群的建设要遵循五项原则：一是立足社会总体需求的原则；二是立足区域发展需求的原则；三是立足自身长远发展的原则；四是立足面对朝阳行业的原则；五是立足适度超前建设的原则。② 其次，高职专业群设置与发展由于受到内部自身需求和外部产业经济环境两方面的影响，应从专业群与产业集群协同发展的视角设置专业群。为此，高职院校专业群的设置原则是：适度超前产业集群的发展阶段、立足于本区域的特色产业集群、考虑不同层次职业教育专业群设置的统筹安排和相互衔接、实现资源与需求导向相结合。③

关于如何组建专业群，有学者指出，专业群不是几个专业简单的组合，需要构建科学可行的组织形式，构造专业群内各专业之间的联系接口，创建专业群一体化应用。④ 大部分研究人员认为，合理构建专业框架，就是要根据并依托所在的社会环境、地理条件、经济特点以及职业院校自身所具备的办学基础，并结合深入广泛的市场情况调研，从战略的高度综

---

① 沈建根，石伟平. 高职教育专业群建设：概念、内涵与机制 [J]. 中国高教研究，2011（11）：78-80.
② 徐恒亮，杨志刚. 高职院校专业群建设的创新价值和战略定位 [J]. 中国职业技术教育，2010（7）：62-65.
③ 孙峰. 专业群与产业集群协同视角下的高职院校专业群设置研究 [J]. 高等教育研究，2014（7）：46-50.
④ 易新河. 高等职业院校专业群建设探讨 [J]. 长沙民政职业技术学院学报，2007（2）：66-68.

合考虑专业框架的构建。专业群的建设是一项涉及多方的系统工程，职业院校要从市场的实际需求出发，结合自身实际论证拓展新专业的可能性，逐步推出新的专业方向或相关新专业，并做好相关的实训设备、基地及师资队伍等资源的配套工作。对此，朱厚望等通过回顾分析认为，目前我国真正意义上的专业资源集聚体尚未形成，还缺乏专业群管理机制和专业群评价体系，从而造成专业群的内涵建设不足、建设成效不明显等问题，并提出了推进一流专业群建设的策略。① 张栋科认为专业群的建设要跳出"产业—专业—就业"的单向线性逻辑，应通过构建高职院校内外部双联动机制建设专业群来满足社会对人才的复杂性需求。②

而专业集群的建设不仅仅局限在院校内部，通常是面向整个区域范围，围绕地区产业结构的调整、产业升级的方向，按照区域产业优势，形成有地方特色的职业教育专业群，进一步通过专业集聚与提升，形成梯度差异的专业簇群，从而培育基于地方经济的区域职业教育的竞争力。付雪凌认为，促进专业建设的价值创新是实现专业差异化发展战略的有效路径。③ 可以说，专业集群代表了一种新型的专业资源重组和专业组织形式的创新发展。④ 专业集群式发展是地区产业集群发展趋势对职业教育专业布局进行调整的要求，要求职业院校必须改变传统的发展方式和服务模式，适应产业集群发展模式变革与组织变革，集聚和集约区域内整体专业优势，建立协同创新的专业集群组织模式，通过对传统专业升级、专业整合、品牌建设、基地配套、集团化发展等策略逐步实施改造，并通过政府部门的协同保障，推进区域职业教育专业集群对接产业集群服务的体制机制与模式的战略创新。

---

① 朱厚望，龚添妙. 我国高职院校一流专业群建设的发展轨迹与推进策略 [J]. 教育与职业，2018（21）：47-51.
② 张栋科. 高职院校专业群建设的行动逻辑反思与重构——基于功能结构主义的视角 [J]. 教育发展研究，2019（1）：17-24.
③ 付雪凌. 价值创新：高职院校专业差异化建设的理念与路径 [J]. 职教通讯，2011（1）：31-34.
④ 魏明. 集群思想下区域职业教育专业建设逻辑 [J]. 教育与职业，2014（18）：11-13.

三、职业教育专业设置与结构调整研究

1. 专业设置与结构调整的现状与问题研究

专业设置现状研究部分主要从职业教育与地方经济发展的关系视角出发，分区域或市县研究专业设置与经济发展和产业结构的对应关系，分析专业设置的数量和覆盖面，专业的冷热和重复设置等现象。综合来看，通过对我国地方职业院校专业设置情况的分析比较，一般认为存在的主要问题有：专业重复建设、同质化明显；专业数量庞杂，难以形成规模化效应；专业特色和重点专业建设成效不明显；缺乏有效的专业调整机制等。

2. 专业设置与结构调整的影响因素研究

关于职业教育专业建设影响因素的综合分析，朱新生较早提出制约职业教育专业设置的因素包括社会职业的分类与发展、学科分类与发展、受教育者的身心发展、教育资源的利用几个方面。[①] 赵德申等认为职业教育的专业设置既受到社会、经济的发展，技术的进步和社会职业岗位的变化等因素的影响与制约，也与学校的办学指导思想、办学优势、办学条件有着直接的关系。[②] 李栋学运用量化的方法，将与专业设置相关联的主要因素归类为就业条件、生源条件和办学条件，通过对各要素权重和等级的赋值，计算不同要素组合的判定分值，从而判断专业设置的可行性。[③]

3. 专业设置与结构调整的原则和方法研究

在专业设置与调整的原则研究上，方光罗较有代表性地提出了专业建设应立足市场导向、服务地方、科学规划和坚持特色性、集群性、可行性、前瞻性、效益性八大原则。[④] 在产业集群经济的背景下开展专业群建

---

① 朱新生. 中等职业学校专业设置制约因素分析 [J]. 教育发展研究，2000 (11): 69-72.

② 赵德申，于兴芝. 职业学校专业设置应着重考虑的几个问题 [J]. 中国职业技术教育，2003 (10): 22-23.

③ 李栋学. 职业院校专业设置的三维判定 [J]. 职业技术教育，2004 (19): 37-39.

④ 方光罗. 高职院校专业设置的原则探析 [J]. 中国高教研究，2008 (5): 81-82.

设，孙峰指出，专业设置与调整的原则是立足于区域特色产业集群，适度超前产业集群发展阶段，统筹安排专业的层次结构和专业衔接。① 方法上，章永刚提出建立区域专业设置与动态调整的体系框架，参与主体包括政府各级教育主管部门、人力资源管理部门以及相关企业和行业协会组织，明确各方职责，并借助第三方中介公司的力量，收集掌握来自社会、行业企业和办学主体的实际需求和一手数据，切实把控专业设置与运行的真实情况，实现人才培养与需求的结构平衡。②

4. 专业设置与结构调整的保障机制研究

在专业结构优化和调整机制建设方面，查吉德等建议引入专业分类发展制度，通过建立适当的专业分类标准和指标，将学校的专业分为相应的类别，从而建立根据不同类别的专业给予差异化财政投入的制度和机制，达到引导和促进学校及地方进行专业优化的目标。③ 丁金昌等从机制建设的问题分析入手，认为应围绕专业设置机制和管理机制进行改革，以加强职业院校自身的专业建设。④

四、职业体系与专业体系协调发展研究

1. 职业分类与专业分类

随着劳动市场的全球化发展，各领域的职业、职业分类与聚合逐渐成为一个国际性的研究开发领域。从1923年起，国际劳工组织（ILO）就开始建立国际标准职业分类（ISCO），ISCO中的职业按照两个维度进行分类：技能水平和技能专门化。其中ISCO对职业按照技能水平的分类与国际教育标准分类（ISCED）有关教育层次的分类相对应，尽管教育中专业

---

① 孙峰. 专业群与产业集群协同视角下的高职院校专业群设置研究 [J]. 高等教育研究，2014（7）：46-50.

② 章永刚. 区域高职院校专业设置与动态调整机制的构架与运行策略 [J]. 中国职业技术教育，2015（35）：37-40，62.

③ 查吉德，赵锋，林韶春，等. 职业院校专业动态调整机制研究 [J]. 中国职业技术教育，2017（29）：5-9.

④ 丁金昌，童卫军. 高职院校专业设置及管理机制改革的对策研究 [J]. 中国高教研究，2010（10）：73-75.

大类不是按照"教育水平"标准分类的,而是根据"专门化"或"学科"标准,但是职业体系和教育体系之间也存在着某种关联。欧洲在1999年开发并颁布了"培训领域"分类。在分类标准的开发过程中,主要出现了许多针对分类方法的讨论,一是采用ISCO的"职业分级与导向标准";二是采用ISCED的"学科与内容导向标准"。最终,大多数国家希望建立与ISCED接轨的教育体系,因此这一新的职业教育专业分类与ISCED有密切的关系,与ISCED采用的分类方法也相同,即仅采用"专门化"或"学科"标准。在德国,对教育培训领域的专业设置没有一个全面的分类标准,其培训领域分类与ISCED几乎没有联系,职业教育的分类及系统化方式与教育培训的层次和类别有关。德国的职业教育的专业设置是按照职业分类的方式划分的,因此称为"培训职业";根据德国职业教育法的规定,目前设有350个培训职业,它们都有规范的职业描述,这些培训职业被划归到88个职业群中的69个。总之,各国的职业分类及其相应的职业群或职业领域的结构,与职业教育的专业设置,虽然在绝大多数的情况下是不同的,但职业体系与教育培训体系是相互依存的两个体系,因此,研究建立一个整体化的、相互匹配的分类方式是必要而又迫切的。整体化的、相互协调的职业和专业设置体系,是职业和职业教育设计和发展的基础。①

职业分类从属于职业体系的一个方面,除此之外,职业体系还包括职业标准体系和职业资格证书体系。职业教育的专业体系应包括专业设置、专业培养目标、专业课程、专业教学、专业认证与评价等。职业体系与专业体系之间的关联体现在以下几个方面:职业能力要求与专业培养目标、职业标准与专业课程内容、职业工作过程与专业教学过程、职业资格证书与专业学历教育证书、职业生涯发展与专业继续教育等。② 职业体系与专业体系的关系密切,职业体系的发展现状是职业教育专业体系建设的基础,专业体系应适应职业体系的发展变化;同时,专业体系本身的优化调

---

① 菲利克斯·劳耐尔,鲁珀特·麦克林. 国际职业教育科学研究手册(上册)[M]. 赵志群,等,译. 北京:北京师范大学出版社,2014:116-125.
② 谢莉花. 职业教育视野下职业体系与专业体系的关联分析[J]. 职教论坛,2015(22):10-15.

整又会反作用于职业体系,需要相应的职业体系的更新匹配。随着产业升级和高新技术的发展,社会职业变化加快,职业能力要求不断呈现新的综合化发展趋势,职业教育专业体系建设研究是一项常新的课题。

2. 职业群与专业群建设

美国生涯技术教育的发展历史表明,对职业群(Career Clusters)的关注,是由美国教育部、职业与成人教育办公室(OVAE)、国家学校工作办公室(NSTWO)和国家技能标准委员会(NSSB)联合发起,旨在为州教育机构、中等和高中后教育机构、雇主、产业群体以及其他利益相关者和联邦政府机构之间建立联系,目标在于在宽泛的课程集群内创建课程框架,为学生在某一职业领域内从高中向高中后教育和工作的成功过渡做准备。[1] 以职业群为基础来设置综合中学的职业技术教育课程,既可以满足学生多样化的发展需求,也把中等教育与中等后教育有效地衔接起来,既为学生进入大学打下一定的专业基础,也为美国青年满足劳动力市场对技能发展的需求做了准备。[2] 职业群课程模式面向就业,更加注重培养学生的灵活就业能力和工作适应能力,强调普职教育课程的沟通,使学生既具备掌握了较好的技术应用能力,又拥有一些普通学科的基础性知识,可以为将来的升学和就业做好准备,有助于其实现终身职业生涯的规划、设计和发展。[3] 美国职业群课程模式以顺应和满足经济发展及就业需求为目标,以职业群分类和职业途径为依据构建有序的课程体系,旨在通过这种课程的学习促进学生综合能力的提升,在实施过程中注重为学生制定系统的学习计划、加强职业指导服务和广泛建立合作伙伴,并逐渐开展了基于职业技能标准的课程评估。[4]

---

[1] HOWARD R D G. The History and Growth of Career and Technical Education in America [M]. Long Grove, Illinois: Waveland Press, 2014: 398.

[2] 李敏. 美国高中基于职业群的生涯与技术教育课程设置 [J]. 外国教育研究, 2013 (12): 76-83.

[3] 王文槿, 闫红. 生涯技术教育下的美国中等职业群课程 [J]. 中国职业技术教育, 2010 (25): 71-75.

[4] 陈晶晶. 面向就业的美国职业群课程模式探析 [J]. 职业技术教育, 2006 (31): 78-81.

为此，有研究者借鉴职业群的研究成果和思路，实施专业群建设研究。如张国祥提出参照美国职业群的发展模式来设置我国高职教育的专业群，实现职业群中的职业与专业相对应，职业岗位与专业发展方向相对应，从而形成职业群与专业群协调发展的链式结构，并提出了阶梯递进型的专业群课程体系。[1] 章建新认为职业群和职业链的形成以及职业带的区域划分决定了专业群的构建，为此提出应按照职业联系、职业链的节点关系、社会职业分工及其内部联系、职业带上的交叉区域等构建专业群。[2]

五、区域职业教育专业与产业互动发展研究

1. 产学合作与区域经济发展

此类研究主题方面，国外有关学者曾就官产学合作的环境营造问题、学校的定位问题以及构筑产学研联系基架等一系列问题作出分析研究。国内学者李春红介绍了台湾产学合作中心的发展情况，我国台湾地区教育行政部门自2002年起成立了6个区域产学合作中心，中心的功能定位之一便是作为区域产、官、学、研的资源整合与联络中心，实现教育和企业的"双赢"，服务于区域联盟学校与产业的发展。[3]

在产学合作与区域经济发展的关系上，徐盈之等人运用多元Moran'I指数对官、产、学合作创新活动的空间相关性进行了分析，同时通过构建基本模型、扩展模型和空间模型具体考察了官产学合作创新对区域经济增长的影响。[4] 研究结果表明：官产学合作在促进经济增长方面作用显著，而且会形成对邻近地区的空间溢出效应。

围绕二者的互动策略，王武林认为职业教育与区域经济发展的关系表

---

[1] 张国祥. 美国职业群模式及高职教育专业群设置［J］. 当代职业教育，2012(11)：90-92.

[2] 章建新. 职业联系视角下高职专业群建设的效应分析与提升对策［J］. 职教论坛，2016(12)：5-9.

[3] 李春红. 我国台湾区域产学合作中心运作模式及启示［J］. 教育发展研究，2005(9)：75-77.

[4] 徐盈之，金乃丽. 高校官产学合作创新对区域经济增长影响的研究［J］. 科研管理，2010(1)：147-152.

现为相互依存和优势互补。① 加强职业院校与区域经济互动的关键是专业建设与产业发展同步,加强合作针对性。开展针对区域产业人才需求的预测及其变化趋势的分析研判,主动寻求并提供多种技术服务,建立稳固的合作关系,实施灵活多样的合作培养模式等,是促进产教融合互动的基础性策略。由此,教育部门与产业部门的关系是:产业部门提出市场需求,教育部门培养提供技术技能型人才。基于产业集群的区域产学合作有助于消除劳动力素质这一制约产业集群的瓶颈问题。

2. 专业与产业的适应性研究

在职业教育专业与地区产业适应性问题的研究中,提出明确具体的计算标准的并不多见。一般而言,衡量专业设置与产业结构适应情况多是从三次产业结构比例和对应的专业设置比例来计算。李英等提出衡量学科的专业结构与产业结构的适应性可以从毕业生的就业率和学用结合情况来说明。② 毕业生的就业状况反映了学科的专业结构与劳动力市场的供求情况,而学用结合情况主要是看毕业生所从事的工作与所学专业之间的密切程度。赖英腾等分析专业设置与产业发展的适应性采用的是年度三类产业产值占其年 GDP 的比例与对应的专业占专业总数、专业学生数占学生总数计算,分析主导产业与专业设置的适应性采用的是主导产业年产值占全部工业年总产值的比例与相应的专业学生数占比计算。③

3. 产业集聚区专业产业互动发展实践

一般而言,产业集聚现象在工业发达国家表现更明显,集聚为生产资源和信息的分配、流通和使用提供了便利,形成了规模效应,提高了生产力,促进了区域经济发展水平的快速提高,提高了区域及国家的竞争力。产业集聚使得各生产部门产生了对相似或同一生产链条各岗位合格人才的

---

① 王武林. 高职产学合作教育与区域经济发展关系探析 [J]. 职业时空,2009(11):36-37.

② 李英,赵文报. 高校学科专业结构与产业结构的适应性研究 [J]. 科技管理研究,2007(9):149-151.

③ 赖英腾,倪学新,陈盛. 高校专业设置与区域产业结构及发展的适应性研究 [J]. 福建师范大学福清分校学报,2008(1):7-12.

集中性或关联性需求。职业院校根据产业发展的需求进行人才培养,与产业发展形成有效的对接。

发达国家为保障职业教育的规模、结构和人才培养规格与经济发展的需求相协调,提升区域经济竞争力,采取了种种策略。如澳大利亚 TAFE 学院通过设置综合专业以扩大专业范围,适应不断变化的市场对职业人才的需求,及时变革调整和制定专业培养计划。[①] 德国的专业设置以培训职业为依据,以职业分析为前提。不同地区学校专业设置有明确的区域性,即"属地性原则"。政府每隔一段时间对培训职业进行重新界定,剔除消失的传统职业,设置新兴和交叉的职业,与经济发展动态相适应。

国内一些产业经济发达地区基于集群化发展的理念不断探索对接产业集群的技能型人才培养模式和培养体系等,包括推动开展职教园区建设、职业教育集团化建设等,如江苏商贸职业教育集团、天津滨海新区职业教育联盟。在区域统筹发展目标的引领下,一些院校针对学校的主要服务面向,发挥本校的骨干专业优势,辐射相关专业,进行专业群建设,积累了许多有益的经验。其中,部分高职院校通过整合专业资源,建设与区域支柱产业发展相适应的特色专业学院,[②] 进一步优化专业结构,密切专业与产业的联系,提高专业服务产业的能力。

六、专业认证与评估制度建设研究

1. 专业认证

20 世纪 80 年代以来,尤其是国际标准化组织实施的 ISO9000 认证体系对我国各行各业产生了广泛影响,职业院校的质量认证和专业认证工作作为新型改革探索也参与其中。但由于种种原因影响,从实践效果来看,职业院校的办学水平和专业建设工作并未得到明显普遍的改善与提升。近年来,我国部分高职院校开始学习借鉴《悉尼协议》中确立的专业认证体

---

① 王琴. 发达国家推进职业教育与经济社会协调发展策略研究 [J]. 全球教育展望,2011 (1):79-83.

② 占挺,阚雅玲,黄雪薇. 产业集群视角下高等职业教育特色专业学院建设策略 [J]. 齐齐哈尔大学学报(哲学社会科学版),2018 (7):168-170,173.

系。《悉尼协议》注重的是以学习结果为专业认证标准，促进职业院校推行以学习者为中心的教学改革和专业建设。目前就现状而言，我国职业教育在专业认证工作方面仍然缺乏有效的措施，缺乏适用的专业认证体系。而且，有研究分析认为，国际有关的质量认证体系和标准并不完全适合我国职业院校的发展实际，应在科学合理构建我国专业建设认证指标的基础上，扎根行业实践实施认证过程，方能收到应有的效果。①

2. 专业评估

开展职业教育专业设置评估的目的在于提高专业建设的社会效益和教育效益。其中，专业设置的质量评估包括对专业设置结果的评估，也包括专业教学运行过程的评估；专业设置的评估主体应由外部相关机构和职教机构自身共同组成；评估要素包括专业人才的社会需求、数量、学生就业情况、专业的社会认可度以及专业自身的建设条件、师资队伍、课程资源和教学管理水平等方面。沈军、朱德全提出专业评估的目标是改进提高，在评估内容上应围绕专业布局、专业建设过程和专业建设效果展开衡量，评估标准要体现人本、公正与发展，评估方法应科学、全息与多元的系统构想。②我国专业评估发展的现状是，专业评估尚处于起步阶段，评估程序缺乏规范性，评估结果不够权威，而且难以应用。究其原因，也在于评价制度建设尚不完善。为此，应借鉴发达国家有关经验做法，加强专业建设质量评估和专业评估制度构建等的研究与实践工作。

---

① 张景春. 中国职业教育专业认证体系的建构维度 [J]. 中国职业技术教育，2018（30）：57-63.

② 沈军，朱德全. 高等职业院校专业建设评估的实践性尺度 [J]. 河北师范大学学报（教育科学版），2018（1）：68-72.

第三节　职业教育专业建设研究的未来展望

一、发掘职业教育专业研究的基本问题

1. 揭示专业研究的现实症结

专业建设是职业院校特色发展的关键所在，对学校的发展起着至关重要的作用。而且在我国，专业不仅是学校组织教学工作的中心，还作为教育行政管理的基本单元，发挥着宏观调控的功能。因此，专业建设问题意义重大且影响深远，针对专业进行深入的研究就显得极其必要了。为此，弄清楚当前有哪些基本问题需要继续深入研究，才能支撑职业教育专业建设更好的发展。

首先，专业的存在基础。长期以来，无论是普通教育还是职业教育院校都存在一些共同的问题，如专业的划分、专业内涵的要素分析、专业设置的口径问题、专业结构调整的灵活性与专业发展的稳定性的关系、专业建设综合效益评估、专业的社会贡献度和价值认知与计量等。其次，专业的职能定位。管控单元还是自组织体？职业教育的专业强调市场属性，密切联系产业发展培养人才。但一方面我国专业的管理体制一定程度上限制了专业的延伸和综合化发展，专业自主建设的体制没有确立；另一方面，专业与产业的协调、专业结构与产业结构的适应性的标准和机制尚未建立，使得专业的功能难以有效发挥。其三，专业的发展特点。从专业建设自身来说，不同专业应各有特点和建设规律，不宜概而论之。其四，专业的层级衔接。随着现代职教体系的建设完善，职教层次上移发展，不同层级教育间的专业衔接问题日益显现；而且，新建或转型发展的院校在专业建设上如何保持职业教育的专业建设特点，以与普通教育相区分，这也是一个问题。

2. 把握专业研究的动态脉络

从"专业"一词的来源及其在我国教育体系中的发展来看，"专业"概念引入后经历了长期的演变，已成为我国教育系统研究和实践中的重要概念和高频词汇，因此有关专业的研究是教育研究绕不过的主题。虽然不同时期研究的关注度有高有低，研究层次角度可能不尽相同，但通过对其在职业教育研究领域的梳理可以看出其中一条明显的趋势，即专业概念的演变在我国职业教育研究领域经历了由专业到专业群、专业集群的脉络主线，体现了职业教育与社会经济发展、产业结构调整以及社会职业的发展变化密切相关的特点。

目前在专业建设问题上，专业群和专业集群正成为理论和实践中探讨较多的话题，但专业集群还是一个较新的概念，研究出现的时间还比较短，另一方面专业集群也是移植而来的概念，其在教育中的运用也需要更加详尽的探讨。

3. 关注专业研究的新兴领域

一是服务国家战略发展的时代课题。认真研究"一带一路"倡议、"中国制造2025"、精准扶贫等国家战略对技术技能人才的需求，围绕国家战略开展专业设置与结构调整优化研究，培养复合型技术技能人才。

二是数据驱动的专业管理创新。在大数据的时代背景下，应研究建立以大数据为基础的专业设置与调整的管理制度，探索建立数据驱动决策机制，充分挖掘并运用数据的优势和作用来指导学校专业建设工作。

三是人工智能时代的专业变革。2016年5月，国家发改委、科技部、工业和信息化部、中央网信办联合印发了《"互联网＋"人工智能三年行动实施方案》，提出："完善高校的人工智能相关专业、课程设置，注重人工智能与其他学科专业的交叉融合，鼓励高校、科研院所与企业间开展合作，建设一批人工智能实训基地。"人工智能技术的深入发展与应用普及，一方面会带来人才需求岗位和结构的变化，进而影响专业人才的培养方向和对专业人才的能力要求；同时，人工智能技术也将应用于课程教学和学习之中，促进专业要素建设的不断创新发展。

二、开展专业（集）群建设的持续探索

1. 明晰专业（集）群概念的内涵特质

专业集群概念的出现意味着对专业间优化组合和整合发展的要求，但

目前对于专业集群与产业集群的连接点，专业集群建设标准、建设机制以及组合方式等许多重要问题尚不清晰。

首先，专业集群是对专业组合形式的创新探索，其现实的动力需求是什么，传统的专业划分、专业设置与调整、专业的管理中存在什么样的问题，我们需要从理论分析层面提高对专业集群的认识，在专业集群的集群思想、功能作用、专业的内在联系机制等方面加强研究。

其次，专业集群并不是简单的专业组合，在专业集群的概念体系下，专业管理体制和专业组织教学形式将发生什么样的变化，需要如何改革应对，即分别探讨其作为教育行政管理单位和院校的教学组织单位的特点、原理、作用机制等内容。

2. 探寻专业（集）群建设的依据

专业集群与产业集群研究分属于不同的学科领域，产业集群的研究内容大多是纯经济学视域里的问题，缺少两者交叉的研究。产业集群作为世界经济发展的趋势，地方的产业聚集必然会引发区域内经济社会多方面的变化，如人才聚集、技术传播、职业岗位增减等，已有研究在产业集群推动区域创新体系发展、产业集群的人才集聚效应、产业集群与地区职业结构的关系方面作了有益的探索，可以为我们进一步研究产业集群对地区经济发展的影响提供依据。但就产业集群发展与教育的联结互动上，尤其是产业集群对人才培养的需求、产业集群对不同类型职业人才的要求方面，还需要结合地方经济发展实际进行研究探讨。

教育机构作为支撑地区产业集群发展的辅助性组织，产业集群竞争优势的形成离不开辅助机构的支持，我们尚需研究产业集群的区域经济效应对职业院校的发展带来哪些影响，产业集群发展所需要的关键职业种类对人才的专业知识、人员的层次结构、岗位类型等方面有什么样的要求。相应的，产业集群背景下区域职业教育的专业建设应如何开展，教育行政管理部门如何把握产业发展形势，实施专业设置与调整的管理，以适应产业集群发展的新型需求，要作为研究分析职业教育专业集群建设的现实依据。

3. 扩展专业（集）群研究的空间范围

在有关专业群的研究中，已有研究多以学校为主体探讨专业集群建设，从区域层面上探讨的较少。围绕对接产业群的职业教育专业群建设的研究，大多在高职院校领域内。专业集群的建设涉及跨层次、跨领域以及多部门的资源整合，需要政府部门的统筹管理，改革现有的专业管理体制，建设区域职业教育专业产业发展状况资源库，从整体上把握一定区域内的专业建设与产业发展的现状。因此，如何突破职业教育专业管理局限于教育部门内部的现实，探索建立以地方政府统筹管理职业教育与产业结合发展的体制机制是一个问题。总之，作为实现产教结合的一种重要形式和突破口，对接产业集群的专业集群建设需要进行更深入系统的探究。

三、加强高水平和特色专业创新研究

我国职业教育经过多年的建设发展，专业建设工作方面也取得了较为突出的成绩，研究颁布了新的中、高等职业教育的专业目录，有效指导并规范了专业建设的发展。尤其是在高等职业教育发展领域，我国自2006年启动国家示范性高职院校建设计划，提出以专业建设为重点，通过遴选专业试点建设，推动骨干和重点专业建设，此后经过几轮政策推动，促进了高职院校专业服务产业能力的提升，切实增强了专业的建设水平和核心竞争力。但是在高水平特色专业建设的研究与实践方面，尚处于起步阶段，值得深入探索。

1. 高水平特色专业建设引导机制研究

2015年，教育部印发《高等职业教育创新发展行动计划（2015—2018年）》，提出加强高等职业院校的专业建设，整体提升专业发展水平，包括建设社会高度认可的骨干专业，提高专业的技术协同创新能力，探索本科层次职业教育的专业建设等。但是目前在国家及省市层面，却都没有建立面向未来的职业教育高水平专业建设的引导与推进机制。为此，在"双特高"建设背景下，应进一步加强研究制定高水平特色专业的建设实施方案，明确规划专业建设目标、建设任务和改革思路等。

2. 高水平特色专业建设条件标准研究

首先，在分类建设与管理的思想下，研究探索专业分类设置体系，并按照专业目录分类研究制定每一个专业的设置标准和专业教学标准。其次，加强专业建设的过程管理和成果评估，研究制定科学合理的评估指标体系，建立专业筛选和淘汰机制。再次，分类开展一流特色专业建设计划研究，阐明高水平特色专业的资源条件、内涵特质、遴选标准和建设机制等，将职业教育专业建设研究工作推向新阶段。

3. 高水平特色专业建设经验输出研究

一是加强专业建设的案例研究，选取专业建设典型案例，围绕专业人才培养目标、模式、课程、教学、师资队伍建设等方面研究总结，突出专业的优势、特色，反映专业建设的标志性成果，整理形成专业建设的典型经验，以供同类院校间相互借鉴、分享和交流。二是积极深入实践产教融合的人才培养模式，并结合专业实际不断创新。在广泛合作的基础上，借助中外合作办学项目为载体，吸收国外专业建设经验，推进高水平专业建设，形成具有国际水准地方特色的专业发展模式。三是实施走出去战略，输出先进专业建设理念，发挥专业的纽带作用，输出高水平课程和教学技术服务资源，展开共享型专业课程教学资源库建设研究，加强"一带一路"沿线国家的交流与合作，扩大我国职业教育的国际影响力。

第九章　职业教育实训研究

实训是我国职业教育实施实践性教学的一种形式。它是职业技能实际训练的简称，指在学校可控制状态下，按照人才培养规律与目标，对学生进行职业技术应用能力训练的教学过程，也是职业教育教学的一个重要环节。自举办职业学校以来，实训便以各种形式存在于我国的职业教育，尽管不同时期所采用的名称各异。然而，从学术研究的角度来看，尽管实训研究的时间不长，但已经涌现出大量的相关研究文献，为指导我国职业教育实训教学提供了较好的理论指导和反思，但客观地说目前还尚未形成系统完善的实训研究网络，实训研究的质量还有待提高。

第一节　新中国成立后到改革开放前的实训研究

实训的历史可追溯到 19 世纪 60 年代的"俄罗斯制"（Russian System），由当时的俄罗斯莫斯科帝国技术学校的校长维克多·戴拉·保斯于 1868 年提出。该教学体系放弃了学徒制中"师傅带徒弟"的全程式指导模式，将整个生产过程分解为独立的工序，按照由易到难的顺序将工序排列成一定的教学程序，单独教学每个工序。由于克服了学徒制中个别指导和长期观摩的要求，俄罗斯制能够同时向大量学生讲解、示范和训练生产工艺，在一个相对较短的、连续的时间段内给予学生系统的操作理论与实践知识。[①] 它要求学生"掌握工作方法和流程的组合，培养学生在教学过程中像在企业车间一样制作产品"。[②] 俄罗斯制的出现，使得在学校中大规模地教授职业技术能力成为可能，因此迅速地向世界各地传播，直至今天对于职业技术教育的教学活动仍有参考价值。

新中国成立后，国家将职业教育定位为技术教育，此时的技工教育层次定位于中等职业教育。由于新中国成立后职业教育的发展只有苏联这一个社会主义国家的经验可以借鉴，因此我国聘请了苏联的学者、专家来华指导我国建设职业学校，其中包括学习实训这一教学环节。这段时期是我国学习苏联职业教育模式比较集中的一段时期，后来受"大跃进"和"文化大革命"的影响，研究工作也逐渐地停了下来。由于改革开放前这段时期留下的与职业教育有关的研究资料较少，直接涉及实训的更少，故本章所获取的关于新中国成立后到改革开放前的文献资料较少，在此不展开叙述。

第二节　改革开放后至 21 世纪初的实训研究

改革开放后，随着职业教育在全国范围内的重建与复兴，特别是高等职业教育的发展，职业教育培养什么样的人和如何培养人成为该时期的一大研究主题。20 世纪 90 年代，国内诸多职业院校和教育部门组织考察团和课题小组研究欧美的职业教育体系，重点学习德国的"双元制"。对"双元制"的实地考察和文献研究，尤其是学生在企培训这一特点，催生了国内对发展职业教育实训教学体系的研究。不少赴外考察人员都撰写了介绍德国"双元制"的文章，并提出其对我国实训体系的启示。世纪之交对于实训研究具有重要指导意义的研究是 1999 年以北京工业大学校长王浒为负责人的课题组发表的《跨世纪高等职业教育的思考》。文章对于高等

[①]　BENNETT A C. History of Manual and Industrial Education 1870 to 1917 [M]. Peoria: The Manual Art Press, 1937: 17.

[②]　贺国庆，朱文富，等. 外国职业教育通史：上卷 [M]. 北京：人民教育出版社，2014：178.

职业教育的培养目标和培养过程提出了纲要性的界定。课题组认为高等职业教育的目标是培养技术型人才,特别提到要建设实训基地,让学生在真实或模拟的职业环境中进行职业实践。

一、确立实训在职业教育人才培养中的地位

从职业教育的发展史来看,由于该时期职业教育的人才培养与实际经济需要脱节,在"以就业为导向"的政策理念下,职业教育急需转变人才培养模式,摆脱传统纯理论教学的桎梏。"实训"作为应时出现的新方式,在职业教育体系中的地位和作用仍不明朗,因此,明晰实训教学的概念和在职业教育体系中的地位是该时期学术研究的重要课题。用以说明实训教学重要性的论据通常是实现"技术应用型人才"的培养目标、提高高职办学质量和克服高职教育对学生能力培养不足的弊端等。既然实训是职业教育不可缺少的一部分,那么其与理论教学的关系是怎样的?实训是作为理论教学的衍生,还是独立的一部分教学体系?该时期的大部分研究者认为职业教育中的实践性教学不同于普通教育的实践性教学,不是理论教学的从属环节,而是具有同等地位。[①] 实训的目的不再是为了让学生在"做"中"学"书本上的理论知识,它有着独特的教育学逻辑,是在"模拟的场景空间和模拟的项目背景下,让学生获得真实的综合训练"。[②] 通过对实训教学概念的辨析和与理论教学的比较研究,逐渐确立了实训教学在职业教育中的地位和重要性,为后续具体的实训教学体系研究奠定了基础。

二、建立实训教学体系的初步探索

然而,什么才是适合我国职业教育发展的实训教学体系,依旧是一个巨大的难题。由于实训教学在我国仍处于刚起步的阶段,很多教育研究者都缺乏对实训教学的全面、深刻认识。因此,很少有研究者对于实训教学

[①] 丁容仪,李春旺,韩国军,等. 高等职业教育实训教材的探索与实践 [J]. 北京联合大学学报,2001 (S1): 44-49.

[②] 程宜康,李平. 论高等职业教育实践教学体系构建 [J]. 黑龙江高教研究,2002 (3): 50-52.

体系的本土化建设提出系统性或完整性的论述，而通常是以"我见""谈谈"等思想交流的形式出现。在这一问题上，对国外经验的介绍和本国具体职业院校实践经验的介绍构成了研究的主要内容。世纪之交，以实训为直接研究主题的高质量文献较少，实训的研究通常被涵括在职业教育或实践教学体系的研究中。除德国的"双元制"外，北美的 CBE（Competence-based Education）模式、澳大利亚的 TAEF 模式也成为比较研究的重要关注。一些研究者对印度、瑞士、芬兰等国家的职业教育也有所涉猎。总的来看，该时期通常将国外的实践教学体系分为三种模式：学校模式、"双元制"模式、以企业为主的培训模式。[①] 在我国的实践教学体系建设探索中，研究主体是各具体职业院校，这些院校常通过概括和总结自身的实训教学体系建设的经验，提出一些具体的针对性建议。从专业上来看，经验介绍涉及的专业大多是工科类专业，如汽车维修、数控机床加工等。受德国职业教育理念的影响，"职业能力""行业岗位（群）"等概念成为我国实训研究的常见概念。这些概念强调实训体系的建设应当以培养学生的综合职业能力（专业能力、社会能力、方法能力）为目标，在实训内容上要面向行业岗位（群）的要求对学生进行技术训练。在学习德国经验的基础上，职业院校也逐渐探索出适合自身的实训教学模式，认为实训教学模式应当具有基于真实情境、丰富的学习资源、案例学习、问题解决、项目或任务完成、学习者的互助合作等特点。[②]

三、实训课堂教学研究的萌芽

实训基地作为实训教学的学习环境，成为该时期实训教学研究的主要话题。总的来说，实训基地主要承担人才培养、资源共享和技术交流、生产与技术服务等功能，其建设原则应坚持仿真性原则、先进性原则、适用性原则

---

① 马东霄，黄立志. 五年来我国高职高专教育实践教学体系与基地建设研究综述［J］. 宁波大学学报（教育科学版），2003（1）：40-44.

② 苏北春，刘文卿. 基于实训学习包的实践教学模式研究——以饭店管理专业为例［J］. 中国大学教学，2005（1）：52-53.

和开放性原则。① 这些研究成果构成了关于实训基地研究的理论基础,后来的相关研究都在此基础上有所发展或深入。在具体的实训基地建设上,该时期提出了探索建设校内实训基地和校外实训基地相结合的路径,并对两种类型的实训基地作了区分。在此背景下,一些研究者将实训基地的建设思路扩展为本地区与外地区的实训基地相结合、经济类实训基地与工科类实训基地相结合,以提供给学生完整、全面的职业训练过程。既然实训教学要求传授学生实际的职业能力,那么如何进行实训课堂教学以获得较好的学习效果便是接下来需要考虑的问题。该时期的研究对实训教师队伍建设、实训课程的开发和实训教学方法都开展了初步的研究。在实训教师的培养上,打造一支"双师型"的教师队伍成为很多研究者的共识,要求教师通过企业挂职锻炼、高校实践岗位培训、资格考试等形式提高自身的专业实践能力②;在实训课程开发上,强调理论教学应当以"必需、够用"③为度,建立以就业为导向的职业能力系统化课程体系④;在教学方法上,项目教学、模块教学、启发式教学、合作学习等都被应用到实训课堂上。

从已有的研究结果来看,该时期的实训研究资料依旧较少,处于刚起步的阶段。研究主体以各职业院校的管理者和一线教师为主,内容多为实践经验的介绍与理论概括。教育研究者的主要工作则是厘清实训教学的概念及其在职业教育中的地位。从整体上来看,实训研究的系统性、规范性不强,也就是说,该时期实训研究尚未引起理论界和教育界的高度重视,探讨的程度很不够。但在这些为数不多的研究中,研究范围基本涵盖了实训研究的各个主题,研究者所提出的许多见解和问题也都成为后续研究持续思考和深入分析的基础。

---

① 曾令奇. 高职教育实训基地功能原则和途径建设理论探讨 [J]. 职教论坛, 2005 (18): 36-37.
② 黄锦祝. 高职实训教师技师化的探索 [J]. 中国职业技术教育, 2004 (12): 26.
③ 潘菊素,傅琼. 高职教育实践教学体系研究 [J]. 职业技术教育, 2006 (7): 33-35.
④ 戴维,张迎建. 高等职业教育实训课程的国际比较 [J]. 职业技术教育, 2006 (29): 112-115.

第三节 2006年以后的实训研究

这阶段与实训相关的研究从数量上来看呈现爆发式增长,一大表现是出现了众多的硕士、博士论文关注实训教学体系的设计。从内容上来看,研究考察了实训教学的诸多方面,从教育理念到评价体系等均有涉猎。从研究的趋势来看,主要包括以下几个方面的内容。

一、对"生产性实训"概念的研究

如果说在世纪之交,人们赋予实训在职业教育体系中合法性的依据是"技术应用型人才"这一培养目标,那么2006年后,渐渐地人们谈论更为普遍的是"工学结合"和"生产性实训"。该年,教育部将"工学结合"确立为我国职业教育人才培养模式的基本特征。同年,教育部颁布了《关于全面提高高等职业教育教学质量的若干意见》,提出了"生产性实训"的概念,从而改变了职业教育实训的逻辑与实践。"生产性实训"的官方定义是"学校提供场地和管理,企业提供设备、技术和师资支持,校企合作联合设计和系统组织实训教学的实践教学模式"[《2007年度国家示范性高等职业院校建设推荐预审标准(试行)》]。此外也存在着诸多不同的理解,如下表所列。

表9-1 生产性实训的定义

作者	定义
李坚利[①]	模拟实际岗位群的技术技能操作训练。
刘家枢、徐涵[②]	高职院校与政府、行业及企业联合,通过生产性过程实现经济效益,并在生产过程中培养学生实践技能,提高综合职业能力的实践教学模式。

---

① 李坚利. 高职教育实训基地建设的探索与实践 [J]. 职业技术教育,2003 (22):19-21.

② 刘家枢,徐涵. 高职校内生产性实训的内涵与实践探索 [J]. 教育与职业,2008 (17):19-21.

续表

作者	定义
吴万敏、张辉[1]	在实践教学和合作学习等理论的指导下,在准真实的工作环境中开展的实践教学活动。
沈时仁[2]	硬件先进、软件配套、功能对接、职场氛围浓厚、校企合作共建共管,集教学、经营、社会服务等功能为一体。
李莉、肖建英、许晓惠[3]	以场所装备技术配置为核心,规模化、多样化、规范化实施全真或高仿真职业技能训练、职业素质训导等就业导向课程,将诸种实践教学资源有序整合的系统。

在这些不同的表述中,一致之处是强调生产性实训基地建设最为重要的决定性因素是模拟真实的工作环境。[4] 除了生产任务、工作情境的真实化外,管理模式的企业化、成果评价的市场化也得到强调。[5] 这些研究都认为实训应当尽可能地还原真实企业的实践过程。与此相应的,实训基地建设存在的主要问题是"企业仿真性"较差。这主要有几方面的原因:资金投入不足导致学校难以购买理想的设备[6];双师型实训指导教师不足[7];

---

[1] 吴万敏,张辉. 高职校内生产性实训基地的技能训练模式研究[J]. 高教探索,2009(5):88-91.

[2] 沈时仁. 高职院校商贸类专业校内生产性实训基地建设的研究与探索[J]. 中国高教研究,2011(5):79-80,91.

[3] 李莉,肖建英,许晓惠. 高职校内实训基地可持续发展运行机制构建[J]. 教育与职业,2017(6):94-99.

[4] 相关研究有:吕秀娥,张海晓. 高职院校会计专业校内仿真实训体系研究[J]. 财会通讯,2011(15):158-160;王素梅,乔阳. 高职教育实训基地现状的调查与分析[J]. 黑龙江教育(高教研究与评估),2007(6):65-67;魏仕腾. 高职实训基地建设存在问题与可持续发展的研究[J]. 经济研究导刊,2012(9):285-286;等等。

[5] 申屠江平. 高职院校建设校内生产性实训基地的思考[J]. 职教论坛,2010(9):59-62.

[6] 沈音乐,陈华鹏. "基于真实项目"的高职软件专业校内实训基地运作模式的研究与实践[J]. 职教论坛,2012(9):79.

[7] 丁金昌,童卫军. "三个合一"校内实训基地培养高技能人才的研究与实践[J]. 中国大学教学,2008(1):78-80.

实训内容与企业人才需求脱节[①]。但有些研究者强调要注意实训和企业生产的区别,在实训里,"学生不是生产的机器,而是职业人的培养,在实训过程中产品的选择要具有典型性、递进性"。[②]

二、实训教学理念的研究

"工学结合"作为该时期提出的职业教育培养模式的重要理念,成为实训研究的主要概念。与此同时,能力本位、工作本位等思想也成为指导实训教学的理念。这些理念突出强调实训教学应当更加注重培养学生的职业实践能力,让学生在动手实践的过程中掌握职业知识和技能。由这些理念所衍生出来的实训教学理念跟世纪之初所倡导的做法是一种延续发展的关系。在新的时代背景下,结合当前的热点话题,如"互联网+"、新工业革命等技术背景和发展趋势,对工学结合思想指导下的实训教学理念展开新的探讨和思考,是一种新的研究趋势。

三、提升实训教学质量的研究

随着实训教学体系在职业教育领域的普遍建立和开展,调查当前实训教学存在的问题和提高实训教学质量便成为研究的关注热点。对实训教学质量的研究以构建实训教学质量保障体系这一主题为主要内容。研究通常认为,一个完善的教学质量保障应当从企业化的实训环境、师资培训、考核评价体系和质量监控体系四个方面构成。[③] 除了从制度层面对实训教学质量保障提出体系设计外,一些研究也深入到实训课堂的具体方面,如教学方式的改进、学生学习方式、教师的指导与反馈、学生的自我反思等。还有一些研究对高职院校实训课程的实施效果开展评价,分析哪些因素会

[①] 张秋容,杨伟,于景福. "教学工厂"理念下的校内实训基地建设研究 [J]. 广东技术师范学院学报,2012(4):75-76.

[②] 申屠江平. 高职院校建设校内生产性实训基地的思考 [J]. 职教论坛,2010(9):9.

[③] 胡春宝. 高职院校实训教学质量保障体系构建 [J]. 职业技术教育,2008(17):77-78.

影响实训课程和相关学生的学习产出情况。①

四、实训教学策略的研究

研究教学策略,通常涉及教学的四个环节——教学目标、教学内容、教学过程和教学评价,聚焦的是"教"而不是"学"。很多研究者从工学结合的角度分析了当前实训教学存在的问题并提出相应建议,但建议常常是泛化的。这方面研究的代表是黄敏玲(2011年),她从师资结构、实训设备和教学考核等方面提出了改进实训的策略。这些研究和实训基地的研究类似,并没有真正细化到关注实训课堂的教与学需要。另一个指导该方面研究的理论是体验学习。这一最先由库伯提出来的概念,被广泛运用于职业教育的实践性教学研究里。其中颇有价值的研究是赵军(2010年)的《我国高职实训教学设计研究——基于体验学习的视角》。遗憾的是,目前关于实训的教学策略与其说是针对性的策略,不如说是在构建教学体系。这可能跟目前大多数研究都只是理论探讨而没有深入实践去调查有关。

第四节 实训研究的趋势、述评与展望

一、近期研究趋势

近几年实训研究的新进展在于引入了职业学习理论来指导实训教学。世纪之交的"技术应用型人才"和"工学结合"的概念,尽管也同样能够为实训教学提供理论上的指导,但缺乏坚实的教育学基础,不够系统和具有针对性。这两个概念更确切地说,适用于职业教育的整体发展理念,这也是为何实训教学的相关研究始终无法深入到具体的课堂教学讨论上来的原因。实训作为一种教学方式,需要以相关的学习理论为基础。这几年广泛被讨论和引用的学习理论主要有情境学习、刻意练习和真实性学习等。

---

① 相关的研究如葛斌,李玉光,吴志华. 高校工程实训课程效能评估体系的实证研究 [J]. 高等工程教育研究,2013 (5):150-154.

然而，国内在这方面的研究重点偏向这些理论与职业教育实践教学、职业教育课程之间的关系，而专门讨论学习理论与实训教学之间关系的文献虽然也不少，但高质量的文献不多。

二、研究述评

1. 一般性研究多，专题研究少

除了近年来尚未公开发表的硕士和博士论文之外，我国对实训的研究还是一般性的描述和介绍比较多，在不长的篇幅里将实训的基本情况作一个全面的概括性的介绍。具体和深入的分析并不多见。虽然这种介绍能够让读者对实训有一个基本的了解，但也容易让读者认为有关实训的知识和问题仅限于此。实际上，实训，尤其是学生在实训中的学习过程，可研究的问题十分丰富。由于实训的研究偏重基本常识的介绍，只求全面而不求深入，造成专题研究的匮乏。此外，对基地建设研究的丰富性和深度远远超过了对学生学习的研究，说明以学生学习为对象的研究相对地被轻视或忽视。在实训的研究史上，以实训基地为研究主题的文献远远超过了其他方面的研究，甚至可以说，实训基地逐渐发展成了一个独立性的研究，它从作为校内实训的一个场地，变成了独立的实体，实训基地自身承担起了教育教学、社会培训和技术生产的功能。这当然是件好事，但过于关注实训基地的建设，容易忽略对实训教学研究其他方面的探索。这是因为，实训基地本是作为实训教学的物理支撑环境，只是实训教学研究的一个方面。对于实训教学的研究来说，教师和学生在实训中的教学活动、实训任务内容的设计等都是影响实训教学效果的重要因素，但却没有得到足够的关注。

2. 高质量的研究文献少

以"实训"为关键词，搜索人大复印资料数据库，发现被转载收录的文献只有两篇，一篇是1996年李恩辉的《借鉴德国"双元制"经验加强"实训实习"指导教师队伍建设》，另一篇是2011年陈冰、董宏伟的《中职校主导式校内生产性实训基地建设的实践与思考》。尽管人大复印资料没有转载较多的实训研究文章不意味着该方面的研究少（事实上中国知网上显示的文章篇数多达几万篇），但这一现象说明了实训研究的优秀文献目前还很欠缺，尚未引起学术界高质量研究的关注与讨论。在搜集的文献中，甚至还出现了一种不好的现象，即中文作品之间互相参考，研究成果也具有较大的同质性。这造成实训的研究虽然较多，但涉及的范围不广，程度不深。如在基地建设研究上，很多学者都遵循这样的思路：指出我国现行实训基地存在的不足，在此基础上提出一些原则性的指导意见，而未真正深入研究某一具体问题。另外，很多文献的篇幅较短，介绍的基本是具体地方或职业院校的实践经验，从而限制了对实训教学中关键主题的深入探讨。

3. 以理论思考为主，实证研究少

实训研究存在的另一大问题是实证研究匮乏，以理论论述居多，从而导致实训研究的很多内容无法得到讨论。我们知道，实施实训的目的是提高学生的职业能力，那么职业学校开展的实训究竟是不是促进了学生职业能力的发展，又是哪些实训策略促进了学生职业能力的发展呢？由于实证研究的不足，这类问题很难能够得到回答。即使是研究实训存在的问题与不足的文献，也往往以研究者个人的见闻与思考为主，缺乏深入的实地调研和论证，导致该类文章所发现的问题大多雷同，缺乏让人眼前一新的观点。实训是我国职业教育实践教学体系的重要组成部分，受传统理论教学的影响，实训所面临的困难与挑战是当前发展职业教育实践教学体系迫切需要解决的难题，需要大量的研究者投入到实地去，通过实证研究的方式发现实训过程中存在的具体问题，并提出针对性的建议。以国外的实训研究为参考，研究者们通过大量的实证研究去发现和分析实训课堂上的教师角色、师生互动、学习成果和学习任务等内容，从而为改善实训教学提供具有启发意义的指导意见。

当前我国职业教育学术界的研究方法逐渐成熟，实训研究也已经积累了较为丰富的理论基础，应当加强对实训的实证研究，不断丰富和细化实训各个分支的研究内容，促进实训研究的成熟与完善。

三、对后续研究的展望

1. 实训情境的真实性与教学效果的关系

很多教育者相信,要设计可信的学习任务或情境,那么它们一定要是真的,比如企业实习等。对于实训来说,尽可能地复制真实工作环境是我国实训研究史上的共识,它成为当前实训教学的首要原则。实训的相关研究强调这能够增加参与者的真实感。在学习环境里呈现某些真实的物理和空间要素,能够促进学生学习,尤其是对于新手来说。但对于大多数职业院校来说,要在学校教育中再现全然一样的工作情境是不可能的。那么实训究竟需要在多大程度上模拟真实的工作情境才能最大限度地实现教学效果,这是实训研究必须回应的一个问题。是否越真实地呈现工作情境越能够促进学生学习?还是应当根据学生的学习水平和教学需要适度地模拟工作场所?一些研究认为,物理环境的逼真度和学习效果之间并不存在必然联系。事实上,增加物理环境的真实性不仅会增加开支,而且也只能稍微提高学习效果。因此,尽管国内已有研究都强调了模拟的重要性,但对于模拟与教学效果之间的关系却缺乏深入的探讨。

另外,从实践层面来看,当前我国实训教学体系非常注重实训基地的真实化营造,从设备、仪器、场地布置和着装等角度都力求复制企业的工作环境和氛围。数量众多的实训基地研究也说明了这一点。但问题在于,单纯物理环境的真实是否足够让学生产生职业参与感与工作真实感。事实上,对物理环境的过分强调反而忽略了实训任务在提高学习效果中的关键性作用,而后者其实更为重要。因此,后续研究也应当关注实训内容的设计,及其对学生学习效果的影响。

2. 实训对学生学习成果的影响研究

对于实训将会产生什么样的学习成果,目前相关研究依旧很少。很多研究都强调,发展实训教学是为了提高学生的职业能力,提升职业教育的人才培养质量,但实训究竟促进了学生哪些职业能力的发展以及是如何促进职业能力发展的,当前研究较少。事实上,有关实训的实证研究数量偏少。为数不多的实证研究通过问卷调查等形式,调查毕业三年后的学生对学校实训教学体系的看法。这些研究尽管也从一个侧面说明了实训教学的重要性，但不够具体。研究需要关注具体的实训教学能够促进以及如何促进学生哪些职业能力的发展，从而为改善职业教育实训提供可资借鉴的方法和途径。更重要的问题是，实训不能促进哪些重要职业能力的发展？对于这部分职业能力，职业教育应当采用何种措施来满足学生的生涯发展需要？

3. 工作场所学习和实训的关系

工作场所学习的优势随着情境学习理论的兴起和对专业实践者的研究而日益凸显，并逐渐成为世界范围内倡导的职业教育模式。情境学习理论对边缘性参与，及蕴含的对默会知识在职业学习中的重要作用的强调，使得工作场所成为社会化和情境化学习的理想场所。近年来，以工作为本的学习、现代学徒制等在我国职业教育领域的兴起，也正说明了工作场所学习理论在我国职业教育研究界的热度。我们知道，实训只是模拟真实的工作场所，而工作场所学习则是直接在真实的职业环境中进行的学习，那么对工作场所学习的强调是否意味着实训失去了其教育价值？实训和工作场所学习的关系是什么？应当如何看待实训和工作场所学习在职业教育培养过程中的作用和角色？这些理论问题是当前职业教育发展实践教学体系迫切需要解决的问题。

已有的研究普遍认为工作场所学习有其无法避免的制约因素，学校职业教育同样也是，因此两者应当是一种互补的关系。有些能力只能在工作场所学习，同时其他能力需要在学校学习。学校教育所传授的有些知识是工作场所学习无法提供的，但是这些知识对于学生从边缘性参与过渡到充分参与是必要的。对于这部分知识，系统性的教学是不可缺少的。但教学并不是工作场所实践共同体活动的一部分，如果在实践共同体内增加教学则会改变共同体的目的和学习机会。比如米歇尔·艾罗特（Michael Eraut）考察了学校职业教育和工作场所中所能提供的知识类型，两者既有重合的部分也有不同的地方,而这些知识对于学生的职业发展都是关键的。[①]工作场所缺乏正式的课程看起来是无害的,但实际上可能导致学生重要职业技能和一般性技能的不足。实训也无法代替工作场所学习,因为无论实训如何模拟工作场所,它总归无法再现工作场所工作任务的完整情境。

  当前,我国实训研究对实训和工作场所学习这两者在实践教学体系中的关系关注较少。随着多种实践教学形式在我国职业教育体系的并存,这两者的关系问题及对学生职业能力发展的不同影响,将成为未来实训研究需要关注的一大研究主题。

[①] ERAUT M. Transfer of Knowledge Between Education and Workplace Settings [M] //HELEN R, ALISON F, ANNE M (Eds.), Workplace Learning in Context. London: Routledge, 2004. 201-221.

第十章 职业教育实习研究

职业教育源自于人类生产经验和生存技能传递的需要,与工作世界密切相关,强调学习者对所学知识和技能的应用。在真实的工作情境中开展职业教育是国际职业教育发达国家的共同经验。工作情境能提供一种有意义的学习并促进学习者的知识和技能向真实工作世界的应用,这已经被职业教育理论和实践领域证实。校企合作、工学结合是我国职业教育快速发展的基本经验,在《现代职业教育体系建设规划(2014—2020年)》中,加强实训、实习和研究性学习环节等,是完善校企合作、工学结合的人才培养体系的主要内容。然而,"企业是实现工学结合的最佳场所,是技能人才成长的重要场所,也是技能人才培养的最大受益者"[1]。这就决定了职业院校学生实习既是校企合作、工学结合的核心环节,也是我国职业教育领域工作场所学习的主要形式。在国家大力发展职业教育背景下,《国务院关于加快发展现代职业教育的决定》(2014)提出"深化产教融合、校企合作",以实习、实训、现代学徒制为主要形式的工作场所学习,将成为我国职业教育理论和实践领域关注的重点。为了准确把握职业教育实习研究领域的最新发展动态及今后发展趋势,本章利用文献分析方法对搜集到的新中国成立70年来我国职业教育实习研究的文献资料进行分析,以期进一步了解我国职业教育实习研究的发展规律,把握研究的历史动态,促

---

[1] 和震. 技能提升与知识、素质的复合——职校毕业生升学与职业发展的思考[J]. 教育发展研究,2010(3):1-4.

进职业教育实习研究向纵深发展。为了便于考察，本研究以 1978 年为界，把 70 年分作两段，第一段是 1949—1977 年，即新中国成立至改革开放时期，第二段是 1978 年至今，即改革开放以来。

第一节　新中国成立至改革开放时期的职业教育实习研究

这一时期的相关研究主要围绕技工学校的生产实习展开。生产实习是技工学校教学工作的主要部分，既符合技工学校教学工作特点，也符合教育与生产劳动相结合的理念。实践证明，技工学校培养学生的正确方法，就是学生在实习教师的指导下，按照预定的教学计划，在生产劳动的基础上，由浅入深、由简到繁，循序渐进地学完教学大纲所规定的全部内容。学生只有在生产实践中反复练习，才能很好地掌握所学专业的技术操作和技术理论，逐步成为精通本行工作技术和善于利用技术的合乎国家要求的技术工人。[1] 这一时期的相关研究虽然不丰富，但基本能够反映当时实习形式及其研究状况。通过对已有文献的对比和分析，本研究将这一时期的研究内容归纳为以下主题。

一、认识实习与生产的关系

在生产实习教学中，实习与生产的正常关系是实习结合生产，还是生产服从实习引起了人们的争论。技工学校的教学与生产相结合包括两个方面：一是文化、技术理论教学与生产实习要紧密结合，避免相互脱节；二是生产实习要与生产密切结合，防止脱离生产单纯实习或是单纯搞生产的现象。当时有些学校在实习教学和生产的关系上出现了偏重生产、放松教学的倾向，只注意追求产值和产量，忽略了提高培养质量，学生较长时期只能加工简单的工件，学不到全面的操作技能，有的学校甚至提出"有啥干啥，干啥学啥"的口号，使学生不能系统地、全面地学习技术。为此，研究者提出，要使实习教学与生产密切结合，首先，应该正确地选择产

---

[1] 张廷任. 技工学校要抓好生产实习教学工作 [J]. 劳动, 1962 (6): 30-33.

品，既要考虑便于生产，还要注意教学的要求，既要符合学生所学的专业性质，又要照顾各种工种之间上下工序的衔接；其次，合理地安排生产任务，把生产任务与教学计划统一起来；其三，做好调度工作，及时解决实习教学与生产之间的临时矛盾；最后，改革教学组织与生产组织，使之在便于组织教学、又利于生产的原则下统一起来。①

二、形成生产实习制度

1958年以后，全国技工学校进行了教学改革和技术革新，为此，不少学校调整了生产组织，实行了实习轮换制度。生产实习定期轮换制度的内容是根据轮换表进行定期轮换，学生通过各个工段不同内容的工件加工，全面掌握教学大纲所规定的技术要求。作为班级轮换依据的轮换表，实际上就是按照教学大纲的技术要求，按类集中课题内容，在生产实习中，有计划地组织各工种的学生定期轮换操作计划表，以保证学生到毕业时能结合产品的全部生产过程学完全部教学内容。为了保证轮换的效果，采取了以下的相应措施：一是坚持教师一贯负责制，教师必须跟班级学生一起轮换，以利于进行教学工作，掌握学生的全面情况；二是规定空班实习教师每周抽出两天时间到下一轮的工段参加生产，熟悉加工或装配的工艺，先做好教学和生产的准备；三是在大轮换前举行考试，中轮换前进行测验，小轮换前进行考查，以便教师根据学生成绩，安排轮换教学；四是实行交叉轮换，以熟手带生手的办法，减少由轮换而引起对生产上的暂时影响，充分发挥熟手对生手的示范作用。②

在实习制度研究范畴，编制生产实习计划和关心学生安全引起了研究者的重点关注。研究者认为，生产实习计划是执行教学工作的基本文件，与教学质量密切相关。实习计划编制需要关注的问题包括：实习产品来源、实习设备的损坏与不足、学生定额、工种间的配合、操作练习方法的

---

① 和致纯. 谈谈生产实习教学与生产的结合［J］. 劳动，1961（16）：15-17.
② 调整生产组织，实行轮换实习制度［J］. 劳动，1961（7）：13-15.

选择等。① 实习具有严密的教学计划和详细的组织工作，配有相应的教材②，详细的实习条例，规定实习课时，等等③。实习计划编制不仅可以保证实习有计划、有目标地开展，还可以具体地规定每一阶段指导要求，与学校授课计划一起确保教育质量。研究者提出，编制生产实习计划力求按照教学大纲所规定的要求，定时定额，既要求学生能够完成任务，又要求在完成任务过程中获得技能训练。④ 关心实习学生安全也是当时一个重要话题，实习前，由负责安全的部门结合真实的生产事故进行安全教育；进入实习现场后，除了生产场所负责人，其他工作人员也要关心学生的安全问题。⑤

三、创建实习工场

技工学校本身的特点和任务决定其应该拥有实习工场，这样有助于将学生培养成有一定的文化和技术理论知识，还具备中极技术工人的技术操作水平的人。由于技工学校的教学任务主要是通过生产实习教学来完成的，教学和生产二者必须统一安排、紧密结合。如果学校没有实习工场，学生只靠到企业简单劳动来进行生产实习，就不能达到教学与生产相结合的目的。因为工厂的任务是生产，工厂的各项工作包括教学工作在内也必须服从生产。如果一个工厂过多地照顾和安排技工学校学生的实习，有可能打乱工厂的生产任务。因此，学生到工厂企业实习，只能做到干什么、学什么，很难做到学什么、干什么。⑥

---

① 编制生产实习计划中的几个问题 [J]. 劳动，1955（7）：29-30.
② 邵贻裘. 电工实习课的教学计划和组织工作 [J]. 物理教学，1958（2）：18-19.
③ 对生产实习条例的几项补充说明 [J]. 教学与研究，1953（1）：15；汽车实习课课时计划（高二第一学期）[J]. 物理教学，1958（2）：15-17.
④ 怎样编制生产实习计划 [J]. 劳动，1955（9）：35.
⑤ 邹文杰. 关心实习学生的安全 [J]. 劳动，1965（8）：17.
⑥ 关裕泰. 技工学校应该有实习工场 [J]. 劳动，1961（9）：31-33.

四、引介社会主义国家实习经验

引介国外实习经验主要聚焦于社会主义国家阵营。研究者通过考察德意志民主共和国职业教育，总结了德意志民主共和国职业教育两个最重要的任务：一是负责培养大批具有高水平技术的工人与其他各种专业人员，以满足国民经济和技术发展所需要的技术力量；二是负责工农业余教育工作，不断提高在职人员和劳动人民的文化技术水平。职业学校是德意志民主共和国培养新的技术工人和新的专业人员的唯一载体，包括企业职业学校、普通职业学校和职业学校内的特别班，三者既有差异也有共同点。① 研究者介绍了德意志民主共和国职业教育师资培养经验，当时德意志民主共和国职教师资主要通过三个学校培养：提高理论教员水平的学校、提高生产实习教员水平的学校、培养新的生产实习教员的学校。② 此外，研究者还引进了苏联《生产实习教学法》的理念和经验。这是苏联工人技术学校几十年来实习教学的工作总结，规定了培养熟练工人的生产实习教学的任务、内容、方式和方法。③

五、关注生产实习质量

生产实习质量在当时已经引起研究者的重点关注。研究者认为，检验实习质量的根本措施是用已学得的知识和技能解决实际问题；提高实习质量的措施包括按照计划或提纲分步骤进行实习，并要争取企业对生产实习的负责和领导。因此，去企业实习的师生应努力给予企业帮助，而不是给企业带来负担。④ 在理论教学与生产实习教学配合上，研究者在教学内容、教学进度等方面，介绍了详细的做法。⑤ 在提高生产实习质量上还应该抓

---

① 张亚群. 德意志民主共和国的职业学校 [J]. 劳动, 1960 (9)：29-33.
② 张亚群. 德意志民主共和国的职业学校 [J]. 劳动, 1960 (10)：31-33.
③ 介绍一本好书——《生产实习教学法》[J]. 劳动, 1956 (2)：46-47.
④ 提高生产实习的质量 [J]. 教学与研究, 1954 (4)：1.
⑤ 陈家芳. 专门工艺学教学怎样配合生产实习教学 [J]. 劳动, 1963 (7)：27-28.

紧解决几个问题：一是机器设备不足或过于陈旧，不适合现代化技术教育的要求；二是生产实习任务不足，不能保证完成生产实习教学；三是选择专业协助厂不当，不能发挥作用；四是进厂实习领导薄弱，完不成生产实习教学计划；五是实习教学要求不严，影响对学生独立工作能力的培养和提高。①

新中国成立至改革开放这一时期的职业教育实习研究主要以经验总结为主，研究成果透露出了朴素的唯物主义思想，对当时职业教育实习实践具有指导意义，对当下职业教育实习理论研究具有启发作用。

第二节　改革开放以来的职业教育实习研究

改革开放以来，我国职业教育实现了迅速发展，实习研究成果日趋丰富。本研究首先利用文献计量方法对这一时期的研究成果进行可视化分析，随后分主题回顾主要研究内容。

一、研究方法

1. 数据采集与整理

本研究所采集的数据来源于中国知网数据库，以"实习"为主题，检索时间段为 1978—2018 年，期刊来源包括 CSSCI 索引期刊、《中国职业技术教育》《职业技术教育》《职教论坛》《教育与职业》，本研究进行数据库检索的时间为 2017 年 7 月。除 CSSCI 期刊外，其余四种期刊是职业教育学科的专业核心期刊，其发文的数量和质量能充分代表职业教育实习研究的现状。在去重分析之后，排除书评、访谈、新闻报道等与学术研究相关性较差的文章，最终提取出 729 篇高相关性、高学术性的职业教育实习类研究论文。所选期刊发表职业教育实习研究论文的数量如下：CSSCI 来源期刊（128 篇）、《中国职业技术教育》（211 篇）、《教育与职业》（140 篇）、

---

① 霍亚夫. 在生产实习教学工作中应该抓紧解决的几个问题 [J]. 劳动，1956（11）：36-38.

《职教论坛》(127 篇)、《职业技术教育》(123 篇),所占比例如图 10-1 所示。

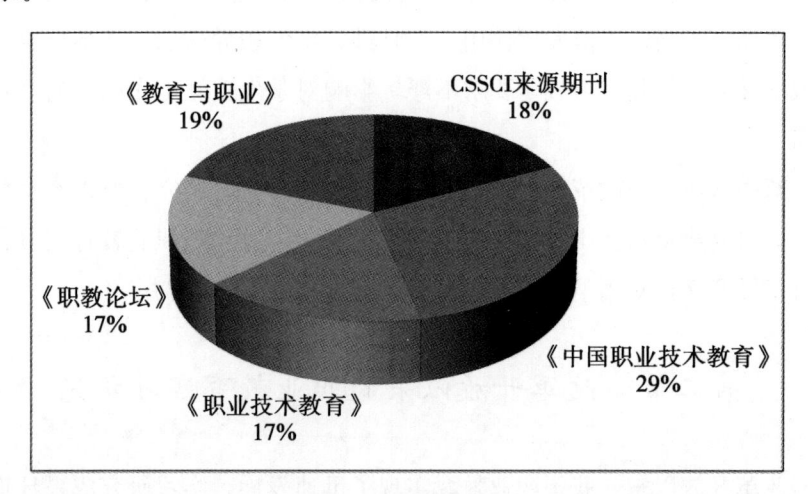

图 10-1 文献期刊分布

2. 研究方法与工具

本研究采用文献计量学研究方法,借助 CiteSpace 知识图谱可视化软件,对文献的数量分布、机构、关键词及研究趋势等方面进行描述性统计和知识图谱分析。CiteSpace 软件主要基于共引分析理论和寻径网络算法等,对特定领域文献进行计量,探寻学科领域演化的关键路径及知识转折点,并通过一系列可视化图谱的绘制来形成对学科演变潜在动力机制的分析和学科发展前沿的探测。① 该软件有助于探寻某个研究领域中的标志性文献、核心主题以及研究前沿的知识演变等。因此,本研究采用 CiteSpace 软件绘制我国职业教育实习研究的知识图谱,科学且可行。此外,本研究还应用 SPSS 20.0 统计软件对分析结果作进一步同类合并、聚类分析,提炼职业教育实习研究主题。

二、改革开放以来职业教育实习研究的描述性统计分析

1. 职业教育实习研究时间序列分析

---

① 陈悦,陈超美,等. 引文空间分析原理与应用:CiteSpace 实用指南 [M]. 北京:科学出版社,2009:12.

基于中国知网数据库检索并严格筛选后的职业教育实习的论文数量，绘制出如图10-2所示的文献年度分布折线图。从发展趋势来看，职业教育实习研究论文数量在总体上呈现先缓慢增长后快速攀升又趋于相对稳定的发展趋势。其中，本研究检索到最早的文献是1987年发表在《教育与职业》期刊上的，题为《改一改生产实习教学方法》。该文根据职业教育培养人才的任务，立足人才适应生产和工作的需要，认为职业院校一般的教学规律应突出操作技能的训练，而实习恰是这一主要环节。1987年至2005年，是职业教育实习研究论文数量增速较为平缓的时期，说明这期间职业教育实习研究开始逐渐引起学术界的关注，相关研究开始逐步发展。这也与我国职业教育发展背景和研究进程密切相关。2005年至2014年是职业教育实习研究论文总发文量增长最为快速的时期，其中，2010年至2012年连续三年发文量维持在67至69篇，2013年论文发表数量达到76篇，说明职业教育实习的理论研究迅猛发展。2015年以来，职业教育实习研究论文数量呈现相对下降状态，论文数量有所减少，但每年的发文量相比较前期仍有较大增幅。根据赖普斯划分科技文献增长的四个阶段，这一时期职业教育实习研究论文总发文量呈现"文献增长放缓"趋势，说明这一时期职业教育实习的理论研究开始得到强化，研究逐步进入成熟阶段。

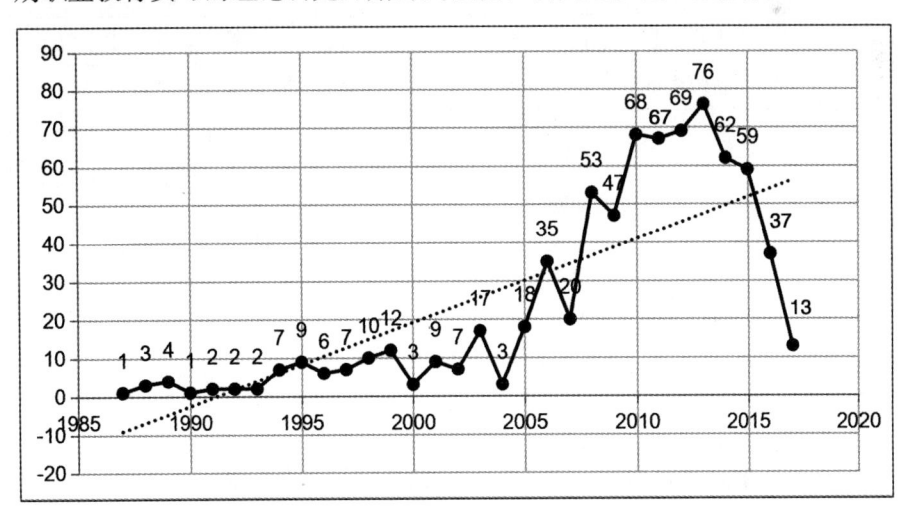

图10-2 职业教育实习研究文献年度分布

2. 职业教育实习研究机构空间分布

在研究机构的频次统计表中，选取论文发表数量前20位作者所在机构，如表10-1所示。由表中数据可知，我国职业教育实习研究呈现明显的分散趋势，前20所研究机构共发表文献54篇，占全部文献的7.4%，发表论文最多的是湖南商务职业技术学院，共发表9篇论文，其次是中山职业技术学院发表5篇，邢台职业技术学院发表4篇。可以看出，职业教育实习研究的任务主要由职业院校承担，而大学或科研院所则相对较少关注该领域，这一方面与其研究侧重宏观层面有关，另一方面与职业教育实习研究的本身特征也有较大关系，实习通常跨越学校和企业两个场所、涉及教学和生产两种活动，职业院校理论工作者在研究过程中更具有实践优势。这也符合职业院校理论工作者研究关注面较窄，研究更加倾向于教育教学实践的微观层面的规律。

表10-1 职业教育实习研究论文发表的作者机构

序号	篇数	机构	序号	篇数	机构
1	9	湖南商务职业技术学院	11	2	泰州职业技术学院
2	5	中山职业技术学院	12	2	浙江旅游职业学院
3	4	邢台职业技术学院	13	2	湖南铁道职业技术学院
4	3	常州信息职业技术学院	14	2	包头铁道职业技术学院
5	3	新疆农业职业技术学院	15	2	江苏海事职业技术学院
6	2	浙江工贸职业技术学院	16	2	广州番禺职业技术学院
7	2	商丘职业技术学院	17	2	杭州市职业技术教育研究室
8	2	广西机电职业技术学院	18	2	重庆城市管理职业学院
9	2	湖北职业技术学院	19	2	江苏省教育厅
10	2	湖南省教育科学研究院	20	2	浙江机电职业学院

三、改革开放以来职业教育实习研究热点可视化分析

学术论文的关键词通常能够精练描述和高度概括其中心思想，对高频关键词进行统计分析，能够探寻职业教育实习研究领域的研究热点与发展

动向。本研究利用 CiteSpace 软件进行关键词共现分析，通过对关键词共现的可视化分析，绘制出职业教育实习研究关键词共现知识图谱，并统计得到该领域排名靠前的关键词词频，详见图 10-3 和表 10-2。

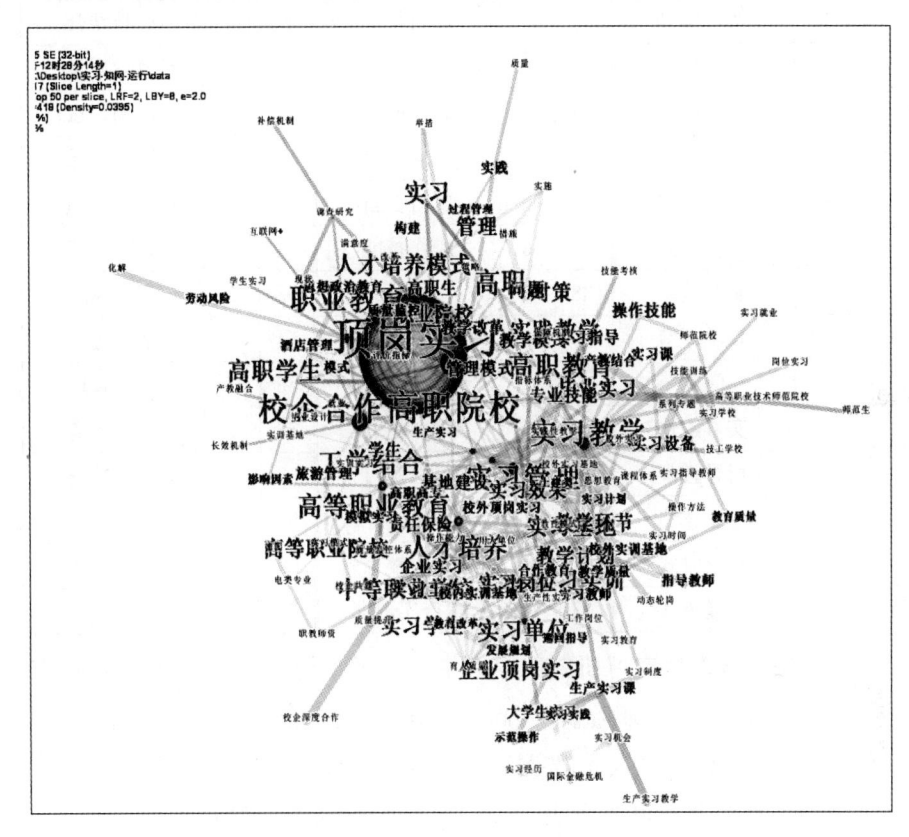

图 10-3 职业教育实习研究的关键词共现图谱

表 10-2 职业教育实习研究高频关键词排序

序号	频次	关键词	序号	频次	关键词	序号	频次	关键词
1	278	顶岗实习	6	49	实习管理	11	22	高职学生
2	92	高职院校	7	40	职业教育	12	21	实习
3	89	高职教育	8	39	实习教学	13	20	实习单位
4	59	校企合作	9	39	人才培养模式	14	18	实践教学
5	55	工学结合	10	27	实习学生	15	17	中等职业学校

363

续表

序号	频次	关键词	序号	频次	关键词	序号	频次	关键词
16	17	实习基地	31	7	基地建设	46	4	思想政治教育
17	16	实习实训	32	6	实习指导	47	4	产教结合
18	13	对策	33	6	责任保险	48	4	教学质量
19	12	实习岗位	34	6	教学改革	49	3	影响因素
20	10	教学计划	35	6	企业实习	50	3	巡回指导
21	10	毕业实习	36	6	实习设备	51	3	实习计划
22	10	职业院校	37	6	操作技能	52	3	教育改革
23	10	实习效果	38	5	实践	53	3	劳动风险
24	10	教学环节	39	5	大学生实习	54	3	生产实习
25	9	问题	40	5	实习课	55	3	过程管理
26	9	实习工作	41	4	指导老师	56	3	教育质量
27	8	指导教师	42	4	模拟实习	57	3	示范操作
28	7	专业技能	43	4	质量监控	58	3	发展规划
29	7	教学模式	44	4	合作教育	59	3	实践性教学
30	7	管理模式	45	4	生产实习课	60	3	毕业设计

在我国职业教育实习研究的热点中，除了主题性高频词"顶岗实习"（频次278）本身，"高职院校""高职教育""校企合作""工学结合""实习管理""实习教学""人才培养模式""实习学生""实习单位"等方面的研究成为热点话题。可以看出，关于实习的研究主要聚焦于顶岗实习范畴，且集中于高职教育领域。

为探究职业教育实习研究热点变迁过程中的标志性文献，及其对整个研究热点聚类走势的影响，本研究利用CiteSpace软件绘制了1978—2018年职业教育实习领域研究热点变迁的时间线图谱，如图10-4所示。研究热点演变呈现集中聚焦、关注多样，且集中于微观层面的发展趋势。2006—2007年，研究主题的数量增加迅速，研究方向日趋成熟，新旧关键词间的连线较多，表明其传承关系较为紧密，但"实习"一直贯穿整个演变过程。近几年来，"实习质量""调查研究""产教融合""满意度""责任保险"等热点逐渐出现，研究者的研究关注点正逐渐由实习的外围研究向内在演进。

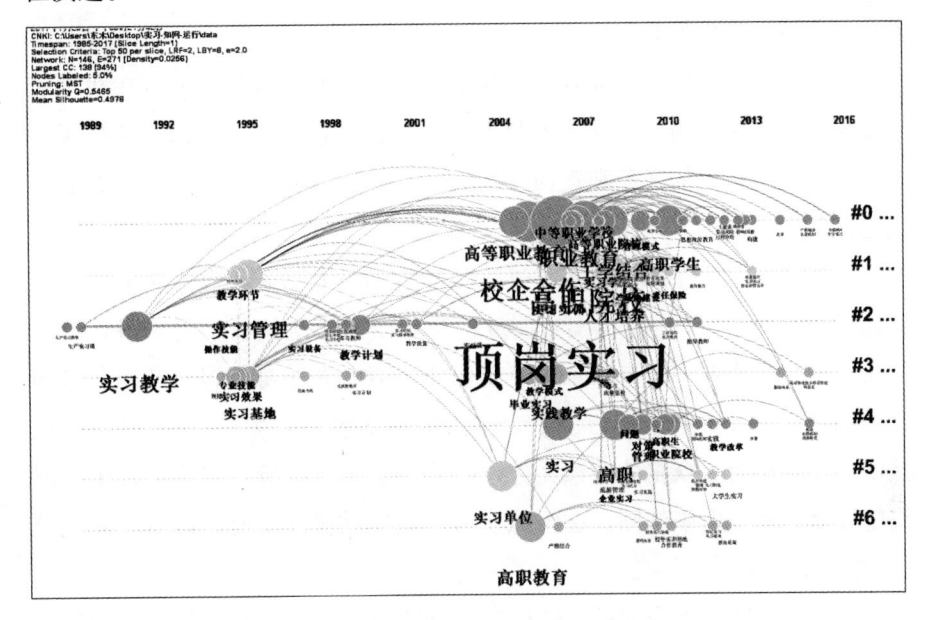

图 10-4　职业教育实习研究趋势的图谱分析

为了完全直观地反映研究热点，本研究根据 CiteSpace 的聚类结果与聚类中所涉及文献的主题，应用 SPSS 20.0 统计软件进一步作聚类分析，将我国职业教育实习研究的热点归纳为以下主题：存在问题、过程管理、实习质量、制度保障和国际经验。

四、改革开放以来职业教育实习研究的主要内容回顾

1. 实习存在的问题研究

其一，经济与制度造成的问题研究。职业教育是与经济联系最为紧密的教育类型，区域经济社会背景必然影响到职业院校学生实习。由于我国大多数职业院校位于地级城市，与省会城市相比，整体上这些地区经济社会发展相对滞后，产业群或企业群集中度不高，大中型企业少。因此，发展相对滞后的地方经济通常难以满足职业院校学生就地实习或相对集中实

习的需求。① 这会带来学生异地、分散实习，增加了职业院校实习组织与管理、监控与指导的难度。

除了经济的影响，外部制度也是造成实习问题的重要原因。在我国职业院校办学体制机制不够开放的背景下，政府和企业并未意识到各自所应当承担的职业教育的义务和责任，造成实习由职业院校一手包办，企业消极地接收学生实习，学生被动地参与实习。② 具体而言，政府对实习缺乏有效的制度和立法保障，对实习过程中学生和企业双方权利、义务缺少利益保护和责任监督。③ 由于实习制度缺失，企业不愿接收学生实习且提供的实习岗位类型单一、有限，以及学生非"劳动者"身份容易产生劳务纠纷等问题，不仅影响了实习质量，也损害了学生的合法权益。④ 此外，虽然国家层面出台了众多的政策文件，但是多数地方政府在实施过程中并未制定配套条例或实施细则，在组织实习、处理利益冲突时，难以找到充分的政策依据。⑤

其二，企业方面造成的问题研究。地方企业规模偏小，且大都为民营性质，它们对高素质技术技能型人才的需求并不迫切。它们接收学生实习，既要承担生产经营质量、学生人身安全以及机密外泄的风险，又要承担指导和管理学生的责任，甚至还要给予一定的报酬。当企业认为没有义务参与实习的时候，通常不愿意接收学生实习，即使接收学生实习，学生也会被安排在技术技能性不强的岗位，进行重复的简单劳动，很少有机会从事专业技能较强、涉及企业核心技术的工作。这会造成学生在企业实习

---

① 李军雄，曾良骥，黄玲青. 地方高职院校学生顶岗实习中存在的问题与对策[J]. 教育与职业，2010（3）：43-45.
② 童卫军，范怡瑜. 高职院校顶岗实习的系统设计[J]. 中国高教研究，2012（5）：102-104.
③ 陈玲. 高职院校学生顶岗实习存在的问题及对策分析[D]. 济宁：曲阜师范大学，2010：24-25.
④ 徐丽香，黎旺星. 高职院校学生顶岗实习中存在的问题及对策[J]. 职业技术教育，2008（23）：65，67.
⑤ 石骏. 职业技术院校顶岗实习研究[M]. 杭州：浙江大学出版社，2013：125.

的专业不对口，发挥不了实习的作用①，导致学生难以完成实习计划和内容。

已有研究表明，"企业参与职业教育办学的成本主要集中在为实习学生提供补贴、福利和社会保险等，这些成本可以通过学生实习结束后留任得到补偿，若学生离开则会面临培养成本的风险"。② 因此，企业在追求利益最大化的驱动下，不愿意承担由于管理实习学生而带来的额外成本，更愿意将实习学生视为一般的员工，进而扭曲了实习的教育价值。

其三，职业院校造成的问题研究。职业院校造成的问题包括两个方面：一是实习基地的建设，二是实习管理制度的建设。③ 前者表现为，职业院校实习基地建设带有随意性，缺乏长远效益和长久管理机制的考虑，尚未和企业建立长期型、稳定型的实质性合作关系；后者表现为，职业院校在实习的教学和管理上缺乏系统的制度设计，如学校实习考核制度不完善，实习结果评价流于形式。④ 由于实习制度建设不完善，职业院校不会系统化地像课堂教学那样设计实习。同时，职业院校管理者和教师参与实习不充分，尤其是顶岗实习期间，学生临近毕业、已完成大部分学业，他们简单地认为学生只要在实习单位工作良好，其他已无关紧要。这会造成实习指导教师缺失现象。

实习指导教师缺失，并不是指实习学生没有指导教师，而是实习指导教师没有发挥指导作用或尽到指导责任："一是有些指导老师有能力，但没有承担起指导的责任；二是有些指导老师根本不具备指导的水平与能

---

① 刘学文. 高职学生顶岗实习存在的问题及对策研究［J］. 武汉职业技术学院学报，2008（2）：4-5.

② 冉云芳. 企业参与职业教育办学的成本收益分析［D］. 上海：华东师范大学，2016：83-85.

③ 李军雄，曾良骥，黄玲青. 地方高职院校学生顶岗实习中存在的问题与对策［J］. 教育与职业，2010（3）：43-45.

④ 李娟. 高职院校顶岗实习存在的问题与对策［J］. 中国成人教育，2009（9）：89-90.

力"。① 也有调查表明，学校实习指导老师经常临场指导学生实习的不足35％。② 实习指导教师缺失现象也会造成低效的实习。

其四，学生自身造成的问题研究。实习具备一定的时间跨度和稳定性。政策明确规定职业院校学生至少要有半年实习时间，时间跨度得到了政策的保障。然而，学生在实习过程中，存在频繁地更换实习企业的现象，缺乏相对的稳定性。③ 有调查表明，高职院校学生在实习期间更换实习单位1至2次的达86％，没有换过实习单位的仅占3％，原因包括专业不对口、工作压力过大等。④ 实习的不稳定性既影响了实习任务的完成和实习的预期效果，又影响到校企合作的持续发展。

造成以上问题的原因是多方面的，如实习学生不能正视岗位分配、不能正确对待工作中的挫折和难以适应环境等。职业教育实习要求学生在工作过程中完成学习任务，这要求学生"将知识和技能进行有效地整合，这一整合过程并不能通过语言或示范等方式进行传授，只能在学生内部以隐性的方式进行"。⑤ 因此，实习是学生主动参与、积极建构知识的过程，如何避免学生自身造成的问题是完善职业教育实习工作必须重视的课题。

2. 实习过程管理的研究

其一，管理模式的研究。针对实习过程中，学习场所由"学校"转变为"企业"，"学校课堂"转变为"工作岗位"，学习时间由"课表作息制"转变为"8小时工作制"，身份由"学生"转变为"工人"，传授方式由"教师教授学生学习知识"转变为"师傅传授徒弟生产技能"等的变化，

---

① 陈玲. 高职院校学生顶岗实习存在的问题及对策分析 [D]. 济宁：曲阜师范大学，2010：25.
② 邓东京，易素红，欧阳河，等. 职业院校顶岗实习现状调查 [J]. 中国职业技术教育，2015（12）：88-91.
③ 李玲. 高职院校学生顶岗实习问题研究——以长沙民政职业技术学院为样本 [D]. 武汉：华中师范大学，2012：22.
④ 邓东京，易素红，欧阳河，等. 职业院校顶岗实习现状调查 [J]. 中国职业技术教育，2015（12）：88-91.
⑤ 赵志群. 对工学结合课程一些基本概念的认识 [J]. 中国职业技术教育，2008（33）：50-51.

需要规范实习流程的设计，实施实习过程全程监控，形成严格的实习管理、监督、反馈、考核机制，包括"前期的实习观念引导、中期的师生沟通、后期的考核评价"。① 已有研究进一步提出构建职业院校实习质量监控体系的三种模式：一是构建企业为主、学校为辅的实习质量监控体系；二是由学校教学质量管理处、教务处、二级学院组成二线三级实习质量监控体系；三是学校指导教师和企业指导师傅共同管理实习过程、评价实习结果，实行"两级、双导师、双考核"制度。② 综合已有研究来看，学生在企业实习期间，应当通过深化校企合作，加强学校教师、企业师傅的配合，让学生接受学校和企业的双重管理，即技术技能积累以企业为主，实习规范管理以学校为主，这将成为实习管理的重要模式。

其二，管理内容的研究。职业院校实习管理内容包括教师的指导质量和学生的实习质量两方面，实习的管理机制主要由激励机制和约束机制两部分构成，实习的管理流程则包括实习前的准备、实习中的管理、实习结束后的经验交流及总结三个阶段。有研究提出，实习管理包括实习的组织管理、细化实习前的准备工作、加强实习的过程指导三个方面，其中组织管理侧重于建立健全的实习组织保障体系，完善实习的教学管理制度。③ 针对当前职业院校未能充分承担实习的管理职责、实习单位对实习管理不足、学生自我管理能力欠缺的问题，有研究提出建立实习的外部和内部管理体系。外部管理体系包括：建立健全职业教育法律法规，发挥行业参与实习管理的积极性；内部管理体系则立足于企事业单位、职业院校和学生三个方面，从计划、执行、检查和处理四个环节加强学生实习过程的管理。④ 在当前实习实践中，职业院校通过实习管理平台强化实习管理是普遍的做法，其内容包括教师利用平台指导实习学生，及时解答学生通过网

---

① 吴君，陈开考，谈黎虹，等. 高职顶岗实习过程管理有效机制研究 [J]. 职业技术教育，2012（2）：54-56.
② 张雅娜，康强，张艳红. 高职院校学生顶岗实习质量监控体系探究 [J]. 职业技术教育，2012（29）：43-45.
③ 刘凤云. 高职学生顶岗实习的管理 [J]. 江苏社会科学，2010（S1）：127-131.
④ 王琳. 高职院校学生顶岗实习的过程管理研究 [D]. 南京：南京师范大学，2012：20-39.

络提出的问题，从而借助信息技术对学生分散实习进行跟踪指导，并提倡专职管理人员进驻企业、学生实习与考证相结合等。[①] 风险管理也是实习管理的重要内容。针对实习中的安全事故，实习前做好学生安全教育工作，实习中加强教师安全指导，实习后善于安全总结，并通过完善防御机制、健全预警通报和建立善后处理机制，推动社会支持体系积极参与实习风险管理。[②]

3. 提升实习质量的研究

职业教育实习质量逐步引起人们的关注，对提升实习质量的研究主要集中在以下两个方面。

其一，通过评价促进质量提升。在提升实习质量研究过程中，研究者往往离不开对实习评价的研究。在实习质量评价指标体系设计上，有研究者认为，应从学生自我评价、学校指导教师评价和企业评价三个方面进行设计，并通过优化外部政策环境、建立质量考核机构、完善评价制度和文件、建立科学的管理流程、建立管理平台系统等措施落实实习质量评价。[③] 在评价内容上，有研究者从能力本位的观点指出，学生实习质量评价体系包括校内实习评价和企业实习评价，评价内容包括学生是否获得相关知识、技能和态度，以及将它们有效地用于工作场所的通识能力和专业能力。[④] 我国台湾研究者运用德尔菲法，建构了职业院校保险教育专业学生校外实习能力指标，包括专业能力和一般能力两个维度，前者包括4个能力项目，19个指标，后者包括3个能力项目，16个指标。[⑤] 这套实习能力

[①] 林润惠，等. 高职院校校企合作——方法、策略与实践 [M]. 北京：清华大学出版社，2012：152-153.

[②] 石骏. 职业技术院校顶岗实习研究 [M]. 杭州：浙江大学出版社，2013：132-138.

[③] 孙百鸣，袁冰滨，陈志平. 高职学生顶岗实习质量考核评价体系构建研究 [J]. 天津职业大学学报，2012（1）：72-74.

[④] 时会美，张殿明. 高职学生实习实训质量评价体系的构建 [J]. 职教论坛，2010（9）：67-69.

[⑤] 林伦豪. 高等技职院校保险教育校外实习能力指标之研究 [D]. 台北：台湾师范大学，2011：171-181.

指标为评价保险教育专业学生校外实习质量提供了重要依据。在评价主体上，研究者从利益相关者视角提出实习质量评价的主体应包括实习学生、学校指导教师、学校实习督查人员、企业指导师傅、企业实习负责人，并通过访谈、问卷调查以及德尔菲法，构建职业院校实习教学质量多元化评价指标体系。该指标体系一级指标是实习教学质量，二级指标是学生和学校指导教师，其中，学生指标下含有实习态度、实习组织、实习指导过程、实习效果四个三级指标，教师指标下含有实习准备、实习过程、实习效果三个三级指标。[①] 此外，还有研究者从以下两个方面来评价实习的质量和实习企业的质量，"一是毕业生被顶岗实习的企业录用的比率来评价实习的质量和成效；二是毕业生愿意被顶岗实习的企业录用的比率来评价实习企业的质量"。[②] 这种基于外在就业机会的评价，将学生在与所学相关的岗位上就业的百分比作为评价一个实习机构满足学生实习需求的衡量指标，拓宽了职业教育实习评价研究的视野。

其二，通过保障措施提升质量。通过信息技术开发实习在线管理系统，将校内教学内容与校外实习有效对接，促进实习质量提升[③]，已经引起人们关注。实习在线管理系统主要运用现代信息技术对实习进行在线管理，达到远程管理实习过程的目的，师生可以借助在线管理系统彼此及时地了解信息，便于教师解答疑惑和学生提交实习成果。

综合分析已有研究，建立"四线三级"实习质量监控模式是保障实习质量的常用措施。四线是通过指导教师、辅导员、教学督导与学生家长对学生实习进行监控与反馈；三级是由校领导、院系领导（教学督导人员）、指导教师组成的三级监控体系。[④] 此外，保障实习质量的措施还包括建立

---

① 易兰华. 高职院校顶岗实习教学质量多元化评价指标体系构建——基于利益相关者视角[J]. 国家教育行政学院学报，2014（7）：64-69.

② 刘云波. 高职院校专业投入和学生就业——教师、课程与校企合作的影响分析[D]. 香港：香港中文大学，2012：39-40.

③ 俞校明，张红. 高职生顶岗实习过程设计与质量控制研究[J]. 职业技术教育，2009（29）：66-67.

④ 王万刚，胡先富，袁亮. 高职院校学生顶岗实习质量监控体系存在的问题与对策[J]. 教育探索，2013（10）：58-59.

稳定的实习基地、严格筛选实习岗位、科学设计实习方案、加强对学生教育、实行规范化和契约化管理等。①

通过评价促进质量提升充分表明了实习考核的重要性，通过保障措施提升质量则体现了从实习的外部来保障其质量的必要性。然而，不管是作为职业教育人才培养的理念还是模式，校企合作、工学结合应当体现教育的内涵及其价值。实习并不是将"学生随意地安排到企业的某个岗位上从事简单的劳动，只有在有学习价值的岗位上工作，实习才有学习价值"。②因此，职业院校学生在实习之前必须要充分认识到实习的教育价值，从实习的内部来保障其质量。这就要求实习组织者在企业寻找到相应的"工作和学习一体化的实习岗位"。

4. 关于实习制度保障的研究

职业院校普遍面临的学生实习难问题，主要存在两方面原因：一是企业对实习缺乏认同感，二是已有的法律不足以保护学生的权益。③ 职业教育实习的"校热企冷"、学生权益难以保障等问题，其根本原因在于"学校、企业和学生等主体的利益未得到合理的确认和保障，应当通过法律保障实习制度化"。④ 然而，当前我国职业教育实习立法明显缺失，一是《高等教育法》《职业教育法》缺乏规范学生实习的细节，对学生实习规定滞后于社会发展实际；二是《劳动法》和《劳动合同法》均未将实习纳入，也没有将实习学生列为劳动者。因此，有研究者提出，实习的相关制度建设是决定实习质量的核心，政府主管部门必须高度重视大学生的实习制度建设问题。⑤

---

① 万平. 提高高职顶岗实习质量的策略 [J]. 洛阳理工学院学报（自然科学版），2006（5）：59-62.

② 赵志群. 岗位学习是职业教育的重要形式 [N]. 中国社会科学报，2011-06-23.

③ 苏运来. 顶岗实习学生的合法权益保护问题初探 [J]. 中国职业技术教育，2008（36）：12-13.

④ 刘一展. 从法与利益的视角看高职学生顶岗实习 [J]. 湖北经济学院学报（人文社会科学版），2010（10）：104-105.

⑤ 朱红，凯伦·阿诺德，陈永利. 制度的基石、保障与功能——中美大学生实习比较及对就业的启示 [J]. 北京大学教育评论，2012（1）：107-123.

在具体措施上，有研究者指出："国家有关部门需要制定相关法律法规，推动建立学生实习制度，落实已有政策，引导高校通过多种途径建设一批学生实习基地、加强学生的实践能力培养。"① 也有研究者从提出实习学生的身份界定、实习期间学生是否应该享受同工同酬、实习学生因公受伤能否享受工伤待遇，以及实习期间学生侵害到他人合法权利等所涉及的法律问题，认为应当从以下方面解决：一是健全和完善相关法律法规；二是通过修订劳动保障法律来明确实习学生的法律地位；三是将实习学生在实习期间受到的人身伤害事故处理纳入工伤保险体制；四是启用国家统一版本的学生实习协议书；五是以保险方式解决学生实习期间的伤害责任、赔偿等难题。② 保险保障机制的构建对校企合作的有效开展及制度化有着重要的作用，面对目前国家政策对实习学生保险保障的真空状态，研究者还提出，由教育部门和社会保障部门共同制定相关政策，补充和细化《工伤保险条例》和《社会保险法》，保障实习学生的利益，促进校企合作制度化。③ 已有研究充分表明了实习制度对提升实习质量的重要作用，也表达了人们希望通过完善制度保障实习顺利实施的愿望。

5. 关于实习的国际经验的研究

我国研究者在引介美国和德国的实习经验上，作出了大量努力，以期更好地指导实习活动。对美国的实习研究，主要集中在实习模式和实习的哲学理念两个方面。美国职业教育的实习模式主要包括：并行式模式，即学生每周在理论学习之外，还要参加 20 小时左右的工作实践学习；交替式模式，即学习与工作交替，学生在学习学期进行全日制学习，在工作学期作为工作人员进行实习；双重制模式，既采用交替式又采用并行式；学徒

---

① 都昌满. 高校学生实习：问题分析与解决途径 [J]. 高等工程教育研究，2010 (5)：144-149.

② 陈萍. 高校学生顶岗实习若干法律问题研究 [J]. 宁夏社会科学，2011 (6)：32-35.

③ 章金萍. 高职顶岗实习保险保障机制的构建 [J]. 黑龙江高教研究，2011 (2)：64-66.

制合作训练，即把学徒制和实习实训结合起来。[①] 随着全球化趋势愈来愈明显，海外实习（Overseas Internships）项目在美国越来越流行。在实习的哲学理念上，美国实习制度的建立受到以下思想的影响：一是全人教育（Education for the Whole Person）哲学理念；二是经验教育理念。[②] 全人教育理念意味着大学要让学生体验不同的职业发展路径，给予他们为了有意义的成人生活去发展技能的机会，让学生为个人的、职业的和公民的责任做好准备。经验教育（Experiential Education）出现在19世纪中期赠地学院创立之时，杜威的"做中学"（Learning by Doing）观念是其核心，随后，大卫·库伯（David Kolb）创立了影响深远的体验学习理论，而舍恩（Donald A. Schön）在杜威理论基础上又进一步发展出技术理性的实践认识论，指出专业知识和专业教育的信心危机。

关于德国实习方面的研究，在学术型教育方面，德国的大学根据专业不同将"实习分为义务型和自愿型，不同的专业实习时间也不同，2个月到6个月不等，学校也在《学习准则》中明确规定实习的内容甚至岗位"。[③] 在职业教育方面，有研究者认为，德国职业教育的实习模式主要是"双元制"[④]，这是一种国家立法支持、校企合作共建的办学制度。实习制度通常被视为德国"双元制"职业教育成功的秘籍，实习制度成功地融合教育系统和劳动力市场，德国劳动局还通过专门的条例来保障实习学生的各种权益。[⑤] 总的来看，研究者认为德国的实习制度主要内容包括：政府

[①] 祝士明. 高职教育专业质量保障体系的研究 [D]. 天津：天津大学，2006：10-11.

[②] 朱红，凯伦·阿诺德，陈永利. 制度的基石、保障与功能——中美大学生实习比较及对就业的启示 [J]. 北京大学教育评论，2012（1）：107-123.

[③] 张颂. 德国大学生的就业指导和实习管理 [J]. 河北师范大学学报（教育科学版），2009（12）：77-80.

[④] 华北庄，胡文宝. 中国产学合作教育探索 [M]. 武汉：武汉大学出版社，2005：61-62；祝士明. 高职教育专业质量保障体系的研究 [D]. 天津：天津大学，2006：11.

[⑤] 陈萍. 高校学生顶岗实习若干法律问题研究 [J]. 宁夏社会科学，2011（6）：32-35.

以立法和制定政策法规等形式为实习提供制度支撑；企业积极响应政府号召，主动为学生提供实习岗位；学校通过实行有弹性的教学管理，为学生提供实习便利。[①]

第三节 对我国职业教育实习研究的反思与展望

一、职业教育实习研究的特征

回顾新中国成立 70 年来职业教育实习研究的主要内容，实习研究的理论成果日趋丰富，逐渐由经验性总结向理论思辨跨越，对实习实践活动发挥了重要指导作用。同时，实习研究也呈现出坚持问题导向、关注实习质量、重视实习制度建设等特征。

1. 坚持问题导向

大多数研究基于实习存在的问题，从经济与制度、学校与企业以及学生等角度，深刻地解析了实习存在的各种现象和问题，进而提出完善实习的对策。职业教育实习存在的诸多问题或困难，严重影响了公众对实习乃至职业教育的认知，引起社会质疑和诟病。坚持问题导向的实习研究实则是发现问题、解决问题的过程，符合人类认识世界、改造世界的规律。这些研究丰富了我国职业教育校企合作、工学结合的理论，推动了我国职业教育实习实践活动。坚持问题导向研究职业教育实习的主要力量集中于高职院校。实习作为高职院校的一项重要工作，问题驱动也成为促进实习研究的主要动力。

2. 关注实习质量

研究者不管是对实习过程管理，还是对实习制度保障的研究，最终目的都是促进实习质量提升，并达成共识，即实习质量是我国职业教育深化发展的关键问题。理论层面对实习质量的持续关注，促进了实践层面提升实习质量的积极行动。教育部于 2016 年下发《职业学校学生实习管理规

---

① 赵明刚. 德国大学的实习制度探析［J］. 教育评论，2010（6）：163-165.

定》(教职成〔2016〕3号),为规范和加强职业院校学生实习工作,要求学校与实习单位共同加强实习过程管理、提高实习质量。针对部分高职院校由于不规范行为导致低质量实习的问题,教育管理部门也及时给予通报。实习质量依旧是我国新时代职业教育发展中的关键问题,提升实习质量也符合新时代人民群众对"更好的职业教育"的期盼。

3. 重视实习制度建设

"实习难"是职业教育理论和实践界迫切需要解决的问题,已有研究充分表明制度缺失是造成实习难的重要原因,并呈现出重视正式制度研究、忽视非正式制度研究的特征。从已有研究来看,在有意识的制度层面强化实习是研究的重点,如制定专门的法律、法规或通过修改现行的《职业教育法》《劳动法》等。此外,《关于深化产教融合的若干意见》(国办发〔2017〕95号)也进一步要求"健全学生到企业实习实训制度"。依据当前实习制度研究的趋势,有意识的实习制度研究还将会进一步深化。然而,已有研究对无意识的和被视为理所当然的非正式制度却鲜有关注,如较少关注文化、认知、社会规范等隐性的制度要素。

二、职业教育实习研究存在的问题

1. 对职业教育实习的内涵研究不充分

理解职业教育实习内涵是设计实习活动的前提和必不可少的步骤。已有研究对职业教育实习的内涵等基本理论问题研究尚不充分,表现为很少从哲学、心理学、学习理论的角度探索实习的本质,例如,缺乏对职业教育实习的内涵与要素、组织层面的教育与生产的关系、个体层面的学习与工作的关系、学生的学习类型与方式等内容的研究。

2. 对职业教育实习的规律性问题探索不足

大多数研究还停留在表面上的探讨,较少深入地涉及实习过程中职业院校、企业、学生等利益相关方对实习效益的影响。例如,对于实习质量的形成规律还没有给予应有的关注与探究,对于影响实习质量的关键因素、影响机制缺乏系统而深入的研究。通过评价和保障措施固然能够提升实习质量,然而,质量的形成是有规律性的,质量并不是检验出来的。如果评价的价值取向、外部保障措施违背了职业教育实习的规律，不但难以提升实习质量，还会制约实习发展。

3. 职业教育实习研究缺乏理论深度

研究者在开展职业教育实践中提出了不少具有针对性的策略和措施，但往往是基于经验式的总结，缺乏理论的诠释和理论的升华。此外，对于在产教融合、校企合作背景下，职业院校和企业在实习中如何实现知识共享、技术技能积累与转移等理论问题也缺乏深入的思考。

4. 研究职业教育实习的方法单一

从研究方法层面来看，已有研究介绍现状的多，深挖原因的少，且多集中于"应然"式的规范研究，如提出宏观性的政策建议或具体化的实践策略。总体来看，这些研究因缺乏实证研究基础而显得说服力不强，表现出对实习研究的认知、分析工具的缺失。由于职业教育研究本身极富多面性、综合性等特征，研究问题和对象跨越教育和产业两个领域，研究职业教育实习就更需要考察职业院校、行业企业、人力资源市场等多个方面。因此，研究职业教育实习适宜采用多种研究方法收集和分析数据，坚持规范研究和实证研究相结合，依据可靠的、有效的数据形成可信的研究成果，推动实习发展。

我国职业教育实习研究存在以上问题，究其原因，一方面，我国近代职业教育从洋务运动开始，现代职业教育是在改革开放以后得到快速发展，职业教育学科建设并未发展到细致化阶段，因而研究者选题多集中于宏观问题的探讨，而实习恰恰属于微观层面的教学问题，尚未引起足够的重视；另一方面，实习本身是一项复杂的活动，跨越学校教学环境和企业生产现场，研究职业教育实习必然面临更多的挑战。

三、对我国职业教育实习研究的展望

1. 重视对职业教育实习的基本理论问题研究

当前带有问题的实习只是现象，其实质是工学结合包装下的实习难以实现工作的内在教育价值，从而削弱了实习强化学生技术技能训练的功能，也难以体现教育与工作之间的联系。从实习本身出发，阐明实习的内涵、功能、学习特征等本源问题，能够促进实习的利益相关者在共同的话语体系下讨论实习，从而实现实习朝着一个共同方向发展。因此，在后续研究中，需要重视对职业教育实习的本质、学习特征以及教育价值的研究，厘清职业教育实习的内涵与要素、学习特征、实习的质量特性以及实习的教育与生产、学习与工作的关系等基本理论问题，进而有针对性地从内部和外部两个方面提升实习质量。

2. 深化职业教育实习制度建设研究

职业教育实习过程中存在的问题，很大部分是制度缺失的原因。从制度层面对实习的相关问题进行归因，并通过制度建设推动实习发展，是国内已有研究的一个发展趋势。已有研究充分重视正式的实习制度作用，并推动了实习制度建设。然而，改革开放以来，在我国职业教育快速发展进程中，还形成了规范性、文化-认知性的非正式的实习制度要素。因此，深化职业教育实习制度建设研究，不仅要完善有意识的和合法实施的实习制度，还应重视无意识的和被视为理所当然的实习制度建设，例如，合理应用和规避学生、职业院校、企业等利益相关主体在实习中已经形成的各种社会规范、文化和认知等隐性的制度要素。

3. 强化实证研究方法在职业教育实习研究中的运用

如前所述，我国关于职业教育实习的研究多集中于"应然"式的规范研究和现象描述，研究方法单一，跨学科研究实习问题不足，缺乏实证研究和对实习过程的真实描绘。规范研究固然重要且不可或缺，但职业教育实习发生在复杂的、真实的生产情境，还需要研究者通过量化研究或质性研究，深入实习现场进行系统的实证研究。

第十一章　职业教育关键能力研究

"关键能力"是个舶来概念，由德国的梅腾斯（Mertens）于 1972 年提出，并在 1974 年进一步阐述。梅腾斯提出的"关键能力"是指与纯粹的专业技能没有直接联系，对劳动者就业、转岗甚至是终身学习及生活均起关键作用的能力。"关键能力"一经提出，在欧盟及澳大利亚等地引起强烈反响，进而关注关键能力的培养成为职业技术教育领域课程开发和教学改革的重要理念。

由于对德语 Schlüsselqualifikationen（关键能力）理解的不同及价值

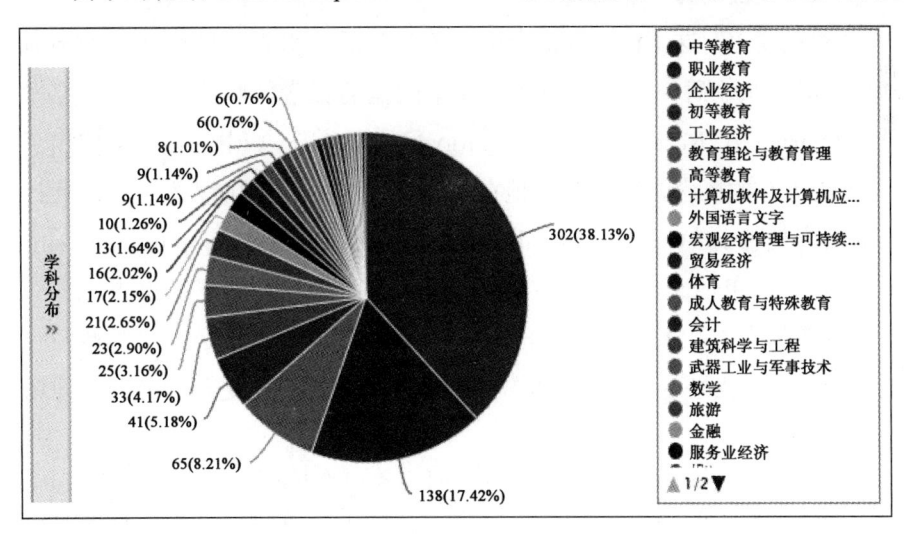

图 11-1　关键能力研究的学科分布

判断上的差异，对应的英文单词[①]主要是 key competencies（关键能力）、key skills（关键技能）、key qualifications（关键资格）、core skills（核心技能）或 soft skills（软技能）；类似的理解说法还有 transfering skills（迁移能力）、foundational skills（基础技能）、basic skills（基础能力）、essential skills（基本能力）、generic skills（通用能力）等。在中国职教领域，"关键能力"这一名称最被认可。

中国的发展急需各行各业的技能人才，尤其是改革开放进入新时代，随着经济社会转型带来的对人才需求的变化，职业教育在培养目标、人才培养模式、评价模式等方面面临变革挑战，"关键能力"研究对于促进职业教育进一步深化内涵发展，进行质量提升，发展高质量职业教育有重要意义。

第一节 "关键能力"的由来与定义

一、"关键能力"的定义

"关键能力"这个概念，在中国改革开放后才引入。1972 年，德国劳动力市场与职业研究所所长梅腾斯在给欧盟的报告《职业适应性研究概览》（Survey of Research on Occupational Flexibility）中，第一次使用了"关键能力"的概念。1974 年，他在另一篇文章《"关键能力"——现代社会的教育使命》（Schlüsselqualifikationen. Thesen zur Shulung für eine moderne Gesellschaft）中，又对"关键能力"的概念进行了论述。[②]

梅腾斯将"关键能力"（Schlüsselqualifikationen）定义为："那些与一定的专业实际技能不直接相关的知识、能力和技能，它更是在各种不同场

[①] ANDY G. Core Skills, Key Skills and General Culture：In Search of the Common Foundation in Vocational Education [J]. Evaluation and Research In Education, Vol. 1998, 12 (1)：23-43.

[②] 唐以志. 关键能力与职业教育的教学策略 [J]. 职业技术教育，2000 (7)：8-11. 原文引自梅腾斯报告德文原文。

合和职责情况下作出判断选择的能力，胜任人生生涯中不可预见各种变化的能力。"[①] "与纯粹的专业技能没有直接联系，对劳动者就业、转岗甚至是终身学习及生活均起关键作用的能力"这一能力概念的提出及人才培养理念引起了学者广泛的研究兴趣。

尽管在引入和发展过程中各国对"关键能力"的内涵表述不尽相同，但是"关键能力"揭示出劳动力市场需求变化对劳动力素质提出了新要求，这一点引起了人们的关注与思考。梅腾斯表达的主旨得到了广泛的认同。

第一，"与一定的专业实际技能不直接相关"的迁移性能力。

第二，是"知识、能力和技能"的整合。

第三，强调"各种不同场合和职责情况下"的适应能力。

第四，强调胜任"人生生涯中不可预见各种变化"的可持续发展能力。

由"关键能力"表述的主旨可以看出，"关键能力"在层次上兼具基础性与迁移性特征，"关键能力"在纵向上有时代性与发展性特征，"关键能力"在横向上有拓展性与综合性特征。

二、"关键能力"内涵演变历程

二战后，随着科技的进步和经济的发展，人们对高品质、多样化、个性化生活的需求日益增长，社会生产方式从大规模工业化生产向精益生产模式转换，从而对劳动者的适应能力、转换能力提出更高要求。经济转型，需要快速处理市场信息，满足小批量多品种生产的要求，因而要求压缩中间管理层级，工作人员从单个劳动岗位到完整任务小组，这就要求员工具备跨专业能力、系统思考问题能力、良好的沟通交流能力、团队协作能力、创新能力、解决问题能力，即"关键能力"。另外，"关键能力"培养是尊重人性，促进人的全面发展，养成完善人格，促成人自我选择与调

---

① 徐朔. "关键能力"培养理念在德国的起源和发展 [J]. 外国教育研究，2006 (6)：67-69.

整的方式之一。

20世纪70年代，世界经济萧条，传统职业技术教育对市场变化反应迟钝，教育成本高而收益低等问题使其发展受挫，职教面临发展路向选择。"关键能力"的提出，有利于职教培养适应市场需求的人才，积极应对经济形势变化。因此"关键能力"进一步受到广泛重视，对于概念内涵外延的研究不断拓展。

20世纪80年代以后，各发达国家为了适应经济全球化的发展趋势，提高国家综合竞争力，加快了职业教育的发展，同时席卷全球的教育改革浪潮和终身教育思潮获得广泛认可和传播，"关键能力"研究在职教领域获得普遍发展。德国特别注重职业教育学生"关键能力"培养，将其纳入学生职业能力培养体系之中；英国自80年代初开始，就从政府层面积极投入"关键能力"培训认证体系的开发，已形成十分完善的培训认证体系；"关键能力"也是澳大利亚培训资源包的重要内容；美国、新加坡等国家推行的能力本位职业教育中，"关键能力"培养是其中重要的组成部分。此后，"关键能力"的研究逐渐演化成对职业行动能力（Berufliche Handlungskompetenz）的讨论，对能力的理解从"skill"向"competence"转变，进而引发了"行动导向"教学模式的变革。

21世纪，全球化、信息化的发展进一步促进了思想交流与意识觉醒，经济条件的改善，使得人们充实精神生活的愿望日益强烈，职业教育不仅是为社会为经济服务的职能部门，更重要的是促进个人更好地融入现代社会生活、谋求健康幸福生活的途径，职业学校毕业生也不甘于成为生产链条上的一颗螺丝钉，要实现个人的成长发展的愿望强烈，片面的技能训练使得职业学校的人才培养受到质疑，促进学生全面发展、融入更多人文关怀的"关键能力"受到普遍关注。提倡"关键能力"同时是对能力形成过程的更深入认识，是对能力本位（CBE）教育的延伸与拓展，关注"关键能力"是实现人的全面发展和社会发展的根本手段，培养"关键能力"是人本主义及终身教育观的具体体现。

第二节 "关键能力"培养对中国职业教育的意义

中国古代,人们为了求生存自发进行的生产劳动经验的传承,是职业教育的最初形式。从子承父业到行业学徒,职业技术的传承主要靠师徒授受,学徒获得能力依赖于自己的悟性和师傅的技艺水平与教授能力,悠久的文化传统形成"劳心者治人,劳力者治于人"的观念。近代救亡图存的战火纷飞中,职教无法取得长足进展。新中国成立后,职教从数量扩张向质量提升转型,1998年国家教委印发了《面向二十一世纪深化职业教育教学改革的原则意见》,首次提出"确立以能力为本位的教学指导思想",为21世纪职业教育发展定下了新的发展坐标。国家不断强化大力发展职业教育方针,于2002年、2005年、2014年先后召开全国职业教育工作会议,不断增强对职业教育发展的支持力度。"职业教育是以技能授受为核心,以就业为导向的教育类型"这一对职业教育的根本定位逐渐清晰。新时代,民族复兴需要更充分更高质量的职业教育。中国职业教育的发展,是"关键能力"这一舶来概念落地生根的土壤,是"关键能力"学术研究发展的生长环境。

一、"关键能力"培养符合经济转型的需要

"关键能力"是源于劳动力市场的概念,后在经济领域、人力资源开发领域,尤其是在职业教育、终身教育领域等受到广泛关注。对"关键能力"的研究一般是循着"经济领域变革—劳动力市场需求变化—人才培养模式转变—职业教育改革"这一脉络进行的。在发达国家曾经出现的经济转型同样在中国出现。目前我国经济发展已进入信息化、市场化、国际化、工业化后期,经济社会对高素质劳动者和技能型人才培养的迫切要求与职业教育人才培养综合素质不高的矛盾是职业学校发展的主要矛盾之一,"关键能力"的引入是职业教育寻求突破的一个着力点。从企业用人需求来看,职业学校关注"关键能力"势所必然。有人归纳了名企面试最看重的七点关键能力,包括:忠诚度、实践能力、团队协作精神、创新精神、对企业文化的认可程度、人际交往和良好的沟通能力、对新知识新能

力的求知态度和学习能力。① 还有人对参加 2005 年深圳举行的毕业生春季双向选择会的 135 家企业的招聘资料进行了分项统计,② 除了学历与专业外,其他条件分为"职业核心能力"和"职业道德与职业态度"两大类。在"职业核心能力"大类中,依照用人单位提出要求次数多少,其顺序分别为:沟通表达,外语信息处理(计算机应用),分析和解决问题,组织协调,创新,学习领悟能力,等等。在"职业道德与态度"类别中,其顺序依次为:团队合作精神,责任心,适应能力,正直、诚信,进取心、自信心,组织纪律等。尽管统计的这些用人单位的招聘资料是面对各种层次的毕业生,其内容表述也能反映出企业人才需求关注的方面,但上述除学历与专业要求之外的表述绝大多数正是"关键能力"倡导与表述的内容。尽管没有找到更新的调研统计,但从市场需求及企业反馈来看,在充满变化和不确定性的新时代,积极的学习能力、较好的创新能力、沟通与团队合作能力、较广泛的分析和解决问题能力、灵活的适应能力,是未来人才必备的"关键能力"。关于这一方面的培训也越来越专业和普遍。

二、"关键能力"培养符合职教发展需求

在我国,除经济发展需求变化以及世界职教发展趋势的影响之外,在发展过程中,还有一个重要的内在动力促使关于"关键能力"的研究发展,那就是职教自身寻求改革发展的主动选择。20 世纪末开始,高校扩招、招生并轨、生源下降,职业教育面对着(学业)"低质"的学苗、低端的就业层次、连年下滑的招生数量,职教发展挣扎在生命线上。如果不寻求特色发展,增加吸引力,职教必然越走越窄,甚至很多人质疑中职是否还有必要存在。尤其是经过"以专业技能为本,以就业率为导向"的发展阶段后,人们开始反思职业教育校园文化中智慧与人性的缺失、理想与精神的迷惘、生活与处世的浮躁,对单纯技能培养的追求提出疑问。职业教育由供给驱动转向需求驱

---

① 名企面试最看中的七点关键能力[EB/OL]. [2018-09-23]. http://www.docin.com/p-11010379.html.

② 童山东. 职业核心能力培养探索 [J]. 深圳信息职业技术学院学报, 2006 (3): 60-68.

动，从外延式发展为主转向内涵式发展为主，由学历教育转向学历教育和职业资格证书并重，是职教发展的趋势。根据教育部发布的数据，自2005年以来，中职就业率一直保持在95%以上，[①] 但中职教育"二流教育""低层次教育""断头教育"的地位一直没有改变。究其原因是学生基础知识、基本技能差，团结协作、交流共处能力弱，从而导致就业层次低、收入低、社会地位低，发展潜力小。[②] 在生存、生活、生涯、生命拾级而上的阶段中，职业教育定位于"生存"教育未免要求过低。经过深入调研论证与借鉴，职教不仅需要大力发展，还要高质量发展，明晰自己与普通教育是两种不同的教育类型。在职教进一步提高质量发展的过程中，可以从"关键能力"的培养找回令职业教育充满生机的价值。

三、"关键能力"培养符合校企沟通的需要

"关键能力"建立起职业学校与企业沟通的渠道。在职业学校与企业联系方面，长期以来职业教育与劳动力市场缺乏可供分享的理解，企业的用人标准与学校对学生的评估对不上号。企业提出的"良好的交流合作能力、脚踏实地任劳任怨的品质、谦虚耐心积极乐观的态度"等在职业学校没有有效对应的评估方式，广义的德育过于宽泛且充满理解上的偏差。职业学校提供的学业成绩、奖励证书、定性评语、任职情况等并不能恰当满足企业挑选人才的标准。职业教育人才培养评价体系建设仍然需要进一步完善。目前企业对学历等方面的用人标准有时候是对学校现有能力评价方式的一种被动适应与让步。评价方式单一时，企业就只能从现有的学历、资格证书中提出要求，再辅以其他要求的描述。关注企业用人需求，并建立相互沟通的渠道是当下及未来中职学校发展的必然。职业教育通过包括"关键能力"在内的各种资格框架可以提供给劳动力市场学生技能及知识等方面的获得情况，雇主也可以从中识别他们所需的知识和技能。

职业教育密切联结着教育公平、民生、经济，是现代教育体系中重要

---

① 2007年9月教育部组织开展的《中等职业教育对学生文化知识水平和学习能力要求的研究》表明中职学生基本知识与基本技能低水平、高分化（成绩两极分化严重）。
② 邢晖. 中职生"高就业率"背后的隐忧[J]. 教育与职业，2010（4）：20.

的组成部分。在脱贫攻坚、保障受教育权、满足终身教育需要等方面，职业教育大有发展空间。"关键能力"对劳动力市场变化的主动适应与积极对接理念，使得职教培养学有所得、学有所长、学有所用的，能够适应变化市场的技能人才成为方向和优势。"关键能力"凝结了职业教育领域的热点与关键问题，决定了人才培养的方向、规格、教育模式等。

从我国职业教育现状来看，无论是经济形势发展的直接需求还是社会政治的发展趋势，"关键能力"培养都是必要的。在近年来各种教育研究的思想碰撞及互动启示下，"关键能力"也正从理念走向实践，从教学目标走向终身教育的重要角色，从单薄的能力类型走向学习方式的变革。

第三节 我国"关键能力"的研究情况

一、"关键能力"研究概况

从中国知网的相关数据分析中可以明显看出，对"关键能力"的关注度总体上升，个别年份略有波动。截至 2019 年 1 月 16 日，在中国知网上以"关键能力"为主题可以查询到 1700 多篇文章，从 1999 年以前的零星出现，到 2006 年突破百篇，接下来每年都在百篇以上，到 2018 年甚至突飞猛进到 800 篇，2019 年以后研究仍然在持续。

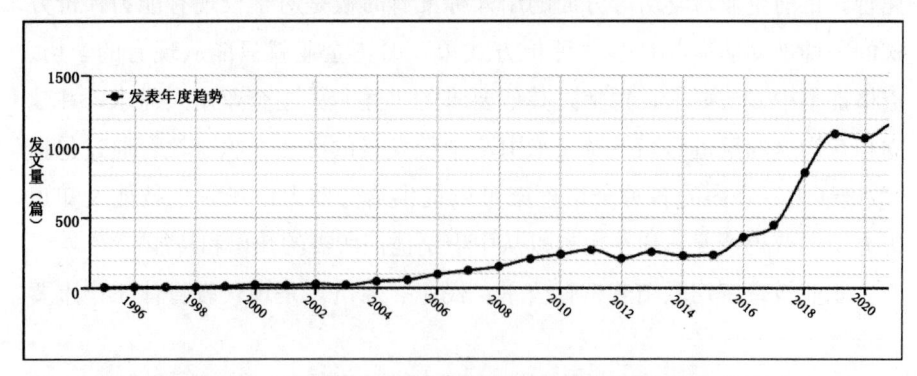

图 11-2 "关键能力"主题的学术文章发表年度趋势

这里的粗略统计，只是简单反映研究数量上的大致趋势，实际上以"关键能力"为主题的文章，并非职业教育领域独有，但以"关键能力"为主题的文章与职业教育相关度极高，上述统计对于反映"关键能力"受关注情况有参考意义，从总体趋势来看，"关键能力"已然成为职业教育人才培养的"专有名词"，而且还在进一步深入发展中。

以发表的硕、博论文为例，在中国知网上，以"关键能力"为关键词的硕、博论文共有 147 篇（截至 2019 年 1 月 16 日）。其中仅职业教育领域的就有 71 篇，约占半数，是研究中最集中的领域。其余以"关键能力"为关键词的硕、博论文，是在普通教育领域和企业领域，而且大多是借鉴职业教育领域"关键能力"或与此有一定关联，完全无关的仅占极少数，可以忽略不计。近年来，普通教育领域对核心素养（关键能力）的研究增长较快，研究成果占据了较大比例。

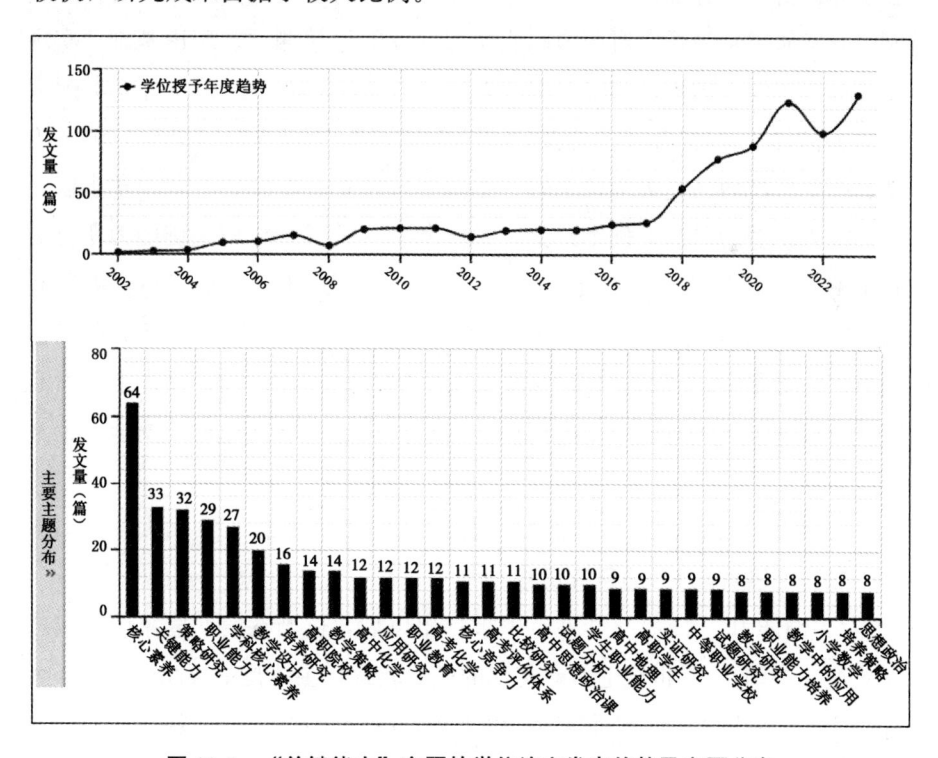

图 11-3 "关键能力"主题的学位论文发表趋势及主题分布

由于硕、博论文研究时间相对较长，文献综述做得相对严谨，特此对

"关键能力"相关主题硕、博论文进行梳理。

2005年首次出现硕士生选择此方面主题，是吉林大学的硕士王秀彦，她系统论述了职业教育中技能和关键能力的培养。2007年关于关键能力的实践研究有3篇硕士论文：河北师范大学的硕士尹金金做了基于企业需求的关键能力开发研究，福建师范大学的卢文丰进行了高职生关键能力的研究，湖南师范大学的陈章锋论述了中等职业学校学生关键能力的培养。2010年，苏州大学硕士童晓燕的毕业论文是关键能力的培养研究。2011年，山东师范大学硕士刘佳的毕业论文选题是《德国高职学生职业能力的培养及启示》，对包含"关键能力"在内的职业能力进行了深入剖析。2012年，浙江师范大学硕士陈丽榕作了《基于课程的高等职业教育关键能力培养研究》。2014年，南京师范大学硕士方健华开展了中职学生职业核心素养评价及其标准体系建构研究；西南大学的硕士仇兰兰以《德国职业能力开发研究》为题，对德国职业能力开发的思想渊源、理论基础、实现途径进行了深入剖析，其中关键能力是三个关键词之一。2017年，苏州大学硕士杨娣作了《德国职业教育"关键能力"及其践行的研究》硕士论文。同年，广西师范大学硕士何冬妮作了《校企合作模式下高职学生职业关键能力培养的研究》硕士论文。2018年有3篇关于中职关键能力研究的硕士论文，但未以"关键能力"命名，而是分别以"职业核心素养"和"软技能"为名，相对而言，中职教育受普通教育语境影响比高职所受影响更多。近年来，普通教育领域核心素养的提法迅速兴起，反过来又引起职业教育领域对关键能力新的审视与探索，相应主题学位论文及学术论文迅速增加。

二、"关键能力"的研究历程

"关键能力"于1972年在德国被提出以后，逐渐在发达国家引起较广泛关注。中国在20世纪七八十年代的职业教育，主体是中等职业教育，名称多为"中专""技校""职高"，由于还处在初建规模、发展数量的阶段，就业由国家统筹安置或企业内部消化，并没有发达国家经济转型需要面对的人才培养模式转变的需求，因而还没有对此加以关注，没有关于"关键能力"的表述。

　　20世纪末,中国教育改革大潮发展迅速,高校扩招、普通中专招生并轨等使得职教面临新时期发展路向的选择,政府和学者将目光投向发达国家发展职业教育的做法。"关键能力"进入中国学者视野。1989年,蒋乃平在自己的课题研究中引入了梅腾斯提出的"Key Skills"(关键能力)概念。国内最早介绍"关键能力"的公开发表的学术文章是1996年国家教委职业技术教育中心研究所姜大源教授发表的题为《"关键能力"——打开成功之门的钥匙》的文章,介绍德国职业教育界将专业能力之外的,包括方法能力和社会能力的跨专业的能力称为"关键能力"。[1] 1996年,一批专家考察英国职业资格证书体系(NVQ)后,引入"Common Skill"(通用能力)概念。[2] 1997年,杨美怡引入了澳大利亚职业教育的"核心能力"(Key Competency Based Education)。这里提到的"通用能力""核心能力"的内涵与"关键能力"基本相同。此后,介绍各个国家"关键能力"培养的文章开始涌现。2005年,已有硕士毕业论文选择了"关键能力"这个主题,是吉林大学王秀彦所作的《论职业教育中技能和关键能力的培养》。首次提及"关键能力"的官方会议是1996年全国职教工作会议。李岚清副总理在会上提出:"培养国外称之为关键能力的一些重要素质,例如意志品质、适应能力、合作精神、心理承受力等。"[3]

　　联合国教科文组织的积极推动对中国引入"关键能力"理念起到较大作用。1998年3月,联合国教科文组织召开亚太地区职业教育会议,会上澳大利亚介绍了自1992年首次将"关键能力"提交政府工作报告后开展的工作和取得的成效,引起强烈反响。教育部职业技术教育中心研究所余祖光教授说:"重视关键能力培养的世界潮流的出现,是教育现代化进程中

---

　　[1] 姜大源. 关键能力——打开成功之门的钥匙[J]. 教育与职业,1996(1):34-36.

　　[2] 王建永,张轩. 职业核心能力研究述评[J]. 成都航空职业技术学院学报,2016(1):1-4,53.

　　[3] 李岚清. 努力开创职业教育工作的新局面——在全国职业教育工作会议上的讲话(摘要)[J]. 芜湖职业技术学院学报,1997(4):1.

的必然产物。建议教育部组织力量对此进行研究开发。"[①] 1999年4月26日至30日，联合国教科文组织在韩国汉城（首尔）召开了主题为"终身学习与培训——未来的桥梁"的第二届国际技术与职业教育大会[②]，与会代表讨论认为"与人交往、合作共处、自我调节、创造性、责任感、解决问题"等能力是面向新世纪人才的"关键能力"。联合国教科文组织对"关键能力"培养的持续推动引起了我国教育界的广泛关注。

1998年，劳动和社会保障部在其课题"国家技能振兴"中将核心能力（关键能力）作为职业能力的三个层次之一[③]，这是政府部门首次提出职业核心能力概念。劳动和社会保障部在培训领域持续关注与推动"关键能力"应用，在《国家技能振兴战略》中把职业核心能力分为8项，包括：与人交流、数字应用、信息处理、与人合作、解决问题、自我学习、创新革新、外语应用等；2000年构建了我国核心能力标准体系；2007年人民出版社出版了"核心能力"丛书；推出了"八大核心技能训练"项目；举办了几十期全国职业核心能力培训班；目前核心能力（关键能力）测试网站仍持续更新中。

1999年中共中央、国务院《关于深化教育改革全面推进素质教育的决定》以及2000年3月教育部《关于全面推进素质教育深化中等职业教育教学改革的意见》（教职成〔2000〕1号）等官方文件中有了"适应职业变化的能力"这一类似表述。2010年，教育部相关机构推出了职业核心能力认证培训项目[④]（CVCC项目）。在国家层面的正式文件中，1999年提出的"适应职业变化的能力"[⑤]与"关键能力"表述相近，到2017年中共中央

[①] 余祖光. 教科文亚太职业教育会议侧记［J］. 中国职业技术教育，1998（5）：35-36.

[②] 黄尧，刘京辉. 国际职业教育发展趋势——第二届国际技术与职业教育大会综述［J］. 中国职业技术教育，1999（7）：13-16.

[③] 王建永，张轩. 职业核心能力研究述评［J］. 成都航空职业技术学院学报，2016（1）1-4，53.

[④] 王建永，张轩. 职业核心能力研究述评［J］. 成都航空职业技术学院学报，2016（1）：1-4，53.

[⑤] 中共中央、国务院关于深化教育改革全面推进素质教育的决定［Z］. 1999-06-13.

办公厅、国务院办公厅印发《关于深化教育体制机制改革的意见》，明确提出"要注重培养支撑终身发展、适应时代要求的关键能力"。

三、"关键能力"内涵的研究

"关键能力"引入我国后引起广泛争议和不同理解。北师大赵志群教授认为梅腾斯最早提出"关键能力"时，并没有清晰界定这个概念，只是描述了"与具体工作和专门技能或知识无关的，对现代生产和社会运转起着关键作用的技能的总和"。[①] 从"关键能力"是属于基本能力还是高层次复合能力方面，有学者将其称为"中国职业教育领域的素质教育"[②]，也有人认为"关键能力"与我国的"德智体美劳五育并重"理念殊途同归，甚至有人认为可以在洪堡、蔡元培那里找到源头[③]；更广泛的共识认为"关键能力"是基础能力之上的高层次能力，强调"关键能力"对人生生涯中各种变化的胜任能力。从"关键能力"的特性方面，大多数学者认为"关键能力"与显见的专业能力相对，是相对隐性的软能力。"关键能力"是一个理念，面临纳入中国话语体系与思维逻辑问题，同时会随着时代发展赋予新的内涵。

尽管德语 Schlüsselqualifikationen（关键能力）被不同理解，进而译为"key competencies"（关键能力）、"key skills"（关键技能）、"key qualifications"（关键资格）、"core skills"（核心技能）、"soft skills"（软技能），以及被赋予类似的理解，说法如：transfering skills（迁移能力）、foundational skills（基础技能）、basic skills（基础能力）、essential skills（基本能力）、necessary skills（必要能力）、generic skills（通用能力）、

[①] 赵志群. 再谈职业能力与能力研究 [J]. 交通职业教育，2010（24）：卷首语.

[②] 早在姜大源 1996 年的文章中，就认为"关键能力的培养是职业教育领域里的素质教育"。北京师范大学赵志群博士在 2003 年 6 月出版的学术著作《职业教育与培训学习新概念》中，将方法能力和社会能力称为"功能外的跨职业的人性能力"，认为专业能力、方法能力、社会能力共同组成职业能力，并用 600 多字的篇幅论述"职业能力培养与素质教育是一致的"。

[③] 黄学军. 核心素质培养——大学教育的变中之恒 [J]. 大学教育科学，2008（3）：81-84.

common skills（普通能力）、employability skills（就业能力）、workplace skills（现场技能），以及核心能力、核心素养、综合职业能力等，[①] 但是从统计分析中仍然可以看出，在实践演进过程中，"关键能力"这一名称逐渐在职教领域确定下来。在中国，与"关键能力"对应的比较有影响力的类似概念主要是"核心素养""核心能力"，其余"通用能力""软技能"等与词源出入较大而未被广泛采用。

关于"核心素养"与"关键能力"，褚宏启曾专门论述，认为两者内涵一致，对应的是同样的英文单词"key competencies"。[②] 以核心素养为题名的博、硕士论文588篇，均为近三年普通教育领域的核心素养研究，这与2014年3月30日《教育部关于全面深化课程改革落实立德树人根本任务的意见》（教基二〔2014〕4号）的发布密切相关。而在职教领域，则更多使用"关键能力"。职业教育适应经济转型对人才能力培养需求的变化提出的"关键能力"培养得到学界的普遍认同。同时，普通教育从素质教育向核心素养转变也是基于经济转型作出的积极调整，与职业教育转变的方向是一致的。

"核心能力"使用频率很高，以"核心能力"为题名的博、硕士论文有685篇，在近三年的140篇论文中，仅有40篇与职教相关，相对而言，"核心能力"更容易被泛化，区分度不高。

在职教领域，"关键能力"历经了从概念提出到演变为行动导向能力培养目标的发展过程，逐步确立了其在职业能力中的位置。"关键能力"与专业能力的融合构成职业行动综合整体，认识与培养"关键能力"需在综合职业能力的整体观中解读与把握。职业能力观是由任务能力观开始，经"关键能力"补充[③]，形成综合职业能力观。

[①] 吴霏，徐朔. 职业能力及其相关概念辨析［J］. 中国职业技术教育，2011年第27期：22-25.

[②] 褚宏启. 再谈核心素养与关键能力［J］. 中小学管理. 2017（12）：55.

[③] 刘京辉. 唐以志. 关键能力及其启示［J］. 职教论坛. 2000（3）：14-17.

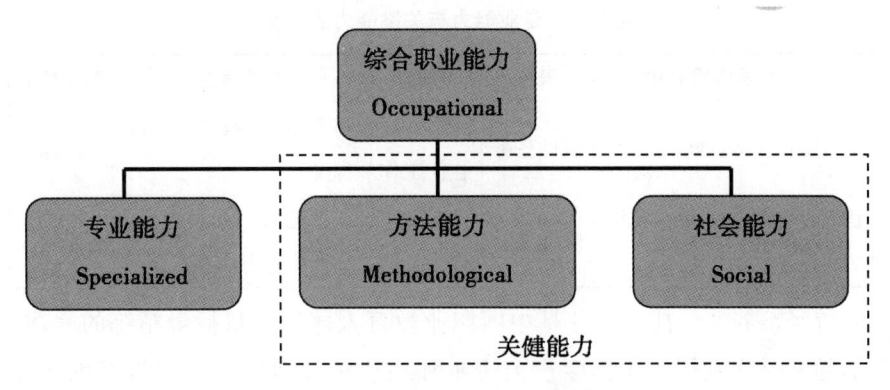

图 11-4 综合职业能力的构成

表 11-1 综合职业能力的构成

	综合职业能力		
	专业能力	方法能力	社会能力
内涵	从事职业活动所需要运用的专业知识、技能。（应用性、针对性）	从事职业活动所需要的工作方法、学习方法方面的能力。（合理性、逻辑性、创新性）	从事职业活动所需要的社会行为能力。（适应性、社会性）
主要能力	运用某种职业必备的专业知识、技能的能力。	分析与综合、决策与迁移、策略与创新、信息处理、自我调控等。	交往与合作、竞争与自我展示、组织协调、表达与推销、适应环境等。

基于"关键能力"与"专业能力"的各有侧重，曾有到底哪种能力更关键的争论，也有学者探讨两者的关系。2009 年，北京师范大学俞启定教授曾专门撰文《职业教育推崇"关键能力"弊大于利》，来论述"一技之长"的专业能力比跨专业的"关键能力"更关键。[①] 整合能力观念也是职教领域不断发展的研究领域，随着概念的厘清，以及社会经济的发展变革，"关键能力"不可或缺的地位进一步得到认可。

一般来看，"关键能力"与"专业能力"是相对应的两个概念，专业能力与关键能力的区别如下：

---

① 俞启定. 职业教育推崇"关键能力"弊大于利 [J]. 教育与职业，2009（7）：20.

表 11-2 专业能力与关键能力的对比

	主要作用对象	表征	功能	影响因素	形成机制
专业能力	工作任务（物）	显性任务	保障就业胜任工作	知识量、技能熟练程度	观摩
关键能力	合作者（人）、工作任务（物）	隐性素质	提高效率持续发展	社会能力、方法能力、个性能力等内在素质	感悟

曾经培养"一技之长"是中国职业教育人才培养目标最精练的表述。但是随着时代发展，中国生产力进步和经济转型面临的人才需求挑战加剧，单纯的"一技之长"无法应对市场需求，"关键能力"的热度不断升高。2017年9月，中共中央办公厅、国务院办公厅印发了《关于深化教育体制机制改革的意见》，明确提出："要注重培养支撑终身发展、适应时代要求的关键能力。在培养学生基础知识和基本技能的过程中，强化学生关键能力培养。"并进一步指出要培养四种关键能力即认知能力、合作能力、创新能力、职业能力。在这里，"关键能力"将"职业能力"纳入其中，是对"关键能力"最初定义的发展和延伸，是综合职业能力观视野中新时代的关键能力表述。

四、"关键能力"内容的研究

对"关键能力"内容的表述有国家层面的、企业界的、学校或培训机构的、教育实践工作者解读的等，至少有几百种，"关键能力"的界定没有统一的看法。对关键能力具体内容的探讨，因国家和地区不同以及政治、经济、文化不同有不同的表述。尹金金等发表的文章《关键能力的内涵比较与反思》重点比较了德、澳、英、美、日、中关键能力的内容。史孝志对美、澳、英、德的关键能力概念进行了介绍，并归纳出其共同点，即相通性和可转换性。王晓望《试析关键能力》对德、英、澳、中四国关键能力表述进行评析与归纳。庞世俊的《美、英、德、澳四国综合职业能力内涵的比较》梳理了美、英、德、澳四国综合职业能力（或称关键能力）概念的内涵和变迁，指出其存在的差异和共同点，提出对职业能力应进行与具体职业情景相关联的深入研究和分析，为职业教育的课程和教学改革实践提供科学合理的、具有中国特色的职业能力内涵诠释。劳动和社会保障部在培训领域提出的"关键能力"框架包括：与人交流、数字应用、信息处理、与人合作、解决问题、自我学习、创新革新、外语应用等。2017年中共中央办公厅、国务院办公厅印发《关于深化教育体制机制改革的意见》，提出"要注重培养支撑终身发展、适应时代要求的关键能力"，培养的四种"关键能力"即认知能力、合作能力、创新能力、职业能力，指出："培养认知能力，引导学生具备独立思考、逻辑推理、信息加工、学会学习、语言表达和文字写作的素养，养成终身学习的意识和能力。培养合作能力，引导学生学会自我管理，学会与他人合作，学会过集体生活，学会处理好个人与社会的关系，遵守、履行道德准则和行为规范。培养创新能力，激发学生好奇心、想象力和创新思维，养成创新人格，鼓励学生勇于探索、大胆尝试、创新创造。培养职业能力，引导学生适应社会需求，树立爱岗敬业、精益求精的职业精神，践行知行合一，积极动手实践和解决实际问题。"这是关于"关键能力"内容的最新表述。由于"关键能力"在层次上兼具基础性与迁移性特征，在纵向上同有时代性与发展性特征，在横向上共有拓展性与综合性特征，将随着时代发展和应用领域不同不断被赋予新的内涵。

五、"关键能力"培养策略的研究

国际上一些发达国家或地区对"关键能力"培养研究比较深入，形成了自己的特色，列表比较如下：

表 11-3 一些国家"关键能力"培养特色宏观比较

国别	职教特色	"关键能力"培养特色
德国[①]	双元制	行动导向： 1."关键能力"只能以学生为中心在完成具体的真实的任务的过程中，通过实际的"做"即"行动"来获得和发展；

---

① 徐朔. "关键能力"培养理念在德国的起源和发展 [J] 外国教育研究，2006 (6)：66-69；徐朔. 论关键能力和行动导向教学——概念发展、理论基础与教学原则 [J]. 职业技术教育，2006 (28)：11-14.

续表

国别	职教特色	"关键能力"培养特色
		2. 行为能力各个能力要素的培养是不能割裂的,而是综合地进行,特别是要和专业能力的培养结合起来进行; 3. 行动能力是和职业领域相联系的,因此,不能脱离职业环境背景,以一般解决问题能力或一般知识迁移能力的形式来传授; 4. 行动能力的获取是与在完整的任务中解决问题联系在一起的,因此具体的专门知识和一般思考能力同样重要。这意味着"关键能力"也只是"相对不变"的。
澳大利亚①	新学徒制	完善的能力标准: 1. 建立完善的培训框架体系 NTF 及国家能力标准体系 ASF; 2. "关键能力"标准每三年修订一次,包括评估标准、工作表现标准、达到标准所需学习的相关课程和可以取得的资格等; 3. 设立独立的课程,制定鉴别和评估三种水平的操作性要求。
美国	职普融合	1. 重视基本素质和能力培养; 2. 测评认证体系完善,全美职业技能测评协会(NOCTI)的测试认证被广泛采用。
英国	现代学徒制	完善的"关键能力"培训认证体系、层级式核心技能标准体系: 1. "关键能力"纳入国家职业资格体系,毕业生可获得相应关键能力水平认证; 2. "关键能力"分交流、数字应用、信息技术三项主要关键能力,列为国家职业资格证书课程必修课,与人合作、学习和业绩的自我提高以及解决问题的能力三项次要关键能力,不强制要求,包含于现代学徒制中。

---

① 叶之红,郝克明. 澳大利亚职业教育培训经验对我国职业教育改革发展的借鉴意义 [J]. 职业技术教育,2003(36) 13-18.

吴雪萍将各国培养"关键能力"的策略概括为整体、基础和渗透三种。[①] 整体策略，即对职业教育课程体系进行整体改革，在课程中增加培养"关键能力"的内容，并将其作为基本课程，每个专业的学生必须学习并达到规定的标准。基础策略，即加强职业教育课程的基础性，加强职业教育初期的通识教育，使学生掌握深厚而扎实的基础知识，为继续学习和提高奠定基础。渗透策略，即在职业教育各门课程的教学中渗透"关键能力"的培养。高宏、高翔进一步将其分为整体策略、基础策略、独立策略、渗透策略四种，[②] 其中补充的独立策略是指如英国设置了专门的培训机构进行专项培养。实践领域对"关键能力"培养途径进行了积极探索，指出了目前我国职业教育在办学条件、校企合作现状、课程体系、评价标准、师资等多方面的不足，提出了对策建议，其中策略比较零散，停留在理念层次或是实践初探层次的比较多。

六、"关键能力"研究的最新成果

目前最新学术文章是 2019 年 1 月 10 日周建强、许海园、雷莱在《职业技术》期刊上发表的《新常态下职业教育关键能力的培养》。文章成果来源于河南省教育科学"十三五"规划项目：新能源发电类专业技能人才培养模式的构建与创新研究（2017-JKGHYB-0311）。文章指出："当前，我国经济发展和职业教育已进入依靠高质量发展和大众化教育的新常态，关键能力的培养关乎学生职业发展的重要能力，在新常态下显得尤为重要。"文章还提出："加强关键能力培养理论的研究，制定关键能力培养标准，编写配套的教材，有机结合课堂内外培养关键能力，将有效提升我国职教关键能力的培养水平。"

目前最新的研究项目是吴刚负责的国家社会科学基金"十三五"规划 2018 年度教育学一般课题（课题批准号：BAA180020）：关键能力发展的

[①] 吴雪萍. 培养关键能力：世界职业教育的新热点[J]. 浙江大学学报（人文社会科学版），2000（6）：56-59.

[②] 高宏，高翔. 对我国职业教育中关键能力研究的思考[J]. 河北师范大学学报（教育科学版）. 2006（6）：69-73.

社会逻辑与教育机制研究。项目简介如下：对有关"关键能力"的文献进行梳理，探讨相关学校变革、社会动力和制度条件、现实路径等。

目前国内没有专门研究"关键能力"的专著，相关内容散见在行动导向教学、职业教育课程开发、职业能力分析、比较职业教育、职业教育思想等方面著作中。

第四节　我国"关键能力"研究的发展路向

一、在整体教育观的框架下研究"关键能力"

"关键能力"研究由劳动力市场需求起源，已发展为不仅仅是为了拓展职业技能、发展从业能力，更是考虑到 21 世纪公民在学习、工作及生活中都不可缺少的、全面发展的能力。普通教育领域"核心素养"本与"关键能力"同源同义，近几年迅速涌现大量研究，是"关键能力"发展对普通教育的进一步影响。职业教育不能关门搞研究，无视终身学习和整体教育观框架的发展，要在其中定位发展层次。

区别于义务教育、职业教育、高中教育、大学教育等在培养"关键能力"方面的不同，要进一步建立"关键能力"层级。因此，在整体教育体系中构建"关键能力"的培养层次，从而增加"关键能力"的现实操作可能，发展系统化的培养体系，是一些学者研究的内容。如借鉴英国核心技能标准体系的构建，可以将"关键能力"划分为五级标准，每个等级有共同的评价要素。划分开等级的依据是能力水平的高低，从一级到五级逐渐增高。在相同的等级内部均分四部分评价要素，即

A：该级别该"关键能力"的内容；

B：被评价者在该等级应该知道什么；

C：被评价者在该等级应该可以展示什么；

D：该级别该"关键能力"的举例及证据建议。

如图 11-5 所示。

在每个等级的 A 部分是对该项"关键能力"具体内容要素的描述，无

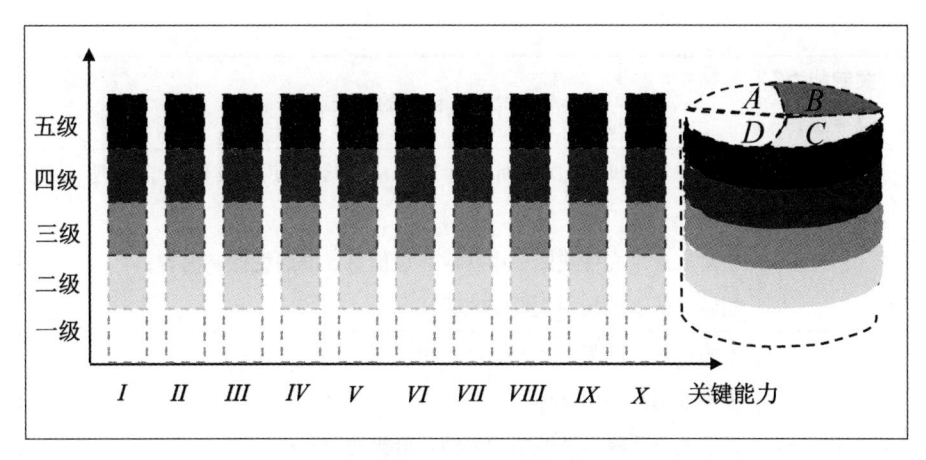

图 11-5 "关键能力"的五级标准构建图示

论哪个级别,相同的"关键能力"包含的要素相同,不同的"关键能力"包含的要素不同。下面以交流沟通能力为例列出"关键能力"层级标准。

表 11-4 "关键能力"层级标准示例

关键能力	A 包含要素	级别	各层级包含内容及评估标准
1. 交流沟通能力	1.1 清晰表达观点 1.2 倾听或读取信息并准确理解 1.3 与他人交换意见	一级	B 应当知道　C 可以展示　D 证据举例
		二级	B 应当知道　C 可以展示　D 证据举例
		三级	B 应当知道　C 可以展示　D 证据举例
		四级	B 应当知道　C 可以展示　D 证据举例
		五级	B 应当知道　C 可以展示　D 证据举例

下面以交流沟通能力中的一级为例,说明层级内部各部分 B 应当知道、C 可以展示、D 证据举例的具体内容,如表 11-5 所示。

表 11-5 一级"关键能力"内部要素

"关键能力"（一级）	包含的元素
B 应当知道	口头表达如何判断发言时机、根据情景调整内容表达方式; 书面表达如何准备文稿,正确书写常用词句,掌握常用文体;

续表

"关键能力"（一级）	包含的元素
	在他人讲话时认真倾听，适当回应，恰当使用肢体语言表明正在倾听； 如何从常用文件或图表中获取表层信息，准确把握其内容； 如何与他人就某一主题交流看法。
C 可以展示	流畅自然地就某一主题表达思想； 按要求书写常用文体； 在他人讲话时自然诚挚的表情，恰当地回应； 从文件或图表中读取信息； 能够参与讨论之中，可以从中归纳他人讲话要点。
D 证据举例	用适合情景的方式自我表达、倾听他人、回应他人； 能按要求比较规范地书写常用文体； 能从提供的材料中分析要点； 在讨论活动中表达清楚，对他人讲话要点能够归纳。

上面仅综合一些实践领域职教工作者的构想，列出"关键能力"内容实施性分解的部分例子，以此展示"关键能力"进行操作性解构的方法。但是由于"关键能力"的内容及进一步细化只是初步设想，而且是一个动态调整的过程，在此仅从方法与理念层面上进行展示，仍有待进一步深入。

二、在终身学习的体系下研究"关键能力"

经济合作与发展组织（OECD）提出了关于"关键能力"培养的主张。OECD 于 1997—2002 年开展的大规模跨国研究计划《能力的界定与遴选：理论框架与概念基础（DeSeCo）》梳理出八个领域的"成功人生和良好运转的社会"所需的"关键能力"，这些"关键能力"是"公民成功地适应迅速变化的世界所必需的、中小学能给予初步培养的新的知识和技能"。同时，OECD 从 2000 年开始进行国际学生评价项目（Programme for International Student Assessment，简称 PISA），目的是通过一套能够测量教育结果的国际教育质量指标对各国学生进行抽样测试，描述各个国家的教育质量（"关键能力"）水平，了解义务教育即将结束时，年轻人（15岁）为走向社会而准备的知识和能力情况。PISA 有三个明显的特征：一是情景，强调真实的社会生活或生产活动的情景；二是运用，强调运用已学到的知识进行解释或解决问题；三是思维，强调进行有效分析、推论、交流等思维能力。PISA"关键能力"框架的意义在于：第一，"关键能力"框架全面梳理了知识社会中个人成功、社会和谐及就业问题所需的能力，为学习型社会和终身教育体系的建设提供了前后一贯的思考框架；第二，"关键能力"框架为国际人才交流与对话提供了平台，为政策制定者和学校等教育机构提供了"参照工具"，使他们能及时更新学校课程，满足不同阶段学习者的需求；第三，"关键能力"框架为学校教育评价及成人能力评价提供了一个指导框架，为普职沟通、教育公平等提供了可资借鉴的参考；第四，"关键能力"框架促进评价教育质量与成果从对公共课程的掌握情况（即"课程内容的学业成绩评价"）转向对教育结果（即"学生综合运用知识和技能解决实际问题的能力"）进行等效与可靠的测量，与由投入型教育（Input-oriented Education）向输出型教育（Output-oriented Education）转变的国际教育趋势相符。尤其重要的是"关键能力"框架所强调的"各种关键能力最初在学校中培养，随后在一生中不断发展"的观念，一方面为不同阶段的学校指出了效能边界，同时也将终身学习的理念深深地嵌入了各个阶段学校教育的实践中。职业教育是义务教育基础上的分流，在信息化和全球化的今天，要考虑 OECD 提出的终身学习体系及所开展的 PISA 的影响。

三、在行动导向教学观的发展中研究"关键能力"

职业教育领域引入"关键能力"的初心是对接市场需求，精准培养合格的技能型人才，增强职教吸引力，提升职教质量，因此过于泛化的研究会偏离初衷，要避免迷失在"素质教育""核心素养"的大潮中。要紧紧围绕技能人才综合职业能力培养这一中心开展研究，突出职教特色。要实现"关键能力"培养从理念发展到落地生根的实践，需要在行动导向教学观的发展中,构建相应的人才培养模式、课程体系和评价标准。"关键能力"培养是一项系统工程,有赖于一系列实施环境的保障,单纯从"关键能力"内容的界定或课程、教法、评估方面的改革去研究成效有限,最终会孤立难行。"关键能力"的发展趋势是融合于综合职业能力培养的整体之中的,与专业能力相辅相成、互相促进,共同完成职业教育人才培养目标。

  随着社会生产力的不断发展,融合了移动计算、物联网、大数据等技术手段,以智能工厂和智慧生产为特征的未来经济社会,必然减少技能化工种,增加知识性、能动性岗位,员工更多的工作情境是设计、安装、改装、保养等脱离具体操作的"增值活动",职业技术教育育人的"关键能力"内涵将进一步深化。而且随着社会文明的进步,在满足社会发展对劳动力需求的社会价值取向的基础上,进一步满足学生个人成长和可持续性的职业生涯发展需要,促进终身学习、终身发展的职业教育之路将会越走越宽广。

第十二章　可持续发展与绿色职业教育的研究

随着人类社会对可持续发展的关注，可持续发展问题也受到了职业教育学术界的关注，研究主要是从"职业教育可持续发展"和"面向可持续发展的职业教育"两个方向展开。一般认为，"职业教育可持续发展"是职业教育整体的、协调的、持续的发展，是职业教育在与经济社会协调互动中有活力地持续存在和发展，是职业教育结构、规模逐步优化和质量、效益稳步提高的过程。职业教育可持续发展的基础是经济社会发展对职业教育的价值需求，包括育人价值、经济价值和社会价值等方面。使社会各界更加清晰地认识职业教育的价值，通过提升职业教育的质量和效果使人们认可职业教育价值，争取持续的政策法规支持和资源投入，维持经济社会的持续和谐稳定发展都是推动职业教育可持续发展的必要条件。而办"面向可持续发展的职业教育"则是加强职业教育内涵建设、培养有利于经济社会可持续发展的可持续发展型技术技能人才的重要举措，是"职业教育可持续发展"的必然要求。绿色职业教育、绿色技能开发、生态文明教育、绿色学校等主题是近年来面向可持续发展职业教育的主要实践方向和学术研究热点。已有研究的理论成果有很多已经转化成职业教育政策改革举措或应用于实践。未来的研究应结合我国经济社会发展新的时代主题，整合职业教育可持续发展研究的多方参与力量，进一步就有关理论观点进行深度论证或争取更多实践突破。

职业教育可持续发展问题自职业教育出现即已存在，表现在职业教育事业的兴衰以及人们对职业教育应否及能否持续存在的探讨。但真正将职业教育可持续发展作为一个学术问题加以探讨还是从 20 世纪末我国提出可持续发展战略才逐渐开始的，并与人的可持续发展、经济社会的可持续发展结合起来考量。

本研究对学术文献的检索方法，一是在数字期刊库进行主题词检索，即对各个具体研究主题提取关键词，在中国知网中进行有关文献检索，重点分析检索到的核心期刊文献，并兼顾学术发展历史脉络搜集学位论文、网络文献等其他载体的相关文献。进行文献分析时，注意查看文献在历史时间跨度上的分布，尽可能地确保文献在各个历史时期中的代表性。二是在中国国家图书馆、超星数字图书馆以及主要网上书店检索相关学术专著。三是采用滚雪球抽样法，在文献阅读过程中，如发现非常契合研究主题的引用和参考文献，查找原始文献进行细致研读，直到厘清该主题学术研究脉络。由于笔者精力所限，尽管努力去阅读和发现，回顾过程中仍不免遗漏重要著述，在此对所疏忽的学者表示歉意。

第一节 职业教育与可持续发展的关系

将职业教育与可持续发展联系起来是与可持续发展教育运动在国际上的兴起密不可分的，其大背景是人类社会对可持续发展越来越强烈的重视和实践追求。职业教育与可持续发展联系起来的方向，一是职业教育可持续发展（Sustainable Development of TVET），二是可持续发展职业教育（TVET for Sustainable Development）。前者强调职业教育自身的持续存在和发展，后者具体而言是指面向可持续发展的职业教育，是可持续发展教育在职业教育中的实践，也被称作为了可持续发展的职业教育。这两个方向对当今的职业教育而言都是热门话题，对我国现代职业教育的健康发展都至关重要。

从字面上看，可持续发展是一个有争议的词，争议在于：要发展就需要消耗资源，而地球上的资源总量是有限的，要保障事物无止境地持续发展壮大是不现实的。但人们对可持续发展的理解并没有执拗于此，而是把它理解为事物在与环境的和谐互动中更有活力、持续存在。1992 年联合国环境与发展大会对可持续发展的界定"既能满足当代人的需求又不危及后代人满足其需求能力的发展",即强调了可持续发展要使人类社会高品质地持续存在。

可持续发展由可持续和发展两个关键词构成。可持续是发展的方式。事物的出现可能是各种偶然因素的结果,但这种偶然因素未必会一直存在,事物要能持续存在并发展下去,就要克服一系列不良因素或障碍的影响,就需要有相应的发展机制。发展是落脚点,事物要有生机就要随着变化着的环境而改变自己,不能一成不变,要通过完善自我,保持生存活力以及成长和发展的趋势。因此,要达到可持续发展,就需要探索出可持续发展的机制,使自己保持生存和成长活力。这种机制就是要从整体和全局上促进事物与环境的和谐共生,从而使相关要素能协调地促进事物自身的发展。职业教育可持续发展要得以实现就要办成面向可持续发展的职业教育。因此,在这个意义上,二者是相通的。正如马建富(1998)所提出的,职业教育可持续发展是指为了满足和促进当前及未来经济、社会以及职业教育自身可持续发展需要而建立的一种积极、有效的职业教育发展模式;职业教育可持续发展的实质是建立自身可持续发展的机制,提高办学水平,增强服务功能,使职业教育成为经济、社会可持续发展的支撑和服务体系,而不仅是职业教育自身可持续发展的问题。[1] 赵国英、安树一认为,高等教育的健康、顺利发展,将为中国可持续发展提供精神动力和智力支持。中国实施可持续发展战略的主线是经济的可持续发展,而发展高等职业教育是实现国家经济"两个根本性转变"[2] 的必由之路。为经济可持续发展培养高素质人才,是对高等职业教育改革提出的新要求,也是高

---

[1] 马建富. 职业教育面向未来的选择——走可持续发展之路 [J]. 职教通讯, 1998(3): 8-10.

[2] 1995 年 9 月中共十四届五中全会通过的《中共中央关于制定国民经济和社会发展"九五"计划和 2010 年远景目标的建议》提出,实现"九五"计划和 2010 年远景目标的关键是实行两个具有全局意义的根本性转变,一是经济体制从传统的计划经济体制向社会主义市场经济体制转变,二是经济增长方式从粗放型向集约型转变。

等职业教育获得可持续发展的生命力所在。[①]

一、职业教育可持续发展

通过在中国知网"中国学术期刊全文数据库"进行全文检索（检索词为"职业教育可持续发展""职业技术教育可持续发展""职业教育持续发展""职业技术教育持续发展"）发现，最早的一篇在内容上关注职业教育可持续发展的学术期刊文献出现在 1986 年[②]；进行主题检索则发现（检索词同上），将之作为研究主题的文章更晚地集中出现于 1998 年前后。其背景是我国开始实施可持续发展战略，职业教育作为国家教育事业的重要组成部分，其可持续发展问题自然地受到了部分学者的关注。主题检索的结果如图 12-1 所示，可大体展现该主题研究的热度和趋势变化。

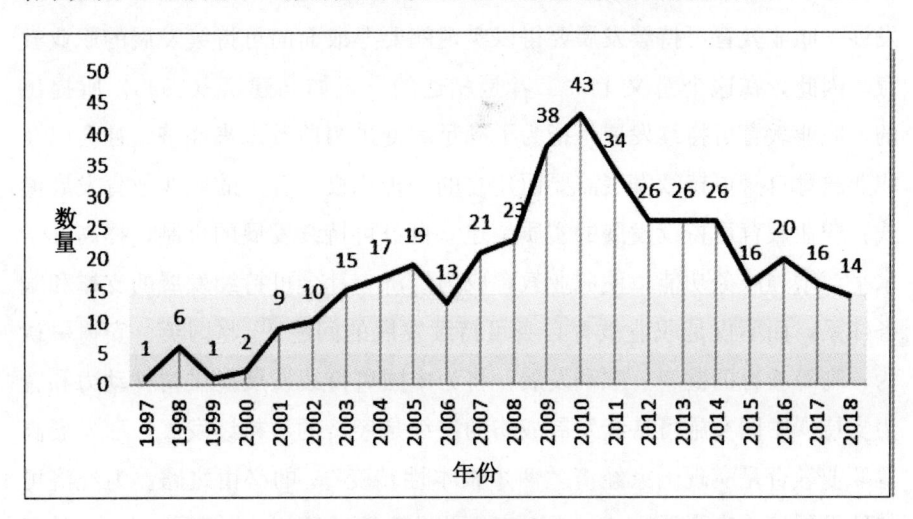

图 12-1　职业教育可持续发展主题研究热度变化示意图

对比一系列对职业教育可持续发展内涵的解读，可归纳为，职业教育的可持续发展是职业教育在与经济社会协调互动中有活力地持续存在和发

---

① 赵国英，安树一. 可持续发展与高等职业教育改革［J］. 黑龙江高教研究，1998（2）：82-84.

② 该文为：岑光. 欧美和日本等国的短期大学［J］. 高等教育学报，1986（1）：87-92.

展，是职业教育结构、规模逐步优化和质量、效益稳步提高的过程。

从我国改革开放以来职业教育的发展历程看，整体上经历了从初期粗放式的规模扩张到当前强调内涵式发展的转变。新中国成立以来，我国职业教育既有快速发展期，也经历过萧条期。在职业教育兴衰的特定时期，职业教育的可持续发展问题的表现形式是不同的。在早期，人们对职业教育可持续发展的研究，是探究是否应开办职业教育以及应开办什么样的职业教育。近年来，随着人们对职业教育价值认识的深入，职业教育是否应存在的问题已基本得到解决。随着职业教育内涵式发展的方向得以确立，学者们的研究着眼点更多地转向如何使职业教育朝着更高质量和效益、更有活力的方向持续发展，其可持续发展理论研究日益受到重视。

存在是发展的前提，职业教育从出现到经历几十年兴衰历程为其可持续发展积累了经验，为学者们进行更多的理论研究来探究职业教育可持续发展的机制奠定了基础。梳理职业教育学者对职业教育存在价值及可持续发展的研究经验与成果是继往开来的重要工作。

二、面向可持续发展的职业教育

面向可持续发展的职业教育，也简称为可持续性职业教育，强调职业教育的目标应是促进经济社会以及学习者的可持续发展。我国领导人很早就意识到了职业教育对于国家可持续发展的作用。1996年，李岚清副总理在学习、宣传、贯彻、落实《中华人民共和国职业教育法》座谈会上讲话指出："职教法的颁布实施，为职业教育的发展与改革提供了有力的法律保障，必将推动我国职教事业进入依法治教的新阶段，并将对促进实施科教兴国战略和可持续发展战略、实现经济体制和经济增长方式的根本转变，产生积极而重要的影响。"[①]

从发展历程看，面向可持续发展的职业教育是较早兴起的"面向可持续发展的教育"（或说"可持续发展教育"）在职业教育领域的实践拓展。

[①] 李岚清. 认真贯彻《职业教育法》加快职业教育发展步伐［J］. 中国职业技术教育，1996（6）：7-10.

1999年在韩国汉城（今为首尔）举行的第二届技术与职业教育国际会议建议职业技术教育与培训重新转向（re-oriented to）可持续发展，引起人们注意到其必要性。五年后的2004年，在德国波恩举行的一次以"面向工作、公民素养和可持续发展的学习"为主题的联合国教科文组织职业教育国际专家会议的会后所形成的《波恩宣言》中，表示"由于教育被认为是有效发展策略的关键，那么，技术和职业教育与培训（TVET）必然是消除贫困、促进和平、保护环境、提高所有人生活质量，帮助实现可持续发展的首要关键"。[①] 该宣言强调了在"可持续发展产业"背景下职业技术教育与培训的重要性，例如在环境保护、文化遗址保存、可再生能源发电方面，认为需要付出更大的努力推进职业技术教育与培训，确保其对促进可持续发展的作用。

与面向可持续发展的职业教育密切相关的一个词是绿色职业教育。二者都强调职业教育对促进可持续发展的作用。联合国教科文组织国际职业技术教育与培训中心讨论后认为，绿色职业教育"主要关注发展涉及的生态环境问题，例如气候变化、绿色经济、可再生能源、绿色技术，以及这些领域工作岗位对应的职业教育需求"。[②] 而面向可持续发展的职业教育除强调生态环境的可持续发展，还强调职业教育对于发展经济、消除贫困、促进公平正义、多元文化认同和男女工作机会均等的作用。[③]

---

① The Bonn Declaration[EB/OL]. (2004-10-28)[2018-09-23]. http://www.unevoc.unesco.org/fileadmin/user_upload/pubs/SD_BonnDeclaration_e.pdf；UNESCO. Learning for Work, Citizenship and Sustainability: Final Report [R]. Bonn, Germany: UNESCO-UNEVOC International Centre, 2004.

② KAI G. Greening TVET for Sustainable Development: Report of the UNESCO-UNEVOC Online Conference [R/OL]. Bonn: UNESCO-UNEVOC, 2013: 9. [2018-09-23]. http://www.unevoc.unesco.org/go.php?q=Online+library & lang=&akt=id & st=adv & qs=5480 & unevoc & qs=5480 & unevoc=0.

③ 唐林伟. 面向可持续发展的职业教育理念述评 [J]. 职教通讯，2011（5）：24-28.

第二节 对职业教育可持续发展内涵的争论

诸多职业教育可持续发展研究都对这一概念作了自己的界定，不同概念界定的侧重点不同。纵观这些界定，可以将人们所强调的职业教育可持续发展概念内涵的要点归结为如下几个。

一、职业教育可持续发展是职业教育与经济社会的协调发展

大多数定义都强调了（各级各类）职业教育可持续发展应是与经济社会的可持续发展相协调的发展。

鲍洁认为，高等职业教育的可持续发展是指高等职业教育按照自身发展规律，以长期、持续、稳定地与经济协调发展为目的，以最大限度地与社会经济可持续发展相协调为准则，来选择自身的发展道路。其含义有四方面：（1）持续性发展。合理调配、利用现有高职教育资源，预留连续发展的空间，不因当前的发展而影响、阻碍甚至损及今后的发展。（2）整体性发展。高等职业教育的发展，要与整个社会乃至人类的经济、政治、文化、教育、科技、环境等领域的可持续发展相衔接、相协调并不断优化结构，共同发展。（3）协调性发展。高等职业教育的发展是规模、质量、结构、效益间的协调共进，是一种有质量的数量增长和有效益的规模发展。（4）平等性发展。高等职业教育的发展应使社会的每一个成员都能够公平地接受教育，得到全面的、持续的发展，不断满足人们日益增长的文化教育需求，不断提高教育质量和效益。[1]

张辉、苑桂鑫提出，高等职业教育的可持续发展就是：（1）正确处理高等职业教育自身发展与经济社会发展的相互关系；（2）构建可持续发展的运行机制；（3）使高等职业教育始终保持勃勃的生机与活力；（4）培养具有可持续发展能力的高等职业技术人才，从而推动整个社会的和谐

---

[1] 鲍洁. 可持续发展与高等职业教育[J]. 江苏高教，2001（3）：95-98.

发展。[1]

吕静锋提出区域中等职业教育可持续发展模式大体如图 12-2 所示。与之相对,他指出,刺激式发展模式不能实现区域中等职业教育的可持续发展。在刺激式发展模式中,一些有利因素,如加强对区域中等职业教育的重视、增加对区域中等职业教育的投入、改善教育条件,能够促进区域中等职业教育的发展,但它是以刺激因素出现、数量扩张为先导的,其作用下的区域中等职业教育发展呈周期性、跳跃性,如图 12-3 所示。刺激式发展的诱因来自区域中等职业教育外部,是对教育资源的过度利用,发展到一定阶段,必将受到区域中等职业教育内部因素,诸如师资队伍、办学条件、教育质量等的制约。再加上区域经济优先产业的转变、区域中等职业教育需求变动,就会使得区域中等职业教育发展生长点不可持续,导致区域中等职业教育发展在一段时间后规模萎缩,陷入困境。[2]

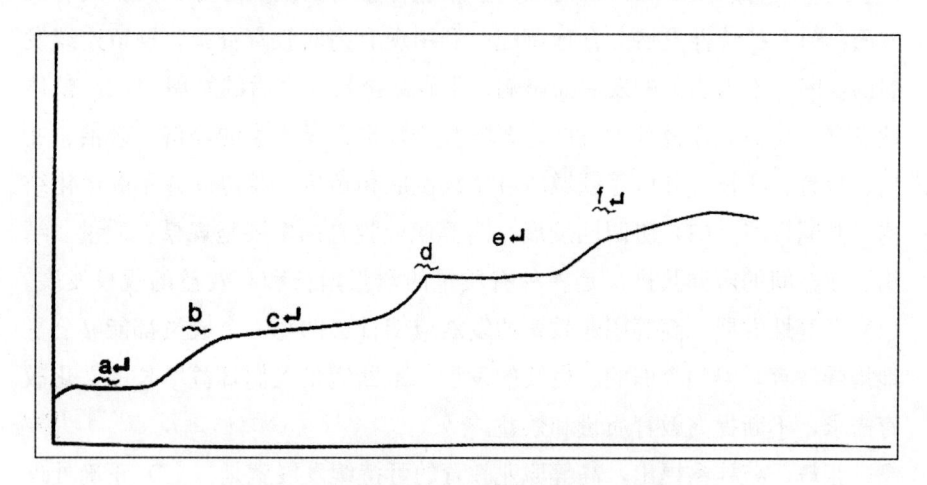

图 12-2　职业教育可持续发展模式示意图

---

[1]　张辉,苑桂鑫. 高等职业教育的可持续发展研究 [J]. 北京城市职业学院学报,2008 (5):28.

[2]　吕静锋. 区域中等职业教育可持续发展研究 [M]. 北京:人民出版社,2009:75-76,144-145,189-190.

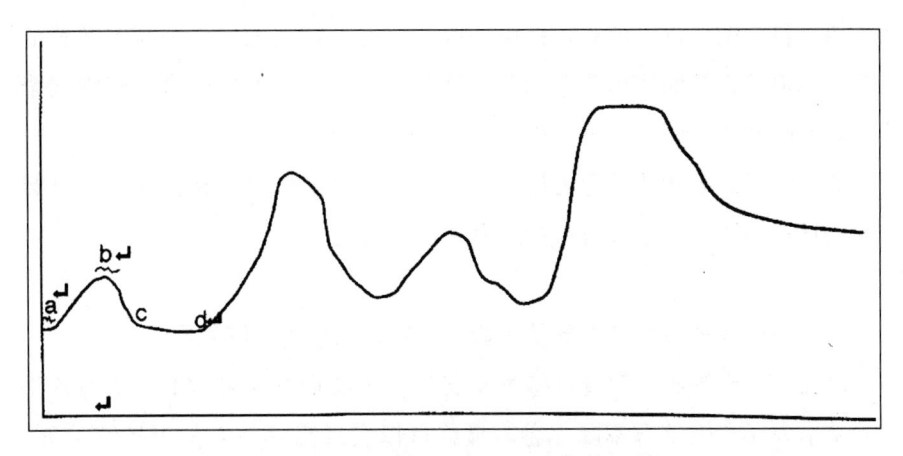

图 12-3　职业教育刺激式发展模式示意图

陈功江认为高等职业教育可持续发展的内涵应是：依据可持续发展观，坚持以人为本的指导思想，以改革办学规模、结构、质量、效益为动力，构建高等职业教育自身可持续发展的体制机制，形成高等职业教育与经济、社会相适应协调发展的运行格局，培养具有可持续发展能力的社会有用人才。具体包含三层意思：一是教育自身发展的可持续性；二是高等职业教育发展与外部的协调性，高等职业教育与经济、社会相互作用相互促进；三是人才培养目标的统一性，教育发展与社会发展应相协调，目的是培养有可持续发展能力的人才。①

二、职业教育可持续发展是技能人才可持续发展的需要

李进认为，高等职业教育的可持续发展，是经济社会一线人才可持续发展所需的。人的可持续发展需要教育可持续发展的有力支撑，育人是教育的历史使命，可持续发展的社会理所当然把教育的可持续发展作为题中应有之义。促进高职教育的生机活力、第一线人才的创新创业、区域经济的有效增长，三者应联动推进。必须从经济、文化、社会的可持续发展的需求出发，在教育理念、教育实践和教育制度等方面进行一系列的改革创

---

① 陈功江. 我国高等职业教育可持续发展战略述评 [J]. 湖北社会科学，2012 (2)：170-172.

新：树立科学的教育价值观，把第一线人才的可持续发展作为高职教育的最高目标追求；全面实施具有职业特质和职业路径的素质教育；建立健全终身学习的现代高职教育体制机制。[①]

陈功江对高等职业教育可持续发展内涵的界定也强调在人才培养目标上应与社会相协调，培养有可持续发展能力的人才。[②]

三、职业教育可持续发展就是职业教育各要素的持续发展

冯琦琳从高等职业教育可持续发展的构成要素方面来考虑，认为各要素的基本内涵有机整合不断完善，最终可以实现高等教育的可持续发展。其中，核心要素包括高等职业院校可持续发展、培养人才的具体专业可持续发展、课程设置及内容可持续发展、"双师型"师资队伍可持续发展、校企合作可持续发展、社会服务可持续发展、高职院校文化可持续发展。他提出，高职院校为实现可持续发展，一要始终以可持续发展思想为指导；二要构建良好的外部政策环境，强化政府投入和行业企业参与，推进产教深度融合办学机制与体制建设，建立多元化的投资渠道和办学评价模式；三要提升高职院校内涵核心竞争力，包括要有先进精准的办学理念，动态优化的专业结构，能力本位的课程设置，结构合理的双师队伍，鲜明独特的办学特色，合作多赢的战略联盟。[③]

对于专业的可持续发展，冯琦琳提出：（1）在专业设置上，要以市场需求为导向，以职业岗位（群）为依据，以学科专业的交叉复合来综合研究专业的设置；（2）在专业建设上要注重协调发展，专业结构要和学院拥有的资源相协调，专业布局要和专业教学设施建设相协调；（3）要从整体的高度思考专业设置、调整、改造、师资队伍、专业设施等方面的建设，

[①] 李进. 高职教育可持续发展与第一线人才可持续发展 [J]. 中国高教研究，2010（12）：8.

[②] 陈功江. 我国高等职业教育可持续发展战略述评 [J]. 湖北社会科学，2012（2）：170-172.

[③] 冯琦琳. 高等职业教育可持续发展研究 [M]. 上海：复旦大学出版社，2014：11，67-80.

在专业培养目标上，要注重人才的全面发展、全体发展与个性发展的结合；（4）做实专业的内涵结构建设，即做好专业设置与产业职业岗位对接，专业课程设置与职业标准对接，教学过程与生产过程对接，学历证书与职业资格证书对接；（5）构建专业建设管理和运行保障机制，包括确立专业在高职教育中的核心地位，建立以专业和专业群为基点的学校管理架构，建立高水准专业带头人培养机制、专业的人财物综合投入机制、专业教学公共资源库建设机制、专业考核评价制度。①

陈明昆总结认为，职业教育可持续发展的本质特征包括：（1）发展价值的目的性。职业教育发展政策和策略反映着管理者和大众的职业教育价值取向。（2）发展水平的历史性。需要在尊重职业教育历史基础的前提下谋求发展。（3）发展条件的制约性。新的发展观念、道路总会受到诸多主客观条件制约。（4）发展内容的时代性。应根据新时代经济社会的发展需要更新职业教育发展思路和战略。（5）发展过程的合规律性。职业教育确立可持续发展观念，反映了发展的规律性要求。②

第三节　职业教育可持续发展的价值基础研究

价值反映的是客体本身所具有的属性同主体需要之间的一种特定关系。③ 确保职业教育可持续发展能力的关键是其能长久地满足人类社会需要，具有持续存在的价值或说其功能发挥使其持续具有吸引力从而被人类重视和发展。因此，学者对职业教育价值、功能、吸引力的研究都是与职业教育可持续发展密切相关的。我国最早提到"职业教育"一词的姚文栋在1904年即从国民所需、教育体系角度提出了职业教育的不可或缺性："论教育原理，与国民最有关系者，一为普通教育，一为职业教育，二者

---

① 冯琦琳. 高等职业教育可持续发展研究 [M]. 上海：复旦大学出版社，2014：104-122.

② 陈明昆. 中国经济转型期职业教育可持续发展研究 [D]. 天津：天津大学，2010.

③ 王致和. 高等学校教育评估 [M]. 北京：北京师范大学出版社，1995：27.

相成而不相背……普通教育与职业教育，相需为用，阙一不可。"①

职业教育价值取向的变迁是影响职业教育发展的深层次动因。职业教育的产生和发展，既是特定时期社会主流教育价值取向对时代要求的反映，又是对时代要求所作的应答。不同的阶段会出现不同的职业教育价值取向，它们是一定时期社会生产力、政治经济制度、文化意识形态等因素综合作用的结果，但各因素在不同阶段所起的作用又是不一样的，是随着人们认识水平的提高及主体需求的变化而不断变化的。②

在学术期刊上的发文数量变化可大致反映学者对职业教育价值相关主题的关注趋势。在中国知网的期刊库中，用"职业教育"先后与"价值""功能""吸引力"为关键词进行主题检索，分别检索到1958、1697和589篇文献。三者的历年走势如图12-4所示。从图中不难发现，相对而言，学者对职业教育价值的研究持续升温最为明显，相关研究论文越来越多。可见，人们对三个关键词的重视程度是不同的，越来越聚焦于职业教育价值，盖因职业教育价值相对其功能、吸引力而言更具基础和支撑意义。因此，下文对职业教育价值研究进行回溯分析，来考察学者对职业教育可持续发展的价值基础的探究。

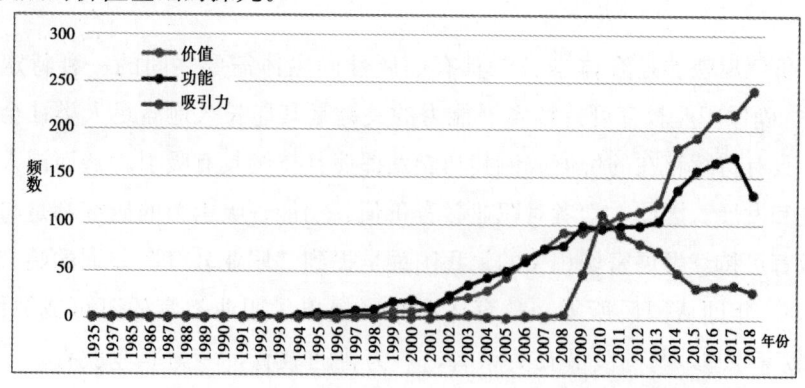

图12-4 职业教育之价值、功能、吸引力研究热度变化趋势示意图

---

① 周洪宇. 谁在近代中国最早使用"职业教育"一词 [J]. 教育与职业，1990（9）：11.

② 侯晨. 中国近代职业教育价值取向的演进 [D]. 石家庄：河北师范大学，2008.

职业教育价值是指作为价值客体的职业教育通过对社会各种职业、各种岗位所需要的人进行职业知识、技能和态度的教育和培训，达到国家规定的各类职业资格标准，符合就业准入制度，满足作为价值主体的人的求职、就业、转业、再提高的需要，满足人获得相关职业资格和提升人力资本的需求，进而最终满足人的全面发展和社会可持续发展的需要。[1] 从价值关系的主客体角度，一般把职业教育的价值分为内在价值和外在价值。内在价值是相对职业教育学习主体而言的价值，也称本体性价值；外在价值是职业教育相对行业企业和社会需要而言的价值，又称工具性价值。[2] 职业教育的学业提高价值、择业决策价值、转业培训价值、创业训练价值、终身教育价值是职业教育内在价值的根本体现。[3] 职业教育外在价值则体现在其对满足经济、文化、科技发展，以及教育公平、社会稳定与发展的需求上。职业教育的价值是因其自身的固有特性而体现出来的。"属性说"从作为价值承载体的事物所具有的属性角度来认识事物的价值。[4] 职业性、社会性、产业性、生产性、适应性、中介性、平民性、大众性、多样性是职业教育的基本特性，共同支撑了职业教育在育人、支持个体就业和企业发展以及促进社会和谐发展等方面的基本功能和价值，对应的价值主体分别是受教育者、行业企业及社会。在此着重从育人价值、经济价值和社会价值三个方面梳理职业教育价值研究。

一、育人价值

1. 促进学生优势智能的发展

以"职业教育"+"智能"为检索词，在中国知网期刊库进行主题词检索，去除人工智能、智能制造等无关主题文献后的检索结果——年度发

---

[1] 黄尧. 职业教育学——原理与应用 [M]. 北京：高等教育出版社，2009：92.
[2] 明立军. 职业教育价值研究 [J]. 辽宁高职学报，2005（2）：1-6.
[3] 明立军，葛政，葛岳. 职业教育价值理论与实践 [M]. 沈阳：东北大学出版社，2006：2-5.
[4] 黄尧. 职业教育学——原理与应用 [M]. 北京：高等教育出版社，2009：92-95.

文数量变化如图 12-5 所示。

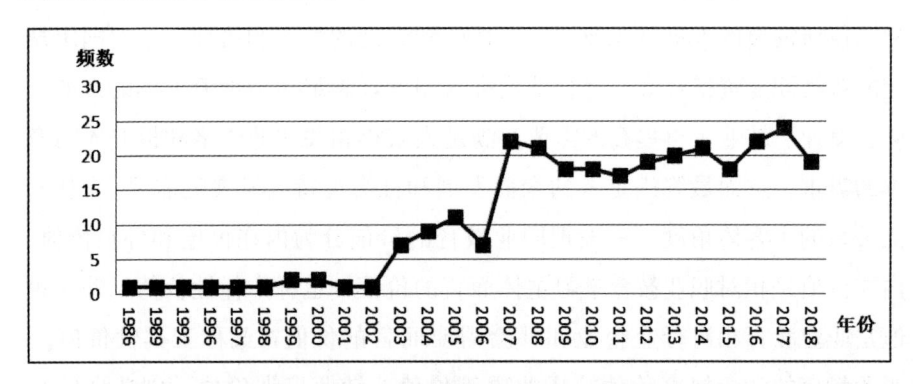

图 12-5　与学习者智能相关职业教育研究文献产出年度频数变化图

从图 12-5 可以看出，与学习者智能有关的职业教育研究进入新世纪以来每年都有若干篇成果，持续保持着热度。相关研究成果如：

论证教学结合形象事物更有利于职校学生的学习。2002 年，"职业学校学生学习特点研究"课题组对北京 13 所职业学校 64 个专业 4296 名 2002 级新生的思维能力调查发现，"在同等水平的推理中，同一概念用直观图形表达时学生的得分率较高，而用数字或文字符号表达时学生得分率就较低"，基于具象图形而建立起对抽象概念理解的学生占样本总数的 65.23%。进一步测查后发现，学生的常识性、工具性、思辨性的能力排序依次为强、弱、极弱。研究认为，鉴于数学思维的特殊性和个人思维的特点，并非人人都能很好地接受数学思想，但数学学习的劣势不妨碍学生在自己喜爱的职业领域展露才华，不具有数学思想的人同样能创造出自己的职业发展空间。① 又如，咸阳职业技术学院在高等数学教学改革中，紧密贴近高职学生的智力特点，积极探索以形象思维为主的具有另类智力特点的数学教学方法——通过"背景导入、例题引路、直观通俗、定性描述"，淡化理论体系，强化实际应用，重点在"建立数学模型，学会解决

---

① 陈丹辉. 职业学校学生学习准备特点研究［M］. 北京：气象出版社，2004：3-8.

问题",取得了很好的效果。①

对职校学生思维特点进行研究。2003年7—9月,"职业学校学生学习与创业的实验与研究"课题组对山东省职业学校的学生进行调查研究发现,70%以上的学生认为自己不擅长逻辑思维,50%以上的学生认为自己擅长形象思维。②

对多元智能与职业教育教学关系的研究。如有学者提出,应针对职校学生的个别差异,遵循职业教育的规律,张扬职校学生的优势和潜能,改变学生观和评价观,创建多元智能学校。③应从发展性的课程评价目标、多维性的课程评价内容、多元化的课程评价主体及多样化的课程评价方法等方面探索高职课程评价的新路径。④

对多元智能与职教生源关系的研究。有学者认为职业教育与普通教育的分流应该根据学习者个人所具有的不同表达形式和潜在才能进行,两种教育形式的存在应该为适合于学习者不同的智能结构和发展可能性而提供,使每个人能依其潜能获得最佳的发展。⑤

2. 开发学生的成长潜力

有学者从以人为本的角度来审视职业教育,认为职业教育能拓展人的成长潜力和发展空间:一是能给人们提供比普通教育更加多样化的课程类型,使更多的人找到适合于自己学习和发展的空间;二是通过促进就业而有利于保障人的生存权和发展权;三是促使人的心灵觉醒,使学习者具有自尊、自信、自立、自强和自觉融入社会的意识。⑥

---

① 杨妙霞. 高职教育中数学教学的特点、偏向和对策 [J]. 价值工程,2011 (7):316-317.

② 韩玮,张兴华. 职校生学业状况面面观 [J]. 教育发展研究,2004 (3):59-63.

③ 马庆发. 借鉴多元智能理论 开发职校生学习潜能 [J]. 职业技术教育,2004 (28):11-14.

④ 任青华. 基于多元智能理论的高职课程评价体系构建 [J]. 职教通讯,2013 (34):63-66.

⑤ 洪莹. 从多元智能理论看职业教育与普通教育的关系 [J]. 高等职业教育(天津职业大学学报),2011 (1):4-6.

⑥ 杨金土. 以人为本的职业教育价值观 [J]. 教育发展研究,2006 (1):65-68.

有学者指出学生对职业教育的利益诉求在于获得优质的教育服务,能够实现从学校到工作的顺利过渡,获得学生个体生涯持续发展的能力。①

3. 培养学生的健全人格

有学者提出"人格本位"的职业教育,认为发达的职业教育能促进健全人格的形成和个体潜能的开发,促进个体知识技能、智慧与方法,人格力量或职业伦理的发展和完善。②

有学者从职业教育满足人精神需求的角度提出,职业教育不仅具有谋生的外在价值,还有满足人们精神需求的内在价值,职业教育也是人们自我创造、自我发展、自我实现的主要途径,职业教育的最终目的是让人更好地生活,达成全面发展和长远发展。③

有学者从生态人文主义视角出发,把人置于自然界中生态学意义的位置,肯定人与自然的统一性,提出为体现职业教育对生态环境资源的保护,在人才培养上应注意生态素养、绿色人格塑造。④

二、经济价值

现代职业教育是伴随着工业化大生产而发展起来的。我国近代以来的职业教育发展也肇始于经济社会对技术技能人才不断扩大的需求。例如,清末实业教育的快速发展是清末实业发展的需要,而民国后期职业教育的没落很大一部分原因则是经济凋敝,对技能人才需求不强劲,职业学校毕业生就业困难。何清儒在民国时期就提出,职业教育存在的价值在于训练职业的知能、体格的锻炼和性格的培养,增加国家生产,提高人的效能,充实教育意义。所有的教育都包括职业的目的,但是以往的职业教育不过是附属品,随着实业不断发展,职业种类增多,职业需求提高,必须进行

---

① 付雪凌. 促进职业教育可持续发展的制度设计思考——发展自主性的视角[J]. 职教论坛,2010(1):45-47.

② 马庆发. 当代职业教育新论[M]. 上海:上海教育出版社,2002:59.

③ 熊惠平. 关注"穷人经济学":中国职业教育发展新话语[J]. 教育科学,2006(1):77-79.

④ 鲍洁. 可持续发展与高等职业教育[J]. 江苏高教,2001(3):95-98.

职业教育。[1]

新中国成立以后，国民经济的恢复和五年规划的实施对技术技能型人才需求量大增，我国中等专业教育和技工教育得以飞速发展。改革开放以来职业教育新一轮发展高潮的背景也是经济的恢复和快速发展。

职业教育是将科学技术转化为现实生产力的重要中介。没有职业教育，科学技术将难以很好地转化为现实生产力。从理论上看，长期以来，人力资本理论一直是人们思考各类职业教育问题的基本理论依据。[2] 职业教育通过使受教育者掌握技术技能而提升其人力资本，进而在社会既为企业创造价值，又为自己和家庭带来经济收益。

职业教育的经济价值建基于为经济领域社会分工的职业提供技术技能人才。孙善学认为："职业教育的'逻辑起点'应该是从职业出发的教育，是为受教育者获得某种职业技能或职业知识、形成良好职业道德，从而满足从事一定社会生产劳动的需要而开展的一种教育活动。"[3]

20世纪70年代末至80年代初，刘鉴农认为职业技术教育是教育与经济的重要结合部，它与经济的联系最直接、最紧密。基础教育和高等教育都很重要。但职业技术教育更直接为经济和社会建设事业服务。职业技术教育只有紧密地同国民经济与社会发展要求相适应，才有生命力，才能很好地发挥自己的功能。加强职业技术教育，使青年一代掌握科学知识和有关的专业技能，既有利于他们开拓新的就业门路，消除待业者与职位空缺并存的现象，又有利于发展新兴产业和服务行业，提高第三产业在整个产业结构中的比例，形成合理的经济结构和就业结构。[4]

20世纪90年代，我国由计划经济体制向市场经济体制转型，职业教

---

[1] 何清儒. 职业教育学 [M]. 北京：商务印书馆，1941；李兴军. 民国时期职业教育学的代表——读何清儒《职业教育学》[J]. 职教论坛，2007（07S）：59-64.

[2] 石伟平，徐国庆. 职业教育课程开发技术 [M]. 上海：上海教育出版社，2006：68.

[3] 肖凤祥，李强. 职业教育的历史起点与逻辑起点探析 [J]. 天津师范大学学报（社会科学版），2014（3）：60-64.

[4] 刘鉴农，李澍卿，董操，等. 职业技术教育学 [M]. 济南：山东教育出版社，1986.

育学科为适应市场经济体制的发展，在实践和理论上都突出了应用特征。在这一时期，大多数学者认为促进我国的经济振兴和社会发展离不开发展职业技术教育。职业技术教育与提高生产水平，与城乡经济建设和各项事业的关系最为密切、更为直接。在城市，随着经济体制改革的深入进行，迫切需要增强企业活力，提高劳动生产率和职工队伍的素质。尤其是技术密集型的行业更需要相当数量的中、初级技术人员和大量的熟练工人，越来越多的企业家深深认识到企业的后劲在于提高劳动者的素质，这就必须依靠职业技术教育培养所需人才。①

进入21世纪，我国社会开始由工业经济向知识经济转型。在这一时期有学者认为：职业教育主动为经济发展服务，培养大量的社会主义建设者和接班人，推进职业教育的改革与发展是实施科教兴国战略、促进经济和社会可持续发展、提高国际竞争力的重要途径，是调整经济结构、提高劳动者素质、加快人力资源开发的必然要求，是拓展就业渠道、促进劳动就业和再就业的重要举措。职业教育的显著功能是，把普通劳动力培养成为具有特定职业能力的专门劳动力，把非技术型劳动力培训成为技术型的劳动力，把笨拙的劳动力训练成为熟练、高效率的劳动力。② 因此，职业教育改变的是面向市场的劳动力的职业素质、就业能力和工作质量问题。

在当今发达的社会主义市场经济条件下，职业教育的本体性内在价值，集中表现在就业和再就业的价值上。大力发展人民满意的职业教育，就是大力发展以就业为导向的职业教育。工人、农民及其子女的就业和再就业成为职业教育价值选择的重点。③

面对未来的智能化社会，行业企业的技术技能需求高移，要求职业教育培养更多高级技术技能人才，必然要求我国高等职业教育更高质量地发展。

---

① 卢双盈，李向东.《职业教育学》[M].北京：兵器工业出版社，1998.
② 张家祥，钱景舫.《职业技术教育学》[M].上海：华东师范大学出版社，2001.
③ 明立军，葛政，葛岳. 职业教育价值理论与实践[M].沈阳：东北大学出版社，2006：3.

三、社会价值

职业教育的社会价值主要表现在职业教育的公益性上。研究认为职业教育的公益性远远大于其私利性,职业教育在促进经济增长、消除贫困,促进社会公平与减少社会犯罪率等方面发挥着不可替代的公共作用。[①] 职业教育有较大的外部性。职业教育能帮助受教育者提升精神、文化生活质量,间接使他们的子女有更多接受高质量教育的机会。对国家来说,职业教育"使无业者有业,使有业者乐业",因而能够促进社会稳定。职业教育的社会功能有利于受教育者形成社会认可的价值观,进而有利于国家统一、民族团结和社会进步。职业教育具有公共产品的性质。职业教育资源是面向全体公民的,是"人人皆可成才"的教育,关乎全社会和全体国民的福祉增进。[②]

近代职业教育思想起源于清末的"实业救国"思潮。职业教育的学校化和举办职业教育上升为国家意志是近代职业教育外在价值受到充分重视的主要变现。近代职业教育的发展为中国近代国民经济的发展和人文素质的提高及社会变革等起到了积极的促进作用。[③]

提高国民素质整体水平,职业教育既责无旁贷,也别无他代。无论是在扩大高中阶段教育的规模还是在增加高等教育机会方面,职业教育都有重大的作用。职业教育维护社会稳定的作用不仅表现在下岗工人身上,更主要的是表现在初高中毕业后的无业青少年身上。青少年身心发展尚未成熟,常常缺乏自控能力,遇事易冲动,没有科学的世界观和固定的价值取向,如果提前步入社会,加入四处流动的求职大军中,极容易受到社会的不良影响,受到坏人的利用与拐骗,成为影响我们社会稳定的一大因素。[④]

---

① 和震. 论职业教育的公益性质及其分类 [J]. 中国高教研究,2013(2):84-88.

② 盛子强,曹晔. 职业教育公益性的理论探讨 [J]. 职业技术教育,2012(10):5-9.

③ 陈元晖. 中国近代教育史资料汇编(实业教育师范教育)[M]. 上海:上海教育出版社,2007:200.

④ 崔士民. 职业教育学概论 [M]. 成都:电子科技大学出版社,2008.

职业教育是构建和谐社会的基础。办好职业教育，是提升全民族职业素养，实现精准扶贫、共同富裕、国家强盛最直接、最根本和基础的战略任务，是历史赋予职业教育的神圣使命。精准扶贫的根本在职业教育，人生事业成就的根本在职业成功，国家稳定的根本在于人民安居乐业。发展职业教育是以人民为中心，为民、亲民、爱民执政理念的试金石。可以肯定，一个全体人民具有良好职业素养的国家和民族是强大的，是不可战胜的；可以想象，一个全体人民职业素养缺失的国家和民族是多么弱小和可怕的，这是已被人类历史所证明的结论。没有发达的职业教育，就不会有一个国家、民族的强大和伟大复兴。[①]

职业教育还是传递和传播文化的重要途径。通过传递、传播文化，职业教育促进着文化的发展。同时，职业教育还有着文化选择价值。职业教育通过传递、传播文化，选择、整理文化而促进着文化的发展。在几千年的发展过程中，各行各业都积累了无比珍贵的职业生活经验，拥有十分丰富的职业文化遗产。传统职业文化中具有的一些积极因素需要职业教育来将其发扬光大，主要体现在对职业道德的继承和对职业意义的追求两个方面。[②]

职业教育有促进社会流动避免阶层固化的功能。随着新工业革命的到来，知识、技术在个人职业获得中起着主导作用，而职业在现代社会是影响社会分层的主要因素。在这个大背景下，职业教育在个人阶层地位获得中的作用越来越大。职业教育推动知识与技能的传播与竞争，激发社会底层成员的求知欲望，拓宽人们自我开发的途径，增加社会底层教育欲望强烈者向上流动的机会，从而促进社会稳定。但经济资源的阶层分布也影响着职业教育的发展，即社会下层所占的经济资源在社会资源总量中的比例较低，而职业教育又是一个相对需要更多投入的教育形式，如果缺乏政府

---

① 中国职业技术教育学会. 传承历史　面向未来　推进职业教育现代化［M］. 北京：高等教育出版社，2017：63-67.

② 黄尧. 职业教育学——原理与应用［M］. 北京：高等教育出版社，2009：771.

持续的资源投入和助学补贴，职业教育的生源吸引力就会受到影响。[①]

我国人口多，基数大，就业压力大，大力发展职业教育的过程就是为我国成千上万的劳动力解决就业问题的过程。社会上"十万年薪"还难求一个"八级钳工"的知识型高技能人才充分说明发展高质量职业教育的重要性和紧迫性。中国现阶段的发展历史告诉我们，只有在坚持普通教育的同时加快中国的职业教育，才是和谐育人加快经济发展之急需。

第四节　职业教育可持续发展的推动策略

职业教育具备的诸多价值属性奠定了其存在与发展的基础，但仍不是职业教育可持续发展的充分条件。实际上，影响职业教育可持续发展的因素很多，比如经济发展水平和结构、行政调控、生源数量和结构的变动等。民国时期职业教育长期低水平发展的背景是长期的政局变动使职业教育缺乏持续的行政支持，以及经济发展落后，职业教育毕业生出路不畅；"文革"时期的社会动荡也曾使职业教育全面停滞，20世纪末开始的高校扩招则使中职教育生源减少、规模萎缩。如何使职业教育充分发挥出其应有价值，摆脱种种不利环境因素的影响，实现职业教育可持续发展，一直是学者们关心的话题。

为使职业教育活动得以开展，社会和个人都需呈现出各自对于职业教育发展潜在的或者前提性的意义和价值。在这个价值活动层面上，客观社会环境、物质基础以及人的主观认识等都通过各自对职业教育发展产生的作用与职业教育形成"手段性价值关系"。[②] 这些构成"手段性价值关系"的要素大致可划分为：（1）观念。职业教育价值是否被充分认识，职业教育是否受重视。（2）质量。职业教育如何不断提升办学质量，以使自身价值得以更好实现，使职业教育持续被重视。（3）政策。职业教育是否得到

---

① 卢洁莹，马庆发. 可能与不能：社会分层对职业教育发展影响的一个悖论[J]. 教育发展研究，2007（1）：48-51.

② 唐林伟. 试论职业教育的价值体系[J]. 教育与职业，2008（11）：12-13.

了政策法规的支持，从而在相应资源支撑下，规模与质量发展成为现实。
（4）背景。大的社会背景是否稳定，有无影响职业教育发展的意外事项。质量是职业教育存在和发展的基础，观念、政策因素与职业教育形成手段性价值关系很大程度上决定着职业教育的资源投入，背景因素间接决定着职业教育的发展稳定性，这些因素共同决定着职业教育能否持续发展。因而，学者们对推动职业教育可持续发展策略的研究主要在这几个大维度上展开。

一、改善社会对职业教育的认识

改善社会对职业教育的认识是职业教育实现可持续发展的重要前提性工作。对职业教育的认识不到位，主要指社会对职业教育价值的认识不够清晰，从而影响对其发展的持续资源投入。如果是政府的认识不到位，职业教育政策法规的出台就可能滞后或缺失，直接影响职业教育发展的政策支撑和资源支持。如果是行业企业的认识不到位，它们就不会作为办学主体积极参与校企合作、产教融合，职业教育的发展质量就会受到影响。如果是其他社会公众的认识不到位，则可能会产生更深远的影响，比如导致优质生源的流失，毕业生就业时的不平等待遇，等等。

在有关职业教育可持续发展的研究中，改变对职业教育的传统社会观念和认识偏差被较多提及，如张林国、韩德锋认为社会观念陈旧（读职业院校没有前途）、社会思想认识偏差（重学历轻技能）是导致职业教育发展缓慢的重要原因。[1] 周建松指出，职业教育社会地位仍很不乐观，招考公务员时职业教育毕业生被排斥在外，用人单位都以本科为起点，等等，都是亟待解决的问题。有学者提出，应形成全社会崇尚、重视职业教育可

---

[1] 张林国，韩德锋. 关于加快职业教育持续发展的思考[J]. 湖北社会科学，2008（7）：176-177.

持续发展的社会文化氛围。[1] 这方面的研究模式多是分析现象、剖析原因和提出对策。

1. 社会不良职业教育观念导致的问题

一是生源少、生源质量不高。[2] 不少学者认为社会的传统思维仍然困扰着职业教育的发展。"劳心者治人，劳力者治于人"的传统观念是职业教育遭遇冷落的一个重要原因，城市居民不愿子女选择到职业院校就读，农村居民中愿意子女接受职业教育的比例也不高。[3] 社会对高职院校的认可度还不高，每年报考高职院校的考生并不多，多数考生是在上普通高校无望的情况下才选择高职院校，因此高职院校缺乏群体性的优秀生源。[4]

二是就业问题。毕业生高质量就业难，高职毕业生面临就业瓶颈。[5] 就全国范围而言，与普通高校毕业生相比，高职毕业生就业压力相对小一些，但部分职业院校由于种种原因，毕业生的就业率和就业质量很不乐观，各级政府和学术界要求职业教育要"以就业为导向"推进学校的改革和发展，但在具体实施中面临许多困难。[6]

三是毕业生的发展空间问题。当职业院校的毕业生就业没有优势，继续接受教育、评定技术职称、增加工资、晋升职务和报考公务员都将受到

---

[1] 周建松. 基于国家示范引领的高职教育可持续发展研究——关于推动高职教育从"百花绽放"到"千花盛开"的思考 [J]. 中国高教研究，2009（12）：57-59；周建松. 高等职业教育可持续发展问题的分析与思考 [J]. 黑龙江高教研究，2009（6）：72-74.

[2] 周建松. 以制度创新推动高等职业教育可持续发展 [J]. 中国高教研究，2012（4）：89-92.

[3] 林素. 高等职业教育可持续发展的几点思考 [J]. 乌鲁木齐职业大学学报，2002（3）：61-63.

[4] 陈功江. 我国高等职业教育可持续发展战略述评 [J]. 湖北社会科学，2012（2）：170-172.

[5] 周建松. 以制度创新推动高等职业教育可持续发展 [J]. 中国高教研究，2012（4）：89-92.

[6] 陈功江. 我国高等职业教育可持续发展战略述评 [J]. 湖北社会科学，2012（2）：170-172.

种种的限制。① 经济社会转型升级还将带来用人门槛普遍提高，专科层次的高等职业教育毕业生会失去竞争力。②

2. 改善社会对职业教育认识的对策

一是引导各界树立正确的职业教育观，并明确职业教育的定位。③ 首先必须改变唯知识的教育质量观，这个问题不解决，各项改革都没法推进，也很难有突破性的进展。要坚持能力本位，但能力标准也不是由学校单独决定的，专业是为职业岗位群服务的，用人部门要和学校一块儿研究职业岗位群对专业提出的能力要求。④ 沿海一些地区的就业观念已经发生了根本性的转变，"深圳的今天，就是内地的明天"。⑤

二是建设一体化、开放式职业教育体系，使公众明确认识到职业教育是一个通畅的成长教育路径，读职业院校不会进入死胡同。重点应放在健全和高移职业教育的学历教育体系。⑥ 在具体措施上，有学者提出在积极构建人才培养立交桥的同时，致力于构建相对独立的职业教育体系，实施专业化培养，提高培养效能；坚持把职业教育体系建设成一个成长发展的开放式体系，在现有专科层次的基础上，加快探索四年制（本科层次）高等职业教育新路径，并努力争取在 2020 年前后建立包括专业硕士在内的一体化、开放式高等职业教育体系，使中国高等职业教育走上可持续发展之

---

① 杨黎明. 关于职业教育的吸引力——职业教育可持续发展的机制设计 [J]. 职教论坛，2011（15）：1.

② 周建松. 以制度创新推动高等职业教育可持续发展 [J]. 中国高教研究，2012（4）：89-92.

③ 付芝芳. 浅谈高等职业教育与可持续发展 [J]. 职教与经济研究，2006（2）：11-13，17.

④ 于天罡. 本科院校高等职业教育协作会 2001 年研讨会召开 努力促进高等职业教育持续发展 [J]. 职业技术教育，2001（21）：15-17.

⑤ 林素. 高等职业教育可持续发展的几点思考 [J]. 乌鲁木齐职业大学学报，2002（3）：61-63.

⑥ 马廷奇. 高等职业教育可持续发展探析 [J]. 黑龙江高教研究，2001（3）：44-46.

路。[①] 目前来看，随着现代教育体系、职业资格框架的建立以及职称体系的完善，选择职业院校也能取得高学历，不读职业院校很难达到入职门槛，技能人才也能取得高职称从而获得更多社会认可，使得问题正逐步得到解决。

三是营造有利于职业教育可持续发展的社会文化环境。应建立职业教育运行的社会支持体系。[②] 职业教育的发展需得到全社会的关注和支持。应形成全社会崇尚、重视职业教育可持续发展的社会文化氛围。[③]

也有对国外相关问题的研究。有学者研究了美国社区学院等短期大学持续发展的原因，认为一是人力资本理论的理论支撑，促使美国制定了高级技术发展时期加强全民普及型教育的人才培养政策，并促使短期大学推出受社区欢迎和公众支持的课程；二是新技术的开发提高了对中级技术人员的要求，社区学院等正适合培养高于中等职业教育学历水平的高级技术技能人员；三是政府不断增加投入。[④] 前两者都可归为美国社会对社区学院职业教育价值认识的改善：人力资本理论使人们认识到社区学院毕业生是重要的人力资本，新技术的开发提高对中级技术人员的要求使人们进一步意识到社区学院的人才培养价值。这种认识的根本性转变是美国政府不断增加对社区学院投入的重要原因。尽管我国为改善社会各界的职业教育已有观念做出了很多努力，但就效果而言还有很长的路要走。我们现有的改变社会公众对职业教育认识的措施有待持续深入和创新开展。

二、提升职业教育的有效性

提升职业教育有效性，就是要通过职业教育规模、结构优化和质量的

[①] 周建松. 以制度创新推动高等职业教育可持续发展 [J]. 中国高教研究，2012 (4)：89-92.

[②] 黄尧，陈明昆. 职业教育可持续发展保障体系的理论建构 [J]. 教育发展研究，2011 (7)：1-5.

[③] 周建松. 高等职业教育可持续发展问题的分析与思考 [J]. 黑龙江高教研究，2009 (6)：72-74.

[④] 岑光. 欧美和日本等国的短期大学 [J]. 高等教育学报，1986 (1)：87-92.

提升，提高职业教育的效益、效果和效率，尽可能实现社会对职业教育多样化的价值期待。教育质量是影响职业教育可持续发展的根本所在。[1] 我国职业教育培养适应生产、建设、服务、管理等第一线需要的技术应用型人才的目标尚没有得到令人满意的实现。[2] 如果无论如何投入，职业教育总不能有效实现人们的期待，已有的投入就很难维持下去。只有职业教育不断优化规模、提升质量，尽可能多地实现各方的价值期待，前期对职业教育的资源投入才可能变成连续性投入，支撑职业教育可持续发展。

20世纪80年代就有学者注意到了美国社区学院等短期大学的可持续发展问题，并得到启示：职业教育需要通过提升办学质量，持续释放自身价值潜力；要办好学历职业教育，既提升学生技术技能，又促进学生全面素质发展；要成为终身教育的重要资源，为全民接受职业教育提供可靠平台；要为国家扶贫攻坚作贡献，发挥出自身促进就业和脱贫的功能；要开设更多民众喜爱的课程，增强自身与社会的和谐关系，为自身发展营造和谐社会环境。只有这样，才能让外界充分了解职业教育的价值，从而打消对职业教育价值的疑虑，给予职业教育充分支持。[3]

有学者专注于从提升职业教育质量角度提升其可持续发展能力。如李建民认为，对于高等职业教育可持续发展而言，优化资源结构是前提、科学的课程设置和教学内容选择是重要保障、教师素质是关键、教学方法的改进和创新是重要动力。[4] 这些工作都有利于使高职教育找准定位、丰富内涵，提升质量，努力实现自身价值。付芝芳提出应强化教育以人为本和因材施教的理念；坚持以就业为导向，采取多种形式办学，创新人才培养模式，努力办出高等职业教育特色。[5] 张林国、韩德锋认为，职业教育仍

---

[1] 张健. 影响职业教育可持续发展的三个要素 [J]. 职教论坛，2011（20）：1.
[2] 马廷奇. 高等职业教育可持续发展探析 [J]. 黑龙江高教研究，2001（3）：44-46.
[3] 岑光. 欧美和日本等国的短期大学 [J]. 高等教育学报，1986（1）：87-92.
[4] 李建民. 高等职业教育与可持续发展 [J]. 郑州铁路职业技术学院学报，2000（4）：7-8.
[5] 付芝芳. 浅谈高等职业教育与可持续发展 [J]. 职教与经济研究，2006（2）：11-13，17.

难以满足社会经济发展对高技能人才的需求，面临的突出问题是职业教育区域发展不平衡、投入严重不足与资源浪费并存、师资矛盾突出、中职生源不容乐观。为促进职业教育持续发展，首要的是通过整合职业教育资源、加强教师队伍建设、提升办学质量。

吕静锋提出应建立推动区域中等职业学校可持续发展的机制。区域中等职业教育发展的外部矛盾是教育环境的发展需要（即经济社会发展对具有一定技术技能水平人才的需求）与区域中等职业教育发展水平之间的矛盾。区域中等职业教育发展的内部矛盾是教育目的与职业教育发展水平之间的矛盾。内部矛盾居于支配地位、起主导作用，它的解决对全局具有决定意义。而经济社会发展需求是推动区域中等职业发展的外在动力（社会需求决定了区域中等职业教育的教育目的），中等职业教育的教育目的与受教育者发展水平之间的矛盾是区域中等职业教育发展的内在动力。内在动力机制是区域中等职业教育发展的最基本、最主要的推动力，主要体现为区域中等职业教育教育目的的实现。外在动力机制是区域中等职业教育发展的主要外部推动力量，主要体现为区域中等职业教育要适应经济社会对人才类型结构多样化的需求。实践证明，在区域中等职业教育的教育目的确定和实现过程中，校企合作发挥着十分重要的作用，校企合作动力机制已成为解决问题的关键。基于此，他提出的推动区域中等职业教育系统可持续发展的机制包括动力机制、供需机制、培养机制、信息反馈机制、评价机制、调解机制、支撑机制等。[1]

整体看，学者提出的提升职业教育有效性措施，可归纳为以下几个方面。

1. 在院校层面加强职业教育内涵建设

职业教育能否可持续发展的决定性因素是其自身能否持续体现出应有的价值，这就要求职业院校的办学水平稳步提升，教育教学质量逐步改善。院校层面的职业教育内涵建设就是职业院校的内涵式发展，即通过职

---

[1] 吕静锋. 区域中等职业教育可持续发展研究 [M]. 北京：人民出版社，2009：75-76，144-145，189-190.

业院校内部资源要素配置方式的改革和优化，提升职业院校的教育教学质量、效益和办学活力。需要调整的要素包括办学理念、学校制度与文化、师资建设、科研能力、教学质量和水平等。然而现实却是职业教育在很多方面丧失了发展的自主性，陷入发展误区，成为限制职业教育可持续发展的症结。[①] 为实现可持续发展，各级各类职业院校应积极努力，加强内涵建设，扎实提升职业教育质量，实现自身应有价值，把握可持续发展的主动权。

有学者强调准确定位职业教育事业才能不断科学、协调、可持续发展。准确定位主要反映在办学理念应体现综合素质教育；培养目标定位应体现对社会适应性强；专业建设定位应坚持市场化；课程设置定位应突出职业性；师资队伍素质定位应做到"双师型"；人才培养途径定位应坚持产学研结合等方面。[②] 职业院校应首先明确职业教育的人才培养目标定位以及自身发展目标定位，以使自身的内涵式发展有明确指引。赵国英、安树一在20世纪末高职教育成效不大、发展缓慢、高职特色不明显、与国家经济发展需要不相适应的背景下提出，解决高等职业教育可持续发展问题的关键在于依靠自身的发展。要通过改革创造良好的内部条件：一要调整培养目标，体现高职特色；二要深化办学体制改革，建立联合办学或协作办学的有效机制；三要加强师资队伍建设。他们认为，加强"应用型"师资队伍建设，最终要做到提升办学规模和效益。[③] 陈功江指出我国近年来职业教育发展面临的问题：办学思路不够明确，一些学校的决策层往往疲于应付眼前的各种事务，对学校的基础建设和发展定位缺乏深入的思考；"双师型"教师短缺问题，因招生规模的不断扩大，教师忙于教学，没有时间和精力进修或赴企业实践来提升专业实践能力，实践环节教学能力提

---

① 付雪凌. 促进职业教育可持续发展的制度设计思考——发展自主性的视角 [J]. 职教论坛, 2010（1）：45-47.

② 王保军, 张秀清. 准确定位是高等职业教育可持续发展的根本 [J]. 教育与职业, 2008（8）：33-34.

③ 赵国英, 安树一. 可持续发展与高等职业教育改革 [J]. 黑龙江高教研究, 1998（2）：82-84.

升缓慢。① 鲍洁提出，高等职业教育教学内容要紧紧围绕高职教育培养目标的人才规格和特征，遵从高职教学规律组织安排，并注意根据社会可持续发展的需求不断更新教学内容；师资队伍要从确保实现高职教育人才培养目标出发，建立结构合理、水平高、能保持学校可持续发展的专兼结合的"双师"型师资队伍；构建可持续发展的高职教育运行机制，根据高职教育与外界之间、高职教育内部各要素之间相互联系、相互作用、相互制约关系，构建推动高职教育良性运转的运行方式；要优化高职教育的生态环境，在制定高职教育的发展规模时，必须充分考虑高职教育生态环境的承载能力，留有一定的余地。②

周建松提出通过职业院校层面的微观管理改革和加强职业教育内涵建设，进而促进职业教育可持续发展：一要重视学校优良文化的建设，探索形成开放合作的学校发展和管理平台，并把重德崇能作为培养目标；二是通过职业教育和培训、技术开发和咨询、科研合作和服务等途径，不断增强办学的社会功能和综合效能，谋求更大的经济效益和社会效益，实现财政来源的多元化和可持续；三是重视学校办学内涵建设，把工作重点放在抓专业、抓课程、重教书、重育人、重"双师"结构教学团队建设，重视校内外实训基地建设，重育人为根本、教学为中心地位的落实。③

专业的质量在很大程度上决定了职业院校内涵式发展的水平。周建松提出为推进高职教育可持续发展应建立和健全专业建设机制，既要提高认识，调整管理体制，也要突出重点和重心，建立相应保障机制，而国家则要建立相应的制度和考评办法。尽管以专业为核心、以重点专业为龙头的高职教育改革与建设机制正在逐步走向成熟，但还存在难以向上延伸和对接、国家和高职院校均缺乏专业建设制度、受重视程度不够、学术化倾向遗存、专业建设考评机制尚未建立等问题。应从高职院校可持续发展高度

---

① 陈功江. 我国高等职业教育可持续发展战略述评［J］. 湖北社会科学，2012（2）：170-172.
② 鲍洁. 可持续发展与高等职业教育［J］. 江苏高教，2001（3）：95-98.
③ 周建松. 高等职业教育可持续发展问题的分析与思考［J］. 黑龙江高教研究，2009（6）：72-74.

建设高职专业管理和运行机制：确立专业在高职教育中的核心地位，建立以专业和专业群为基点的学校管理架构，建立起高水准的专业带头人培养机制，按专业建设要求进行人、财、物综合投入，国家建立专业教学公共资源库和重点教材，教育行政部门建立专业考核评价制度。①

王仁彧基于价值链理论讨论我国职业教育可持续发展的途径。一是我国职业院校要明确未来发展定位。应坚持职业教育的市场运行意识，明确自身在市场运行机制下的主体地位与作用，注重对"投入产出"的正确认识，用好一切力量，提高资源利用效率，把学校职业教育理解为向社会提供准公共产品，既要看到自身成绩与贡献，又要能为社会创造更广阔的职业教育机会，让更多学习者、劳动者参与职业教育。杜绝学校之间各自为政的狭隘职业教育观和学校发展观，为社会职业教育发展价值链的有效建立与完善提供各种支持。二是建立职业教育发展价值链的人力资源结构。职业院校应根据自身定位与特点，努力提升学校的师资结构与水平，确保学校基本目标充分实现，不断提升学校的发展后劲，为学习者能接受更广泛的职业教育奠定基础。应当把确保培养出在生产、服务、技术和管理等第一线工作的高素质劳动者和中初级专门人才作为学校师资队伍建设的主要方向。师资保障还应为学习者日后更好适应社会需求、强化自我发展的能力服务。还需要帮助学习者搭建接受更高层次学历教育的舞台，为所培养的高级技能人才的社会实践发展与理论深造创设机会。三是创设职业教育发展价值链的技术环境。需要关注职业教育发展过程中入学深造与社会实践等相关技术因素与环境。总体看来，目前升学渠道如学校保送、三校生高考等途径还是比较狭窄。在保留现有升学方式的前提下，各级职业院校之间可探索架设考试与选录相结合的招生政策。在目前我国许多高校都拥有自主招生资格的政策背景下，各级职业院校可以在充分调研的基础上达成合理的招生环境与政策。中高职院校都可以设定合理的学生学习评价指标，按照一定的比例，选录那些进校学习以来各项指标都表现优异的学

---

① 周建松. 基于可持续发展的高职教育专业建设机制研究[J]. 中国高教研究，2010（4）：84-87.

生进入更高层次的院校接受教育。为实现这种选录环境，提升职业教育人才培养质量，加强学校的师资队伍建设，强化学校管理思维与管理能力建设，推动教学模式改革，加大学校教学资源等方面的投入与建设，都将是不可或缺的。各职业院校在确保高质量的师资队伍建设的前提下，应努力提升学校自身适应各项发展的管理思维与管理能力，用科学发展的思维与观点看待学校自身的定位与未来发展空间，大力倡导职业教育课程教学改革，加大学校教育资源建设力度，以价值链理论分析为切入点，发挥市场机制在学校职业教育中的积极推动作用，从各个方面营造培养高素质职业技术人才的环境与氛围，优化职业教育资源，推动我国职业教育价值增值，最终实现我国职业教育可持续发展。[①]

丁金昌从职业院校自身发展角度为职业教育可持续发展提出的对策之一是突出高职教育的类型特色，强调实训基地是实践教学的物质载体，校内生产性实训基地建设是高职教育内涵建设的重要内容之一。为此，首先要改变校园形态，建立"教学工厂"，将原来的教室、实验室改造成为实训室，引进企业的生产车间或研发部门，校企共建校内生产性和研发性实训基地，在形态上实现校企空间和文化的统一。建立"教学工厂"，在实训基地交替设置生产岗位和实习岗位，学生可在师傅的指导下直接接触每个生产过程和工序，边学边做，学做合一，做出来的产品直接投放市场，学生进校就能受到企业氛围、企业文化的熏陶。"教学工厂"具有真实的产品生产功能，不同于浓缩、模拟生产经营环境的实训基地，也不同于校办工厂或校外实习基地。校办工厂一般只能满足部分专业的实训需求，学校投入大并且运作困难，往往成为学校不能承受的负担。校外建立的实习基地往往缺乏教学功能，教学质量难以监控。其次，对实践教学体系进行多层次、系统化设计。"教室与实训室合一"基地主要承担专业基本技能的实训；"实训与生产合一"基地进行综合技能实训；"毕业设计与开发服务合一"基地以企业项目为载体，实现综合实践与应用能力的结合，在应

[①] 王仁彧. 价值链理论对我国职业教育可持续发展的启示 [J]. 现代教育管理, 2010 (11)：86-88.

用研发与技术服务中培养学生的创新意识和后续拓展能力。"教学工厂"的建立能对高职院校课程体系和教学内容的改革形成"倒逼"机制。企业真实的生产环境和职业氛围，使构建基于工作过程的课程体系变得切实可行，同时，学生在校园内感受企业真实的生产氛围，有利于彻底打破学科型的教育理念，切实提高学生的职业能力。①

陈功江提出高等职业教育可持续发展的对策：一是教育与培训并举，以教育为主线。利用实习实训基地对学生进行职业技能培训，从而提高学生的实践能力，要注意把知识教育融入技能训练之中，要注重通用知识的培养，提升学生职业可持续发展能力。二是使职业技术学院成为现代职业技术推广和应用人才孵化的基地。现代高新技术的发展与推广应用对职业技术的要求越来越高，职业的岗位分工越来越细，新的职业工种不断涌现。特别是作为处在工业化初期的我国，在社会转型、城市化提速、经济结构调整的大环境下，经济社会发展对高职教育改革和发展提出了更高的要求。要时刻洞察现代职业技术的最新动态，了解高等职业技术发展的趋势，把最新的职业技术引进课堂，使学生学习和掌握最新的职业技术知识和技能，这样学生在就业市场就有竞争力，已就业的学生在岗位上也有发展潜力。职业院校要和相关的科研院所、重点高校有关院系建立密切的联系，了解职业技术的新进展，承接可开发、可推广的科学技术成果。三是促进高等职业教育的国际化。我国高等教育国际化正逐渐由教师和学生的输出向教师和学生的输入转化。高等职业教育的国际化，是高等职业教育自身发展的需要，也是我国经济社会发展对职业岗位的基本要求。要实现高等职业教育的国际化，首先要学习和借鉴发达国家职业教育的成熟经验，进一步深化教育教学改革，转变教育理念，更新教育内容，变革教育方法。在教育部评定的示范职业技术学院中，挑选一些学校开展国际合作办学是一个很好的开端，但核心的问题是办学理念、教育内容和教学方法的国际化。譬如，应当瞄准世界职业教育发展的趋势前沿进行专业设置，

---

① 丁金昌. 基于"三性"的高等职业教育可持续发展研究与实践［J］. 高等教育研究，2010（6）：72-77.

把世界最新的职业技术纳入相关专业的教学之中,用世界最新的教学方法对学生进行知识传授和技能训练,还可以把师生送到国外相关院校、企业进行学习等。高等职业教育的国际化,还在于要把就业目光瞄准国际劳动力市场。虽然在一些发达国家存在着普遍的失业问题,但对技术人才,即使是初中级技术人才而言,不论是发达国家还是新兴国家都是供不应求。职业技术学院要把向世界输送初中级职业技术人才列入议事日程。从长远来说,还要把吸纳国外留学生作为办学的目标,发达国家的职业院校在吸纳外国留学生的规模上并不比世界知名的研究型大学逊色。《国家中长期教育改革和发展规划纲要(2010—2020年)》提出了高等教育国际化的具体目标,即到2020年要使来华留学生人数突破50万,职业院校在接收国外留学生方面也要有所突破。[1]

2. 探索建立职业教育可持续发展的良好生态

陈明秀提出职业教育应树立生态人文主义教育价值观。用可持续发展理念探讨自身改革,正确处理职业教育发展中当前和长远、局部和整体、规模和效益,以及职业技术学校与家庭、社会和国家的关系,按自身的规律,以最大限度地与社会经济可持续发展相协调为准则,以长期、持续、稳定地与社会经济协调发展为目的,实现自身的可持续发展。[2]

周建松提出,高等职业教育可持续发展生态的有效实践应是行业、校友、集团共生态,应依托行业、团结校友、集团化发展;应建立有利于高等职业教育可持续发展的内涵建设体系,包括牢固树立高等职业教育的目标定位、坚定不移地实施开放办学、重视学生的职业素质和职业技能培养、注重真实职业环境(工作场所)的营造、注重职业证书教育和考核;建立校企合作体系、质量文化体系、内部组织体系、政策支持体系。[3]

3. 紧扣时代脉搏,体现时代价值

---

[1] 陈功江. 我国高等职业教育可持续发展战略述评 [J]. 湖北社会科学,2012(2):170-172.

[2] 陈明秀. 树立职业教育可持续发展理念 [J]. 职业技术教育,2003(16):72.

[3] 周建松. 探索和建立高职教育可持续发展生态 [J]. 中国高等教育,2009(9):47-48.

职业教育价值取向变迁是影响职业教育发展的重要因素。职业教育的产生和发展，既是当时社会主流教育价值取向对时代要求的反映，又是对时代要求所作的应答。在不同的社会发展阶段，职业教育价值取向会有差异。这是一定时期社会生产力、政治经济制度、文化意识形态等因素综合作用的结果，也随着人们认识水平及主体需求的变化而不断变化。①

为提高职业教育效能，在转变发展方式提高人才培养质量的同时，还应考虑经济发展水平，避免过度发展或超速发展。查吉德基于日本学者木村力雄提出的现代教育发展基本原理——差别原理、公平原理和效能原理，主张这三大原理也是推动职业教育可持续发展的基本原理。一是须遵循差别原理，与普通教育差异化发展，并增强多样性特征，满足多样化的人才需求和教育需求。二是须遵循公平原理，建立现代职业教育体系，完善教育分流标准，促进教育机会公平和发展机会公平。三是须遵循效能原理，将处于对立冲突状态的差别原理与公平原理统一起来，不仅考虑经济效能，还要考虑社会效能。②与其他教育形式差异化发展、促进教育公平、考虑对当前社会的效能，显然都是要求职业教育的发展应明确自身在社会特定时代发展阶段中的定位、展现自身最大的时代价值。这样，职业教育才能得到现时社会的认可，从而其发展才能获得及时的社会资源支持。

鲍洁提出的高等职业教育可持续发展实施策略注重对社会生态变化的关照：首先要转变观念，树立持续、协调发展的高职教育价值观，整体发展的人才价值观，科学与人文相结合的生态人文主义教育价值观；其次要合理定位，明确自身在国家教育体系中的定位。（高职教育在当时还普遍被作为高等教育的一个层次而不是一种类型。高职教育仅局限于高中后2—3年的专科层次。）③

有学者提出，高等职业教育的可持续发展应做到根据经济发展需要及时调整专业设置。市场是职业教育发展的根本动力，以市场为导向，就是

---

① 侯晨. 中国近代职业教育价值取向的演进 [D]. 石家庄：河北师范大学，2008.
② 查吉德. 职业教育可持续发展的基本原理 [J]. 河北师范大学学报（教育科学版），2013（1）：65-69.
③ 鲍洁. 可持续发展与高等职业教育 [J]. 江苏高教，2001（3）：95-98.

办学要紧密联系生源市场和人才市场,一是有学生愿意来职业院校,二是有用人单位愿意选用职业院校毕业生。这就要求我们站在市场的前沿,洞察生源市场和用人市场的特点,准确把握市场的脉搏,科学合理地设置专业,并能根据市场的变化及时灵活地调整专业结构,按照专业的特点和区域经济发展的特点开发课程,保证培养出的学生能用、适用、好用。① 专业设置是高职教育调动社会和企业办学积极性、保证人才培养适销对路的首要环节,高职教育专业设置的最重要特点是展现地方性,要根据地方经济发展的实际和潜在市场需求,设计适应当地经济属性需要的专业方向,注意把握面向市场的灵活性、保证质量的稳定性,努力增强毕业生的适应能力与竞争能力,进而使高等院校不仅办出特色,而且实现可持续发展。②

4. 完善对职业教育的宏观管理

政府尤其是教育行政部门要完善对职业教育的宏观管理,通过管理体制机制改革创新,推动职业教育体系发展、结构调整、布局优化、质量效益提升,助推职业教育可持续发展。周建松指出,在数量上占半壁江山、质量上初有保障、特色初步形成的基础上,我国高等职业教育可持续发展在宏观上仍面临找不到人才定位、投入机制不健全、社会文化环境重文轻技、具体行政管理上受关注不够等问题。③ 姚文峰指出,观念问题、政策障碍、投入不足等,都是影响职业教育加速发展的重要因素。④

归纳起来,对于完善职业教育的宏观管理,各位学者提出的措施主要有:

一是建立职业教育可持续发展保障体系。保障体系与职业教育可持续发展之间是手段和目的的关系,保障的过程是"保证、服务、适应、反馈与调控"的过程。职业教育可持续发展保障体系的构建和实施是一个组织

---

① 熊琦. 高等职业教育可持续发展刍议 [J]. 大学教育科学,2007 (1):43-45.
② 陈功江. 我国高等职业教育可持续发展战略述评 [J]. 湖北社会科学,2012 (2):170-172.
③ 周建松. 高等职业教育可持续发展问题的分析与思考 [J]. 黑龙江高教研究,2009 (6):72-74.
④ 姚文峰. 高等职业教育可持续发展的政府责任 [J]. 教育学术月刊,2010 (6):89-91.

与管理问题,组织管理体系又是该保障体系要素之一。职业教育管理对象的宽广性和内容的复杂性,决定了组织管理保障系统内涵的丰富性和保障对象与功能范围的复杂性,它要求人们在制订和实施过程中要充分运用现代管理科学手段,包括调查、预测、规划、评估、激励等,为职业教育的可持续发展提供组织管理保障。黄尧、陈明昆提出职业教育可持续发展保障体系的要素包括思想理论体系、政策和法律法规体系、组织管理体系、资源配置体系、技术与信息体系,以及社会支持体系。[①] 周建松提出需要建立财政投入体系。[②]

二是行政上重视职业教育工作。通过行政管理创新,充分挖掘职业院校的发展潜力。寻找整体适应并对职业教育可持续发展有积极作用的机制,包括多部门综合决策机制、协调管理机制、完善的评价机制和监督管理机制。[③] 需要建立有利于职业教育的政府管理运行体系。[④] 改变多头办职业教育的局面,劳动部门、教育部门都在办,没有一个统筹的机构,应该建立一个国家职业教育和劳动就业委员会来统筹教育部门、劳动部门及其他有关部门对全国职业教育的协调。[⑤]

三是优化生源结构,拓展生源空间。如今的招生体制对职业教育发展是不利的。应改革目前高招和中招体制,适当提升职业院校录取层次,应鼓励高分考生报考职业院校,如可以考虑把列入国家示范性高等职业院校的部分专业作为提前录取批次,等等,从政策上保证职业教育的生源质

[①] 黄尧,陈明昆. 职业教育可持续发展保障体系的理论建构 [J]. 教育发展研究,2011 (7):1-5.

[②] 周建松. 高等职业教育可持续发展问题的分析与思考 [J]. 黑龙江高教研究,2009 (6):72-74.

[③] 马建富. 职业教育面向未来的选择——走可持续发展之路 [J]. 职教通讯,1998 (3):8-10.

[④] 周建松. 高等职业教育可持续发展问题的分析与思考 [J]. 黑龙江高教研究,2009 (6):72-74.

[⑤] 吴兵,余民权. 提升职业教育吸引力 坚持职业教育可持续发展 [J]. 交通职业教育,2010 (5):55-57.

量。① 加大招生宣传力度，扩大职业院校影响力。支持和鼓励新闻媒体加强职业教育宣传，让社会各界更好地了解职业学校的性质、就业状况、专业设置、师资力量、办学特色、培养目标、办学条件，吸引更多考生报考。进一步扩大东部对西部、城市对农村职业学校联合招生合作办学的规模。要尽量降低收费标准，让农村的孩子上得起学。②

四是转变职业教育发展观念。要树立可持续发展观，追求职业教育发展速度和效益的统一，并与经济社会协调发展。在职业教育发展过程中，速度与效益反向变动的情况时有出现，过分注重发展速度的行为易导致许多消极后果，如引发职业教育对经费需求的急剧膨胀，引起职业教育的超常波动。而可持续发展，不仅表现为总量的增长，而且表现为规模效益及办学水平的提高，在保持较高发展速度的同时，教育的比较成本较低。必须形成职业教育与经济发展和谐、协调一体的格局，把职业教育的发展放到经济、社会发展的大背景中去布局。③要树立大职教观，为区域性职业教育体系的建立奠定观念基础。把区域内各级各类职业教育，包括成人教育看成是一个大系统，在规划、决策时统筹考虑各级各类职业教育的发展，以取得职业教育发展的整体效益、长远效益。④

五是改善社会文化环境。文化和社会风尚的形成是高职教育可持续发展的重要条件。对此，政府的倡导和支持不可缺少，应支持和鼓励新闻媒体加强职业教育宣传，形成全社会崇尚、重视职业教育可持续发展的社会文化氛围。⑤ 全社会崇尚、理解职业教育，关心、支持职业教育，帮助、

---

① 赵建新. 职业教育可持续发展中的若干问题研究 [J]. 价值工程，2011（2）：272-273.

② 芮小兰，宋晓. 职业教育可持续发展战略对策建议 [J]. 职业技术，2009（12）：55-56.

③ 马建富. 职业教育面向未来的选择——走可持续发展之路 [J]. 职教通讯，1998（3）：8-10.

④ 马建富. 转变发展方式实现职业教育可持续发展 [J]. 新职教，1999（4）：8-10.

⑤ 周建松. 高等职业教育可持续发展问题的分析与思考 [J]. 黑龙江高教研究，2009（6）：72-74；芮小兰，宋晓. 职业教育可持续发展战略对策建议 [J]. 职业技术，2009（12）：55-56.

扶持职业教育，财政才能增加投入、企业才会主动合作、考生才愿积极报考、单位也会积极用人，教师则更有信心敬业乐业、教书育人、创新工作、提高质量。

六是建立职业教育体系，明确各级各类职业教育在该体系中的定位。姚伟明等从强化职业教育体系，确保高职教育生源，带动初、中等职业教育发展，办出高职教育的特色角度论证了职业教育"立交桥"建设对高等职业教育可持续发展的重要意义。[①] 周建松认为必须通过明确高等职业教育在整个高等教育体系中的定位从战略层面谋划可持续发展。[②] 芮小兰等通过对我国职业教育存在的招生、资格证书、管理体制、实训设施建设问题的分析，提出了构建可持续发展的职业教育体系的基本思路：优化生源结构、拓展生源空间；借鉴发达国家经验，改革资格证书制度；政府全面统筹；注重校企合作与实训基地建设。[③]

七是科学规划、主导职业教育整体发展方向。要强化政府通过政策法规、目标、规划主导职业教育发展的行为；转变职业教育发展方式，通过科学规划、统筹管理、区域联合，实现职业教育由外延粗放型向内涵集约型发展方式转变。[④] 各级政府应当在职业教育的发展中起主导作用，承担责任、完善职能，切实缓解高等职业教育发展面临的政策、环境、资金、市场等多重压力，确保高等职业教育健康、稳定、持续发展。[⑤] 首先做好示范性职业院校建设和职业教育东西协作等工作，发挥示范校对发展落后职业院校的示范、辐射和带动效应。周建松认为在政府宏观管理上应通过

[①] 姚伟明，陈宏业，周虹. 构建高职教育可持续发展的"立交桥" [J]. 煤炭高等教育，2000 (5)：18-19.

[②] 周建松. 基于国家示范引领的高职教育可持续发展研究——关于推动高职教育从"百花绽放"到"千花盛开"的思考 [J]. 中国高教研究，2009 (12)：57-59.

[③] 芮小兰，宋晓. 职业教育可持续发展战略对策建议 [J]. 职业技术，2009 (12)：55-56.

[④] 马建富. 职业教育面向未来的选择——走可持续发展之路 [J]. 职教通讯，1998 (3)：8-10.

[⑤] 姚文峰. 高等职业教育可持续发展的政府责任 [J]. 教育学术月刊，2010 (6)：89-91.

启动第二轮国家示范性高职院校建设项目，启动二期重点建设工程，推动省级示范院校建设，辐射引领高职院校整体发展，整合兼并淘汰一批办学效益差的高职院校，整合资源，推动高等职业院校整体发展；在技术性层面上应更加注重共享型专业教学资源库建设、教学信息化建设、东西部合作建设。① 其次合理规划职业院校规模和结构，做好职业教育资源的整合、布局优化工作；要通过科学规划、统筹管理，推进职业教育组织结构创新及（机构、专业）布局结构调整，努力提高规模效益和结构效益。要挖掘学校内部潜力，通过管理创新提升职业院校办学活力。② 不应借大力发展高职政策，不顾现实条件盲目办高职教育；不应用普通本科的质量标准衡量高职教育，不能不顾需求和条件，盲目或被动地与普通高等教育攀比，向普通教育看齐。而应制定合理的发展规模和增长速度，合理调整层次、结构、布局，优化资源配置，使高职教育能协调、持续、整体、稳定地向前发展。应设置具有明显职业性和地方性的专业，并根据社会的发展变化不断调整优化专业结构。③

八是加快职业教育学科建设。增强职业教育学科实力，加强职业教育理论研究，使职业教育在更大、更高、更强的平台上发挥作用。④

九是职业院校领导队伍能力建设。切实增强领导者的认识、觉悟、水平和实力，培育其文化自觉，切实提高领导水平和驾驭职业教育发展的能力；要通过实施培育形成千名优秀校长和千名优秀党委书记的先行战略，推进中国高等职业教育千花盛开、持续发展局面的真正形成。⑤

十是完善考核评价体系与制度。应建立国家职业教育标准制度。标准制度的确立能为职业教育搭建与行业企业更平等对话的平台，奠定职业教

---

① 周建松. 基于国家示范引领的高职教育可持续发展研究——关于推动高职教育从"百花绽放"到"千花盛开"的思考 [J]. 中国高教研究，2009（12）：57-59.
② 马建富. 转变发展方式实现职业教育可持续发展 [J]. 新职教，1999（4）：8-10.
③ 鲍洁. 可持续发展与高等职业教育 [J]. 江苏高教，2001（3）：95-98.
④ 黄尧，陈明昆. 职业教育可持续发展保障体系的理论建构 [J]. 教育发展研究，2011（7）：1-5.
⑤ 周建松. 基于国家示范引领的高职教育可持续发展研究——关于推动高职教育从"百花绽放"到"千花盛开"的思考 [J]. 中国高教研究，2009（12）：57-59.

育自主发展的基础。标准体系的建立需要整合相关职能部门或建立相关协调机构，系统地规划开发工作；标准体系须建立在对职业的科学研究基础上；标准制度的实施须建立强有力的职业教育标准实施监控体系。应基于国家职业教育标准制度，规范职业教育办学行为，提升职业教育内涵建设水平和教学质量，加强职业教育自主发展的能力。① 应建立符合高职教育的质量评价与保障体系。② 要明确高职院校建设考评标准。③ 建立高职院校人才培养质量公开发布和第三方评价制度：教育行政主管部门应制订高职院校办学水平和办学质量的考核监督性指标，如毕业生就业率、毕业生起薪率、生师比、生均仪器设备总值、生均校园和建筑面积、生均运行设施、"双师"教师比重、教师工作数量与质量、学校科研与社会服务等，并由学校发布人才培养质量和办学水平报告，与此同时，应建立第三方评价人才培养质量和办学水平的制度和机制，使学校各项工作更加经得起社会和人民的监督。④

三、争取政策法规和资源投入

只有切实的资源投入，职业教育的存在和发展才能成为可能。而源源不断的资源投入往往是由稳定的政策法规支持的。因此，对政策法规和资源投入的争取，是职业教育得以持续发展的现实需要。相关政策法规的出台和资源投入的变化，虽然也是职业教育宏观管理的范畴，但由于对职业教育发展有直接的推动作用，因此有必要重点研究。例如，赵国英、安树一提出，应通过建设配套的法规、制定有利于高职教育改革发展的政策，并采取有力措施保证实施到位，与社会诸方面的改革协调推进，为高职教

---

① 付雪凌. 促进职业教育可持续发展的制度设计思考——发展自主性的视角[J]. 职教论坛，2010（1）：45-47.
② 鲍洁. 可持续发展与高等职业教育[J]. 江苏高教，2001（3）：95-98.
③ 周建松. 基于国家示范引领的高职教育可持续发展研究——关于推动高职教育从"百花绽放"到"千花盛开"的思考[J]. 中国高教研究，2009（12）：57-59.
④ 周建松. 以制度创新推动高等职业教育可持续发展[J]. 中国高教研究，2012（4）：89-92.

育可持续发展的改革创造良好的外部条件。① 黄尧、陈明昆提出应建立职业教育资源配置体系。职业教育"资源"主要是指职业学校开展教育教学活动所必需的资源，亦即人、财、物、信息等。资源配置体系的诸多环节最终都体现在职业教育经费的投入上。我国已基本建立起以政府投入为主、其他投入渠道为辅的职业教育经费投入机制，职业教育经费有了一定程度的增长。但职业教育经费投入的增加与职业教育事业快速发展的需求相比缺口还很大，教育财政投入落实教育法规定的"三个增长"并不明显，职业教育经费财政预算内投入占整个教育经费的比例非增反降。同时，职业教育经费投入缺乏制度保障，缺乏科学合理的投入准则；东西部之间、省市之间、城乡之间在生均经费投入上差距明显。②

归纳起来，各家观点中较常出现的主张包括以下方面。

一是政策和法律法规体系。职业教育的可持续发展离不开法律法规体系的保障，完善的法律法规体系可以加强职业教育活动过程的规范性。中国特色的职业教育法律法规体系，是以《中华人民共和国职业教育法》为核心，由教育法、职教法、行政法规、部门规章四个层次的规范性文件构成的法律法规体系。我国现行职业教育法是1996年颁布的，实施过程中面临了很多问题。很多学者提出了修订建议，如提出应把职业教育企业合作问题上升到国家法律层面：修订职业教育法，颁布制定专门的校企合作法律法规。③ 由于缺乏有效的制度保障，致使企业参与职业教育的投入得不到相应的回报。只有政府制定相关政策法规，通过减免税收等措施来消除或减少企业参与职业教育的"负外部性"，企业才能有效地参与职业教育。④（本书结稿后，2022年4月20日，第十三届全国人民代表大会等三

---

① 赵国英，安树一. 可持续发展与高等职业教育改革［J］. 黑龙江高教研究，1998（2）：82-84.

② 黄尧，陈明昆. 职业教育可持续发展保障体系的理论建构［J］. 教育发展研究，2011（7）：1-5.

③ 周建松. 以制度创新推动高等职业教育可持续发展［J］. 中国高教研究，2012（4）：89-92.

④ 曹晔，赵志群. 我国制造业领域职业教育可持续发展制约因素分析［J］. 职业技术教育，2008（13）：10-15.

十四次会议通过《中华人民共和国职业教育法》修订，2022年5月1日起施行。——编者注）

二是学生资助制度。完善职校贫困生资助制度，使更多有职业教育需求的生源有条件入学。①

三是办学经费投入。岑光研究认为政府不断增加投入是美国社区学院等短期大学持续发展的直接原因。因此，政府的政策支持直接影响职业教育的办学连续性。② 赵国英、安树一认为，我国职业教育应开辟多渠道经费来源。③ 陈功江指出我国近年来职业教育发展面临设备与经费不足问题：大多数职业技术学院在建校初期注重了学校的占地面积和基本建筑面积，但由于地方政府和投资方的财力有限，在实验设备和实习实训基地建设上的投入较少；在校园建设方面的较大投入也大多采用银行贷款，很多学校背负着沉重的债务。④ 周建松提出应把高等职业教育经费投入机制纳入财政工作常规。不少省市的高职院校仍按照其为中专时的拨款基数，没有建立生均拨款制度，大部分省的高职院校没有基本科研经费，教育部门给予的项目均为自筹经费，等等，必须从制度上保障高等教育生均拨款制度和数量标准在高职院校中得到落实。⑤

四是建立对职业教育兼职教师的人事部门统筹制度。根据职业教育发展需要以及学校提出的具体需求，由当地人事部门制定统一管理办法，确定条件，流动聘用，即由人事部门制订兼职教师基本门槛，设定兼职教师等级规范，并向社会公开招募，经过报名、笔试、面试等途径确定兼职教师资格，将其纳入人事部门人才规划，会同同级财政部门发放兼职教师津

---

① 张林国，韩德锋. 关于加快职业教育持续发展的思考 [J]. 湖北社会科学，2008（7）：176-177.

② 岑光. 欧美和日本等国的短期大学 [J]. 高等教育学报，1986（1）：87-92.

③ 赵国英，安树一. 可持续发展与高等职业教育改革 [J]. 黑龙江高教研究，1998（2）：82-84.

④ 陈功江. 我国高等职业教育可持续发展战略述评 [J]. 湖北社会科学，2012（2）：170-172.

⑤ 周建松. 以制度创新推动高等职业教育可持续发展 [J]. 中国高教研究，2012（4）：89-92.

贴，颁发兼职教师资格证书，并将其授课或指导学生工作纳入正常岗位职责，再根据职业院校聘任情况发放课时津贴。与此同时，建立年度考核制度。①

五是营造职业教育持续发展的社会环境。包括争取多方面的支持来增强职业教育基础能力，也包括提高技能型人才的社会地位、经济收入和社会保障水平。②

六是建立职业教育运行监测体系。基于系统科学的整体原理、反馈原理和有序原理，黄尧、陈明昆强调未来职业教育可持续发展保障体系建构中的指标体系建设和相应信息的监测，拟形成职业教育运行监测体系。其步骤：①建立国家职业教育发展指标信息库制度，形成自下而上的信息申报和采集规范，严防指标的弄虚作假。②对各项指标要素进行定量和定性分析，包括现实指标水平分析、指标发展动态分析、影响指标的变量分析等，然后针对保障对象的内容和结构，确立保障体系的指标项。③对保障体系的运行监测和调控，如制定相关的配套措施、建立科学的监测体系等，及时进行体系的调控。③ 目前来看，我国已基本建成了这样的监测体系，每年都要求中高职院校根据相应指标体系和要求向教育管理部门提交教育运行和质量数据，政府则依据这些一手指标数据对职业教育质量进行监控，作为成果每年都争取出版《中等职业教育质量年度报告》和《高等职业教育质量年度报告》。黄尧、陈明昆还强调要特别重视建设支持职业教育运行监控体系的技术与信息体系。科学的规划是建立在对信息的全面掌握和准确分析的基础上作出的正确决策，这一过程有着对技术手段和技术环境的严格要求。国际组织和发达国家在教育发展规划的指标收集、教育质量测评以及国家教育政策执行监督等方面汇集了成功的经验和技术，

---

① 周建松. 以制度创新推动高等职业教育可持续发展 [J]. 中国高教研究，2012 (4)：89-92.

② 张林国，韩德锋. 关于加快职业教育持续发展的思考 [J]. 湖北社会科学，2008 (7)：176-177.

③ 黄尧，陈明昆. 职业教育可持续发展保障体系的理论建构 [J]. 教育发展研究，2011 (7)：1-5.

特别是发达国家在教育发展指标的动态监测上所投入的人力和物力都值得我们学习借鉴。要建立技术专家小组,为职业教育数据信息的收集、分析和决策、建议服务。要建设起技术网络,建立起从中央到地方的层级网络系统,实现信息的实时沟通和反馈。[①]

四、维护社会和谐稳定与发展

良好的职业教育有通过促进就业和提升国民素质维护社会和谐稳定的功能。反过来,和谐稳定的社会大环境也有利于职业教育自身的存续和发展。因此,职业教育应始终注重自身社会功能的发挥。

要发挥维护社会和谐稳定的功能,职业教育首先应突出自身为区域经济社会发展服务的特点。例如,就高等职业教育而言,其地域与专业布局和结构必须与区域生产力布局相适应,必须与区域产业政策相适应,并与国家的可持续发展战略相适应。在质量和效益上,高等职业教育须紧紧围绕区域经济发展和技术进步的趋势,深化教学改革,突出专业能力和关键能力培养,真正培养出具有高职特色、社会普遍欢迎的高等职业人才。欣悉预见到,高等职业教育的地方化是我国高职教育发展的未来趋势。高等职业院校无疑应成为本地区的高等职业教育中心,承担综合性的高等职业教育办学任务,既办职前高职教育,也办职后职业继续教育,逐步形成一个覆盖区域、纵横贯通、结构合理、效益突出、可持续发展的大高职教育系统。[②] 目前来看,20年过去了,随着一系列职业教育改革举措的出台和落实,他的这一高职教育可持续发展战略预期已基本实现。

民族职业教育则要注重采用促进少数民族地区经济和社会发展的教育形式和教育内容。民族职业教育可持续发展是指民族职业教育与经济双向互动、和谐发展,通过市场调节为民族职业教育系统不断注入新的动力,

---

① 黄尧,陈明昆. 职业教育可持续发展保障体系的理论建构[J]. 教育发展研究,2011(7):1-5.

② 欣悉. 可持续发展与高等职业教育改革取向[J]. 职教通讯,1998(4):10-12.

保持民族职业教育可持续发展的生机与活力。[①]

丁金昌从职业院校自身发展角度为职业教育可持续发展提出的对策之一是强化为区域经济服务的宗旨意识。首先在办学的服务面向上，要满足区域经济发展和产业转型升级对高技能人才的需求。其次，在人才培养的层次和质量标准上，我国目前的社会经济状况，决定了高职教育主要培养专科层次的技能型应用性人才，但在西部等不发达地区，高职教育还要承担部分中专层次技能型应用性人才的培养，而在沿海经济发达地区，随着高新技术的迅速发展，高职教育培养的技能型应用性人才已在向四年制乃至七年制规格延伸。其三，体现在人才培养模式上，即对接产业、依托行业、合作企业，人才培养必须适应生产一线新技术应用的需要，必须深入行业企业，了解行业企业的困难和需求，开放办学，走"校企合作、工学结合"人才培养之路。[②]

陈云山以近30年云南职业教育的发展为样本，建立结构方程模型来评价云南职业教育的可持续发展，发现云南职业教育发展的规模受社会因素的影响较大，主要受人口和农村生活状况影响；云南职业教育发展的结构和效益主要受社会因素的影响；云南职业教育发展的质量主要受经济因素的影响，具体而言主要受财政总收支的影响。而由于规模和效益影响质量，因此职业教育发展的质量也主要受社会因素的影响。从内因变量的角度考虑，规模对职业教育质量的影响较大，招生数则对规模的影响较大。为使职业教育实现健康平稳的可持续发展战略目标，必须保证职业教育的发展质量。由于职业教育发展的质量主要受规模的影响，所以扩招这类职业教育的发展措施仍是重要的，但职业教育发展的质量同时也受到效益的影响，即同时受到教师数和生师比例的影响，所以在扩招的同时不能忽略

[①] 马文静. 品牌化是民族职业教育发展的路径选择[J]. 民族教育研究，2012(3)：64-67.

[②] 丁金昌. 基于"三性"的高等职业教育可持续发展研究与实践[J]. 高等教育研究，2010(6)：72-77.

了对教学质量的改善。[①] 这一研究凸显了经济社会发展对职业教育长期持续发展的重要支撑作用。

第五节 面向可持续发展的职业教育探索

如前所述,一些学者明确把培养具备可持续发展理念的人才、推动经济社会可持续发展作为职业教育可持续发展的内涵之一,并明确提出了具体实践措施。如鲍洁认为,在新的时代要求下,高等职业教育要做好自身的价值定位,为可持续发展服务,推动全社会的可持续发展。一是培养各行各业高级专门人才的可持续发展理念,使他们增强尊重自然、珍惜资源、保护环境等可持续发展的信念、职责和使命感,具备一定的将来投身于促进社会可持续发展战略的知识和能力,成为未来参与社会可持续发展的技术人才、领导社会可持续发展的管理人才或有社会责任感的合格公民。把可持续发展教育纳入学生文化素质教育的范畴。二是为人们接受高等教育和终身教育提供各种机会,自觉担负起向社会各界群众普及宣传可持续发展观念、知识的义务和职责,引导他们转变传统的思维方式、生产方式和生活方式,增强他们可持续发展的意识和自觉性,优化自然生态环境,积极参与社会生活,树立良好的社会风气。三是要利用自身的学术力量和技术优势,通过知识传播、技术创新和应用,大力开展可持续发展的研究工作,为政府部门和有关的职能机构提供专业知识,推动国家的文化、社会与经济发展。职业教育推动经济社会可持续发展的表现形式如下:一是通过生产和再生产具备可持续发展观念的劳动力促进经济的可持续发展;二是通过提高人口素质,把沉重的人口负担转化为推动可持续发展的强大人力资源优势;三是通过环境教育培养学生自觉的环保意识和生态伦理观,在社会生活的各个领域中更好地应对环境问题。[②]

[①] 陈云山. 云南职业教育可持续发展结构方程模型研究 [J]. 中国科教创新导刊, 2014 (8): 16, 18.

[②] 鲍洁. 可持续发展与高等职业教育 [J]. 江苏高教, 2001 (3): 95-98.

作为职业教育学科的一个新的研究方向，因着眼点不同，面向可持续发展的职业教育的研究和实践表现出几个不同的视角。

一、绿色职业教育

绿色职业教育（Greening TVET），即绿色职业技术教育与培训，是明确将培养学生的绿色发展理念和绿色技术技能作为目标的职业教育。联合国教科文组织将之定为2016—2021年该组织的三大全球职业教育战略之一。近十余年来，国际上的相关研究和教育实践、实验进展迅速，不断有新的成果出现。在我国，对绿色职业教育的研究和实践也得到了越来越多的重视。

对我国高职院校教师的调查显示，我国高职教师有明确的绿色技能提升意识和要求。环境、生态、教育问题是高职教师最希望探索的可持续发展问题；高职教师意识到可再生能源、自然资源的可持续利用、健康（空气与水污染、有毒与危险物品暴露）、浪费性消费方面的问题需要立即加入课程中。高职教师认为自己需要的培训包括媒体应用、展示与交流、讲座、社会实践，培训应注重资源、环境、生态、法规和社会发展问题。也有调查发现我国职业教育教师普遍缺乏主动培养学生绿色技能的意识及相关能力。[1] 从国际比较角度看，绿色职业教育管理是进展较好的方面，各国均有典型绿色职业院校，尤其是绿色校园建设、绿色教学资源建设、第二课堂绿色主题活动等容易被职业院校理解和实践。

建设绿色职业教育环境，主要体现在绿色教学环境的营造对学生的成长有熏陶作用，相应的设施和活动也能对绿色教学起到支持和辅助作用。例如，澳大利亚一份关于绿色学校的报告展示了绿色建筑设计及其效果——不仅节约了水和能源，而且也取得了有利于学生成长的种种好处：由于绿色建筑具有良好的照明及通风情况，41.5%的学生的流感、哮喘和头痛状况得到了改善，15%的学生学习效率得到了提升，高达25%的学生

---

[1] 黄春麟. 面向可持续发展的高等职业教育课程改革行动研究 [M]. 杭州：浙江大学出版社，2011：79-95.

平均考试分数得到了提高。① 我国研究者认为，绿色教学环境既包括学校所有教职员工对可持续发展理念的一致认同，也包括在学校内部处处营造可持续发展的环境，不仅在教学中向学生传授可持续发展的知识和理念，也让身处校园的每一名学生深切地感受到校园绿化以及宿舍管理、食堂管理、校舍维护等每个环节都渗透着可持续发展理念。②

建设绿色职业教育资源。有效地获取绿色职业教育资源是绿色职业教育顺利开展的保障，尤其要确保"添加"的绿色内容确为行业企业急需的。在这方面，常见的措施包括通过校企合作明确急需的绿色教学内容，改善绿色专业课教学资源和环境，创造绿色体验性或生产性实践教学环境。尤其要注重开发学生参与的、跨学科综合的实用综合绿色实训及生产实践教学环境，给学生提供丰富的实践机会，让学生在真实的工作情境中强化绿色知识和实践技能，深化对绿色发展理念的理解。③

绿色职业教育评估要特别重视与专业绿色技能教学有关的教育评估，包括：①对行业绿色技能需求的了解。要明确的问题包括本专业对应行业的绿色技能需求有哪些类型、难易程度如何、急需程度如何、稳定性如何，以及毕业生的就业能否满足这些需要等。②绿色职业教育目标制定。需要了解各专业人才培养目标中是否有绿色要求，各个学业考核环节是否有节能环保知识技能要求，以及职业资格考评中是否有绿色知识技能要求。③职业教育教学的绿色化水平。要考察在理论和实践教学的教学文件（如在传统课程中的教学计划、教学大纲、教学材料等）中是否有反映企业绿色生产实践的内容，在学生实习实训中绿色职业岗位的比例是否达到

---

① The Green Building Council of Australia 2015[EB/OL]. (2015-10-19)[2019-01-23]. http://www. supplychainschool. org. au/about/news/19/Green-Building-Council-of-Australiapartners-with-online-school-to-boost-sustainability-skills；GREGORY K. Greening America's Schools：Costs and Benefits[R/OL]. (2006-10-01)[2019-01-23]. http://healthyschools. org/downloads/greening_schools. pdf.

② 吕晓梅，魏启晋. 面向可持续发展的高职课程改革初探[J]. 中外企业家，2010（6）：225-227.

③ 秦文淑. 可持续发展理念在《环境监测》课程中的运用[J]. 新课程研究（中旬刊），2012（10）：80-82.

了对应行业的绿色职业岗位的比例，绿色教学资源（材料、绿色工艺）在各专业教学中是否都得到了充分利用，绿色职业教育课程或项目的学生受益面有多大，等等。④绿色职业教育师资培养培训。要了解职业教育师资培养培训中是否有绿色专题，是否嵌入了绿色技能培养内容，是否有绿色专题培训材料，接受绿色培训或企业实践的职业教育教师比例，在教师日常教研活动中是否有绿色专题，等等。有学者对我国24类职教专业进行调查，结果显示，约30%没有对教师提出绿色技能维度的有关要求。①

总体看，我国对绿色职业教育研究整体尚处于起步阶段，更多的是对国际经验的引介和研究，如王启龙、石伟平等研究了德国职业教育绿色发展，发现德国主要通过增加和更新培训职业来推动职业教育的绿色化，尤其是推出了绿色双元制培训职业。②李玉静介绍了新加坡学者苏玉芳对新加坡绿色职业教育模式作的归纳，即主要采用"3E模式"——Engaging（全面渗透）、Enriching（全面丰富）、Embracing（全面参与）。③国内学者也开展了一些对国内职业教育绿色技能培养现状的研究。例如，2008年7月联合国教科文组织资助了由浙江经济职业技术学院高职研究所所长黄春麟与时任澳大利亚格里菲斯大学教育系副主任的玛格丽塔·巴甫洛娃共同主持的项目"面向可持续发展的教育方法创新——中国职教课程改革"，浙江经济职业技术学院、北京财贸职业学院等11所高职院校30多个专业作为试点共同参与了项目。该项目从内容和方法两个方面切入进行课程改革研究，力求使学生能够在价值取向上明辨做与不做，在技能上明确怎样做，进而影响社会和身边的其他人。④又如，2014年，刘育锋主持了APEC职业教育项目"职业教育系统开发绿色技能"，致力于开发绿色技能

---

① 刘育锋. 职业教育绿色技能开发的现状、问题与建议——来自9个职业教育专业大类的调研报告 [J]. 中国职业技术教育，2016（30）：24-28.

② 王启龙，石伟平，李君敏. 哥本哈根进程后德国促进职业教育的经验与启示 [J]. 中国职业技术教育，2015（3）：66-70.

③ 李玉静. 绿色技能开发：背景、内涵及策略 [J]. 职业技术教育，2015（15）：11-17.

④ 黄春麟. 面向可持续发展的高等职业教育课程改革行动研究 [M]. 杭州：浙江大学出版社，2011：75-78.

清单，提出若干绿色技能相关专业或专业方向。① 除上述寥寥几项研究外，很难找到更多绿色职业教育的专门研究。从国际绿色职业教育研究视野看，也十分缺少来自中国的案例。

实际上，我国不少职业院校在多年办学历程中开展了大量绿色技能培养的教学和有关活动，比如绿色校园建设、创新创业活动中的绿色项目、绿色环保主题学生活动等，都对学生可持续发展理念的形成、绿色生产生活意识以及绿色专业技能的形成产生了良好的影响。因此，尽管在名义上我国绿色职业教育案例比较少，但仍有必要对过去有关经验进行挖掘整理，对当前的现状也要进行调查了解，应在学习国际先进经验的同时，对本土绿色职业教育进行经验总结和理论研究，尤其是对那些绿色技能培养实践比较好的职业院校进行研究，从而通过新的研究成果推动绿色职业教育的持续、深入实践。当前对绿色经济之于绿色技能的要求已有较多研究。例如，蓝建早在2005年就提出，职业教育培养绿色技能涉及企业和学生的切身利益，有利于为企业创造竞争优势。又如，2016年7月，在贵阳国际生态会议中心召开的职业教育与生态文明主题论坛，将"职业教育与可持续发展教育带来的生态文明"作为主题，贵州省与来自世界各地的学者从六个方面分享了贵州职业教育近年来的"绿色"成果，即：绿色布局、绿色内容、绿色培养、绿色人才、绿色校园和绿色和谐。② 在课程的绿色更新方面我国也有大量好的经验。

教育评估对教育实践有很强的引导作用，为推动绿色职业教育的落实，在专业建设、课程质量、教学质量等的评估中都应适当增加绿色职业教育方面的指标。为使教师在教学中切实传授学生绿色技能，职业教育各专业也应对教师尽可能明确地提出绿色技能维度的教学要求。但有对我国

---

① 刘育锋. 职业教育绿色技能开发的现状、问题与建议——来自9个职业教育专业大类的调研报告[J]. 中国职业技术教育，2016（30）：24-28.

② 吴静秋. 贵州职业教育的六大"绿色"成果[EB/OL]. （2016-07-12）[2019-01-23]. http://news.gog.cn/system/2016/07/12/015010907.shtml.

24 类专业的调查显示，其中约 30% 没有对教师提出有关要求。[1] 实际上，在职业教育课程的教学目标、教学内容等方面都可以提出行业企业急需的绿色技能的教学要求。

绿色技能是职业技能的重要维度，在对职业院校学生的职业能力测评中，绿色性应是和功能性、经济性、创新性同样重要的考察维度。例如，在 KOMET 职业能力测评模型中，"环保性"被作为一类重要指标，用来考察职业院校学生在完成职业工作任务时是否考虑到环境因素以及能否落实到其职业行动中。[2] 为提升职业院校学生对绿色技能学习的重视，在职业资格考评、学业能力测评、课程成绩考核中均可加入相关考评要求。

二、绿色技能开发

对绿色技能的理解有狭义和广义两种。狭义上的绿色技能指开展环境友好型生产或生活活动所需的技能，广义上的绿色技能还包括绿色知识、意识、态度和价值观。国际上普遍采取广义理解。在广义上职业教育开发绿色技能，既要重视各个行业和职业所需的专业绿色技能，也要关注全体学生的绿色知识习得、态度转变和价值观养成，并从宏观上关注生态环境、经济、社会绿色发展目标如何借助职业教育的力量更好地达到。我国职业教育对绿色技能的开发，整体而言尚处于起步阶段，有关实践匮乏，教师的有关意识和能力也不足，急需取得突破。

2014—2016 年，我国行业、企业、职业院校等一百多个机构参与了 APEC 职业教育项目"职业教育系统开发绿色技能"，通过调研讨论制定了绿色技能清单，还提出了职业院校应加强培养的十二项绿色通用技能。该项目的各专业小组提出了本专业领域与绿色技能相关的典型专业或专业方向，如测绘专业的"智慧城市信息技术""无人机测绘技术""地理国情监测技术"以及"环境调查与治理技术"等新专业，畜牧兽医专业的"绿色

---

[1] 刘育锋. 职业教育绿色技能开发的现状、问题与建议——来自 9 个职业教育专业大类的调研报告 [J]. 中国职业技术教育，2016（30）：24-28.

[2] 菲利普斯·劳耐尔，赵志群，吉利. 职业能力与职业能力测评 [M]. 北京：清华大学出版社，2010：60.

养殖技术"和"虫草鸡养殖"两个新专业，旅游专业的酒店工程管理的智能化方向，物流专业的物流管理物联网技术方向、物流管理电子商务方向和物流管理大数据方向，电子商务专业网络营销的商务数据分析应用方向，等等。①

由于国外相关研究和实践较多，学者注重绿色技能的国际比较研究。有学者考察了澳大利亚有关院校培养绿色技能的一些措施。如澳大利亚斯威本科技大学（TAFE 部）万特纳校区（Swinburne's Wantirna Campus）内建设的"绿色小道"，把污水循环处理、太阳能、风能、雨水收集等方面的校内运转以景点的形式向师生开放。博士山学院（Box Hill Institute）要求某些专业的学生使用电子版教材，以减少纸张消耗。霍姆斯格兰理工学院（Holmesglen Institute of TAFE）自行研发了一套包括节水、节电、垃圾处理、建筑环保等功能的物业综合管理系统，在校园节能减排方面发挥了积极作用。高登学院（Gordon Institute of TAFE）在服务社区经济发展方面倾注了很多精力，开发了帮助本地区各行业改善可持续发展水平和能源使用效率的诊断工具。北悉尼学院（Northern Sydney Institute of TAFE）重视环境管理，是澳大利亚第一个也是目前唯一通过 ISO14001 环境质量管理体系认证的 TAFE 学院，荣获 2010 年度澳大利亚可持续技能培训奖，成为绿色技能开发方面的榜样。北岸学院（North Coast Institute of TAFE）设立了"可持续点子基金"，鼓励教职工和学生为学校的可持续发展和绿色技能开发与培训出谋划策，学校专门安排预算予以现金奖励。②

三、生态文明教育

生态文明教育的提出背景是我国的生态文明社会建设。党的十七大提出建设生态文明，要求在全社会牢固树立生态文明观念，并把"生态环境良好"与"人民富裕程度普遍提高、生活质量明显改善"一起，作为全面小康社会的建设目标。党的十八大提出"五位一体"总体布局，要求将生

---

① 刘育锋. 你学到的技能是"绿色"的吗 [N]. 中国教育报，2016-11-01.
② 李旭东. 澳大利亚绿色技能教育及实践 [J]. 世界教育信息，2012（4）：59-61，79.

态文明建设放在突出地位，并明确提出，要加强生态文明宣传教育，增强全民的三个意识，即节约意识、环保意识、生态意识。[1] 党的十九大进一步要求牢固树立社会主义生态文明观，推动形成人与自然和谐发展的现代化建设新格局。[2] 习近平主席指出，"我国生态文明建设正处于压力叠加、负重前行的关键期，已进入提供更多优质生态产品以满足人民日益增长的优美生态环境需要的攻坚期"[3]；生态环境保护的成败归根到底取决于经济结构和经济发展方式[4]。要使生态文明建设取得实效，需要千千万万家企业把绿色生产、绿色服务落到实处，既产出绿色产品保持经济增长，又保持生产过程的生态友好性和新文明特质。作为我国加快推进生态文明顶层设计之一的文件《关于加快推进生态文明建设的意见》（中发〔2015〕12号）提出，要把生态文明教育纳入国民教育体系。我国职业教育毕业生众多，他们作为一线岗位的主力军，在促进经济发展、推动建设生态文明中的作用不可估量。在职业教育中开展生态文明教育决不能止于生态环保意识的培养，还应和专业教育结合，与技术技能培养同步，打造生态环境保护铁军。

对于生态文明教育的内涵，有学者作了定义和阐释，即生态文明教育是指教育者依据时代要求，对受教育者施加有目的、有计划、有组织的影响，系统地传播生态文明理念、行为习惯，形成学校与社会互为生态命运共同体的全新意识，从而培养出合格的生态人才。[5] 生态文明教育是变革人类文明发展方式的一种教育。它的目标是促进人与人、人与自然和谐共生，是把生态文明作为一种价值观和日常行为的教育。生态文明教育是一

---

[1] 龚克. 担起生态文明教育的历史责任 培养建设美丽中国的一代新人［J］. 中国高教研究，2018（8）：1-5.

[2] 习近平在中国共产党第十九次全国代表大会上的报告［EB/OL］.（2017-10-27）［2019-01-23］. http://www.xinhuanet.com//politics/19cpcnc/2017-10/27/c_1121867529.htm.

[3] 习近平. 推动我国生态文明建设迈上新台阶［J］. 求是，2019（3）.

[4] 习近平. 在深入推动长江经济带发展座谈会上的讲话［EB/OL］.（2018-06-13）［2019-01-23］. http://www.xinhuanet.com/2018-06/13/c_1122981323.htm.

[5] 周光迅，吴晓飞. 创建绿色大学的现状和展望［J］. 高等教育研究，2018（8）：1-6.

种基本的素质教育，它要面向全体学生，要融入不同学科，要提高人的生态意识，树立生态价值观，要形成生态人格，要转变人们生活、生产和治理方式。实施生态文明教育，是推进"五位一体"建设，建成美丽中国，实现可持续发展的必然要求。① 生态人格是人在处理人与自然、人与社会关系时，人的尊严、价值和品格在生态规定性方面的映现与归纳，② 是生态意识和生态行为的结合，是生态文明在人的思维方式和行为方式上的体现，是生态文明教育内化于心、外化于行的结果。"生态人"具有生态理性，是经济社会可持续发展对人格的客观要求，是生态文明时代理想的人格模式，也是一种更加符合现代人本质的理论假设。弘扬生态文明主流价值观，把生态文明纳入社会主义核心价值体系，就要塑造具有生态内涵的生态化人格。③

对于职业教育中的生态文明教育现状，有调查表明，我国高职院校的绝大多数学生接受的生态文明教育来自学校，而学校的生态文明教育却较为匮乏：53.68%的学生表示在思想政治理论课中学过相关知识，但印象不深，在其他专业课中也鲜少涉及；在校园里很难听到有关生态文明的专题报告；在互联网也很少见到开放、绿色、共享的生态文明教育网站；等等。多数学生认为我国的生态文明教育宣传力度远远不够，教育效果也不尽如人意。调查还显示，高职学生的生态文明素养存在明显的主体性缺乏，仅少数学生反思自身行为是否符合生态文明建设要求，大多数学生意识不到自己是生态文明建设的主体，不清楚自己应承担起生态文明建设的责任。④

一些学者思考了职业教育加强生态文明教育的措施，认为生态环境恶化对社会、对个人的各种不利影响引起了全社会的普遍关注，职业院校学

---

① 龚克. 担起生态文明教育的历史责任 培养建设美丽中国的一代新人 [J]. 中国高教研究，2018（8）：1-5.
② 彭立威. 生态人格论 [D]. 长沙：湖南师范大学，2009.
③ 刘湘溶，罗常军. 生态文明主流价值观与生态化人格 [N]. 光明日报，2015-07-15.
④ 艾丽容. 大学生生态文明素养的培育对策研究 [J]. 学校党建与思想教育，2018（8）：76-78.

生一般也意识到了这一问题,具有一定的生态危机感。但由于较少受到生态相关法律法规的宣传教育,他们对生态法规缺乏了解[①],因此,急需在职业院校教育教学活动中开展生态法制教育。此外,职业院校应通过绿色主题的专题讲座、课题研究、社团活动、专业实践等多种方式教育学生立场坚定、敢于担当[②],把习近平生态文明思想贯彻到学习生活当中,树立生态文明观,形成知行合一、能够自愿进行生态行动的生态人格。[③] 我国现代职业教育建设应以生态文明教育为抓手,推动自身绿色化、智能化、现代化发展,为打好污染防治攻坚战培养和输送一大批生态铁军,为建设生态文明贡献行动力量。有学者提出,首先政府应充分发挥统筹、组织和协调作用,包括制定和实施生态文明教育的政策和计划,并明确院校生态文明教育的任务、目标等;给予生态文明教育必要的投入以确保这项工作所需的资金支持。其次,院校作为生态文明教育体系的重要主体之一,应协同制定生态文明教育的相关规划、项目、竞赛、基地建设等,协同落实好生态文明教育。[④] 应该充分利用生态文明实践典型的教育功能,激励和引导大学生群体的生态行为,为实现人与自然和谐共生的社会主义现代化而努力。[⑤]

整体而言,由于起步晚,生态文明教育主题的研究和实践还很少,职

---

① 张琼,陈颉. 大学生生态文明素质评价实证研究 [J]. 教育学术月刊,2018(1):77-84;艾丽容. 大学生生态文明素养的培育对策研究 [J]. 学校党建与思想教育,2018(8):76-78.

② 吕文明. 环保高职教育必须在生态文明建设中有所作为 [N/OL]. (2018-06-05) [2019-01-23]. 华声在线—湖南日报. http://opinion.voc.com.cn/article/201806/201806050745529665.html.

③ 刘湘溶,罗常军. 生态文明主流价值观与生态化人格 [N]. 光明日报,2015-07-15;骆清,刘新庚. 大学生生态文明教育的思想理路 [J]. 广西社会科学,2017(12):197-201.

④ 罗贤宇,俞白桦. 价值塑造:协同推进高校生态文明教育 [J]. 教育理论与实践,2017(15):3-5;罗贤宇. 改革开放40周年:生态文明建设的"中国样本"[J]. 云南民族大学学报(哲学社会科学版),2018(4):50-58.

⑤ 张红霞,邵娜娜. 将生态文明教育融入大学生思想政治教育的路径探赜 [J]. 马克思主义与现实,2018(4):166-171.

业教育中以生态文明教育名义开展的研究与实践就更少了。但由于契合当今时代主题，符合生态文明教育理念的观念、观点和实践是非常多的，这方面的研究有很大潜力取得成果和突破。

四、绿色学校建设

"绿色学校"是指学校在实现其基本教育功能的基础上，以可持续发展思想为指导，在全面日常管理工作中纳入有益于环境的管理措施，充分利用校内外一切资源和机会全面提高师生素养的学校。简而言之，绿色学校的本质特征，就是在学校的建设中体现可持续发展教育的理念，其意义在于通过学校的绿色建设，培养学生的环境保护意识，并由此向全社会辐射，提高全民的环境素养。"绿色学校"已经成为世界许多国家和地区学校可持续发展教育的有效模式。1996年，我国正式引入"绿色学校"概念，原国家环境保护总局宣教中心编写了《中国绿色学校指南》。同年，国家环保总局、中宣部、国家教委联合制定《全国环境宣传教育行动纲要（1996—2010年）》，纲要指出，"要根据大、中、小学的不同特点开展环境教育，使环境教育成为素质教育的一部分"，并提出在全国开展创建"绿色学校"活动。自纲要颁布后，各地学校积极参加创建"绿色学校"活动。[1]

很多职业院校参与到了绿色学校的创建之中。绿色学校运动以学校教育教学环境的绿色化为重点工作。在职业院校，绿色教育教学环境的营造对学生的健康成长、可持续发展理念的形成有熏陶作用，一些设施和活动还能对绿色技术技能教学起到支持和辅助作用。因此，绿色学校建设既是可持续发展教育所需，也是绿色职业教育所重视的工作内容。有研究者认为，绿色教学环境既包括学校所有教职员工对可持续发展理念的一致认同，也包括在学校内部处处营造可持续发展的环境，不仅在教学中向学生传授可持续发展的知识和理念，也让身处校园的每一名学生深切地感受到

---

[1] 庄瑜. "象牙塔里的绿肺"——以教育为导向的国内外中小学绿色学校建设[J]. 外国中小学教育，2013（3）：28-32.

校园绿化以及宿舍管理、食堂管理、校舍维护等每个环节都渗透着可持续发展理念。[1]

职业院校的绿色学校建设不仅限于校园环境的绿化，还可以和实验实训的开展紧密结合起来，增强学校教育教学实践的可持续性，体现可持续发展理念。绿色实践教学环境可包括：①硬件资源建设分配、流转调剂、增值、报废管理，如闲置设备调剂、落后损坏设施设备残值利用（用于设施设备维修和组装类课程教学）、淘汰设施设备报废评估、设施设备使用维护管理。②实践教学活动实施保障所需的所有人、财、物、事等信息的采集、记录、汇总、分析、评估、传输管理。值得注意的是，实践教学活动应包括非课表时间的实践教学设施设备对学生自主活动开放，从而做到减少设备闲置浪费、增加损坏设备再利用等，让学生体验到绿色生产实践应该如何做。③优化实践教学系统，实现管理的文件化、数字化，建立全面严密的实践教学管理体系[2]，将专业实践情境中的绿色元素引入教学[3]。例如，我国辽宁轨道交通职业学院凭借绿色、节能、环保的建校理念获得了世界职教院校联盟 2016 年度卓越奖"绿色学校"项目的铜奖。其以新校区建设为契机，开展绿色学校建设研究与实践，经过六年的提炼与发展，在教育教学与管理、校园文化建设和实训基地建设等方面形成了统一的认识和特色的实践模式：树立绿色职业教育意识，把绿色发展理念渗入人才培养全过程；建设绿色和谐校园，充分发挥环境育人、文化育人作用；在实训室建设中，旧设备从不会被轻易淘汰，各专业往往把旧设备拆除，重新加工组装为具有特定教学功能的设备，即使是淘汰下来的设备亦会被放到实训设备陈列室（场）供学生参观；重视实训基地实训功能使用功能相结合，绝大多数实训基地和实训室既有实训用途，也参与学院日常运作，

---

[1] 吕晓梅，魏启晋. 面向可持续发展的高职课程改革初探 [J]. 中外企业家，2010（6）：225-227.

[2] 崔丽萍. 面向可持续发展的高职建筑设计技术专业课程教学设计 [J]. 价值工程，2012（9）：279-280.

[3] 陈剑虹，杨保华. 基于系统分析的实践教学系统建设与管理优化 [J]. 实验室研究与探索，2013（10）：241-244.

有的也供学生活动使用；学院重视发挥学生实训产品的作用，把实训产品供给师生使用；建设绿色专业、培养绿色技能，形成专业教育中的"绿色文化"传承；秉持绿色环保理念，建设了以新能源技术与温湿度控制工程训练中心（Training Base of New Energy Technologies）为代表的绿色实训基地；建筑主体结构采用玻璃幕墙形式，从空中俯视，其形状为一片晶莹剔透的叶子；融合绿色、节能、环保的绿色建设理念，把风光互补发电、智能能源管理、复杂过程控制等高新技术与实训教学有机地结合起来。①

第六节　研究述评与展望

职业教育可持续发展与可持续发展职业教育实践方向有明显差异。二者各自作为学术概念，内涵不同，在相应的职业教育实践上差异也很大。从学术发展史看，自现代职业教育诞生以来，诸多学者对职业教育存在及继续存在价值的争论已使职业教育可持续发展的必要性得以彰显。对职业教育可持续发展内涵的解读，集中在职业教育持续存在并保持发展活力。职业教育可持续发展更多从宏观政策法规角度考虑如何强化对职业教育的支持力度，优化职业教育体系、结构、布局，提升职业教育人才培养与经济社会多元需求的符合度。也有从院校层面探讨如何优化学校资源配置提升办学水平和人才培养质量，但目标仍集中在满足现时代经济社会对职业教育的多元需求。可持续发展职业教育则以可持续发展观为指导，从促进经济社会以及个人可持续发展的角度，在职业院校层面服务于可持续发展培养目标的资源配置。可持续发展职业教育在有些方向上，如绿色职业教育，进一步聚焦于职业教育如何服务于人类社会资源和生态的可持续发展。

研究着眼点更多关注当下职业教育发展存在的问题。事物的发展在每

---

① 鲍风雨，杨科举，胡勇强．绿色学校建设的理念与实践探索［J］．中国高校科技，2016（12）：63-65．

个时期都有其主要矛盾，职业教育也不例外。回顾过去职业教育与可持续发展的研究，大都聚焦于当时职业教育发展存在的主要问题，提出相应对策。未来随着经济社会的发展变化，在新的时代背景下，职业教育可持续发展的研究将针对职业教育面临的新发展问题来开展，比如新工业革命对职业教育发展的挑战、职业教育国际化的影响、经济社会发展对技术技能人才需求结构变化的影响、中国特色职业教育发展模式的形成等。

提出的很多对策正逐步成为现实。随着我国现代职业教育体系的制度构建和《国家职业教育改革实施方案》等政策法规的提出和落实，研究者过去提出的推动职业教育可持续发展的一系列建议正逐步被政府明确提出和加快落实到职业教育实践中。如在"双师型"教师培养培训方面，明确提出"双师型"教师占专业课教师总数的一半以上，多措并举打造"双师型"教师队伍；在促进产教融合方面，提出建立产教融合型企业认证制度，对进入目录的产教融合型企业给予"金融＋财政＋土地＋信用"的组合式激励，并按规定落实相关税收政策。从相关对策理论构想到实际提出经过了从职业教育一线实践者到政府政策制定者等多方大量人员的不懈努力，这也说明职业教育可持续发展研究者的很多工作成果得到了认可，产生了切实的实践价值。

研究方法多样。既有国内外比较研究，也有与其他学科可持续发展问题的比较研究；既有实证调查研究，也有深度理论解析与构建；既有地区实践经验研究，也有宏观政策研究。多样化的研究方法和视角带来了研究成果的丰富性。未来的相关研究仍应对研究方法和视角持开放态度，研究者应根据自己的研究特长和对实践材料的把握，提出自己对职业教育可持续发展问题的创新性观点或建议。

一些观点还有待深度论证。有一些观点仅被个别学者提出，缺乏有深度的论述和论证。例如，是否应建立职业教育内涵建设体系，该内涵建设体系应包括哪些内容？是否应建立职业教育可持续发展保障体系？其理论模型有待进一步论证和完善，其在实践中所需建立的政策和法律法规体系、组织管理体系、资源配置体系、技术与信息体系及社会支持体系等基于成本考虑的现实可行性问题亦需论证。这些观点对我们思考职业教育可持续发展问题提供了非常好的启示，但不应停留在"纸面"提出阶段，其理论和实践价值如何、如何予以发展，都应结合新的理论和实践进展予以辨明。

一些理论还有待实践突破。有一些观点被广泛认可，但由于多种原因在实践中尚未取得相应进展，需要进一步论证实践突破策略。例如，将现代职业教育体系框架及其主要内容写入法律，明确各级政府部门、行业企业和公民在职业教育中的责任和义务并以可执行条款的形式写入法律，以及职业教育管理体制和工作机制的改革创新，等等。可以说，尽管当今的职业教育发展已经取得了很大进步，职业教育可持续发展的实践道路还很长，还有大量实践需要设法开展。

须整合面向可持续发展的职业教育的多方力量。就面向可持续发展的职业教育而言，绿色技能开发、生态文明教育、绿色学校建设等多种教育思想和实践与之方向是一致的。这一大方向的教育实践契合政府和群众的关切，其研究和实践力量整体上也是庞大的，但由于主题分散，在各个具体主题上的关注显得力量弱小和分散，缺乏连续性。因此，急需把这些分散主题的研究和实践整合起来，形成合力，既相互借力、相互成全，又在整体上取得突破。

第十三章 对德国职业教育的研究

第一节 对德国职业教育研究的概述

职业教育在德国经济社会发展中发挥了重要的作用，它被广泛认为是德国二战后经济高速发展的秘密武器之一，而且德国职业教育在世界范围内享有盛誉，其职业教育制度、实践与理论方面的诸多优点——职业教育制度与措施所反映的技术技能人才养成的基本规律、行业企业与教育系统深入合作共同培养人才的制度及模式、符合职业能力发展规律并结合行业专业特点的行动导向的教育教学理念及方法、独具特色的职业教育师资培养培训模式和方法、职业教育和培训中渗透的工匠精神及其代际传递、高水平的职业教育研究等——共同使其成为世界许多国家学习、研究和借鉴的重要参考对象。

自改革开放以来，中国职业教育的发展过程中就一直伴随着对国外职业教育经验与理论的参考、借鉴、学习和内化。德国既是西方国家中制造业水平高度发达的典型代表，长期以来又是中国重要的贸易合作伙伴，加上其独具特色的"双元制"职业教育制度与模式，德国职业教育自然成为中国职业教育发展改革所参照和学习的对象之一。在过去40年的时间里，中国职业教育的实践者与研究者对德国职业教育给予了高度关注，在学习德国职业教育的实践中积累了大量的经验，相关的理论研究也取得了较为丰富的成果。

○ 职业教育研究

中国对德国职业教育的关注可以追溯到 20 世纪 20 年代，当时倍伦子和黄伯樵在《教育与职业》杂志上发表了《德国军队职业教育实施情形》，对德国军队中职业教育的实践进行了初步的介绍。[①] 然而，此后很长时间国内并没有论述德国职业教育的相关文章。据文献数据库搜索，新中国成立后最早的文献是冯中林发表于 1983 年第 4 期的《西欧研究参考资料》上的《联邦德国巴伐利亚州的职业教育》。[②]

根据期刊网的数据，以"德国+职业教育"作为主题词搜索，自 1979 至 2019 年 3 月，文献总数为 4797 篇。在数量上的发展变化大体可以分为以下五个阶段：(1) 在 1993 年之前，文献数量很少，多数年份的文献数量在个位数；(2) 1994 年到 2001 年，文献数量有所提高，每年在 30 至 60 篇之间浮动；(3) 2002 年到 2009 年，文献数量呈现持续上升趋势，从每年 80 多篇迅速上升到每年 270 篇；(4) 2010 年到 2013 年，文献数量基本保持在年均 270 至 290 篇之间；(5) 2014 年至 2019 年，文献数量与此前相比又进一步提高，大体在年均 340 至 410 篇之间波动（见图 13-1）。

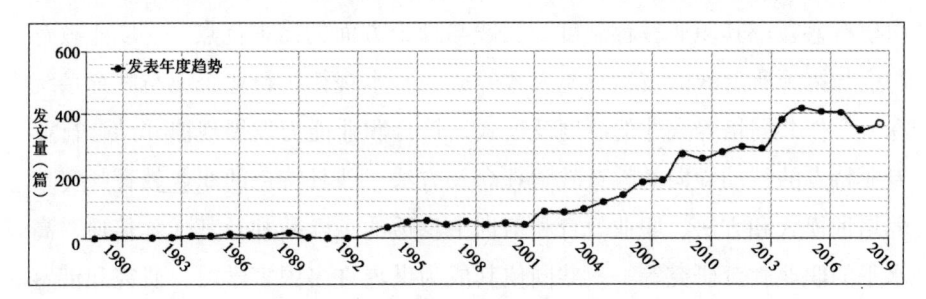

图 13-1 中国知网上对德国职业教育的研究文献数量发展趋势

从研究主题看，上述文献中，在一般意义上讨论职业教育的文献数量最多，约有 1500 篇，以企业管理为主题的文献有近 1000 篇，双元制、职业学校、高等职业教育和校企合作等也是出现频次很高的研究主题（见图

---

① 倍伦子，黄伯樵. 德国军队职业教育实施情形 [J]. 教育与职业，1924 (0)：11-19.

② 冯中林. 联邦德国巴伐利亚州的职业教育 [J]. 西欧研究参考资料，1983 (4)：38-39.

13-2)。

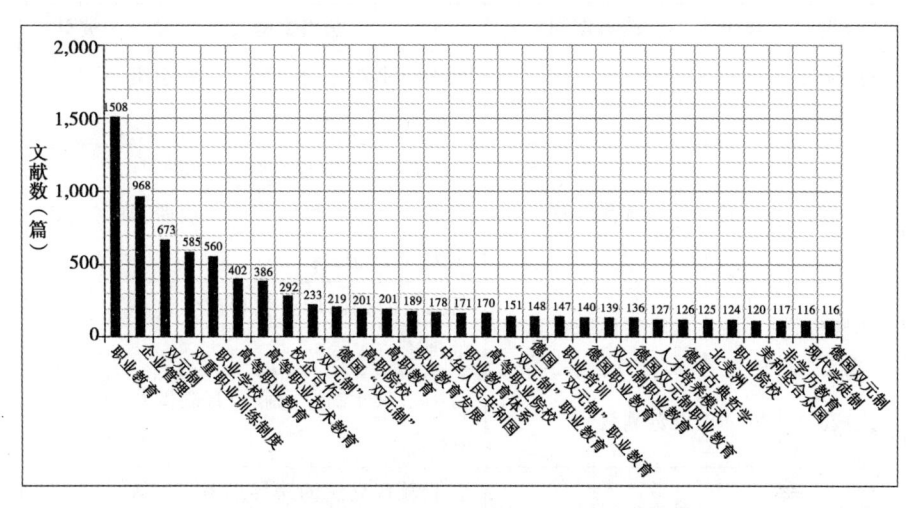

图 13-2 中国知网上对德国职业教育的研究文献的主题分布

从高被引文献的情况看，以德国职业教育为主题的文献被引数量很高，这说明我国在职业教育发展改革的过程中非常关注德国职业教育，也反映了两国职业教育领域的广泛深入交流。从具体主题看，被引用次数最高的 10 篇文章大多聚焦于职业教育的课程与教学，这反映了中国职业教育在过去若干年中发展建设和改革的重点；当然，考虑到引用文献的滞后性，未来相关主题的文章引用情况可能会发生一些变化（见表 13-1）。

表 13-1 中国知网上以德国职业教育为主题的被引次数最高的
10 篇文献信息列表（截至 2019 年 3 月）

作者	年份	来源期刊	被引文献	被引数
姜大源、吴全全	2007	中国职业技术教育	德国职业教育学习领域的课程方案研究	432
姜大源	2004	职教论坛	"学习领域"——工作过程导向的课程模式——德国职业教育课程改革的探索与突破	383
姜大源	2013	中国职业技术教育	德国"双元制"职业教育再解读	201

465

续表

作者	年份	来源期刊	被引文献	被引数
刘邦祥、吴全全	2007	中国职业技术教育	德国职业教育行动导向的教学组织研究	179
姜大源	2003	外国教育研究	"学习领域"课程：概念、特征与问题——关于德国职业学校课程重大改革的思考	172
李晓玲	2002	教育发展研究	行为导向德国职业教育教学改革的理论与实践	157
夏成满	2005	江苏高教	德国"双元制"职业教育制度及其启示	147
姜大源	2009	教育发展研究	职业教育立法的跨界思考——基于德国经验的反思	139
郑向荣	2003	理工高教研究	德国"双元制"职业教育的历史、内涵、特点及问题	121
姜大源	2004	中国职业技术教育	德国企业在职业教育中的作用及成本效益分析	105

概括来说，尽管在改革开放之前至20世纪80年代我国对德国职业教育研究不多，但在90年代之后，德国职业教育逐渐成为我国职业教育研究中的重要领域，相关研究数量大、影响广、关注度高，且总体而言呈现显著的上升趋势。

第二节 对德国职业教育研究的主题演变及其脉络梳理

在过去的40年，伴随着中国职业教育改革发展的步伐，我国对德国职业教育的研究涵盖了广泛的主题范围，下面从课程、教师教育、制度与体系、社会与历史根源、国际化与本土化以及近期发展趋势等方面梳理我国对德国职业教育的研究。

一、课程研究

职业教育课程是职业教育的内容核心，多年来，我国一直关注对德国职业教育课程体系的研究与借鉴，重点关注德国"学习领域"课程的研究。总的来说，我国对德国职业课程的研究大致经历三个阶段。第一个阶段聚焦解决"是什么"的问题，即介绍说明德国"学习领域"课程是什么，主要关注相关的理论、概念介绍。第二个阶段则关注"怎么做"的问题，即尝试本土化"学习领域"课程。第三个阶段基于"学习领域"本土化面临的问题，侧重关于"学习领域"课程实施相关的深入研究，包括职业科学和职业资格研究等。

"学习领域"一词，是对德文单词"lernfeld"的直译。该词是由德文单词学习（lernen）和场地（feld）组合而成。它的出现是基于一定的历史背景与时代需求。[①] 早期，德国职业教育课程主要通过照搬或简化工程师培养课程内容构建。但是，这样的课程无法满足现实工作的需要。在此背景下，德国进行了职业学校教育改革，包括对课程体系的改革。作为具体的课程改革措施，"学习领域"的课程方案自1996年起正式取代传统的学科课程方案。

不同的学者从不同的角度，对"学习领域"课程的内涵进行了解析。有学者从教学实施原则、教育理论基础、课程开发与实施主体三方面阐述"学习领域"课程的本质与特征，认为"学习领域"课程是工作过程导向，它将真实的职业情境作为参照系构建课程内容，通过开展整体、连续的"行动"过程来达到学习目标，这是"学习领域"课程与传统学科课程的最大区别。[②]

[①] 姜大源．"学习领域"课程：概念、特征与问题——关于德国职业学校课程重大改革的思考［J］．外国教育研究，2003（1）：26-31.

[②] 姜大源．"学习领域"课程：概念、特征与问题——关于德国职业学校课程重大改革的思考［J］．外国教育研究，2003（1）：26-31；姜大源．"学习领域"——工作过程导向的课程模式——德国职业教育课程改革的探索与突破［J］．职教论坛，2004（24）：63-66.

有学者从课程内容定向、选择和传授三个方面总结"学习领域"课程所传递的全新课程理念,强调"学习领域"课程内容以能力发展为导向、以工作过程为基础选择课程内容,最终通过行动导向传授课程内容。①

不同于将研究重点直接投射于"学习领域"课程内涵,另有学者则基于技术、教育与劳动组织三者的关系分析"学习领域"课程改革的理论基础。王建初、颜明忠指出,随着技术的发展必然对劳动力提出新要求,并影响相应的劳动组织与教育的发展,同时教育的发展也能推动技术与劳动组织的革新;通过职业教育课程,学生除了掌握当前岗位的要求,还应推动技术的革新与劳动组织的进步,因此职业教育课程也有培养学生对技术进行设计的功能。②该观点的提出引出了对职业设计能力的讨论。所谓的职业设计能力即学生不仅有技术适应能力,而且能够本着对经济、社会和环境负责的态度,参与设计和创造未来的技术和劳动世界。有学者认为通过"学习领域"课程培养设计能力符合工业社会学、经典教育学、职业教育学、行动学习等理论。③

在了解"学习领域"课程的基本内涵后,相关研究转入对更深层次问题的探索,包括:课程目标是什么?课程内容是什么?如何组织课程内容?如何对课程结果进行评价?由于"学习领域"课程的目标是发展职业能力,谈及课程目标,不可避免地将涉及能力研究。受到不同能力观的影响,不少学者或将能力等同于技能与绩效,或将能力等同于认知能力与素质。对能力的不同理解将直接影响对"学习领域"课程的理解。有学者将英美国家和德国对能力的不同理解进行了辨析,发现英美国家对能力的理解是基于这样的逻辑,即"如果你能够完成一项工作任务,那么你就具备了这项能力";这一能力理解倾向于将能力分解为一系列可观察、可描述

---

① 吴全全. 学习领域:职教课程内容重组的新尝试——德国职业教育课程改革的启示[J]. 职教论坛,2004(18):61-62.
② 王建初,颜明忠. 德国职业教育"学习领域"课程改革的理论诠释[J]. 外国教育研究,2009(7):78-81.
③ 赵志群,王炜波. 德国职业教育设计导向的教育思想研究[J]. 中国职业技术教育,2006(32):62-64.

的子能力,因此能力是可测量的,但是在该类能力理解中基本不涉及"态度""意志""动机"等无法直接量化的因素。[①] 基于该能力理解而构建的课程体系或许能够满足一时的工作需求,但是学生缺乏举一反三的能力,无法应对快速发展的工作需求。而德国对能力的理解则是基于这样的逻辑,即"你知道如何完成一项工作任务了,那么就认为你具备了这项能力"。这一能力理解将能力视为个体所拥有的、能够成功满足复杂需求的前提条件,因此能力是可以被诊断而不是被测量。换言之,你知道如何做(会想)是真的会做的前提,只有知道了如何做,才能够应对不同的复杂问题。"学习领域"课程的构建正是基于这一能力理解。很明显德国对能力的理解比英美国家的理解要更宽泛,更丰富,它不仅包括外显的可观测的行为,还包括默会的、情感的成分。[②]

"学习领域"课程内容是工作过程知识,有学者将工作过程知识定义为显性知识,因为它可以直接用于生产实践。[③] 另有学者则认为工作过程知识主要涵盖"陈述性知识"和"过程性知识",既包括显性知识也包括隐性知识。"陈述性知识"涉及事实、概念以及理解、原理;而"过程性知识"涉及经验和策略、事实与概念,解答"是什么"的问题。理解与原理回答"为什么"的问题;而"经验"指的是"怎么做"的问题;"策略"强调的则是"怎样做更好"的问题。[④]

"学习领域"课程要求"做中学",基于"行动导向",这既是"学习领域"课程的典型特征,也是课程组织的方式。有学者对"行为""活动"与"行动"进行了辨析,认为行为是外在刺激的结果,而行动是互动的结

[①] 赵志群. 职业能力研究的新进展 [J]. 职业技术教育,2013 (10):5-11.

[②] 匡瑛. 究竟什么是职业能力——基于比较分析的角度 [J]. 江苏高教,2010 (1):131-133,136.

[③] 赵昕. 工作过程知识与工作过程知识导向的职教课程开发 [J]. 职教论坛,2007 (16):11-13.

[④] 姜大源. 论高职教育工作过程系统化课程开发 [J]. 徐州建筑职业技术学院学报,2010 (1):1-6.

469

果，活动没有明确的学习目标，而行动则有明确的目标。[1] 有学者还介绍了一些典型的"行动导向"教学法，包括项目教学法、四步教学法和引导文教学法等经典职业教育教学方法。[2]

"学习领域"课程的评价即判断学生通过"学习领域"课程的学习后，是否掌握了职业行动能力。此类研究中，最为突出的是关于"德国 KOMET 大规模能力诊断模型"的详细介绍与研究，学者对 KOMET 能力诊断模型进行了理论架构层面的解释。[3] 学者们还进一步拓宽与深化 KOMET 能力模型，将该模型运用于职教师资的能力测评。[4] 此外，有学者还对德国的其他能力测评模型进行了介绍，如 ASCOT 能力模型。[5] 对不同德国能力测评方法、模型的介绍，使得国内的学者更加清晰地意识到无法生搬硬套普通教育的评价模式对职业教育结果进行评价。

在厘清"学习领域"课程的内涵后，在新阶段研究开始关注"学习领域"课程的本土化，重点聚焦"学习领域"课程开发方法与流程。有学者对"学习领域"课程的开发过程进行了详细介绍，具体的开发流程包括如下步骤：首先在明确综合职业能力为培养目标的基础上，基于职业资格研究，通过开展实践专家研讨会，提炼出某一职业（专业）的典型工作任务，通过教学转换确定学习领域课程，并描述学习情境，从而最终获得教学方案。[6]

然而，目前开发的所谓"学习领域"课程尚不能真正做到以发展职业

---

[1] 姜大源. 论行动体系及其特征——关于职业教育课程体系的思考 [J]. 教育发展研究, 2002 (12)：70-75.

[2] 赵志群. 德国职业教育的教学法体系 [J]. 现代技能开发, 1995 (12)：40-41.

[3] 劳耐尔, 赵志群, 吉利. 职业能力与职业能力测评：KOMET 理论基础与方案 [M]. 北京：清华大学出版社, 2010；庄榕霞, 赵志. 职业院校学生职业能力测评的实证研究 [M]. 北京：清华大学出版社, 2012.

[4] 张志新. 基于测评的职业教育教师职业能力研究 [M]. 北京：清华大学出版社, 2016.

[5] 周瑛仪, 赵志群. 德国职业能力测评项目 ASCOT 述评 [J]. 职教论坛, 2015 (21)：10-14.

[6] 赵志群. 职业教育学习领域课程及课程开发 [J]. 徐州建筑职业技术学院学报, 2010 (2)：1-8.

能力为目标，以行动导向的教学方式来传授工作过程知识，以及多方协作共同评价培养结果。在某种程度上，这不只是中国存在的问题，即使在德国，"学习领域"课程的实施效果也并非完美。徐涵依据劳耐尔（F. Rauner）教授团队所开发职业能力诊断的八项指标（即功能性、理解与表达、使用性、经济性、工作和经营过程导向、社会可接受性、环境可承受性和创造性）在德国对"学习领域"课程的实施情况进行了实证研究。[①] 她发现尽管教师和学生都认可衡量职业能力的这一标准，但学生实际获得的能力与其主观评价并不适应，这说明在"学习领域"课程方案的实施过程中，还比较缺乏能够促进学生职业能力发展的教学设计和教学方案，"学习领域"课程方案所倡导的目标仅得到有限实现。

为梳理本土化"学习领域"课程，仅仅了解其内涵和开发流程则远远不够，它还涉及许多深入的相关研究内容，如职业资格研究等。职业教育服务于职业，对职业资格的研究是开发课程、构建课程内容、科学组织课程以及进行合理教学评价的基础。

有学者对课程开发与职业资格研究的关系进行了深入的探讨，认为课程开发涉及工作任务、工作过程、能力要求和学习过程之间的关系，并指出德国职业资格研究包括职业资格的内容研究、效用研究和发展趋势研究，职业资格研究是课程开发的前期基础。[②] 有学者关注德国职业资格研究的方法论，强调资格研究应该采用科学的方法，而不是依赖于行业专家等权威的保障；在此基础上介绍了德国的 BAG 法，该方法在 DACUM 课程开发方法的基础上由德国不来梅大学技术与教育研究所（ITB）提出。BAG 通过行业分析、案例分析、工作过程分析以及专家工人访谈会分析职业活动，最终结果是获得综合性的典型工作任务而不是能力列表。相较于 DACUM 课程开发采用的资格研究方法，BAG 法更加关注工作过程的整体性、关联性和完成工作任务所需要的创造性，从而将专家工人的实践性知

[①] 徐涵. 学习领域课程在德国实施效果的实证研究 [J]. 教育与职业，2011（6）：18-20.

[②] 赵志群. 德国与课程开发有关的职业资格研究 [J]. 职教通讯，2005（6）：55-58.

识（隐性知识）提高到一个新的水平。①

因此，相较于过去直接迁移或简单删减普通教育中课程内容而构建课程的做法，"学习领域"课程的开发方法更加科学与规范。它包含详细的记录、分析、研究的方法和程序，遵循科学的规则，接近研究对象以便实现有效交流并考虑多种因素的相互制约性，收集充分的数据并进行解释，以保障"学习领域"课程的合理性和有效性。

针对"学习领域"课程的深入研究还涉及另一研究热点，即"职业科学"。德国将该系统化的基于职业或职业群的专业划分称为"职业科学"。有学者认为发展"职业科学"才能让职业教育的研究成为一门独立的科学研究。②有学者对"职业专业"和"职业科学"进行了辨析，提出"职业科学"在德国等同于"职业专业"，它在不同高校有不同的名称，如"职业技术学"和"职业领域科学"等，而德国官方称"职业专业"（Berufliche Fachrichtung），英语文献则统称为"职业的和与工作有关的技术科学"（Occupational and Work-related Science of Technology）。③还有学者强调"专业科学"对应工程师的培养，而"职业科学"则对应技术工人的培养。"专业科学"以优化对象、研究和发展客观规律为目的，主要解决"怎么样"和"为什么"的问题，指向学科系统；而职业科学则以对象的操作以及对技术、成果的实践应用为目的，主要解决"做什么"和"怎么做"的问题；指向技术的具体运用领域和工作过程系统。④

综上所述，我国职业教育学界对德国职业教育课程的研究，从课程本身内涵的研究延伸至相关研究，研究逐渐成体系；但是主要关注对"学习领域"课程的基础内涵的介绍研究。由于两国的职业教育体系不同，以及

---

① 赵志群，王炜波. 德国职业教育设计导向的教育思想研究[J]. 中国职业技术教育，2006（32）：62-64.
② 姜大源. 职业科学：一门新学科的创立及定位——德国职业教育学理论创新追踪与思考[J]. 教育发展研究，2005（5）：14-19.
③ 赵志群. 关于"职业科学"研究[J]. 职教论坛，2010（33）：1.
④ 谢莉花，尚美华. 德国职业教育领域"职业科学"的内涵、争议与发展[J]. 职教论坛，2018（6）：22-30.

相关的深入研究尚待完善，对"学习领域"课程的本土化借鉴仍在摸索中。

二、教师教育研究

关注"学习领域"课程"是什么"的问题是我国对德国课程研究的开端，而"学习领域"课程的本土化除了涉及具体的课程开发的方式方法与流程，更涉及对德国"双元制"职业教育的深入研究，包括校企合作机制的研究以及相关支撑体系的研究，如德国职教师资的培养体系研究。

"学习领域"课程的实施特点使得职校教师面临新的挑战，因此，随着"学习领域"课程本土化实践的开展，了解、借鉴德国职教师资培养模式成为必然。同时，中国职业教育中"双师型"教师的政策要求与现实困境也使得职业教育的研究者关注德国职教师资队伍的培养与发展。

与对"学习领域"课程的研究类似，对德国职教师资培养的研究，最初关注"是怎样"的问题。早在 1994 年就有学者追溯了 19 世纪德国的职业教育教师培养的不同模式及其渊源，并将其划分为几种典型的模式：依据政府的"行业促进政策"中关于高级技术工人培养的有关政策规定发展而来的巴登和符腾堡模式，以实际工作者和技师等为对象的两年研讨班形式的普鲁士和巴伐利亚模式，放在大学培养更偏重教育和社会科学的图林根和汉堡模式。[①]

有学者以博洛尼亚改革为界，对改革前后德国职教师资培养的两种主要模式进行了描述。改革前，德国职教师资的培养过程包括为期 1 年的职业培训，平均时长 9 个学期的大学学位学习，2 年的预备实习以及 2 次国立考试。改革后，职教师资的培养内容包括 300 学时的本科学习和教师教育相关的硕士研究生学习，以及 12 到 24 个月的预备实习。学习内容包括教育相关科学（90 学分），专业学科 I 与专业学科 II（180 学分）以及本、硕毕业论文（30 学分）。[②] 鉴于德国职教师资的培养是基于职业专业划分，

---

① 徐朔. 德国职业教师培养的源与流 [J]. 德国研究，1994（2）：53-57，62.
② 郑建萍. 博洛尼亚进程中德国分阶经济教师教育——汉堡案例 [J]. 外国教育研究，2012（8）：99-106.

因此也有些研究人员对某一特定职业科学职教师资的培养情况进行了介绍，如鄢彩玲对电工大类职教师资培养的系统介绍。[①]

对德国职教师资培养的介绍，我国更关注培养内容中"专业教学论"的研究。有学者将"专业教学论"定义为教师的职业科学，并强调"专业教学论"探讨的是职业专业的理论与实践以及教学的理论与实践这四个部分，但又不只是这些要素的简单叠加。[②]

在职业教育领域，由于其特定的职业属性，对"专业教学论"的研究极其复杂。职业教育的专业不是学科专业，而是与从事某种职业的人的职业活动联系在一起的，因此，职业教育的专业教学要以该专业所对应的典型职业活动为导向，有别于普通教育教学论。[③] 有学者对"普通教学论""职业教育教学论""专业教学法"和职业教育"专业教学论"的区别进行了界定，并指出"专业教学论"是基于某一专业领域或方向、关于教与学的理论与实践的一门学科；与"普通教学论"相对的是"职业教育教学论"，它是以普通教学论和职业教育学为基础，而职业教育的"专业教学论"则是以职业教育教学论和职业教育专业领域或方向为基础。[④] "专业教学论"不仅关注专业学科知识，而且关注教育、工作与技术之间复杂的相互关系，"专业教学论"是在对工作、技术与职业教育三者关系的研究基础上落实于教学。[⑤]

有学者将"专业教学论"的定义分为三种，即基于教育科学的职业教育专业教学论模式、基于专业科学的职业教育专业教学论模式和基于"整

---

① 鄢彩玲. 能力导向的德国职教师资培养——以电工专业职教师资培养为例[J]. 职教论坛，2017（21）：86-89.

② 徐朔. 专业教学论：职教师资的"职业科学"[J]. 职教论坛，2008（8）：7-9.

③ 姜大源. 职业教育的专业教学论：属性、冲突、定位与前景[J]. 中国职业技术教育，2004（25）：8-13.

④ 王建初，颜明忠. 德国职业教育"学习领域"课程改革的理论诠释[J]. 外国教育研究，2009（7）：78-81.

⑤ 谢莉花. 由职业性专业课程看德国职教师资培养[J]. 职业技术教育，2015（4）：75-79.

合科学"的职业教育专业教学论模式。① 这里的第三种模式将"整合科学"即上文中提及的"职业科学"与专业教学论联系了起来。

由于我国对"职业科学"研究发展的局限性，目前针对专业教学论的研究主要聚焦于对其内涵、定位、研究内容等一般概念的界定，针对具体的专业领域的教学论，我国目前涉及比较少，其中以陈永芳等对电气专业方向的专业教学论的研究最具代表性，其提出与职业工作相关的学习条件和学习的可能性是电气专业教学论研究的关键内容。②

此外，在德国经验的基础上，有学者从国际比较的角度出发，从宏观、中观、微观等不同层面对借鉴国外特别是德国职教师资的培养提出了建议，指出应该在宏观层面上完善职教师资准入与发展的政策保障体系，在中观层面完善职教师资培养培训的运行保障体系，在微观层面构建科学的职教师资培养与教学体系。③

总的来说，我国对德国职教师资的研究更多地关注"是怎样"的问题，而对学习德国经验，解决中国实践问题更多地停留在学习借鉴，政治献策的层面。究其原因，一方面是职业教育本身涉及的基础问题尚未解决，如职业科学学科建设；另一方面则在于我国职教师资培养体系本身制度的不完善。

三、制度与体系研究

2010年之前，中国学者对德国职业教育的宏观制度与体系的关注不多，但近年来对德国职业教育制度与体系的研究则逐渐增多。这一研究关注点的变化至少有三方面的原因：第一，中国职业教育从课程与教学层面的改革逐渐进入体系制度建设的阶段，我们更加需要在体系制度建设中参

---

① 姜大源. 职业教育的专业教学论：属性、冲突、定位与前景 [J]. 中国职业技术教育，2004（25）：8-13.

② 陈永芳，姜大源. 德国专业教学论研究及其在职教师资培养中的地位 [J]. 职业技术教育，2003（19）：64-66.

③ 同济大学职业技术教育学院. 教育部全国教育科学"十五"规划重点课题"职业教育师资培养策略体系国际研究比较"总报告 [R]. 2006.

考借鉴他国经验；第二，对于中国职业教育的实践者和研究者而言，前述德国职业教育在课程与教学以及教师教育方面的经验固然值得学习借鉴，但在实践中，许多人都会感到这些经验在中国落地实施的困难，人们很自然地转向询问和探究，为何德国职业教育的经验在中国难以开展并发挥一样的效果，在这样的背景下，人们很自然地关注德国职业教育中微观层面的经验所处的宏观环境，即其制度与体系；第三，随着越来越多的中国职业教育实践者和研究者有机会在德国进行参观考察乃至长期居住，我们能够更为全面地了解德国职业教育，意识到其宏观制度和体系与中国的差异，并开始思考这些宏观层面的差异可能对我们学习借鉴德国职业教育产生怎样的影响。

在关注体系与制度之前，有学者专门分析了德国"双元制"职业教育的内涵，并认为其核心特点包括"双重职业训练体系"体现的合伙式的分工合作、体现在职业教育合同中的工学结合的教育培训制度、私法与公法的一体化管理所反映的不同法律体系的协调统一、企业自主与国家调控相结合的制度、以职业活动为核心的课程设计思想指导下的能力本位和就业导向。[1]

有学者在分析德国"双元制"职业教育内涵的基础上还梳理了其优缺点。其优点包括：统一的职业社会化培训模式能够有机结合学习与劳动；培训机构能依据新的技能需求调整培训内容；学校教育与就业培训能顺利过渡；社会和政治组织的合作与协调得以增强；对国民经济的财政体系有利；培训者能够获得较高的技能水平。其缺点则在于：第一，由于培训岗位的供给依赖于企业的经济发展情况及地方的经济发展水平，而不是根据青少年的教育需求决定，培训岗位的供需关系容易出现不平衡；第二，培训的市场特性及由企业来承担培训费用的做法有可能造成培训的失控，部分小企业为从培训中获益而仅参与一些没有前途的职业培训，而具有较好

---

[1] 亓俊国，庞学光. 德国"双元制"职业教育内涵的多维度分析 [J]. 教育发展研究，2008 (11)：23-26.

发展趋势的职业则在一定程度上被忽视。[1] 还有学者借鉴参考国外研究，从国际比较的视角梳理了德国职业教育体系作为一种"集体主义技能体系"与"综合技能体系"及"专业技能体系"的核心差异，即企业参与国家技能培训体系，企业培训遵守国家规定的培养质量标准，培训成本主要依赖企业资助，部分来自国家支持。[2] 也有学者梳理了德国"双元制"职业教育的模式，并指出德国企业参与职业教育的动力机制在于："双元制"提供的用工选择平台是企业参与职业教育的核心动力，政府的有力支持是企业参与职业教育的重要推力，完善的制度设计与质量体系是企业参与的重要保障。[3] 还有学者从制度的角度对德国职业教育进行了分析，指出德国"双元制"职业教育宏观层次的核心要素是职业与职业能力，中观层次的核心要素是一致及社团主义原则，微观层次的核心要素是行动导向和以学生为中心原则，其最大的优势在于"国家主导、市场驱动"。[4] 另有学者专门梳理了德国产教融合的经验与特点，并将其归纳概括为以下几条：依法推进并确保产教融合机制的权威性、明确具体并确保产教融合机制的可操作性、系统设计并确保产教融合机制的有效性。[5]

教育标准是职业教育体系与治理的关键要素，德国职业教育标准的开发与修订对于我国相关标准的制定有着重要的启示意义，在这方面，我国学者也有一些研究。有学者梳理了德国职业教育条例开发的相关内容，指出其开发程序包括资格需求分析、条例开发和条例实施等阶段，并梳理出其核心经验：以促进职业行动能力为目标的开发理念、将职业标准融合于

---

[1] 杨玉宝. 对德国"双元制"职业教育的新认识 [J]. 比较教育研究，2002 (3)：37-39，51.

[2] 景琴玲，王革. 德国职业教育体系透析与展望 [J]. 国家教育行政学院学报，2012 (2)：91-95.

[3] 罗丹. 德国企业参与职业教育的动力机制研究——基于"双元制"职业教育模式的分析 [J]. 职业技术教育，2012 (34)：84-88.

[4] 黄苹. 德国现代学徒制的制度分析及启示 [J]. 湖南师范大学教育科学学报，2016 (3)：121-125.

[5] 刘立新. 德国职业教育产教融合的经验及对我国的启示 [J]. 中国职业技术教育，2015 (30)：18-23，37.

教育标准之中的开发内容以及多方参与合作协调的开发程序。[1]

德国职业教育是德国社会市场经济的重要组成部分,对职业教育的理解离不开对其关键要素职业培训市场的解释分析。有学者在2006年就意识到了合同在德国职业教育中的重要作用,周耕夫等对德国职业教育法中涉及合同的内容进行了专门的梳理,并据此提出对中国职业教育的启示,比如修改职业教育法以明晰工学结合人才培养模式的法律地位,修改税收政策以提高企业参与工学结合人才培养的积极性等。[2] 有学者在此基础上进一步挖掘了市场机制在德国职业教育中的重要作用,并指出,德国的职业培训市场兼具劳动力市场与培训服务市场的特征,且其劳动力市场为不完全劳动力市场,它是学徒和企业协商沟通需求的途径,也是职业教育中社会资源配置的手段;培训市场对职业教育的各利益相关方具有激励兼容性,有助于使学生实现从学校到工作的顺利过渡,也能有效提升职业教育质量;其顺利运行则建立在各方接受的职业教育标准、健全的社会利益代理及合作机制、完善具体的法律法规体系以及社会市场经济制度基础之上。[3]

分析德国职业教育离不开对德国企业参与职业教育的动机的理解。冉云芳和石伟平在梳理德国学者研究的基础上,运用定量方法详细地计算了德国企业参与职业教育的成本与收益:企业参与职业教育的成本主要由学徒人力成本和企业培训人员成本构成,这两部分成本占总成本的比例超过八成;企业在其中的短期收益由学徒在培训期间从事生产任务带来的收益构成,且短期收益可以抵偿总成本的比例较大;企业在参与职业教育中的总成本、短期收益和净成本因企业规模、行业类别和培训学制等表现出不同程度的差异性;仅从定量数据看,在学徒培训期内许多企业在整体上仍

---

[1] 谢莉花. 德国职业教育的"教育职业标准":职业教育条例的开发内容、路径与经验 [J]. 外国教育研究, 2016 (8): 28-40.

[2] 周耕夫, 李栋学. 工学结合:期待制度与法规的哺育——来自德国"职业教育合同"的启示 [J]. 中国职业技术教育, 2006 (31): 5-7.

[3] 李俊. 德国职业培训市场的分析——兼谈对我国现代学徒制建设的启示 [J]. 德国研究, 2015 (4): 109-120, 144.

处于净损失状态，但从长远来看，这部分损失可由培训期结束后学徒留任成为正式员工所补偿；其他不可量化的长期收益也足以弥补企业在学徒培训期内的损失；由于德国企业参与职业教育的长期收益较可观，多数德国企业参与学徒制培训主要采取追求人力资本投资的"投资导向"策略，而采取追求培训期内学徒的生产价值的"生产导向"策略的企业比较少。[①]

对相关法律法规的诠释和分析是职业教育体系与制度分析重要的组成部分，德国在2005年修订并颁布实施新的联邦职业教育法（BBiG），这是当代德国职业教育发展改革的一个重要组成部分，我国学者自然对其进行了介绍，并作了较为系统深入的解读。姜大源与刘立新共同将新的联邦职业教育法全文翻译，这为后来的研究者提供了便利。[②] 具体来说，新的联邦职业教育法在以下几方面有改革与创新：对包括全日制职业学校在内的各种形式的职业培训或职业预备教育予以认可，扩展了职业教育的新空间；允许企业与学校的合作在内容选择及时间安排上具有更加多样化的形式，包容不同培训要求及培训年限的培训；加速建立现代化职业教育培训专业体系，加快现代化职业培训条例的实施程序，精简职业教育相关管理与咨询机构；促进德国与其他国家职业教育、普教与职教、职前教育与职后培训的沟通与衔接，使职业教育在区域及类型层次等层面实现更加融通的发展，拓展青年人接受职业教育的选择空间；此外，新法对行业协会的考试作了新规定，允许结业考试的评价可以涵盖行业和职业学校两个部分。[③]

随着2009年起我国职业教育法修订被全国人大提上议事日程，我国学者对德国职业教育法修订改革的讨论也自然地延伸到了对我国职业教育法修订改革的讨论中。姜大源建议，应当学习借鉴德国经验，在我国职业教

[①] 冉云芳，石伟平. 德国企业参与学徒制培训的成本收益分析与启示 [J]. 教育研究，2016（5）：124-131，152.

[②] 姜大源，刘立新.（德国）联邦职业教育法（BBiG）[J]. 中国职业技术教育，2005（35）：56-62；姜大源，刘立新.（德国）联邦职业教育法（BBiG）[J]. 中国职业技术教育，2005（32）：51-59.

[③] 姜大源. 德国职业教育改革重大举措——德国新《职业教育法》解读 [J]. 中国职业技术教育，2005（14）：59-61.

育法的修订中，更好地运用跨界思维，在结合我国国情的前提下，厘清不同种类组织作为教育机构的法律地位，适当拓展职业教育法的适用范畴，以更高水平的科学研究为职业教育立法提供理性支持。①

德国职业教育有着很多优点，但它并非完美无瑕，而我国的实践者和研究者在一定程度上对德国职业教育抱有过于美好的想象，有些与德国职业教育的实际情况有明显不符。比如，网络媒体上有许多关于德国技术工人工资水平很高，甚至高于大学教授的信息，这在个别情况下有可能属实，但从统计意义上讲却有违一般事实。对于这些误解，有学者集中讨论分析，指出我们的想象与现实不完全符合的地方。② 也有学者更进一步指出了德国职业教育中的问题，比如由于学徒培训岗位的减少及学徒学历结构的变化，中学学业不佳者面临着较为困难的处境甚至不公平；由于学徒培训从集体模式向分散模式转变，中小企业和学徒的利益也受到一些损害；此外，女性在职业领域和职业教育的选择上也遭受更多歧视和不公。③

四、社会与历史根源研究

在中国职业教育界对德国职业教育的制度和体系也有越来越充分的了解后，人们能够更好地理解德国职业教育在中观和宏观层面的特点；与此同时，中国职业教育的改革发展取得了很多成绩，但在学习借鉴德国职业教育的过程中，仍然感到了许多现实的困难与障碍，比如企业参与职业教育的动力不足，工学结合的培养模式难以生根发芽，行动导向教学法在职业学校日常教学中实施难度较大等。在此过程中，我们逐渐意识到，我们无法照搬照抄德国"双元制"的体系，而任何国家的职业教育体系与实践都必须建立在其自身的国情土壤之上，而且必然是历史发展的产物。若要

---

① 姜大源. 职业教育立法的跨界思考——基于德国经验的反思 [J]. 教育发展研究，2009 (19)：32-35.

② 李俊. 德国职业教育的想象、现实与启示——再论德国职业教育发展的社会原因 [J]. 外国教育研究，2016 (8)：14-27.

③ 何杨勇. 德国双元制职业教育发展中的公平问题 [J]. 高等教育研究，2017 (3)：104-109.

真正理解德国职业教育,就需要更进一步,挖掘其背后的社会历史根源,剖析其制度运行所赖以支撑的社会和文化土壤。在这样的背景下,越来越多的研究者运用教育学之外的其他学科的理论及分析工具,以社会学和经济学等范式来解释研究职业教育问题,并取得了较为丰富的成果。

有学者从国家与企业的关系角度剖析德国职业教育的文化和制度基础:德国"双元制"职业教育以企业自主与国家调控相结合的形式充分地反映了德国政府与经济界的合作关系,而这种合作关系则建立在其悠久的行会传统、德意志民族文化传统中独特的自由观以及社会市场经济制度的基础之上,而国家与企业之间的张力、企业的自治与国家的干预之间的矛盾则是"双元制"治理中的核心主题。①

有学者尝试通过分析德国的社会结构和文化传统来解释德国职业教育受到社会认可的原因:德国的社会结构稳定,流动性较低,不同社会阶层的年轻人很难大幅度改变其职业前景,职业教育能够基本保障中等水平的收入和社会地位,并带来其他社会效益,比如由上学到工作的平稳过渡、较早拥有自己的收入、习得受到劳动力市场承认的职业技能等,在这样的社会结构中,职业教育成为许多德国年轻人可以接受的教育选择;德国职业教育所遵循的根本原则之一——职业性原则扎根于德国深厚的职业文化的土壤之中,在德国的职业概念理解下,职业教育也包含一种对美好生活的想象,通过职业实现的社会整合是其中心作用之一,学徒通过职业教育参与到劳动及市民活动中,从而实现个人的成长和社会化。②

有学者指出,德国的"双元制"职业教育起源可以追溯到传统手工业学徒训练制,传统手工业学徒训练制虽然曾经对职业教育发生过影响,但从德国现代化进程来看,不能将其简单地理解为德国职业教育的前身;德国职业教育与德国的现代化进程息息相关,厘清德国职业教育起源必须从现代化进程的多方面来考察,要看到职业教育在法律政策、经济规模、职

---

① 周丽华,李守福. 企业自主与国家调控——德国"双元制"职业教育的社会文化及制度基础解析[J]. 比较教育研究,2004(10):54-58.

② 李俊. 德国职业教育发展之社会结构及文化传统探原[J]. 清华大学教育研究,2011(1):113-119.

业教育哲学以及实践上的现代化,这些要素才是德国职业教育勃兴的关键。[①]

南开大学的王星从社会学的角度对德国学徒制的现代化转型进行了深度剖析,他将学徒制处理为一种整体制度安排,考察其运行的社会基础,并梳理学徒制本身制度变迁的历史轨迹,借此尝试解决其背后的动力问题:在19世纪末20世纪初,德国劳动共同体模式和去商品化的社会保护奠定了其学徒制有效作用的经济社会基础,而社会市场治理模式则为其奠定了匹配的制度环境,这些制度安排可追溯到工业化时期围绕学徒制而发生的利益政治;在德国学徒制的漫长的历史发展变迁中,行会组织父权主义色彩浓厚的管制方式与经济民主化中的劳资共决共同作用,较好地解决了学徒制所面临的可信承诺达成及劳动力市场管制的问题,从而有助于德国学徒制能够在工业化和现代化转型过程中继续保持并成为一种重要的技能形成体制,从而促成德国制造业的比较优势。[②]

五、德国职业教育的国际化和本土化研究

德国职业教育国际化是德国政府近年来力推的一项重要任务,它是基于其政治、经济、文化等多方面的内在诉求逐渐开展的。政治方面,随着二战后德国国际地位的逐渐提升,教育被认为是外交政策的一个重要层面,可提升国家形象,因此有必要推动其职业教育国际化程度的提升;经济方面,德国职业教育本来就是推动经济产业发展的重要因素,在经济全球化的背景下,一方面引进更多国外优秀人才来解决国内人才紧缺困境,另一方面在本土培养适应全球经济发展和市场需求变化的国际通用型人才,才能适应全球经济的变化;社会和文化方面,欧洲国家在教育领域的交流合作源远流长,在欧洲一体化的背景下,职业教育国际合作的提升也

[①] 李超. 德国职业教育历史源起与勃兴——以19世纪为考察对象 [J]. 黑龙江高教研究, 2016 (12): 61-63.

[②] 王星. 技能形成的社会建构:德国学徒制现代化转型的社会学分析 [J]. 社会, 2015 (1): 184-205.

是题中之义。[①]

有学者分析了德国职业教育国际化的动因及改革举措，指出其背后包含着政治因素（强国崛起的政治诉求）、经济因素（经济起飞的秘密武器）、社会文化因素（文化传承的重要载体）、学术因素（教育强国的学术目标）。其国际化改革的内容则包括：学位制度的国际化转换，以实现职业教育的可迁移性；学分体系的国际化互认，以实现职业教育的可兼容性；搭建终身学习资格框架，以实现职业教育的可通用性。[②]

在关注德国职业教育国际化的研究中，我国学者尤其关注德国职业教育在中国的本土化情况，这既是一般意义上的德国职教国际化在特定国家的具体体现，更是与我国职业教育的发展密切相关。德国职业教育在多大程度上能够在中国的社会经济环境和文化土壤中实现本土化，我国在多大程度上能够借鉴学习德国职业教育的经验与实践，直接影响着中国职业教育的发展，这自然成为了我国研究德国职业教育的重要主题之一。

由商会授予满师学徒的职业资格证书是德国职业教育质量保障的重要环节，有学者讨论了德国的职业资格证书及项目在中国的有效性，并指出：尽管德国工商总会承认德国海外商会（AHK）在中国开展的职业教育项目及授予的资格证书，但是这类证书不能使用德国国内工商会（IHK）的署名，而且海外商会颁发的证书只有在德国进行"等值认定"后才能转为正式的德国职业资格；此外，由于项目监管、企业参与程度、培训师资能力和资格考试程序等方面的原因，德国海外工商会在中国颁发的职业资格证书大部分并不具备与德国证书的同等水平。[③]

德国职业教育中的实践实训教学非常有特色，因此有中国职业院校教师聚焦高职院校数控技术实训基地职业技能训练模式，从教学论的角度分

[①] 李俊. 德国职业教育国际化的经验与启示——兼谈对我国职业教育国际化的借鉴 [J]. 高等职业教育探索，2018（6）：1-9.

[②] 肖凤翔，张荣. 德国职业教育国际化：动因、改革与启示 [J]. 高校教育管理，2017（4）：9-15.

[③] 李思. 德国 IHK 职业资格证书项目在中国的有效性探讨 [J]. 中国职业技术教育，2017（30）：96-99，104.

析德国"双元制"职业教育中特定的教学模式本土化的应用。[1]

有学者从人才培养策略的角度，以具体学校为案例，分析"双元制"职业教育在中国的实践。[2]有职业学校管理者和研究者对"双元制"本土化的情况进行了较为深入的调查分析，在了解管理、制度、运行情况及质量效益等方面的基本信息后，概括出了本土化的主要经验：政府主导是关键，主体双元是核心，合同执行是前提，成本分担是基础。在此基础上，他们提出了针对性的建议，包括政府要进一步加快职业教育制度创新，学校要进一步加大教育教学改革力度，行业要进一步增强行会组织功能。[3]

六、近期的发展趋势

2013年，德国提出了面向未来制造业升级的工业4.0战略。工业4.0是基于信息物理系统的互联网、物联网和服务网集成的社会，具有智能化、信息化、分散化、个性化的特点，在制造业中表现为"智能工厂"和"智能生产"，在整个经济社会中则表现为智能化生产、智能化管理和智能化服务，最终实现人类社会的智能化。工业4.0时代的到来，相较于以往，人力的需求也和过去截然不同，这对德国的职业教育体系产生了重大影响。近期的对德研究十分关注工业4.0对德国职业教育的影响。赵文平指出面对工业4.0给德国带来的劳动力市场、劳动组织形式、人才需求特征等方面的变化，德国职业教育呈现出一系列新的发展动向：出现了"职业教育4.0"的教育发展的新方向；提出了以培养信息化素养为核心的跨领域复合素质人才培养规格的新要求；职业资格系统中对IT能力资格的要求越发突显；职业教育专业结构呈现智能化与复合化的发展方向；职业教

---

[1] 张福荣. 德国"双元制"职业教育模式本土化应用的研究——高职院校数控技术实训基地职业技能训练模式初探［J］. 中国现代教育装备，2010（22）：42-45.

[2] 张丽颖，张学军. 基于双元制的高职人才培养本土化实践——以苏州健雄职业技术学院为例［J］. 职业技术教育，2014（32）：13-15.

[3] 周新源，丁亮，侯宏强. 太仓市"双元制"本土化实施：调查分析及改革建议［J］. 中国职业技术教育，2017（19）：58-65.

育课程与教学的数字化快速发展；提供面向可持续性发展的多样化培训机会。①谈毅通过探讨德国"双元制"职业教育体系结构和特征，以及工业4.0时代德国职业教育体系的改革方向，试图为我国职业教育改革提供有益的参考。②

从劳动力市场的角度出发，郑建萍分析了智能数字化技术对德国职业和职业教育的影响，并梳理了德国各界对此的研究，发现不同职业分类和数据基础对结果有明显影响，工作任务类型的组合性比常规性任务的占比更具有衡量意义。德国并未出现工作岗位总量减少和就业极化的现象，但产业结构调整和个人工作转换频率加快，主要表现为注重不同阶段技术存续的升级模式。作者基于德国的经验提出，现代职业教育体系需基于全面的制度建设和系统的科学研究，支持个人、产业和社会的可持续发展。③

近年来，随着我国职业教育教材建设重要性的不断提高，我国对德国职业教育中的教材的研究也开展起来。徐涵梳理了德国职业教育中教材建设与管理的经验，主要包括：职业教育教材编写以相关的教育标准、计划及教学大纲为依据；教材审核以州的学校法及教材审定规章为法律准绳，明确教材审核的条件及方法，以确保教材质量。在此基础上，她提出了对我国的建议和启示：应加强专业教学标准和课程标准的建设，应尽快出台可操作的职业教育教材管理办法，加强意识形态和教育科学的教材管理，实行中等职业学校的教材免费制度。④

随着教育信息化水平的不断提升，我国学者自然也关注了德国职业教育信息化发展的情况。赵志群等学者梳理了德国有代表性的职业教育教学信息化项目，并归纳其特点为：遵循情境主义和行动导向学习理念，以真

---

① 赵文平. 德国应对"工业4.0"的职教发展动向 [J]. 职教通讯，2017 (34)：80.
② 谈毅. 工业4.0对德国二元制职业教育体系的冲击及其应对 [J]. 职业技术教育，2015 (1)：70-74.
③ 郑建萍. 智能数字化技术对德国职业和职业教育的影响——基于劳动市场的分析 [J]. 比较教育研究，2018 (10)：97-105.
④ 徐涵. 德国中等职业教育教材建设与管理及启示 [J]. 比较教育研究，2018 (4)：101-107.

实工作任务和工作过程为基础,设计现代教育技术支持下的跨职业和多学习场所的学习性工作任务,并建立指导性的工作系统。其研究指出,职业教育信息化学习系统既有教与学的软件,也有数字学习环境,还有对职教机构、组织和文化的整体设计,我国在职业教育信息化发展中应对这些因素进行综合考虑。①

第三节　关于中国对德国职业教育研究的分析与思考

一、中国对德国职业教育的研究的发展变化及脉络梳理

1. 研究内容、方法与态度的变化

从前文的介绍梳理可以看出,改革开放以来,有越来越多的实践者和研究者关注和参考德国职业教育,中国对德国职业教育的研究数量因而也得到不断提高,内容和成果也逐渐丰富起来,概括来说,对德国职业教育的研究变化主要体现在以下几个方面。

第一,在研究内容上,从对德国职业教育实践经验的相对粗浅的介绍说明逐渐发展到对德国职业教育的理论、体系及其背后社会基础、历史根源以及制度和文化的深入分析。早期对德国职业教育的许多研究都以介绍"双元制"职业教育的基本情况和课程教学特点为主,对理论的深度探讨不多。近些年来,尽管仍然有许多研究在重复进行基本情况的介绍工作,但已有越来越多的研究深入到德国职业教育的理论渊源、制度基础和历史根源等方面,由此拓展了中国对德国职业教育的认识和理解。

第二,在研究方法上,从教育学尤其是比较教育学的单一学科范式逐步过渡到包括社会学、经济学等在内的多学科的研究范式。过往的职业教育研究更多地是从职业教育学内部出发,运用比较教育学的分析工具研究德国职业教育,因此在内容上也更多关注教育过程本身。后来有越来越多

---

① 赵志群,陈玉琪. 德国职业教育教学信息化发展对我国的启示[J]. 电化教育研究,2018(4):109-114,121.

的研究者运用社会学、经济学和管理学等学科的理论工具分析职业教育问题，他们当中既有职业教育学内部的学者在尝试向外借鉴和突破，也有其他学科领域的学者尝试进入职业教育这一问题领域，由此形成了更加有利于学术交流互动的氛围，提高了学术对话的质量，从而推动了研究内容的转变和理解的深化。

第三，在研究态度上，从对德国的全盘接受到审慎地有选择地吸纳甚至批评，从几乎完全仰望的状态逐渐过渡到平视的姿态。在改革开放初期，中国职业教育的发展水平较低，受制于当时的经济社会发展水平，职业教育在设施设备、师资、课程与教学等诸方面都有很多不足，那时在研究德国职业教育时自然地处于一种仰望的态度，希望能够通过学习借鉴德国经验提高自身的水平。经过几十年的发展，一方面中国职业教育在许多方面取得了长足的进步，国外的实践未必在全方面具有优势；另一方面，经过多年的研究与借鉴，也伴随着交流与研究的深入，中国职业教育的实践者和研究者越来越意识到，由于德国职业教育建立在其特有的社会文化土壤和制度基础之上，其部分成功经验难以直接复制到其他国家，因此在研究过程中，也越来越注意对德国经验与实践的审慎吸纳。

2. 研究变化背后的原因

由上所述，中国对德国职业教育的研究经历了研究内容、方法和态度的转变，这种发展变化不是一蹴而就的，也不是随机发生的，其背后的原因可以概括为以下几个方面。

首先，中国对德国职业教育的研究、学习、参考与借鉴伴随着中国职业教育发展改革的过程不断深化，其研究受到中国职教发展现实问题以及政策热点的强烈驱动。早期的研究尤其关注德国职业教育的课程与教学，这与20世纪90年代全国多个地区就开始的课程建设与改革步调一致；对德国职业教育体系与制度的研究则在很大程度上缘于中国职业教育本身的体系构建和办学模式改革；对德国职教师资的研究与中国自身职教师资队伍建设的过程紧密相联；近年来，随着中国职业教育国际化程度提升，我们也越来越关注德国职业教育的国际化进程。在一定程度上，这种发展变化显示了我国职业教育从业者对中国职业教育事业的热爱、对卓越和完善自身工作的追求、开放包容的心态和学习进取的态度，我们迫切希望通过对他人的学习借鉴提高自身的水平，真正推动中国职业教育的改革发展。

其次，中国学者对德国职业教育的研究在很大程度上也受到了德国职业教育研究本身的发展变化的影响。德国职业教育研究本身也经历了从规范研究到经验研究和实证研究的过程、从职业教育学的单一学科研究到跨学科多学科视角的研究的过程。尤其是过去十多年，政治经济学等领域的学者从历史制度主义等视角出发关注技能形成，对德国职业教育的历史渊源、发展沿革和政治制度基础等进行了深入的分析，并形成了很强的学术影响，中国职业教育研究明显也受到了这方面的影响，研究范式的丰富和视角的多元在一定程度上就缘于德国学术界本身的变化。

最后，中国对德国职业教育的研究的发展变化，既受到中国职业教育发展改革现实的有力驱动和德国本土职业教育研究的影响，也是职业教育研究本身的学理和逻辑发展变化的产物。从课程与教学这一职业教育学范式下职业教育的核心问题，逐渐在跨学科研究的影响下延伸和拓展到职业教育的制度、社会基础和历史沿革等更加丰富的主题，这背后是为了实现对德国职业教育的更好理解，中国学界尝试转换分析视角和研究框架，从理解课堂内发生的教育教学实践逐渐转向更好地理解更加广泛的社会背景下职业教育的发展逻辑，其遵循的是人类理解和学术研究的不断发展提升的逻辑。

二、中国对德国职业教育的研究的未来展望

1. 已有研究的不足

改革开放以来，我国职业教育实践与研究界对德国职业教育有着浓厚的兴趣，其研究也取得了丰富的成果，然而，如果以更加严格的标准来要求，在一个更加宏大的视野中看，我国对德国职业教育的研究仍然存在一些问题与不足，主要体现在已有研究对我国职业教育实践的支撑和帮助相对有限。尽管我国职业教育在现实中有大量与德国的合作以及向德国学习借鉴的方面，但是，我们对德国职业教育的研究，尤其是关于德国职业教育理念与实践在中国本土化的研究仍然不够充分。已有的研究没有深入系统地分析德国职业教育的理念在多大程度上与中国职业教育的理念兼容，对于德国职业教育的实践措施在多大程度上能够适用于中国的现实，既缺乏事前的前瞻性分析，也缺乏效果的实证研究，因而没能更好地起到对我国职业教育发展改革的参考作用，对职业教育实践的支撑和帮助有限。

之所以出现这一不足，最重要的原因在于，大量研究仍然建立在相对简单的预设基础之上，对德国职业教育的理解本身有不足。时至今日，大量关于德国职业教育的学术文章仍然停留于对德国职业教育经验的简单介绍和粗浅归纳的水平，这些研究常常有着这样的预设：德国职业教育的经验与做法可以直接为我所用，在德国行之有效的办法，中国也能够比较容易地通过政策途径予以复制粘贴并取得良好效果。正如前文梳理的部分研究所展示的，现实情况是，德国职业教育是其国家技能形成体系的重要组成部分，其所密切联系的劳动力市场制度、其背后的产业技术条件和党派政治制度、其所扎根的德国特有的文化土壤和社会结构都与中国职业教育所扎根的社会现实有着显著差异，加之中国职业教育本身的发展基础和条件上的不同，在没有深入理解这些差异的情况下，简单直接地照搬照抄德国的经验必然面临许多现实的困难。

2. 对未来研究的展望

在前述成绩和不足的基础上，我们可以尝试对未来中国研究德国职业教育作一些展望。

首先，在中德两国经贸往来、政治互信和文化交流保持高水平的基础上，我们可以期待更加深入全面的中德两国在职业教育领域的交流与合作；与此同时，德国的工业制造在多个领域仍然保持在世界最先进的水平之列，其职业教育也仍然保持着旺盛的生命力和极强的吸引力。这共同构成了我们研究德国职业教育的重要前提。

其次，中国职业教育的改革发展需要继续参考和借鉴德国的经验和方法，尽管我们不能也不应该直接照搬照抄德国职业教育的政策和实践措施，但理解德国职业教育的精髓和根源、把握德国职业教育实践中体现的职业教育基本规律、掌握德国职业教育发展的最新动态仍然对于我们发展和改革中国职业教育有着重要的理论和应用价值。

其三，作为研究者，我们应当尝试一方面更加深入系统地分析德国职业教育，真正从根本上理解德国职业教育所取得成就的根源和这些成就所赖以发生的基础，在德国的语境和现实中把握其本质与核心特征；另一方面，在中国的现实背景下认真细致地分析德国职业教育的本质、经验、成就、根源和基础，在最广泛的意义上，探析其与中国职业教育现实兼容的可能性和途径。通俗地讲，我们既要真正理解德国职业教育究竟强在哪里，又要明白这些优点如何在中国转化和实现。举例来说，我们需要真正理解德国产业界对职业教育需求及参与的技术、社会和政策根源，并将其与中国的产业发展进行细致的比较，看看中国的行业企业在多大程度上、在怎样的条件下能真正深度地参与职业教育，然后再进行相应的政策干预和激励，而不是简单地直接照搬其政策和实践经验。

其四，我们应加强对德国职业教育经验在中国的本土化实践的实证分析。中国职业院校已经通过各种形式学习借鉴了德国职业教育的理念和实际经验，但对这些广泛存在的现实却缺少实际效果和影响机制的实证分析，未来的研究应该尤其对这些正在发生的德国职业教育在中国本土化的实践进行充分而细致的实证分析，探索其进一步改善和提升的空间与途径。

其五，我们也应继续关注德国职业教育的最新发展动态和趋势，并恰当地为我所用。近几年来，德国职业教育正在经历一些新的发展变化，高等教育的持续扩张给职业教育带来了冲击以及调整改革的机遇，以工业4.0等概念为引领的制造业革新逐步推进，职业教育国际化的程度不断提高，这些发展和变化都值得中国职业教育界关注。一方面我们需要更好地理解德国职业教育所面对的挑战及其应对措施，另一方面我们也需要参考借鉴德国职业教育在应对工业4.0和国际化进程中的措施和方法，以期为中国职业教育应对相关任务提供借鉴。

概括来说，在最根本的意义上，我们研究德国职业教育，既有比较纯粹的出于兴趣和好奇的对于他者的理解，也需要在充分理解这一异质性的职业教育体系的基础上，更好地借鉴和参考德国职业教育的经验，从而真正起到"他山之石，可以攻玉"的效果，更好地为中国职业教育的发展改革服务。

结语　职业教育学术研究的未来

职业教育学术研究正如职业教育本身一样，前途广阔，大有可为。回顾70年历史，职业教育一代代学人不负职业教育的希望；面向未来，职业教育会越来越好，后继的一代职业教育学人亦当不负使命，在理论耕耘的殿堂负重勇毅前行，将职业教育大有可为的希望变为大有作为的实践。

职业教育研究应致力于不断提升职业教育的地位和价值。坚持职业教育类型特色，职业教育研究应不断以更好的理论和知识贡献，支撑和推进职业教育现代化，使职业教育成为人们选择走向人生成功的第二条教育通道，培养大批技术技能人才，满足国家高质量发展和创新发展的需求。

职业教育研究应助力职业教育治理体系不断合理化：建立国家承担主要责任、多方协商共治、分工负责的善治体系。形成标准发布、教材编写、实训岗位、教学实施、证书考核等分别由多元主体分工负责和参与的支撑服务体系是发展方向。

职业教育研究应处理好职业教育公益性与产业性的关系，坚持政府的主体责任和发挥市场机制相结合。职业教育研究应坚持产业是职业教育的定海神针，坚持职业学校教育与职业培训并举，不断提升高技能人才在劳动力队伍中的比例，推进技能成才、技能报国、技能成就人生的社会性建构。

职业教育研究应服务于教师的教学和学生的成长两个方面，支持更有效的教学，把学生发展置于中心，突出教学核心地位。推进教学目标的递进：由掌握职业知识与技能转为促进职业行动能力；以职业性标准的需求和满足作为人才培养主线，立德树人和三全育人，做出职业教育的特色。坚持以职业性标准的需求和满足作为职业教育考核评价的内在逻辑，整合各种各样的考核评价，保证职业教育在人才培养中的主要任务的有效实现。

职业教育研究应坚持职业教育内在逻辑和外部逻辑，坚持职业性为职业教育的基本内在逻辑，兼顾职业教育外部的适应性。任何情况下，办职业教育都不可丢掉职业性，不忘就业导向、技能为基、能力本位，防止类型漂移。

职业教育研究应致力于推进服务国家高质量发展，研究高质量现代产业体系对"高新特"技术技能人才培养所需要的新型职业教育。

职业教育研究应服务国家重大战略，服务共同富裕和乡村振兴要求，总结好富有特色的"职业教育扶贫"中国实践经验。

健全职业教育学术共同体，完善职业教育学术组织，提升职业教育学术刊物的水平和影响力，办好高水平职业教育科研机构，培养大批职业教育高层次学术人才，理性学习借鉴国际职业教育经验并推进新时代的职业教育国际化。扎根中国职业教育大地，构建出有中国特色的现代职业教育理论体系，不断向世界贡献职业教育的中国智慧和中国方案。